주식연계보상의 새로운 흐름: 스톡옵션에서 RSU·PSU로

- 법제개선 방향을 중심으로 -

주식연계보상의 새로운 흐름:
스톡옵션에서 RSU·PSU로

- 법제개선 방향을 중심으로 -

윤소연 지음

경인문화사

서 문

　이 책은 필자가 변호사로 일하면서 마주친 몇 가지 의문과 그로부터 비롯된 호기심에서 시작되었다. 2021년경, 미국 실리콘밸리의 스타트업 투자를 자문하면서 대상회사의 cap table에 기재된 Restricted Stock Awards, Restricted Stock Units, vesting schedule 등 암호처럼 보이는 용어들의 의미와 효과를 이해하느라 애를 먹었던 기억이 있다. 몇 년 뒤, 국내에도 RSU를 도입하는 기업들이 등장했다. 해외 경험이 있는 이들은 왜 한국에서는 RSU를 신주로 부여할 수 없는지 의문을 제기했다. 한국에서는 그것이 당연히 불가능하다고 여겨졌기 때문에, 누구도 의문을 갖지 않았던 부분이었다. 왜 그런지를 설명하기 위해서는 미국과 한국의 신주 발행 법제부터 다시 짚어야 했다. 그로부터 얼마 지나지 않아 RSU에 대한 규제 논의도 뒤따랐다. RSU에도 스톡옵션과 같은 엄격한 규제를 적용해야 한다는 주장이 제기된 것이다.
　필자가 스스로에게 던진 질문은 이것이었다. 미국에서는 오래 전부터 널리 활용되어 온 제도임에도 불구하고, 왜 한국에서는 제약이 많고, 더 나아가 이를 더욱 규제해야 한다는 시각까지 존재하는 것일까? 나라마다 기업의 특성이 다르고 회사법제가 다르기에, 미국에서 허용된다고 해서 우리나라에서도 반드시 동일하게 허용되어야 하는 것은 아니지만, 다르게 취급해야 한다면 그에 대한 합리적인 이유가 있어야 할 것이다. 스스로에게 던진 이 질문의 답을 찾아가는 여정이 필자의 서울대학교 법학전문박사 학위논문이 되었고, 그

논문을 토대로 이 책을 출간하게 되었다.
   이 책이 담고 있는 주요 내용은 다음과 같다.
   주식연계보상은 주주와 경영자 사이의 대리문제를 완화하고, 경영자 보수와 성과 간의 연계성을 강화하여 경영자가 회사 및 주주의 최선의 이익을 위하여 행동하도록 하는 중요한 수단이라는 인식 하에 여러 나라에서 폭넓게 활용되고 있다. 해외 주요국에서는 투자자와 정부가 직·간접적으로 경영진 보수에서 주식연계보상의 비중을 높이도록 촉진하는 동시에 경영진 보수에 대한 절차 통제 및 공시 강화를 통해 경영진 보수가 유인부합적으로 설계 및 지급될 수 있도록 하고 있다. 또한 해외 주요국의 회사들은 다양한 유형의 주식연계보상의 유연한 활용이 가능한 제도적 기반을 토대로, 각 사업의 특성, 중장기적 전략 및 경영자의 역할 등에 따라 적합한 유형을 선택하여 활용하고 있다.
   우리나라의 경우 상법은 스톡옵션에 대해서만 규정하고 있고, 스톡옵션 외의 주식연계보상은 거의 활용되지 않다가, 최근 주식형 보상을 도입하는 회사들이 늘어나기 시작하였다. 그러자 새로운 유형의 주식연계보상에 대한 규제를 강화해야 한다는 주장이 제기기 시작하였다. 해외 주요국에서는 경영진 보수에 대한 절차 통제 및 공시는 강화하되, 그 구성 내지 내용면에서는 주식연계보상의 적극적인 활용을 장려하고 있는데, 우리나라에서는 그와 다른 흐름이 나타나고 있는 것이다. 이에 본 글에서 우리나라 지배구조의 특성을 고려할 때에도 주식연계보상의 촉진 필요성이 있는지, 그렇다면 주식연계보상의 활용을 장려하면서 경영진의 보수를 적절히 통제할 수 있는 방안은 어떠한 것인지 고찰해 보았다.
   우리나라 상장회사의 지배구조의 특징은 지배주주가 존재하는 회사가 많고, 적은 지분율로 경영권을 보유한 소수지배주주가 많다는 것이다. 지배주주가 직접 경영을 하는 소유경영자도 많고, 전문경영인을 영입하더라도 지배주주가 미등기임원 등의 직위에서 사실상 영향력을 행사하는 경우도 많다. 이러한 상황에서 우리나라 상장회사 경영진 보수는 성과와 연계되지 않은 현금보수의 비중이 높고, 성과와 보수와의 연계성이 뚜렷하게 나타나지 않으며, 소유경영자의 보수가 전문경영자의 보수보다 상대적으로 높은 특징을 보인다.

이러한 상황을 고려하면, 해외 주요국에서 경영진의 보수와 성과와의 낮은 연계성에 대한 해결책으로 부상한 주식연계보상의 필요성은 우리나라에도 인정될 수 있다. 특히 소수지배주주의 경우 회사의 주가가 상승하더라도 자신의 부가 크게 증가하지 않기 때문에 주가보다 다른 사익추구에 관심을 기울인다는 비판도 제기되고 있는바, 전문경영자뿐 아니라 소유경영자에 대해서도 성과와 무관한 현금보수보다는 주식연계보상이 전체 주주의 부의 증진을 위해 일하도록 하는 인센티브 부여 수단이 될 수 있다.

그러나 우리나라 상장회사 경영자 보수에서 주식연계보상의 비중은 해외 주요국에 비해 매우 낮은데, 그 이유는 현재의 경영진 보수 규제가 경영진이 자신들에게 유리한 보상 구조를 택하는 기회주의적인 행동을 하는 것을 제대로 통제하지 못하고 있고, 다양한 주식연계보상의 자유로운 활용에도 제약이 있기 때문이다.

이를 개선하기 위해서는 경영진의 기회주의적인 행동을 감시 및 통제할 수 있도록 경영진 보수 결정 절차 및 공시에 관한 규제를 강화할 필요가 있다. 임직원에게 일반적으로 적용되는 주식연계보상 제도 측면에서는 기업들이 다양한 주식연계보상을 필요에 맞게 유연하게 설계하여 활용할 수 있도록 허용해 주는 것이 바람직하다. 다만 주식연계보상을 지배주주 등에게 부여하는 것이 문제되는데, 지배주주 등에 대한 부여를 일률적으로 금지하기 보다는 소수주주의 다수결에 의한 승인을 통해 절차상 통제를 강화하는 접근을 제안한다. 또한, 기업지배구조 모범규준의 내용 보완 및 실효성 제고를 통해 기업들이 자율적으로 기업의 중장기적 성과와 연동된 주식연계보상 등을 활용한 경영진 보수 구조를 설계하도록 장려하는 것이 바람직하다. 또한, 주식연계보상은 그 조건을 어떻게 설계하는지에 따라 경영진에게 부여되는 인센티브가 달라지는바, 경영진의 인센티브를 회사 및 주주와 일치시킬 수 있도록 주식연계보상 부여계약의 구체적인 조건들을 합리적으로 개선하는 것도 필요하다. 나아가 다양한 주식연계보상의 소득세법 및 법인세법상의 취급에 대해서도 입법적으로 명확성을 확보하는 등 세제 정비도 함께 이루어지는 것이 바람직할 것이다.

이 글의 구상 초기에는 극히 드물었던 주식형 보상 도입 기업이 불과 1~2년 사이 급증하고 있다는 사실은 제도 정비의 시급성과 필요성을 절감하게 한다. 이를 위한 첫 걸음으로, 현재 실무상 동일한 제도를 다른 용어로 지칭하거나 다른 제도를 같은 용어로 지칭하고 있어 관련 논의에 혼선을 초래하고 있는 상황을 정리할 필요가 있다. 이를 위해, 이 책에서는 관련 개념과 용어를 정리하였다. 현재 널리 알려진 용어는 RSU 내지·PSU이기 때문에, 독자들이 제목을 보고 이 책의 주제를 쉽게 파악할 수 있도록 하기 위해 책의 제목과 서문에는 RSU·PSU라는 용어를 사용하였으나, 향후 통일된 언어로 논의가 정리되어 가기를 바란다.

필자가 이 책을 준비하는 과정은, 단편적으로 흩어져 있던 학문적 여정이 "connecting the dots"라는 말처럼 연결되는 흥미로운 경험이었다. 공학과 사회과학을 공부하며 실증적 데이터에 기반한 통계학적 유의미성을 통해 가설을 입증하는 연구방식에 익숙했던 필자는, 법학의 접근 방식을 처음 접했을 때 수학적 증명과 유사한 정치한 논리에 매력을 느끼기도 하였지만, 어떠한 법제도이든 그것이 실제로 사람과 기업과 사회에 바람직한지를 논하기 위해서는 실증연구가 뒷받침되어야 한다는 생각을 떨칠 수 없었다. 경영진의 보수가 어떻게 구성되고 규율되어야 하는지의 문제도, 주식연계보상이 경영진의 동기와 행동에 실제로 어떠한 영향을 미치는지에 대한 연구와 이해에 기반하여야 한다. 이를 위해 법학 뿐만 아니라 국내외 법경제학, 행동경제학, 심리학 분야의 선행연구들을 함께 탐색하게 되었고, 그 여정의 끝에서 심리학 첫 수업에서 들었던, 심리학자로서 최초의 노벨 경제학상을 받았던 다니엘 카너먼(Daniel Kahneman)의 연구와 다시 만나게 되기도 하였다. 비록 필자의 역량의 한계로 실증연구를 직접 수행하지는 못했지만, 이 글을 토대로 국내에서도 다양한 유관 분야에서 경영진의 주식연계보상에 대한 폭넓은 연구가 이어지기를 기대한다.

마지막으로, 이 책이 나오기까지 도움을 주신 모든 분들께 감사의 마음을 전하고자 한다. 먼저, 실무가로 일하면서 학문의 끈을 놓지 않을 수 있도록 이끌어 주신 서울대학교 법학전문대학원의 노혁준 교수님께 진심으로 감사드린다. 소논문 작성에 대한 지침부터, 학위논문을 준비하는 시기와 그 내용 전반에 이르기까지 세심하게 지도해 주셨기에 이 책이 나올 수 있었다. 학위논문 심사를 맡아 주신 서울대학교 법학전문대학원의 송옥렬, 정순섭, 천경훈 교수님과 강원대학교 법학전문대학원의 최문희 교수님께도 감사드린다. 논문심사 과정에서 교수님들께서 필자의 생각의 틀을 넓혀 주시고, 미처 생각하지 못한 부분들을 짚어 주셨기에, 그 과정은 '심사(審査)'라기 보다는 많은 가르침을 받은 귀한 경험이었다. 학위논문과 책을 마무리하며 필자의 변호사로서의 첫 걸음을 지도해 주신 故 손원일 변호사님을 생각하게 되었다. 무슨 일을 하든 작품을 만들 듯이 하라던 그 분의 말씀을 새겨 보며, 변호사로서의 태도와 탁월함의 본을 보여주셨던 그 분께 뒤늦은 감사의 마음을 이 글에 담아 전하고 싶다.

차 례

서문

제1장 서 론 ·· 1

제 1 절 연구의 배경 ··· 3
제 2 절 연구의 목적과 구성 ··· 5
제 3 절 연구의 범위 ··· 7
  1. 수령자의 범위: 경영진 ··· 7
  2. 회사의 범위: 비금융 상장회사 ··· 8

제2장 주식연계보상에 대한 기초적 고찰 ················· 11

제 1 절 주식연계보상의 개념 및 유형 ·· 13
  1. 주식연계보상 관련 개념 ··· 13
    ⑴ 주식연계보상 ·· 13
    ⑵ 주식보상과 주식연계현금보상 ······································ 13
    ⑶ 옵션형 보상과 주식형 보상 ·· 14
  2. 주식연계보상의 유형 ··· 15
    ⑴ 주식연계보상의 실무상 용례 분석 ······························ 15
    ⑵ 주식연계보상의 체계적 유형화 및 용어 정의 ············ 26
제 2 절 경영진 주식연계보상에 대한 이론 및 기존 논의 ········ 33
  1. 대리문제와 주식연계보상 ··· 33
    ⑴ 경영진-주주 사이의 대리문제 ······································ 33
    ⑵ 대리문제 완화 수단으로서의 주식연계보상 ················ 34

2. 경영진 보수에 관한 이론들 ·· 38
　　　(1) 최적계약 이론 ··· 38
　　　(2) 경영진 권력 이론 ·· 41
　　　(3) 지각된 비용 이론 ·· 50
　　　(4) 소결론 ··· 51
　　3. 경영진 주식연계보상에 관한 논의의 전개 ······················ 52
　　　(1) 2000년대 이전: 스톡옵션의 광범위한 활용 ····················· 53
　　　(2) 2000년대 이후: 성과기반 주식의 부상 ···························· 54
　　　(3) 2000년대 이후: 양도제한의 중요성 부각 ························ 63
　　　(4) 최근: 제한주식에 대한 새로운 견해 ································ 65
　　　(5) 소결론 ··· 71
　　4. 국내 관련 연구 ·· 71
　　　(1) 경영진 보수와 기업지배구조 ·· 72
　　　(2) 경영진 보수와 성과 ·· 76
　　　(3) 스톡옵션 ·· 79
　　5. 소결론 ·· 85

제3장 경영진 주식연계보상에 관한 입법례 ···················· 93

제 1 절 미국 ·· 96
　　1. 경영진 보수의 현황: 주식연계보상을 중심으로 ············· 97
　　　(1) 경영진 보수의 구성 및 주식연계보상의 비중 ················ 97
　　　(2) 주식연계보상의 유형 ··· 97
　　　(3) 주식보유의무 ··· 98
　　2. 주식연계보상 부여에 관한 법적 규율 ······························ 99
　　　(1) 회사법상의 규율 ·· 99
　　　(2) 상장규정에 따른 규율 ·· 100
　　3. 주식연계보상 부여계약 조건 ·· 101
　　　(1) 주식연계보상 부여 조건 결정 방식 ······························ 101

(2) 주요 조건 ·· 103
　4. 경영진에 대한 보수 관련 규제 ····························· 108
　　(1) 보수의 내용적 측면에 대한 규율 방식 ··············· 108
　　(2) 보수의 절차적 측면 및 공시에 대한 규제 ··········· 110
　5. 사례 ·· 116
　　(1) Alphabet Inc. ·· 116
　　(2) Microsoft Corp. ··· 118
　　(3) Apple Inc. ··· 120
　　(4) Meta Platform Inc. ·· 122
　　(5) NVIDIA Corporation ·· 122
　　(6) Amazon Inc. ··· 125
제 2 절 영국 ·· 127
　1. 경영진 보수의 현황: 주식연계보상을 중심으로 ················· 128
　　(1) 경영진 보수의 구성 및 주식연계보상의 비중 ············· 128
　　(2) 주식연계보상의 유형 ·· 128
　　(3) 주식보유의무 ·· 129
　2. 주식연계보상에 관한 법적 규율 ·· 129
　　(1) CA 2006에 따른 종업원주식보상제도 ························· 130
　　(2) 상장규정에 따른 주주 승인 ·· 132
　3. 주식연계보상 부여계약 조건 ·· 133
　　(1) 주식연계보상 부여 조건 결정 방식 ······························ 133
　　(2) 주요 조건의 내용 ·· 135
　4. 경영진에 대한 보수 관련 규제 ·· 140
　　(1) 보수의 내용적 측면에 대한 규율 방식 ························· 140
　　(2) 보수의 승인 절차 및 공시 등 규제 ······························ 142
　5. 사례 ·· 147
　　(1) BT Group ··· 147
　　(2) Weir Group ·· 149
　　(3) Burberry Group ··· 151

제 3 절 독일 ·· 152
  1. 경영진 보수의 구성: 주식연계보상을 중심으로 ················ 153
    (1) 경영진 보수의 구성 및 주식연계보상의 비중 ············· 153
    (2) 주식연계보상의 유형 ··· 153
    (3) 주식보유의무 ·· 155
  2. 주식연계보상에 관한 법적 규율 ·· 156
    (1) 스톡옵션 ·· 156
    (2) 자기주식 취득 및 처분 ··· 157
  3. 주식연계보상 부여계약 조건 ··· 158
    (1) 주식연계보상 부여 조건 결정 방식 ·························· 158
    (2) 주요 조건의 내용 ··· 159
  4. 경영진에 대한 주식연계보상 활용 관련 규율 ···················· 161
    (1) 보상의 내용적 측면에 대한 규율 방식 ······················ 161
    (2) 보상의 승인 절차 및 공시 등 규제 ·························· 164
  5. 사례 ·· 167
    (1) Mercedes-Benz Group AG ······································· 167
    (2) Deutsche Telekom AG ··· 168
    (3) Continental AG ··· 169
    (4) Siemens AG ·· 169
제 4 절 일본 ·· 170
  1. 경영진 보수의 현황: 주식연계보상을 중심으로 ················ 171
    (1) 경영진 보수의 구성 및 주식연계보상의 비중 ············· 171
    (2) 주식연계보상의 유형 ··· 172
  2. 주식연계보상 부여에 관한 법적 규율 ······························· 173
    (1) 스톡옵션 ·· 173
    (2) 주식교부신탁 ·· 180
    (3) 주식형 보상 ··· 184
  3. 주식연계보상 부여계약 조건 ··· 190
    (1) 주식연계보상 부여 조건 결정 방식 ·························· 190

(2) 주요 조건의 내용 ·· 190
　4. 경영진에 대한 보수 관련 규제 ··· 194
　　　(1) 보수의 내용적 측면에 대한 규율 방식 ························· 194
　　　(2) 보상의 승인 절차 및 공시 등 규제 ······························· 195
　5. 사례 ··· 203
　　　(1) 소니그룹 ··· 203
　　　(2) 스퀘어닉스홀딩스 ·· 204
　　　(3) 도요타자동차 ··· 205
　　　(4) 도쿄 일렉트론 ·· 206
제 5 절 소결론 ··· 207

제4장 경영진 주식연계보상의 현황과 문제점 ········· 209

제 1 절 현황 ·· 211
　1. 보상 전반 ··· 211
　2. 주식연계보상 ·· 212
　　　(1) 스톡옵션 ··· 212
　　　(2) 스톡옵션 외 주식연계보상 ··· 213
제 2 절 문제점 ··· 222
　1. 문제를 바라보는 관점의 재정립: "주식"의 문제 vs
　　　"보수"의 문제 ·· 222
　2. 포괄적 문제: 성과와의 낮은 연계성 ································· 224
　3. 경영진 보수통제 장치의 미비 ··· 225
　　　(1) 절차규제 ··· 226
　　　(2) 공시규제 ··· 231
　　　(3) 기업지배구조 모범규준 ··· 234
　4. 스톡옵션에 대한 경직된 규제 ··· 236
　　　(1) 부여대상자의 제한 ··· 236
　　　(2) 행사가액의 경직성 ··· 239

(3) 부여 절차의 엄격성 ································· 244
　5. 새로운 주식연계보상 제도 설계상의 제약 ················ 247
　　(1) 주식형보상 관련 제도의 미비 ····················· 247
　　(2) 주식연계보상 부여계약상 조건 설정의 한계 ········ 249

제5장 경영진 주식연계보상 관련 개선방안 ············· 255

제1절 개관 ·· 257
제2절 경영진 보상 규제 일반 ·································· 258
　1. 승인 ·· 258
　　(1) 주주 승인에 대한 상법 제388조 개정 ············· 258
　　(2) 임원보수정책에 대한 주주의 권고적 승인 ········ 261
　　(3) 보수위원회의 의무적 설치 ························· 264
　2. 공시 ·· 266
　　(1) 이사 보수 승인을 위한 정보 제공 ················· 266
　　(2) 임원보수정책의 공개 ······························· 267
　　(3) 사업보고서상 임원 보수 공시 보완 ··············· 267
　　(4) 공시체계 정비 ····································· 270
제3절 주식연계보상 규율의 기본구조 ························· 275
　1. 일원적 설계 vs 이원적 설계 ······························ 276
　　(1) 일원적 설계 도입방안 검토 ························ 276
　　(2) 이원적 설계 유지시 개선사항 검토 ··············· 279
　2. 스톡옵션 규제의 준용 여부 ······························ 287
　　(1) 규제 방안 ·· 288
　　(2) 제한주식과 스톡옵션의 차이 ····················· 290
제4절 주식연계보상 규율의 구체적 쟁점 ····················· 303
　1. 부여대상자: 지배주주 등 ································· 303
　　(1) 규제 방안의 내용 ·································· 303
　　(2) 지배주주 등에 대한 부여 허용 여부 ············· 304

(3) 절충안 제안: 소수주주의 다수결 도입 ·························· 318
　2. 부여대상자: 계열회사 임직원 ··· 324
　　　(1) 규제 방안의 내용 ··· 324
　　　(2) 계열회사 임직원에 대한 부여 허용 여부 ······················ 324
　3. 부여절차 ··· 325
　　　(1) 규제 방안의 내용 ··· 325
　　　(2) 주주 승인 필요 여부 ··· 327
　　　(3) 주주 승인 항목 ·· 331
　4. 부여한도 ··· 332
　　　(1) 규제 방안의 내용 ··· 332
　　　(2) 부여한도 제한의 필요 여부 ·· 333
　5. 재직요건 ··· 334
　6. 양도제한 ··· 335
　7. 환수 ··· 337
　8. 규제대상의 문제 ·· 338
　9. 과잉규제의 문제 ·· 340
제5절 부여계약 및 연성규범의 개선 ·· 341
　1. 주식연계보상 부여계약의 합리적 개선 ································· 341
　　　(1) 가득기간 ·· 342
　　　(2) 성과조건 ·· 343
　　　(3) 최소요건(underpin) ··· 347
　　　(4) 재직요건 ·· 347
　　　(5) 정산 수단 ·· 353
　　　(6) 양도제한 ·· 353
　　　(7) 주식보유의무 ·· 355
　　　(8) 조정 및 환수 ··· 356
　　　(9) 구조개편시 처리 ··· 358
　2. 기업지배구조 모범규준의 개선 ·· 365
　　　(1) 접근방식: 연성규범을 통한 접근 ································· 365

(2) 기업지배구조 모범규준의 내용 보완 ·························· 368
　　　(3) 기업지배구조 모범규준의 실효성 제고 ························ 369
제6절 세제 정비 ··· 373
　1. 미국 ··· 373
　　　(1) 소득세법상의 취급 ··· 373
　　　(2) 법인세법상의 취급 ··· 376
　2. 일본 ··· 377
　　　(1) 소득세법상의 취급 ··· 378
　　　(2) 법인세법상의 취급 ··· 380
　3. 우리나라 ··· 388
　　　(1) 스톡옵션 ·· 388
　　　(2) 주식형 보상 ·· 391

제6장 결 론 ·· 399

참고문헌 ·· 407

제1장
서 론

제 1 절 연구의 배경

　기존에 경영진 보수에 대한 규제는 과다 보수 지급으로 인해 주주 이익을 해하게 될 위험을 방지하는 것에 초점이 맞추어져 왔다. 그러나 점차 인센티브 부여 수단으로서의 보수의 기능이 부각되면서, 단순히 과다 보수를 억제하는 것을 넘어, 경영진의 보수는 회사의 장기적인 가치상승 및 그에 따른 주주 이익제고를 위한 적절한 인센티브를 부여할 수 있도록 설계되어야 한다는 인식이 확산되고 있다.
　미국과 영국을 비롯한 해외 주요국에서는, 1990년 경부터 상장회사 경영진의 과다 보수, 특히 성과와 무관한 보수에 대한 사회적 비판을 배경으로 경영진의 보수를 성과와 연계시키는 방안에 대한 논의가 이루어졌고, 그 해결책으로 주식연계보상이 폭넓게 활용되어 왔다. 주식연계보상 중에서도 1990년대 전까지는 스톡옵션이 주로 활용되었으나, 2000년대 초 기업의 회계부정 사건들과 2008년 금융위기를 지나며 스톡옵션의 왜곡된 활용 사례들이 나타나며 그 대안으로 RSU와 같은 주식형 보상이 각광을 받게 되었다. 미국이나 영국은 임직원에게 다양한 유형의 주식연계보상을 부여하는 것에 대한 회사법적 규제가 엄격하지 않았기 때문에, 회사들이 다양한 유형의 주식연계보상을 설계하여 활용하는 것이 가능했고, 이러한 법제를 토대로 경영진 보수의 적정성 측면에 대한 개선은 기업지배구조 모범규준이나 의결권 자문사의 가이드라인 등 자율규제의 방식으로 이루어졌다. 그와 동시에 경영진이 기회주의적으로 주식연계보상을 부여할 우려에 대해서는 Say-on-Pay 도입, 보수위원회 설치 등 경영진 보수 부여의 절차에 대한 통제를 강화하고, 관련 공시 의무를 강화하는 방식으로 접근하였다.

일본의 경우 상장회사 경영진의 보수가 과다하다는 문제가 아니라, 성과와 무관한 현금보수 비중이 높아 경영진에게 회사의 실적을 향상시킬 동기부여가 부족하다는 문제 의식이 있었다. 이에 일본에서는 2014년 경부터 정부 주도 하에 다양한 주식연계보상의 활용을 촉진하기 위한 회사법 및 세법 개정 등 제도 개선이 추진되었다. 이를 통해 과거 다양한 주식연계보상 활용이 어려웠던 부분들을 개선하여 기업들이 다양한 주식연계보상을 폭넓게 활용할 수 있는 토대를 마련하였다. 그와 동시에 경영진 보수 결정 절차와 공시 제도도 개선하였다.

우리나라 상장회사 경영진 보수와 관련된 문제는, 성과와 무관한 현금보수의 비중이 높다는 점, 특히 지배주주와 그 특수관계인이 직·간접적으로 자신의 보수 결정 과정에 영향력을 행사함으로써 그러한 경향이 강화될 수 있다는 점에 있다. 이러한 문제 상황에 있는 우리나라의 경우도 회사의 장기적인 성장에 대한 인센티브를 부여할 수 있는 주식연계보상의 적절한 활용이 도움이 될 수 있다.

그런데 상법은 스톡옵션의 부여에 대해서만 규정을 두고 있고, 그 외 주식연계보상에 대해서는 별도의 규정을 두지 않고 있다. 다만 상법상 자기주식의 취득 및 처분은 비교적 자유롭다. 이를 활용하여 최근 몇 년 사이에 자기주식을 교부하는 방식으로 RSU 등 주식형 보상을 도입하는 회사들이 나타나기 시작했다. 우리나라 경영진에 대한 주식연계보상에 대한 논의나 검토가 충분히 이루어지지 않은 상태에서 지배주주에 대해서도 주식형 보상을 부여하는 사례가 등장하자, 관련 규제를 강화하여야 한다는 주장도 제기되고 있다.

이는 상장회사 경영진 보수 수단으로서의 주식연계보상에 대한 연구와 논의가 우리나라보다 먼저 이루어진 해외 주요국들과는 반대되는 흐름이다. 즉, 해외 주요국에서는 투자자들이 앞서서 경영진에 대한 성과연계보상 및 그 주된 수단으로서의 주식형 보상의 활용을 권고하거나 요구하기도 하고(미국 등), 정부 주도로 주식형 보상 활성화 방안을 검토하는 등(일본 등) 주식형 보상의 활용 촉진이 초점이 되었던 반면, 우리나라는 아직 주식형 보상의 활용도가 높지도 않은 상황임에도 불구하고 그 억제 방안에 대한 논의가 먼저 이루어지고 있는 것이다.

이 글은 이러한 의문에서 비롯된 것이다. 이에 해외 주요국에서 투자자들이 주식연계보상, 특히 주식형 보상을 상장회사 경영진 보수의 핵심적인 수단이라 여기고 이를 촉진하고자 한 이유는 무엇인지 살펴보고, 우리나라도 그 활용을 촉진할 필요성이 있는 것인지, 아니면 우리나라의 경우 지배구조상의 특성으로 인해 해외 주요국과 달리 주식형 보상을 엄격히 통제할 필요가 있는 것인지 검토해 본다. 그리고 이를 토대로 우리나라 기업들이 주식연계보상의 장점을 충분히 활용할 수 있도록 하면서 동시에 그 남용을 적절히 통제할 수 있는 방안은 어떠한 것인지 고찰한다.

제 2 절 연구의 목적과 구성

이상의 배경 하에서, 본 연구는 우리나라 기업들의 지속적이고 장기적인 가치 상승 및 주주 이익 제고에 도움이 되는 경영진 주식연계보상 관련 개선 방안을 제시하는 것을 목적으로 한다. 이를 위해 이 글은 다음과 같이 구성된다.

먼저, 현재 다양한 주식연계보상 수단이 법적으로 명확히 정의되어 있지 않고, 실무상 여러 용어들이 혼용되고 있어 관련 논의에도 혼선이 있는 상황이기 때문에, 검토 및 논의의 명확화를 위해 제2장에서 스톡옵션, SARs, RSA, RSU, PSU, 성과주, 가상주식, 스톡그랜트,

양도제한부 주식 등 다양한 주식연계보상의 개념과 유형을 정리한다. 다음으로, 경영진에 대한 주식연계보상에 관한 이론적 논의들을 검토한다. 즉, 대리이론을 토대로 발전해 온 경영진 보수 관련 이론들을 검토하고, 1990년대까지 미국을 중심으로 스톡옵션이 널리 활용된 이론적 배경, 2000년대에 들어서며 기존 스톡옵션의 부작용에 대한 비판과 더불어 각광받게 된 주식형 보상에 대한 논의를 살펴본다. 마지막으로, 우리나라에서 이루어진 경영진 보수와 지배구조에 관한 연구, 우리나라 경영진의 보수와 성과에 관한 연구 및 스톡옵션과 성과에 관한 선행연구를 검토한다.

그리고 제3장에서 우리나라보다 앞서 주식연계보상에 대한 논의와 법제 정비가 이루어진 미국, 영국, 독일 및 일본의 경영진에 대한 주식연계보상 관련 입법례를 살펴본다. 각 나라별로 먼저 상장회사 경영진에 대한 주식연계보상의 현황을 파악해 본다. 다음으로 각 나라에서 회사법상 주식연계보상을 어떠한 방식과 범위 내에서 허용하고 있는지 살펴본다. 이를 토대로 실제로 회사들이 어떠한 방식과 내용으로 주식연계보상을 부여하고 있는지 살펴본다. 또한, 경영진 보수에 대한 규제 측면에서, 주식연계보상의 내용에 대해서는 어떻게 규율하고 있는지, 그리고 부여 절차 및 공시에 대해서는 어떻게 규제하고 있는지 각 검토한다. 마지막으로 각 나라의 상장회사 경영진 보수의 구체적인 사례를 살펴본다.

다음으로, 제4장에서 우리나라 상장회사 경영진 보수의 현황과 문제점을 살펴본다. 즉, 현재 우리나라 상장회사 경영진 보수의 현황과 구성, 성과와의 연계성, 주식연계보상의 활용도 및 활용 사례를 살펴보고, 어떠한 문제가 있는지 검토한다.

이상을 토대로 제5장에서 상장회사 경영진에 대한 주식연계보상 관련 개선방안을 제안한다. 먼저 경영진 보수 규제 일반에 대한 개선방안을 검토하고, 상법상 주식연계보상에 대한 규율의 개선방안을 제안한다. 이와 관련하여, 현재 RSU 등에 대해서도 상법상 스톡옵션과 같은 규제를 도입해야 한다는 주장이 제기되고 있는바, 스톡옵션과 주식형 보상을 규제 관점에서 동일하게 접근하는 것이 타당한지에 대하여 논증하고, 지배주주 등에 대한 부여 허부 등 구체적 쟁점들을 논점별로 검토한다. 다음으로, 주식연계보상 부여계약을 합리적으로 개선할 수 있는 방안과 기업지배구조 모범규준을 활용한 개선방안을 모색한다. 마지막으로 세제 정비가 필요한 사항들에 대하여 검토한다.

제 3 절 연구의 범위

본 연구는 상장회사 중 비금융회사의 경영진에 대한 주식연계보상을 연구의 범위로 한다.

1. 수령자의 범위: 경영진

상법은 보수에 대한 규제 대상을 '이사'로 규정하고 있다(상법 제388조). 상법상 이사에는 사내이사, 기타비상무이사 및 사외이사가 포함된다. 그런데 실제 현실에서 보수 적정성에 대해 의문이 제기되는 주된 대상은 회장, 부회장, 사장, 부사장 혹은 CEO, CFO, CTO 등의 명칭을 가지면서 실제 업무를 집행하는 고위급 임원들이다. 이들 중에는 상법상 대표이사 혹은 사내이사의 지위를 겸하는 경우도 있지만, 상법상 이사가 아닌 경우도 있다. 특히 우리나라는 지배주주가 회사의 의사결정에 실질적인 영향을 미치고 고액의 보수를 수령하지만 미등기임원의 지위에 있는 경우도 많다. 이들과 같이 실질적으로 회사의 중요한 의사결정이나 업무집행에 직·간접적으로 영향을 미치는 사람들에게 회사와 주주를 위하여 일하도록 인센티브를 부여할 수 있는 적절한 보수 구조는 무엇인지, 그리고 이들이 자신들의 보수 결정 과정에 부당한 영향력을 행사하지 않도록 하려면 어떠한 규제가 필요한지에 대한 검토가 필요하다.

따라서 본 글은 이사 중에서는 사외이사나 기타비상무이사를 제외한 사내이사에 초점을 맞추고, 상법상 이사가 아님에도 사내이사보다 고액의 보수를 수령하는 미등기임원들을 포괄하기 위하여 '경영진'(개별적으로 지칭할 때는 '경영자')이라는 용어를 사용하며, 이들에게 부여되는 보수에 초점을 둔다.

2. 회사의 범위: 비금융 상장회사

금융회사의 지배구조 및 그와 연계된 경영진의 보수 문제에도 비금융회사와 동일한 측면이 존재하지만, 금융회사는 과도한 위험인수행위를 방지하고 금융회사의 건전한 경영을 도모함으로써 예금자나 채권자와 같은 다른 이해관계자, 나아가 금융시스템 전체에 대한 영향을 고려해야 한다는 점에서 비금융회사와 차별점이 있다.[1]

그로 인해 금융회사의 임원 보수에 대해서는 금융회사의 지배구조에 관한 법률을 통해 추가적인 규제를 하고 있다. 따라서 금융회사에 대한 연구를 위해서는 금융규제 관점에서의 추가적인 검토가 필요한데, 이 글은 금융회사에 대한 금융규제 관점에서의 논의까지

---

1 정순섭(2020), 전주, 단락 5

포함하지는 않고, 비금융회사에 대한 것으로 범위를 한정한다.

그리고 비금융회사들 중에서도 '상장회사'에 초점을 두어 검토한다. 경영진 보수에 관한 국내외 논의는 소유와 경영이 분리된 상장회사 경영진에 대한 보상을 중심으로 이루어져 왔다. 회사와 주주 전체의 중장기적 이익을 위한 경영진 인센티브 구조 설계는 다수의 주주들이 존재하는 상장회사에서 더욱 중요한 문제가 되기 때문이다. 또한, 우리나라 상장회사의 경우 소수지배주주가 존재하는 경우가 많아 경영진의 주식연계보상에 있어서도 그 소수지배주주와 나머지 주주 사이의 이익충돌이 중요한 쟁점이 되고 있다. 본 연구에서는 이러한 우리나라 상장회사 지배구조의 특수성을 함께 고려한다.

제2장
주식연계보상에 대한 기초적 고찰

제 1 절 주식연계보상의 개념 및 유형

1. 주식연계보상 관련 개념

(1) 주식연계보상

 주식연계보상이란, 회사가 임직원에 대한 보상 수단으로 회사의 주식 또는 주식 가치와 연계된 현금을 지급하는 것을 의미하며, 주식보상과 주식연계현금보상을 포괄하는 가장 넓은 개념이다. 미국에서는 equity-based compensation 혹은 stock-based compensation으로 불린다. 이를 '주식기반보상'이라고 지칭할 수도 있는데, 본 연구에서는 '주식연계보상'이라는 용어를 사용하기로 한다.

(2) 주식보상과 주식연계현금보상

 회사가 임직원에 대한 보상 수단으로 (i) 회사의 '주식' 자체를 지급하는 경우를 주식보상, (ii) 주식 가치에 상응하는 '현금'을 지급하는 경우를 주식연계현금보상이라고 할 수 있다. 주식연계현금보상도 회사의 가치 상승에 대한 인센티브를 부여하고 성과와 보상을 연동시킨다는 측면에서는 주식보상과 공통점이 있다.
 다만, 주식보상의 경우 (신주 발행 방식이든 자기주식 교부이든) 회사의 주식이 제공되는 것이므로 기존 주주의 신주인수권 등 주주보호 측면에 대한 검토 및 고려가 필요하지만, 주식연계현금보상의 경우에는 기존 주주의 지분에는 영향이 없고 회사의 현금이 유출된다는 측면에서 차이가 있다. 이러한 차이로 인해 부여 절차상의 규제 관점에서 달리 취급할 여지가 있다.

또한, 소유와 지배가 분리된 상장회사의 경영진에게 회사의 주식을 보유하도록 함으로써 대리문제를 완화하고자 한다는 목적에서 볼 때, 주식보상은 실제 주식을 부여한 이후에도 일정 기간 주식을 보유하도록 설계할 수 있다는 점에서 유용한 측면이 있다. 반면, 주식연계현금보상의 경우에는 경영진이 주식을 보유하게 할 수는 없다는 한계가 있으며, 이에 따라 주식의 장기 보유를 통한 인센티브 효과는 상대적으로 낮을 수 있다는 차이가 있다.

(3) 옵션형 보상과 주식형 보상

주식연계보상은 옵션형 보상(option awards)[2]과 주식형 보상(stock awards)[3]으로 분류할 수 있다. 옵션형 보상은 일정 시점의 주식 가치와 장래 시점의 주식 가치를 비교하여 그 상승분만큼을 보상으로 제공하는 유형을 총칭하고, 주식형 보상은 회사 주식 가치 전체를 보상으로 제공하는 유형을 총칭한다.[4]

옵션형 보상과 주식형 보상은 부여되는 가치, 위험감수에 대한 인센티브, 성과 연계성, 단기주의 우려 등 다양한 측면에서 차이가 있기 때문에, 주식연계보상을 옵션형 보상과 주식형 보상으로 유형화하는 것은 매우 유용한 논의의 틀이 된다(상세한 내용은 제2절 3.(1), (2) 및 제5장 제3절 2.항 참조).

---

2 차익보상주(appreciation shares)라는 용어도 사용된다.
3 총가치보상주(full value shares)라는 용어도 사용된다.
4 Ades-Laurent(2017), 367-368면; Reda(2021), 29-30면

2. 주식연계보상의 유형

주식연계보상에는 스톡옵션, SARs, RSA, RSU, Performance Share 등 다양한 유형이 있다. 이러한 다양한 유형들은 주로 1900년대 미국에서 고안되어 활용되기 시작하였으며, 이후 다른 나라들로 확산되었다. 그러나 주식연계보상의 각 유형을 지칭하는 용어는 다른 나라에서도 법령으로 명확히 정의되어 있지 않아, 해외에서도 문헌마다 조금씩 다른 용어나 분류를 사용하고 있고, 실무상 기업들은 나름의 명칭을 고안하여 사용하고 있다.

국내에도 스톡옵션을 지칭하는 주식매수선택권을 제외하면 명확히 정립된 용어가 없는 상태이다. 이로 인해 실무에서는 미국식 용어를 그대로 사용하거나, 양도제한부주식, 성과조건부주식 등 여러 용어가 혼용하고 있다. 따라서 논의의 명확화를 위해 주식연계보상의 주요 유형별 특징을 살펴보고, 이를 토대로 국내 용어를 정리할 필요가 있다.

먼저 다양한 유형의 주식연계보상이 국내외 실무상 어떠한 용어로 지칭되고 있는지를 정리한다((1)항). 이를 토대로 주식연계보상의 주요 특징에 따라 유형을 체계적으로 분류하고, 각 유형별로 용어를 정의한다((2)항).

(1) 주식연계보상의 실무상 용례 분석

주식연계보상을 옵션형 보상과 주식형 보상으로 구분할 때, 옵션형 보상에는 Stock Option(주식매수선택권)과 SAR(주가차익보상권)이 있고, 주식형 보상에는 RSA, RSU, PSU, Phantom Stock(가상주식), Stock Grant(스톡그랜트) 등이 있다.

가. Stock Option(스톡옵션)

스톡옵션은 부여대상자에게 부여일 이후 장래의 어느 일정 기간 동안 회사의 주식을 미리 정해진 가격(행사가격)에 매수할 수 있는 권리를 부여하는 것이다. 행사가격은 일반적으로 부여일의 공정가격으로 정해진다.

스톡옵션은 부여 후 부여대상자가 그 옵션을 행사할 때까지 주식이 발행되거나 제공되지 않고, 따라서 부여대상자가 의결권이나 배당을 받을 권리 기타 주주로서의 권리도 갖지 않는다. 스톡옵션은 부여대상자에게 회사의 주식가치를 상승시키는 방식으로 일할 동기를 부여하는 효과가 있고, 부여대상자가 행사기간 중에 행사시기를 정할 수 있다는 등의 장점이 있다. 그러나 스톡옵션은 부여 이후 주가가 오르지 않으면 아무런 가치를 갖지 못하고, 부여대상자가 실제로 주식을 받기 위해서는 행사가격만큼의 자금을 지급해야 한다는 점이 단점이 될 수 있다.

미국의 경우 일정 기간의 재직요건을 충족함에 따라 가득되는 구조(time-vesting condition, 이하 "기간연동부 가득조건")의 스톡옵션이 표준적인 형태로 널리 활용되어 왔다. 즉, 통상적으로 4년을 기준으로 1년 경과 후 총 부여수량의 1/4이 가득되고, 나머지 3년 동안 매월 또는 매분기 나머지 부여수량이 일정 비율씩 가득된다. 스톡옵션은 가득된 시점부터 행사할 수 있고 행사기간은 부여일로부터 10년으로 정하는 경우가 많다.[5] 기간연동부 가득조건에 더하여 일정한 성과를 달성하는 것을 가득조건(performance-vesting condition, 이하 "성과연동부 가득조건")으로 추가하는 것도 이론적으로 가능하나, 실무상 활용 사례는 드물다. 따라서 기간연동부 가득조건이 부여된 것이 전형적인 스톡옵션이라고 할 수 있다.[6]

---

5 Alon-Beck(2019), 127-128면

상법은 제340조의2부터 제340조의5에서 "주식매수선택권"이라는 명칭으로 스톡옵션 제도를 규정하고 있다(상법 제340조의2부터 제340조의5). 상법상 주식매수선택권은 (i) 부여대상자의 행사가액 납입시 주식(신주 또는 자기주식)을 교부하는 방식과 (ii) 행사가액과 시가의 차액을 현금 또는 자기주식으로 교부하는 방식을 모두 규정하고 있는데, 미국식의 유형으로 구분하면 위 (i)은 전형적인 스톡옵션에 해당하고, (ii)는 아래 SAR로 볼 수 있다.

나. SAR

SAR(Stock Appreciation Right, 주가차익보상권)은 특정한 수의 주식(기초주식)을 정하여 임직원에게 그 SAR의 가득조건(vesting condition)이 성취된 때로부터 일정한 기간 동안 그 기초주식의 가치 상승분을 주식 또는 현금으로 지급받을 권리를 부여하는 것이다. SAR은 경제적으로는 스톡옵션과 동일한데, 스톡옵션만큼 많이 사용되고 있지는 않다.[7] 미국에서 SAR은 단독으로 부여되는 유형, 즉 stand-alone SAR보다는, 주로 스톡옵션 행사대금 마련을 돕기 위한 tandem SAR 형태로 많이 활용된다. 예를 들면 스톡옵션 100주와 tandem SAR 100주가 부여되면, 부여대상자는 스톡옵션을 행사할지 tandem SAR를 행사할지 선택할 수 있다. 만약 부여대상자가 SAR 50주를 행사하면, 부여대상자는 그 차익에 해당하는 현금을 수령하게 되며 동시에 스톡옵션 50주는 취소된다. 부여대상자는 수령한 현금을 잔여 스톡옵션 행사대금으로 활용할 수 있기 때문에 미국 실무상 이러한 방식이 널리 활용되고 있다.

상법상 주식매수선택권 중 현금을 교부하는 주가차익청구형 주식

---

[6] FW Cook(2009), 10-11면
[7] Walker(2017), 547-548면

매수선택권(상법 제340조의2 제1항 단서)은 SAR의 일종으로 볼 수 있다.

다. RSA

미국의 전형적인 RSA(Restricted Stock Awards)는 부여대상자에게 부여일에 회사의 신주를 무상으로 발행하여 주되, 다만 그 주식이 가득(vesting)될 때까지 (i) 양도 불가하고 (ii) (통상적으로는 회사를 퇴사하는 경우) 회사에 의해 박탈(forfeit) 내지 환매(repurchase)될 수 있다는 제한을 부가하는 것이다. RSA는 부여일에 해당 임직원이 그 주식의 소유자(record owner)가 되고, 원칙적으로 의결권, 배당을 받을 권리 기타 주주로서의 권리도 행사할 수 있다. 가득되고 나면 해당 임직원은 그 주식에 대하여 아무런 제한 없는 온전한 권리를 보유하게 된다.[8] RSA의 가득조건도 스톡옵션과 유사하게 기간연동부 가득조건인 경우가 많다.[9] 일정한 가득조건 성취시 제한이 없어진다는 점에서 일종의 해제조건부 계약으로 볼 수 있다.

RSA를 restricted stock grant(제한스톡그랜트)라고 부르기도 하고, 실무상 또는 문헌에 따라 restricted stock 내지 RS(제한주식)라고 지칭하는 경우도 있는데, RS(제한주식)는 RSA와 RSU를 포괄하는 개념으로 사용되기도 한다. 본 글에서는 혼동을 방지하기 위하여 RS는 RSA와 RSU를 포함하는 용어로 사용하기로 한다.

미국에서 RSA는 주로 스타트업이 외부 투자를 유치하는 과정에서 창업자 및 핵심 인력(소위 "key employees")에게 부여하는 방식으로 활용된다. 창업 후 외부 투자자로부터 투자를 받으면 창업자의 지분율이 낮아지게 되는데, 미국에서는 무상 신주 발행이 가능하므로 이

---

[8] Walker(2017), 547-549면
[9] Keng(2022)

때 창업자에게 RSA를 부여함으로써 일정 수준의 지분율을 유지하게 하여 회사에 대한 지배력을 계속 행사하며 경영을 이어갈 수 있도록 하는 것이다. 또한 RSA는 가득될 때까지 양도 불가하고 퇴사시 박탈되는 구조이므로, 투자자 입장에서 핵심 인력의 이탈 방지(retention) 기능을 기대할 수 있다는 장점도 있다.

한편, 일본에서는 RSA에 해당하는 유형을 실무상 RS 혹은 リストリクテッド・ストック(리스트릭티드스톡)이라고 지칭하기도 하고, 일본 소득세법상 讓渡制限付株式(양도제한부주식)10이라는 용어를 사용하기도 한다.

우리나라에서는 주식을 임직원에게 무상으로 발행하여 줄 수 없기 때문에 전형적인 미국의 RSA와 완전히 동일한 방식을 활용할 수는 없다(제4장 4.(1)나. 참조). 다만, 실무상 자기주식을 부여일에 곧바로 교부하면서 일정 기간 양도제한 조건을 두는 형태의 보상을 부여하는 경우가 있는데, 이러한 유형이 미국의 RSA와 기능적으로 유사하므로 일종의 한국식 RSA라 할 수 있을 것이다. 다만 전형적인 RSA의 중요한 특징은 앞서 살펴본 바와 같이 (i) 가득될 때까지 양도 불가하다는 점과 더불어 (ii) 퇴사시 이를 박탈 내지 환매한다는 것인데, 우리나라의 경우 (i) 양도제한 약정의 실효성 및 (ii) 환매 가부에 대해 논란의 여지가 있다는 점에 유의할 필요가 있다(관련 쟁점은

---

10 일본 소득세법 시행령 제84조 제2항은 '양도제한부주식'을 (i) 양도에 대한 제한이 있으며 해당 양도에 대한 제한과 관련된 기간("양도제한기간")이 마련되어 있을 것, (ii) 해당 법인이 그 주식을 무상으로 취득하게 되는 사유(그 주식의 교부를 받은 개인이 양도제한기간 내 소정의 기간 동안 근무를 계속하지 않거나 해당 개인의 근무실적이 양호하지 않은 사실, 기타 해당 개인의 근무상황에 따른 사유 또는 이들 법인의 실적이 미리 정한 기준에 미달하는 사실, 기타 이들 법인이 받은 실적, 기타 지표 상황에 따른 사유에 한함)가 정해져 있을 것의 요건을 충족하는 주식을 의미한다고 규정하고 있다. 일본 소득세법상 양도제한부 주식에 관한 구체적인 내용은 제5장 제6절 2.(1) 참조.

제4장 제2절 4.(2)에서 검토한다.)

라. RSU

RSU(Restricted Stock Units)는 장래의 특정 시점(조건성취일, vesting date)에 회사의 주식을 받을 수 있는 권리를 표창하는 일정한 단위(unit)를 부여하는 것이다.11 즉, RSA와 달리 RSU는 부여일에는 회사의 주식이 실제로 발행되지 않고, 회사가 부여대상자에게 장래에 주식을 제공하겠다고 약정하는 것이다. 주식 자체가 아닌, '주식을 부여받을 권리로서의 일정한 단위'를 제공한다는 점에서 restricted stock 'unit'이라고 하며 1 unit은 부여계약의 조건에 따라 장래에 1주, 5주 또는 10주가 될 수도 있다. 어떤 회사들은 RSU를 주식 또는 그 가치 상당의 현금, 혹은 주식과 현금을 혼합하여 제공하는 것으로 정산(settle)하기도 한다.12 RSU를 부여받은 자는 회사 주식의 소유자가 아니므로 가득되어 주식을 지급받기 전까지 주주로서의 권리를 갖지 않는다.13

RSU에서 중요한 것은 가득조건을 어떻게 설정하느냐이다. 일정한 기간 동안 재직하는 것을 조건으로 할 수도 있고(time-vesting), 개인, 소속 조직 또는 전사 차원의 특정한 목표(milestone)을 이루는 것을 조건으로 설정할 수도 있다(performance-vesting). 기본적인 형태는 기간을 가득조건으로 설정하는 것(time-vested RSU 혹은 time-based RSU)이고, 기간과 성과 모두를 가득조건으로 설정하는 경우(performance-vested RSU, performance-based RSU)도 있다. 성과가 연

---

11 Brookfield et al.(2023)
12 Reda(2021), 31면
13 다만 RSU를 부여받은 자들에게 배당에 상응하는 권리를 제공하는 경우도 있다{Dropbox RSU 사례 참조: Dropbox, Inc. "Form S-1 Registration Statement", (February 23, 2018)}

동된다는 점에서 performance-based RSU를 PSU라고 지칭하기도 한다. 관련 문헌이나 실무 용례상 기간연동부 가득조건이 붙은 것을 통상의 RSU로 분류하고, 성과연동 가득조건이 추가된 RSU를 PSU (Performance Stock Unit)로 별도로 분류하거나 Performance Awards, Performance Share의 일종으로서 PS라고 지칭하기도 하는 등 용어나 유형 분류 기준이 확립되어 있지는 않다.14 본 항에서는 기간조건부 (time-vested) RSU에 초점을 두어 살펴보고, 성과조건이 결부된 주식연계보상에 대해서는 아래 마.항에서 추가로 살펴 본다.

주식지급일정은 '일정 기간 후 조건 달성 시 약정된 수량 내지 금액을 전부 지급'하기로 하는 경우(일시지급형, 미국의 cliff schedule에 해당)도 있고, '일정한 기간 동안 매년, 혹은 매 반기 내지 분기마다 단계적으로 지급'하기로 하는 경우(단계적 지급형, 미국의 graded schedule에 해당)도 있다.

정산수단은 자기주식을 교부하는 경우, 그 주식 가치에 상응하는 현금을 지급하는 경우, 주식과 현금을 혼합하여 지급하는 경우가 있고, 혼합하여 지급하는 경우 중에는 주식과 현금을 각 비중을 교부계약 체결 시점에 미리 정하는 경우도 있고, 지급 시점에 회사가 정산수단을 선택할 수 있도록 하는 경우도 있다.

원칙적으로 RSU 가득 후 부여된 주식은 바로 매각할 수 있다. 다만 RSU를 부여하면서 주식 지급 후 일정 기간 양도제한 약정 내지 일정 기간 보유의무를 부가하기도 한다.

한편, 일본의 경우 실무상 RSU라는 영문표현을 사용하기도 하고 譲渡制限付株式ユニット(양도제한부주식유닛) 또는 リストリクテッド・ストック・ユニット(리스트릭티드 스톡유닛)이라고 지칭하기도 한다.

국내 실무상으로는 RSU라는 용어를 그대로 사용하는 경우도 많

---

14 FW Cook(2022), 4면

고, '양도제한부주식' 내지 '양도제한조건부주식' 등으로 지칭하는 경우도 있다. 그러나 RSU 자체는 본질적으로 가득조건이 성취될 때까지 주식의 소유권 이전 자체가 이루어지지 않는 것이고, 그 기간 동안 주식의 양도가 제한되는 것은 아니므로, RSU를 양도제한부주식이라고 하는 것은 다소 어폐가 있다. 양도제한조건부주식이라는 용어에 대해서는 아래 아.항에서 별도로 검토한다.

마. Performance Shares/PSU

미국과 영국을 중심으로 2000년대 이후 점차 장기성과와 연동된 보상을 지급하는 것이 중시되면서 주식연계보상도 성과와 연동된 조건을 부가하는 유형의 활용비중이 늘어나게 되었다.15 이와 관련된 개념 중 가장 포괄적인 개념은 성과보상(performance awards)으로, 이는 미리 정해진 성과목표의 달성을 가득조건으로 하는 주식(stock), 또는 주식 단위(stock unit), 주가연계 현금 부여를 총칭한다.16

성과와 연계된 조건의 성취에 따라 주식 수를 산정하여 교부하는 방식을 성과주식(Performance Share)이라고 부르기도 하고, RSU에 성과연동부 가득조건이 추가된 형태를 PSU라고 하기도 하는데, 학술 문헌이나 실무에서는 PSU에 해당하는 것을 PS로 지칭하기도 하고 performance-based RSU라고 부르는 경우도 있어, 나라마다, 학자마다, 회사마다 일관된 용어가 사용되고 있지는 않다. PS와 PSU를 엄밀하게 구분하지 않고, PS라고 통칭하는 문헌이 있는가 하면, PSU로 통칭하는 문헌도 있다. 본 글에서는 해외 논의를 언급할 때 성과조건 달성 여부에 따라 사후적으로 주식이 부여되는 경우를 PSU로 지칭하기로 한다.

---

15 상세한 내용은 제2절에서 검토한다.
16 FW Cook(2022), 4면

PSU에서 가장 중요한 것은 성과조건을 어떻게 어떻게 설정하느냐인데, 성과조건은 개인별, 사업 부문별, 또는 전사적인 성과 목표 달성 여부를 조건으로 할 수 있다. 예컨대 재무지표, 주가, 타사 대비 상대적인 총주주수익률(total share return, TSR) 등을 조건으로 할 수도 있고, 그 외 특정한 목표(milestone) 달성을 조건으로 설정할 수도 있다.

한편, 일본의 경우 실무상 PSU라는 영문표현을 그대로 사용하기도 하고, パフォーマンス・シェア・ユニット(퍼포먼스 쉐어 유닛)이라고 표기하기도 한다.

국내 실무에서는 PSU라는 용어가 사용되기도 하고, '성과조건부주식'이라는 용어도 사용되고 있다. PSU를 RSU로 지칭하는 경우도 있는데, 위 라.항에서 살펴 본 바와 같이 performance-vested RSU를 RSU의 일종으로 분류하기도 하므로 틀린 표현은 아니다.

이와 관련하여 2024. 7. 10. 개정된 벤처기업육성에 관한 특별법(이하 "벤처기업법")에 추가된 '성과조건부주식'의 개념을 살펴본다. 벤처기업법 제16조의17은 "벤처기업 임직원 중 기업의 설립 또는 기술·경영의 혁신 등에 기여하였거나 기여할 능력을 갖춘 자와 무상으로 자기주식을 교부하는 계약"을 "성과조건부주식교부계약"이라고 하고 있다. 그런데 '성과조건부주식'이라는 용어 자체는 PSU를 지칭하는 것으로 해석되나, 그 용어에 대한 설명은 (성과조건 부여 여부와 무관하게) 무상으로 자기주식을 교부하는 방식 전반을 포괄하는 것처럼 되어 있어 용어와 개념 간 혼동의 우려가 있다. 이 개정과 관련하여 중소벤처기업부에서 발간한 매뉴얼에서는 "'성과조건부주식'이란 임직원에게 근속기간 또는 성과와 연동되어 권리가 확정되는 주식을 지급하는 제도로서 미국 및 국내 일부 기업들에서 양도제한조건부주식(Restricted Stock)이라는 이름으로 사용되어 왔음"이라고 밝히고 있다. 또한, 자기주식을 선지급하는 유형과 후지급하는 유형이 있다고 설명하고 있다. 이에 따르면 벤처기업법상 성과조건부주식은 RSA, RSU, PSU를 포괄하는 개념으로 의도된 것으로 보인다.17 입법 취지가 이와 같다면, '성과조건부주식'이라는 용어는 적확하지 않다. 아래 (2)항에서 정의하는 용어를 활용한다면, 벤처기업법에서 규정하고자 한 유형은 '제한주식'에 해당한다.

바. Phantom Stock

Phantom Stock은 회사가 임직원에게 장래의 특정 시점에 특정 수의 회사 주식의 가치에 상응하는 현금을 지급하기로 약정하는 것을 의미한다. Phantom Stock은 RSU와 경제적 관점에서 유사하나 현금으로만 지급된다는 점에 차이가 있다.18

국내에서는 실무상 Phantom Stock 또는 가상주식이라는 용어가 사용되고 있다.

사. Stock Grant

광의의 stock grant(스톡그랜트)는 '주식을 제공하는 보상'을 포괄하는 개념으로, 앞서 설명한 RSA나 PSU도 스톡그랜트를 부여하면서 일정한 제한을 부가한 것으로서, 광의의 스톡그랜트의 일종으로 볼 수 있다.19 그러나 국내 실무상 스톡그랜트는 조건 없이 주식을 임직원에게 교부하는 경우를 지칭하는 것으로 활용되고 있는바, 본 연구에서도 스톡그랜트는 이와 같은 협의의 스톡그랜트를 의미하는 용어로 사용한다.

---

17 중소벤처기업부, "2024 비상장 벤처기업을 위한 성과조건부주식 매뉴얼', (2024. 7.), 3면, 8면
18 Levitt/Gardninerl(2004), 7면 이하
19 Geczy et al.(2017), 568면

아. 양도제한조건부주식

국내 실무상 '양도제한부주식', '양도제한조건부주식'이라는 표현도 사용되고 있다. RSU를 양도제한부주식이라고 번역하거나 이를 동의어로 사용하는 경우도 있는데, RSU 자체는 본질적으로 가득조건이 성취될 때까지 주식의 소유권 이전 자체가 이루어지지 않는 것이고, 그 기간 동안 단순히 양도가 제한되는 것은 아니므로, RSU를 양도제한부주식이라고 지칭하는 것은 적확하지 않다.

어떠한 유형의 주식연계보상이든 부여대상자에게 실제 주식의 소유권을 이전한 이후에 일정 기간 양도를 제한하는 조건을 부가하는 경우에 이를 '양도제한' 내지 '양도제한조건부' 주식이라고 할 수 있다. 따라서 '양도제한부주식'이나 '양도제한조건부주식'이라는 개념은 RSU나 PSU 등과 동일한 층위의 유형으로 분류할 것이 아니라, 특정 유형의 주식연계보상에 '양도제한'이라는 조건이 부가된 형태로 이해하는 것이 타당하다.

이와 관련하여, 현재 발의되어 있는 상법 개정안은 '양도제한조건부주식'에 대한 규정을 신설하면서, 이를 '회사의 이사, 집행임원, 감사 또는 피용자에게 무상으로 근속, 성과 달성 등 장래의 일정한 요건의 충족을 조건으로 하여, 일정기간 양도를 금지하는 조건이 붙은 주식 또는 정해진 수의 주식을 받을 수 있는 권리'로 정의하고 있다.[20] 여기서 '장래의 일정한 요건의 충족을 조건으로' '일정기간 양도를 금지하는 조건이 붙은 주식'은 RSA, '정해진 수의 주식을 받을 수 있는 권리'는 RSU 또는 PSU를 의미한다. 이러한 유형을 모두 양도제한조건부주식이라고 통칭할 경우 개념상·용어상 혼란을 초래할

---

[20] 의안번호 289 상법 일부개정 법률안(2024. 6. 11. 정준호의원 대표발의). '양도제한조건부주식'의 부여 한도(발행주식 총수의 10%), 부여 절차(정관의 근거 및 주주총회 결의), 부여대상 제한(지배주주 등에 대한 부여 금지)을 정하는 것을 골자로 한다.

우려가 있으므로, 규제 범위를 정확하게 나타낼 수 있는 용어로 수정할 필요가 있다(상법 개정안 및 그에 대한 개선방안에 대한 논의는 제5장 제3절 및 제4절 참조).

(2) 주식연계보상의 체계적 유형화 및 용어 정의

연혁적으로, 다양한 주식연계보상들은 처음부터 법적으로 개념화되거나 유형화된 후 활용된 것이 아니라, 미국을 중심으로 실무상 각 기업들이 자율적으로 설계하고 나름의 명칭을 부여하며 발전해 왔다. 이로 인해 앞서 살펴 본 바와 같이 해외 문헌과 실무에서도 용어 사용에 일관되지 않은 면이 있고, 이러한 상황에서 국내 기업들이 해외의 주식연계보상과 유사한 제도를 도입하면서, 개념에 대한 명확한 이해 없이 해외 용어를 차용하거나 번역한 사례가 많아 용어 사용에 혼선이 있는 상황이다. 주식연계보상에 대한 심도 깊은 검토 및 논의를 위해서는, 우선 다양한 주식연계보상의 유형을 개념화하고 용어를 정리할 필요가 있다. 이에 본 항에서는 앞서 살펴본 다양한 주식연계보상 유형들의 특징과 국내외 용례를 바탕으로 주식연계보상을 체계적으로 유형화하고 유형별 용어를 정리하고자 한다.[21]

---

[21] 가상주식도 지급규모가 주가와 연계된다는 측면에서 주식연계보상의 일종이기에 위 (1)바.에서 그 개념을 살펴 보았다. 다만, 가상주식은 실제 주식이 발행되거나 교부되지 않고 현금으로만 지급되기 때문에 회사의 신주가 발행되거나 자기주식이 교부됨으로 인해 발생하는 다양한 회사법적 쟁점이 문제되지는 않는다. 따라서 본 연구는 실제 주식이 교부되는 유형(현금이 일부 혼합되어 지급되는 경우는 포함)에 초점을 두고자 한다. 이에 본 항에서 현금만 지급되는 가상주식은 생략한다.

가. 주식연계보상의 대분류: 옵션형보상과 주식형보상

주식연계보상은 크게 옵션형 보상과 주식형 보상으로 분류할 수 있다. 위 1.(3)에서 본 바와 같이 옵션형 보상은 일정 시점의 주식 가치와 장래 시점의 주식 가치를 비교하여 그 상승분을 보상으로 제공하는 유형을 총칭하고, 주식형 보상은 회사 주식의 전체 가치를 보상으로 제공하는 유형을 총칭한다. 이 두 유형은 보상의 가치 산정 방식, 위험 감수 유인, 성과 연계성, 단기주의 유발 가능성, 기회주의적 활용 소지, 기존 주주의 지분 희석 효과 등 여러 측면에서 의미 있는 차이를 보인다. 따라서 경영진에게 부여할 주식연계보상 유형을 결정하거나, 관련 법제를 정비할 때, 위 두 유형의 각 특징과 차이를 정확히 이해하는 것이 매우 중요하다(상세한 내용은 제2절 3.(1), (2) 및 제5장 제3절 2.항 참조). 이러한 점에서 주식연계보상을 옵션형과 주식형으로 구분하는 것은 유용한 분석 틀이 된다.

나. 옵션형 보상의 중분류: 스톡옵션과 주가차익보상권

옵션형 보상의 대표적인 유형은 장래의 어느 일정 기간 동안 회사의 주식을 미리 정해진 가격에 매수할 수 있는 권리를 부여하는 것, 즉 스톡옵션이다. 상법은 주식매수선택권이라는 용어를 사용하고 있는데, 우리나라에서도 스톡옵션이라는 명칭이 널리 통용되고 있으므로 이 글에서는 스톡옵션이라는 용어를 활용하되 상법상의 제도를 설명하기 위한 목적에서 필요한 경우 주식매수선택권이라는 용어도 함께 사용하기로 한다.

스톡옵션과 경제적으로 동일하지만, 행사대금을 납입하고 회사의 주식을 취득하는 것이 아니라, 일정 기간의 주가 상승분의 가치 상당의 주식 또는 현금을 교부하는 것을 미국에서는 SAR이라고 하는데, 이 글에서는 주가차익보상권이라는 용어를 사용하기로 한다.

다. 주식형 보상의 중분류: 스톡그랜트와 제한주식

주식형 보상은 그에 부가되는 제한의 유무에 따라 (i) 아무런 제한이 없는 경우를 스톡그랜트, (ii) 일정한 제한이 부가된 경우를 제한주식이라고 한다.

제한주식의 '제한(restricted)'은 '양도' 제한에만 국한되는 것이 아니라 가득조건 등을 포함하며, 스톡랜트에 비해 제한이 있다는 측면에서 제한주식이라고 하는 것이다. 미국이나 영국에서 RS(restricted stock)라는 용어도 RSA(restricted stock award)와 RSU(restricted stock unit)를 포괄하는 개념으로 활용되는 경우가 많다. 따라서 이 글에서도 제한주식을 (양도제한주식이 아니라) 주식형 보상 중 일정한 가득조건이 부가된 유형을 의미하는 것으로 정의한다.

라. 제한주식의 소분류: 사전교부 제한주식과 사후교부 제한주식

제한주식은 실제 주식의 교부 시점에 따라 구분하여, (i) 보상 부여 시점에 주식을 교부하는 경우를 사전교부 제한주식(미국의 RSA), (ii) 가득조건 성취 시점에 주식을 교부하는 경우를 사후교부 제한주식(미국의 RSU, PSU)이라고 하기로 한다.

우리나라 실무에서는 임직원에게 주식을 교부하면서 양도제한조건을 추가하는 경우가 있고, 이것을 스톡그랜트를 부라고 하면서 양도제한조건을 추가하였다고 설명하기도 하고, 이러한 유형을 양도제한조건부주식이라고 지칭하기도 한다. 그러나 이 글에서의 개념 정의에 따르면 이는 사전교부 제한주식에 해당한다. 사전교부 제한주식은 구조적으로 부여 시점에 바로 주식이 교부되고 가득기간 동안 양도가 제한되므로, 추가로 '양도제한형' 여부를 따질 필요가 없다.

한편, 사후교부 제한주식은 그 설계 방식에 따라 여러 유형으로

세분될 수 있으므로, 이에 대해서는 아래에서 항을 바꾸어 살펴본다.

마. 사후교부 제한주식의 세분류

사후교부 제한주식은 가득조건에 따라 (i) 일정 기간이 경과하기만 하면 가득되는 유형을 기간조건부 사후교부 제한주식, (ii) 일정 기간 경과와 더불어 특정한 성과지표의 성취를 조건으로 가득되는 유형을 성과조건부 사후교부 제한주식이라고 한다. 기간조건부 사후교부 제한주식은 미국에서 RSU 또는 time-vested RSU로 지칭되는 유형이고, 성과조건부 사후교부 제한주식은 미국에서 주로 PSU 또는 performance-vested RSU로 지칭되는 유형에 해당한다.

그리고 사후교부 제한주식은 주식교부 일정에 따라서도 세분할 수 있다. 즉, (i) 가득조건 충족시 전량을 일시에 지급하는 유형을 일시지급형, (ii) 가득기간 동안 일정 비율씩 분할 지급하는 유형을 단계적 지급형으로 나눌 수 있다. 단계적 지급형은 매년, 매분기마다 일정 비율을 지급하기로 하거나, 1년 뒤에는 1/4, 그 이후 3년 간은 매분기 1/16씩 지급하기로 하는 등 다양한 세부 설계가 가능하다.[22]

또한, 사후교부 제한주식은 정산수단에 따라서도 분류할 수 있다. (i) 전부 주식으로 지급하는 유형을 주식교부형, (ii) 주식과 현금을 혼합하여 지급하는 유형을 현금혼합형이라고 하기로 한다. 정산수단은 부여시점에 확정할 수도 있지만, 추후, 즉 지급시점에 확정하는 것으로 설계할 수도 있다. 즉, 부여 시점에 주식으로만 지급하기로 정할 수도 있고, 세금 납부 재원 등을 고려하여 특정 비율은 현금으로 지급하기로 정할 수도 있으며, 주식 교부 시점에 회사의 선택에 따라 주식과 현금의 비율을 정할 수 있도록 하는 것도 가능하다. 부여대상자에게 선택권을 부여하는 방안도 생각해 볼 수 있으나, 주식

---

22 가득조건의 설정에 관하여는 제5장 제5절 1.(1)항 참조.

연계보상의 목적은 주식을 통한 경영진과 주주의 이해관계 정렬에 있다는 점에서 경영진에 대한 보상으로 부여하는 경우에는 이러한 방식은 바람직하지 않다.23

한편, 사후교부 제한주식의 경우 가득조건이 충족되어 주식이 교부된 이후에 추가로 양도를 제한할 수도 있는데, (i) 이처럼 양도제한 조건이 부가되는 유형을 양도제한형이라고 할 수 있다. (ii) 양도제한을 두지 않는 경우를 양도제한형과 구분하기 위한 목적에서 양도허용형이라고 할 수 있으나, 일반적으로는 양도제한이 없는 경우에 대해 별도의 명칭을 사용할 필요는 없을 것이다.

성과조건부 사후교부 제한주식의 경우, 성과달성에 따른 가득구조를 이분형(All-or-Nothing)과 누적형(Accumulated)으로 세분할 수 있다. 단일 성과기준을 설정하고, 그 성과기준을 달성하지 못하면 주식이 전혀 가득되지 않지만, 그 성과기준을 달성하면 전량 가득되는 방식을 이분형 가득구조라고 할 수 있다(아래 그래프 유형 A). 이와 달리, 성과기준을 단계별로 설정하여, 일정한 성과 임계치(threshold)를 달성한 때부터 일정 수량의 주식이 가득되며, 성과 달성 수준이 높아질수록 가득되는 주식 수가 증가하는 방식으로 설계하기도 하는데, 이러한 구조를 누적형 가득구조라고 할 수 있다. 누적형 가득구조는, 성과 달성 수준이 높아질수록 가득되는 주식 수가 선형으로 (linear) 증가하도록 설계할 수도 있고(아래 그래프 유형 B-1), 단계적으로(stepwise) 증가하도록 설계할 수도 있다(아래 그래프 유형 B-2).

---

23 직원에게 선택권을 부여하는 방식은 경우에 따라 정당화될 수 있을 것이다. 다만, 이 글은 경영진 보상에 초점을 두고 있으므로 이에 대한 상세한 검토는 생략한다.

제2장 주식연계보상에 대한 기초적 고찰 31

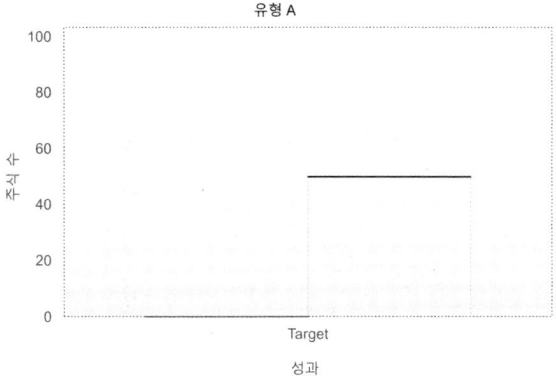

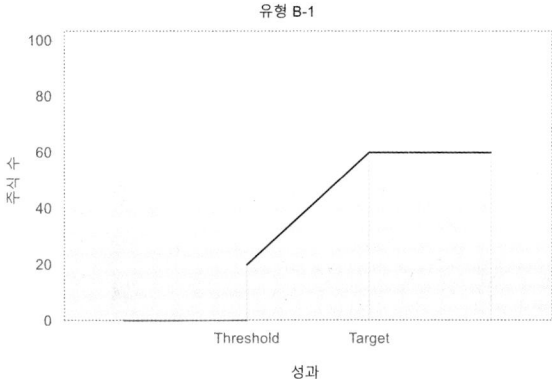

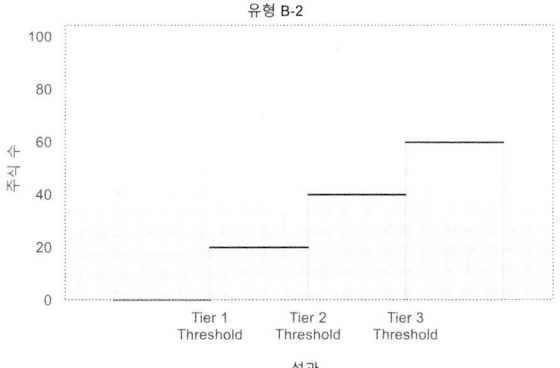

마지막으로, 성과조건부 사후교부 제한주식은 지급할 주식 수의 확정 시점에 따라 다음과 같이 세분할 수 있다. 즉, 보상 부여 시점에 특정한 성과지표 달성시 지급할 주식 수를 미리 정하는 경우도 있는 반면, 부여 시점에는 기준만 설정하고 추후 성과 달성 정도에 따라 주식 수를 확정하기로 하는 경우도 있는데, 전자를 확정형, 후자를 변동형이라고 하기로 한다.

이상의 용어를 정리하면 아래 표와 같다. 주로 활용되는 미국식 용어는 괄호 안에 부기하였다.

옵션형 보상	스톡옵션 (Stock Option)			
	주가차익보상권 (SAR)			
주식형 보상	스톡그랜트 (Stock Grant)			
	제한주식 (RS)	사전교부 제한주식 (RSA)		
		사후교부 제한주식24	기간조건부 사후교부 제한주식 (RSU)	일시지급형/단계적 지급형
				주식교부형/현금혼합형
				양도허용형/양도제한형
			성과조건부 사후교부 제한주식 (PSU)	일시지급형/단계적 지급형
				주식교부형/현금혼합형
				양도허용형/양도제한형
				이분형/누적형
				확정형/변동형

이하 이 글에서는 원칙적으로 위 용어를 사용한다. 단, 해외의 이론이나 입법례, 해외에서의 활용 사례에 관한 내용을 인용함에 있어서는 해외에서 사용되는 표현을 사용하되, 필요한 범위 내에서 위 국문 표기를 병기한다.

---

24 사후교부 제한주식을 RSU라고 지칭하고, 기간조건부 사후교부 제한주식을 time-vested RSU 혹은 time-based RSU, 성과조건부 사후교부 제한주식을 performance-vested RSU 혹은 performance-based RSU로 지칭하는 경우도 있다.

제 2 절 경영진 주식연계보상에 대한 이론 및 기존 논의

 본 장에서는 경영진 보수의 일환으로서 주식연계보상에 관한 이론적인 논의를 살펴본다. 관련 논의는 미국에서 상장회사 경영진에 대한 보수를 중심으로 시작되어 이후 여러 국가에서의 논의에 이론적 기반이 되었다. 이에 먼저, 미국에서의 논의를 중심으로 대리문제의 해결 수단으로 부상한 주식연계보상에 관한 선행연구(1.항)와 경영진 보수에 관한 이론들(2.항)을 고찰하고, 우리나라와 같이 지배주주가 있는 상황에 시사점을 줄 수 있는 논의도 함께 살펴본다. 다음으로, 1990년대 후반부터 최근까지 경영진 주식연계보상을 어떻게 구성하는 것이 바람직한지에 대해 전개된 해외 선행연구들(3.항)을 살펴보고, 국내에서 이루어진 관련 선행연구들을 검토한 후(4.항), 이를 바탕으로, 이러한 연구들이 우리나라 경영진 주식연계보상 제도에 어떠한 시사점을 주는지 살펴본다.

1. 대리문제와 주식연계보상

(1) 경영진-주주 사이의 대리문제

 경영진 보수에 관한 초기 논의는 지배주주가 존재하지 않는 미국 상장회사들의 경영진 보수를 중심으로 이루어졌다. 미국에서는 20세기 초반부터 전문경영인들이 등장하였고, 과거 지배주주가 회사를 직접 경영하던 구조와 달리 이들은 일반적으로 회사의 주식을 거의 보유하지 않았다.

이러한 배경하에서 Berle와 Means(1932)는 경영자가 회사의 주식을 거의 소유하지 않고 주주들이 분산되어 있을 경우 경영진과 분산된 주주들 사이에 잠재적 이익충돌이 발생할 수 있다는 점을 지적하였다.[25] 이와 같은 소유와 경영의 분리는 경영진자가 주주의 이익을 위해 행동하기 보다는 자신에게 이익이 되는 행동을 추구하는 대리문제(agency problem)를 야기한다. 대리관계(agency relation)란 본인(principal)이 대리인(agent)에게 의사결정 권한을 위임하여, 대리인으로 하여금 본인을 대신하여 어떠한 서비스를 수행하도록 위임하는 관계를 의미한다. 소유가 분산된 현대의 회사에서 주주와 경영자의 관계는 대리관계에 해당하기 때문에, 대리이론에서 말하는 대리문제가 회사에서 주주와 경영자 사이에서도 발생한다는 것이다.[26] 대리이론에 따르면 대리관계의 양 당사자가 모두 자신의 효용 극대화를 추구할 경우, 대리인인 경영자는 본인인 주주의 이익에 부합하는 최선의 행동에서 이탈할 유인이 존재하며, 이로 인해 대리문제가 발생한다.[27]

(2) 대리문제 완화 수단으로서의 주식연계보상

대리이론에서는 대리문제에 대한 잠재적 해결책으로 대리인에 대한 모니터링과 인센티브 조정 방안을 제시한다. 그러나 경영진을 모니터링하는 것은 높은 비용, 정보 비대칭성, 그리고 경영진의 행동을 직접적을 관찰하기 어려운 구조적 한계로 인해 현실적으로 어렵다. 이에 따라 경영자 보수를 통한 인센티브 조정에 관심이 모아졌다.

---

[25] Berle/Means(1932)
[26] Jensen/Meckling(1976), 308면
[27] Jensen/Meckling(1976), 308면

전통적인 대리이론에서는 대리인의 인센티브가 본인과 완전히 일치하지 않기 때문에 나타나는 문제에 대한 해결책으로, 대리인에게 적절한 유인을 제공하는 인센티브계약에 대한 연구가 이루어져 왔다.[28] 경영진 보수 관련 연구도, 이러한 이론적 배경을 바탕으로, 경영진의 인센티브를 주주의 인센티브와 정렬(alignment)시킴으로써 대리문제를 완화할 수 있는 가장 직접적인 수단이라는 관점에서 연구들이 이루어졌다.[29]

Jensen과 Murphy(1990)는 1980년대 미국 CEO들이 '관료처럼 보수를 받는다(paid like bureaucrats)'고 주장하였다. 즉, CEO의 보수가 성과와 연계되어 있지 않기 때문에 결과적으로 마치 관료들처럼 보수를 받는다는 것이다. 이러한 점에서 CEO 보수의 가장 큰 문제는 보수가 "과도한" 것이 아니라 "어떻게" 보수가 지급되는지라고 주장하였다. Jensen과 Murphy는 이사회의 가장 중요한 역할은 '주주에게 최선의 이익'이 되는 일을 하는 것을 'CEO에게 최선의 이익'이 되도록 하는 유인책을 만드는 것이며, CEO가 회사 주식의 소유자가 되도록 하고, 우수한 성과에 대해서는 큰 보상을, 부진한 성과에 대해서는 큰 패널티를 부여하도록 보수를 구성한다면 CEO가 회사가치를 극대화하도록 하는 올바른 유인책을 만들 수 있을 것이라고 보았다. 그런데 이들이 1934년부터 1988년까지 약 50년에 걸쳐 수 천명의 CEO에 대한 데이터를 분석한 결과, 당시 미국 CEO 보수 구조에는 위 사항들이 반영되어 있지 않다는 결론을 내렸다. 그 중에서도 주주의 부와 경영진의 부를 연결하는 가장 중요한 요소는 경영진이 주식을 직접 소유하는 것인데, 1930년대부터 1990년대에 이르기까지 CEO의

---

[28] Berhold(1971)의 인센티브 계약 모델은 추후 경영진 보상을 포함한 영역의 인센티브 모델에 영향을 미쳤고, Ross(1973)의 정보비대칭으로 인한 대리문제와 계약의 인센티브 모델에 대한 연구도 후속 연구들의 토대가 되었다.
[29] Hall/Lieberman(1998), 654면

주식보유 비율이 지속적으로 감소하였다는 문제를 지적한다. Jensen과 Murphy는 현금 보상으로 창출되는 인센티브보다 주식 보유로 창출되는 인센티브가 더 크므로, 경영진이 상당한 양의 회사 주식을 소유하도록 하는 보상 정책이 바람직한 유인 제공 방안이라고 보았다.[30]

Hall과 Lieberman(1998)은 1980년~1994년의 미국 상장회사 CEO의 보상과 기업성과와의 관계를 분석한 결과, CEO의 주식과 스톡옵션 보유는 기업의 성과와 CEO 부의 변화 사이에 강력한 연관성을 형성한다고 하였다.[31] Hall과 Lieberman은 앞선 Jensen과 Murphy의 연구는 주식연계보상이 증가하기 이전 기간의 데이터에 근거한 것인데, 스톡옵션을 중심으로 한 주식연계보상의 활용이 폭발적으로 증가하면서 CEO의 보상 대비 성과 민감도가 증가하였다고 한다.[32] 이러한 결과를 바탕으로 Hall과 Lieberman은 현금으로 지급되는 기본급와 보너스는 기업의 성과와 관련성이 낮고, 실제로 이를 사용하여 CEO에게 보상과 불이익을 주는 것은 어렵기 때문에,[33] 주식연계보상이 CEO의 목표를 주주의 목표와 일치시키는 강력한 인센티브를 창출할 수 있는 수단이라고 보았다.[34]

Core 등(2003)의 설명에 따르면 주식 인센티브를 활용하는 근본적인 이유는 경영진의 부의 변화를 주가의 변화와 직접 연결하여 경영진에게 주주 부의 극대화를 위한 인센티브를 제공하고자 하기 위함

---

[30] Jensen/Murphy(1990a) 138면 이하; Jensen/Murphy(1990b), 225-264면도 같은 논지
[31] Hall/Lieberman(1998), 673~676면
[32] Hall/Lieberman(1998), 975-978면
[33] Hall과 Lieberman은 현금으로 지급되는 기본급과 보너스는 주식연계보상과 비교할 때 기업간에 차이가 적은데, 이는 각 기업 이사회는 실적 부진에도 불구하고 CEO 보수를 삭감하기를 꺼리는 경우가 많으며, 스톡옵션 이익에 상응하는 규모의 보너스는 원치 않는 언론의 주목을 받을 가능성이 높기 때문이라고 한다(Hall/Lieberman(1998), 682-683면)
[34] Hall/Lieberman(1998), 682-683면

이다. 물론 주주(또는 이사회)가 회사의 기회와 경영진의 행동을 직접 관찰할 수 있고 어떤 행동이 주주 부를 극대화하는지 알 수 있다면 주식 인센티브를 포함한 인센티브가 필요하지 않을 것이다. 그러나 주주는 모든 시나리오에서 경영진이 취해야 할 모든 조치를 알수 없고, 또 지정할 수도 없으므로, 회사는 대신 이러한 선택 중 많은 부분을 경영진에게 위임해야 하며, 경영진은 이러한 결정에 대해 우월한 정보를 가지고 있을 것으로 추정된다. 경영진이 주주에게 최선의 이익이 되는 행동을 취하도록 동기를 부여하기 위해 경영진의 부를 회사 성과여 연결하여 경영진에게 보상 위험(compensation risk)를 부과하는 것이다.[35]

이러한 일련의 연구들을 토대로, 기관 투자자와 주주 활동가들은 경영진의 주식 소유가 대리문제를 줄일 수 있다고 믿으며 경영진에게 주식을 부여하는 것을 장려해 왔다.[36] 결과적으로 주식연계보상은 1990년대 이후부터 미국에서 폭발적인 속도로 확산되었다. 1936년부터 2005년까지 미국의 50대 기업을 대상으로 CEO 보상의 구성 요소를 분석한 결과 1970년대까지는 현금보상(기본급과 보너스)의 비중이 84%로 대부분을 차지하였고, 1980년대에도 현금보상의 비중이 74%를 차지하였으나, 1990년대에는 현금보상의 비중이 53%, 스톡옵션의 비중이 32%, 그 외 주식보상의 비중이 15%를 차지하였다.[37] 스톡옵션 부여의 가치를 기준으로 하면, 1980년과 1994년 사이에 이는 155,000달러에서 120만 달러로 683% 상승하였다.[38]

---

[35] Core etl al(2003), 32면, 이를 경제학적으로는 최선의 계약이 아닌 차선계약(second-best contract)를 활용한다고 설명한다.
[36] Ofek/Yermack(2000), 1367면
[37] Edmans et al.(2017), 151면
[38] Hall/Lieberman(1998), 661-662면

2. 경영진 보수에 관한 이론들

1970년대 이후 경영진 보수의 급격한 상승은 그 결정 요인에 대한 활발한 연구와 논쟁을 촉발하였다.[39] 이하에서는 경영진 보수의 결정 요인에 관한 대표적인 세 가지 이론적 관점을 살펴본다. 첫번째는 경영진 보수를 이사회와 경영진의 독립 당사자간 협상(arm's length's bargaining)의 결과로 보는 최적계약 접근 방식(the optimal contract approach)이다. 두번째는 경영진이 자신의 보수에 영향력을 행사하기 때문에 경영진 보수는 최적계약에서 벗어나게 된다는 경영진 권력 접근 방식(the management power approach)으로, 경영자지배이론 혹은 지대추출 이론(rent extraction theory)으로 불리기도 한다. 마지막으로, 제도적 요인이 경영진 보수 결정에 크게 작용한다는 인식된 비용 접근 방식(the perceived cost approach)이다. 이들 이론은 주식연계보상에만 국한된 것은 아니며 경영진 보수 전반을 포괄하는 분석의 틀이 되지만, 1990년대 이후 경영진 보수 논의의 중심에 주식연계보상이 있었기에 이론적 논의에 있어서도 주식연계보상이 주요하게 논의되었다. 경영진 보수에 대해 어떠한 관점을 취하는지에 따라 주식연계보상 제도 개선을 위한 접근 방식도 달라질 수 있기 때문에, 주식연계보상 개선 방안 검토에 앞서 이들 관점을 살펴보는 것은 중요한 의미를 가진다.

(1) 최적계약 이론

경영진 보수에 대한 초기 연구에서는 최적계약 이론(the optimal contracting theory)이 지배적인 접근 방식이었다. 1970년대 이후 경제

---

[39] Edmans et al.(2017), 29면

학자들을 중심으로, 대리이론과 계약이론을 바탕으로 경영진 보수 설계에 있어 대리문제를 해소하고자 경영자와 주주의 이해관계를 정렬시켜 경영진이 주주 가치 극대화를 위해 행동하도록 유도하는 효율적인 인센티브계약에 대한 연구들이 이루어졌다.[40]

전통적인 대리이론에서 Ross(1973)는 주주가 경영진의 행위를 모두 알고 있다면 대리문제를 해결할 수 있을 것이지만, 이는 현실적으로 실행 가능하지 않다는 점을 지적한다.[41] Holmström(1979)도, 대리관계에서 본인이 대리인의 행동을 완전히 관찰할 수 없기 때문에 발생하는 본인과 대리인 간의 정보비대칭으로 인해 대리인의 도덕적 해이가 발생하게 되는데, 이에 대한 이론적 해결책은 모니터링에 자원을 투자하고 이 정보를 계약에 활용하는 것이나, 일반적으로 이는 불가능하거나 비용이 많이 든다는 점을 지적한다. Holmström은 이러한 상황에서는 도덕적 해이 문제로 인해 최적의 계약은 차선 (second-best)이 될 것이라고 보고, 계약을 개선하기 위해 사용할 수 있는 불완전한 정보에 대하여 연구하였다.[42]

경영진에 대한 최적계약 모델을 연구한 Diamond과 Verrecchia (1982)는 상장기업의 경영자 인센티브 계약에 주가가 중요한 정보로서의 역할을 할 수 있다고 하였다.[43] Holmström과 Tirole(1993)도 주가가 경영성과에 대한 정보를 포함하고 있고, 이 정보는 경영자 인센티브 구조를 설계하는 데 유용하다고 보았다.[44]

---

[40] Diamond/Verrecchia(1982), 275면
[41] Ross(1973)
[42] Holmström(1979)
[43] Diamond/Verrecchia(1982), 284-285면
[44] 물론 주가는 경영진이 통제할 수 없는 많은 요인에 의해 영향을 받는다는 측면이 있다는 반론도 있으나, Holmström과 Tirole는 주가는 정확하기 때문이 아니라 객관적인 제3자의 평가가 될 수 있기 때문에 보상 목적에 적합하다고 보았다(Holmström/Tirole(1993)).

또한, 최적계약 이론에서는 경영진의 보수는 시장의 메커니즘에 따라, 주주로부터 충분한 인센티브를 받거나 감시를 받는 이사회와 경영자 사이의 독립 당사자 간의 협상(arm's length bargaining)을 통해 결정된다고 본다.[45]

경영진 보수 수준을 결정함에 있어서 시장의 메커니즘이 중요한 역할을 한다고 본 학자로, Thomas(1978)은 소유와 경영의 분리는 대리비용을 수반하지만, 소유권이 분산된 기업의 큰 성공은 소유와 경영의 분리로 인한 편익이 대리비용보다 크다는 증거이며, 위험을 감수하는 수천명의 합리적인 투자자들이 자발적으로 자신의 자본을 숙련된 경영자에게 맡기고, 시장의 메커니즘은 합리적인 범위 내에서 경영자의 재량권을 제한한다고 보았다. 이러한 관점에서 경영진의 보수도 과도한 보수는 시장의 메커니즘에 의해 자연스럽게 통제될 것이며, 이를 회사법으로 규제하는 것은 비효율적일 수 있다고 보았다.[46]

Core 등(2003)은 시대의 변화에 따라 효율적인 계약 방식은 진화하기 때문에 과거 효율적이었던 계약이 오늘날 효율적이지 않을 수 있지만, 진화 과정은 효율적인 결과로 수렴하여 기업들의 주식 인센티브 수준은 너무 낮지도, 너무 낮지도 않을 것이라고 예상한다.[47]

최적계약 이론에 기반하여 이를 확장한 주주 가치 관점(Shareholder

---

[45] Thomas(1978), 973-974면; Edmans et al.(2017), 65면
[46] Thomas(1978), 973-974면, 975-978면, 994면; 유사한 취지에서, 시장의 힘에 의해 대리비용을 줄일 수 있다는 관점으로, Fischel(1982)는 기업의 수익성이 높을수록 그 기업의 주가가 높을 것이며, 일반적으로 경영자의 보수는 수익성과 양의 상관관계가 있기 때문에 경영자는 기업을 효율적으로 운영하고 주가를 높게 유지하려는 인센티브를 갖는다고 보았다. 그리고 일반적으로 경영자는 자신의 서비스의 시장가치를 극대화하려는 인센티브를 갖고, 경영자는 주주를 위한 부를 창출함으로써 이러한 목표를 달성할 수 있다고 보았다(Fischel(1982), 1263-1264면).
[47] Core et al.,(2003), 27면

Value View)은 CEO 보수를 경영 인재 확보를 위한 최적의 경쟁이 이루어지는 효율적인 경영자 노동시장의 결과로 본다.48 이 관점에 따르면, CEO의 보수 수준은 인재 경영시장에서 기업과 CEO의 외부 옵션을 내생화하여 결정된다. 여기서 기업의 외부 옵션이란 다른 CEO를 고용하는 것을 의미하고, CEO의 외부 옵션이란 다른 곳에서 일하는 것을 의미한다. 따라서 보수 결정에서 핵심은 현 CEO가 기업 가치에 기여하는 정도가 해당 기업이 고용할 수 있는 차선의 경영자(next best manager)에 비해 얼마나 우위에 있는지, 그리고 CEO가 선택할 수 있는 차선의 직업(next best job)에서 얻을 수 있는 기대 수익이 어느 정도인지이다. 이 관점에서는 1970년대 이후 CEO의 보수가 급격히 상승한 이유를 CEO 능력의 중요성이 커지면서 기업 가치에 대한 CEO의 기여도와 차선의 경영자의 기여도 간의 차이가 커지고, CEO의 경영능력이 다른 기업으로 더 쉽게 이전 가능(portable)해졌기 때문에 CEO의 차선 직업의 기대수익이 증가하였다는 점 등으로 설명한다.49

이와 같이 경영진 보상에 대한 최적계약 이론 및 이를 토대로 한 주주가치 관점에서는 경영진 보수에 대한 규제나 개입보다는 이를 시장의 메커니즘에 맡기는 것을 강조한다.

(2) 경영진 권력 이론

2000년대 초반에는 경영진 보수의 수준과 구조가 실질적으로는 경영진 자신들에 의해 좌우된다는 견해가 제기되었다.50 이러한 관

---

[48] Edmans et al.(2017), 29-30면
[49] Edmans et al.(2017), 29-30면
[50] Bertrand/Mullainathan(2001), Bebchuk et at al.(2002), Cyert et al.(2002); Bebchuk/Fried(2003, 2004); Garvey/Milbourn (2006); Kuhnen/Zwiebel(2009); Chhaochharia/Grinstein(2009)

점은 당시 미국에서 경영진 보수가 이사회와 보수위원회를 통해 결정되고 있었음에도 불구하고 경영진이 이들 기관에 상당한 영향력을 미치고 있다는 현실에 대한 관찰에서 출발하였다. 이러한 관점을 경영진 권력 이론(managerial power theory)라고 하며, 이러한 관점을 따르는 학자들은 회사와 주주의 이익을 극대화하는 최적의 보수계약이 체결되지 못하고 있는 이유는 이사회와 보수위원회가 경영진의 영향력 하에 있기 때문이라고 보고, 이를 전제로 기업지배구조 개선 방안을 제시하였다.

가. 최적계약 이론의 한계에 대한 비판

경영진 권력 이론을 주장한 주요 학자인 Bebchuk 등은, 주주에게 최적의 경영진 보상 프로그램이 설계되기 위하여 작동할 수 있는 세 가지 메커니즘이 있는데, 이러한 각 메커니즘이 최적계약 이론에서 주장하는 최적계약을 도출할 만큼 충분히 강력하지 않다고 비판하였다. 그 세 가지 메커니즘은, (i) 이사회가 독립적으로 행동하여 주주 가치를 극대화하는 보상 계약을 선택하는 것, (ii) 이사회가 경영진의 영향을 받지만 경영진은 시장의 힘에 의해 주주 이익에 가장 부합하는 보상 계약을 선택하도록 제약되는 것, (iii) 주주가 회사법에 따른 권리를 사용하여 주주에게 최적이 아닌 보상계약을 차단함으로써 경영진이 주주 가치를 극대화하는 계약을 채택하도록 강제하는 것이다. Bebchuk 등은 이러한 메커니즘이 일정 부분 경영진 보수에 제약을 가한다는 점은 인정하지만, 일반적으로 이러한 메커니즘이 경영자에게 유리한 계약이 체결되는 것을 막을 만큼 강력하지는 않다는 문제점을 지적한다. 그 논거는 다음과 같다.

우선, (i) 이사회에 대한 독립 당사자 간 협상 모델(arm's length model)에 한계가 있다. 최적계약 접근방식에서는 경영진 보수 책정시 이사회가 경영진에 대하여 적대적 (또는 최소한 독립적) 입장을 취한다고 가정한다. 즉, 이사회는 오로지 주주의 이익만을 위하여 경영진과 협상하는 것으로 간주된다. 그러나 Bebchuk 등은 대부분의 미국 상장회사의 보수위원회가 명목상 독립성을 갖추고 있음에도 불구하고 경영진 보수 결정 절차는 독립 당사자 간 협상에 기반하고 있지 않은 실상을 지적한다. 그 이유로는 경영진이 사외이사 선임에 영향을 미치는 점, 일단 선임된 사외이사는 이사회 내부 역학 관계에 종속되어 경영진과 진정으로 대등한 입장에서 협상하기 어려운 점, 사외이사들이 경영진 보수에 대하여 이의를 제기하고 싶어도 뒷받침할 정보나 그와 같이 할 재무적 인센티브가 부족한 점 등을 제시한다. 이러한 구조적 한계로 인해 경영진 보수 계약은 최적계약에서 벗어나게 된다는 것이다.

그리고 (ii) 시장의 힘에도 한계가 있다. 즉, 앞서 살펴본 최적계약 이론에서는 경영자 고용시장 등 시장의 힘이 경영진과 주주의 이익을 효과적으로 조정할 것으로 보았는데, Bebchuk 등은 그러한 시장의 힘이 경영진 보수가 최적계약에서 크게 벗어나지 않도록 억제하는 어느 정도의 힘은 있으나, 최적계약이 되도록 하는 충분한 요소는 되지 못한다고 주장한다.

또한 (iii) 주주 권한에도 한계가 있다. Bebchuk 등은 당시 미국의 주주들은 원칙적으로 경영진 보상 계약에 이의를 제기할 수 있는 메커니즘, 즉 주주대표소송과 경우에 따라서는 스톡옵션 플랜에 반대할 수 있는 권한을 가지고 있으나, 주주대표소송에서 주주가 승소하는 것은 매우 어렵고, 스톡옵션 플랜에 단순히 반대 투표를 하는 것만으로는 특정 경영진의 보상 패키지가 최적계약이 되도록 하기 어렵다는 점을 지적하였다.

미국의 경영진 권력이론은 보수 결정에 대한 경영진의 영향력에 초점을 두고 있는데, 지배주주가 존재하는 회사가 많은 우리나라의 경우 경영진 보다 지배주주의 영향력이 큰 경우가 많다는 점에서 차이가 있다. 따라서 위 설명이 그대로 적용되지는 않지만, 위와 같은 접근 방식을 활용하되 우리나라의 현실을 반영하여 설명해 볼 수 있다. 즉, 우리나라의 경우 (i) 이사회에서 개별 이사의 보상을 결정할 때 지배주주의 영향력 때문에 특히 소유경영자의 경우 경영진 보상계약이 최적계약에서 벗어날 수 있다는 점, (ii) 우리나라는 경영자 고용시장이 활성화되어 있지 않기 때문에 시장의 힘은 미국보다도 약할 것으로 예상되는바, 시장의 힘에만 맡겨 두기에는 한계가 있다는 점, (iii) 우리나라는 상법 제388조에서 이사의 보수에 대하여 정관의 근거 또는 주주총회 결의를 요하고 있다는 측면에서는 당시 미국의 주주들보다 강력한 권한을 갖고 있는 것처럼 보이지만, 실무적으로는 주주총회에서 전체 이사 보수의 총액 또는 한도액 승인만 받고 있어서 개별 이사의 보상계약이 최적계약이 되도록 하기는 어렵다는 점에서 지배주주의 영향력을 통제하는 데에 한계가 있다고 볼 수 있다. 제4장과 제5장의 국내 경영진 주식연계보상 관련 문제점과 개선방안 논의시 위와 같은 사항들을 함께 고려하여 검토한다.

나. 경영진 권력 이론의 내용

Bebchuk 등은 기존의 최적계약 이론보다, 경영진의 이사회에 대한 영향력으로 경영진 보수의 증가 패턴과 실무를 더 잘 설명할 수 있다고 한다.[51] 이들은 경영진 보수 실무는 자신의 보수 조건에 영향을 미칠 수 있는 강력한 경영진의 영향력을 반영하며, 경영진은 이에 대한 외부의 조사나 비판을 경감시키기 위하여 자신들의 지대 추출(rent extraction)을 위장(camouflages)한다고 설명한다. 즉, 이사회에서 승인된 경영진 보수 계약은 이사가 경영진에게 포섭되거나 영향을

---

[51] Bebchuk et al.(2002), 785면

받거나 동조하거나 혹은 단순히 보수 감독에 비효율적이기 때문에 최적계약에서 벗어나는 경우가 많다고 지적한다. 이로 인해 경영진은 주주 입장에서 최적의 수준을 초과하는 보수를 받을 수 있고, 이러한 초과 보수는 경제학적으로 지대(rent)로 설명된다. 나아가, 지대 추출을 위장하거나 용이하게 하기 위하여 경영진이 인센티브를 약화하거나 왜곡하는 비효율적인 보상 구조를 활용하게 되고 결과적으로 주주 가치를 더욱 감소시킬 수 있다고 한다.

1) 경영자 권력과 지대 추출

경영진 권력 접근 방식도 주주-경영진 간 대리문제의 인식으로부터 출발한다는 점은 최적계약 접근 방식과 동일하다. 그러나 최적계약 이론에서 이사회는 대리문제를 완화하기 위한 목적으로 보수 체계를 설계하는 반면, 경영진 권력 이론에서는 대리문제의 일부로서, 경영진이 자신의 보수를 지대 추출 수단으로 활용하는 문제가 발생한다고 본다.

경영진 권력 이론에 따르면, 경영진은 상당한 권한을 가지고 있고, 명목상 독립이사라 하더라도 이해관계, 동료애, 또는 친분 등에 의해 경영진과 연결되어 있는 경우가 많다고 한다. 이러한 상황에서 경영진이 이사회에 미치는 실질적 영향력을 고려하면, 경영진 보수에 대한 협상은 일반적으로 이상적인 합의에 근접하지 못하며, 오히려 경영진이 자신의 권한을 이용하여 보수를 인상하고, 이사들이 이에 일정 부분 협조하는 경우가 빈번하다고 분석된다.

이러한 맥락에서, 경영진이 자신의 지위에서 비롯된 권력을 통해 추가로 확보하는 초과 보수, 즉, 경영진이 주주 가치 극대화를 기준으로 한 최적계약에서 받을 수 있는 보수를 초과하여 수령하는 금액은 경제학적으로 지대에 해당한다. 경영진 권력 이론은 지대 추출은 경영진의 권력과 상관관계가 있다고 본다. 즉, 기업의 특성, 소유구조 및 이사회 구조에 따라 경영진에게 부여되는 권력에 차이가 있는데, 경영진의 권한이 클 수록 지대가 커지는 경향이 있다고 분석한다. 또한, 경영진의 권한은 회사의 소유구조에 따라 달라진다. 경영진의 권한은 자신이 소유한 주식의 비율에 따라 증가하고, 외부 주주가 소유한 주식의 비율에 따라 감소한다. 한편, 경영진의 권한은 이사회의 조직과 구성에 따라서도 달라진다. 사내이사의 수와 사외이사의 수, 뿐만 아니라 경영진이 영향력을 행사할 수 있는 이사의 수도 중요하다.

우리나라의 경우 지배주주의 영향력이 큰 기업이 많다는 점을 고려하여, 경영진 권력 이론을 우리나라의 지배구조 현실에 접목하여 해석할 수 있다. 즉, 경영진 권력 이론의 분석틀에 '지배주주'의 영향력을 반영함으로써 경영진 보수의 패턴과 실무를 설명할 수 있을 것이다. 이러한 관점은 '지배주주 권력 관점' 내지 '지배주주 권력 이론'이라고 명명할 수 있다. 구체적으로는, 우리나라의 경우 지배주주가 경영자(즉, 소유경영자)인 경우와 지배주주가 전문경영자를 두는 경우를 구분하여 분석할 수 있다. (i) 소유경영자의 경우 경영진 권력 이론에서의 위 경영진의 설명과 동일하게 소유경영자가 지대 추출을 위해 이사회에 자신의 보수와 관련한 영향력을 행사할 가능성이 있다고 예측할 수 있다. (ii) 전문경영자를 두는 경우 지배주주와 전문경영자 간에 협상을 통해 최적의 계약이 도출될 것인지는 명확하지 않다. 우리나라의 경우 경영자 시장이 활성화되어 있지 않고, 외부 영입 사례들도 늘어나고 있지만 전통적으로 내부 승진을 통하여 경영자가 되는 경우가 많은 상황에서 실질적으로는 선임, 해임, 보수 결정 과정에 지배주주의 영향이 상당하다는 점이 고려되어야 한다. 이러한 점에서는 오히려 지배주주가 전문경영자의 보수를 잘 통제할 것으로 예상할 수도 있는데, 이와 관련하여서는 아래 4.항 국내 관련 연구 부분에서 추가로 검토한다.

2) 분노(outrage) 비용과 제약 조건

경영진 권력 이론은 경영진이 보수와 지대를 무제한으로 추구할 수 있다고 보지는 않는다. 이 이론에 따르면, 경영진 보수의 인상 범위는 제안된 보수안이 외부로부터 유발할 수 있는 분노(outrage)의 정도에 따라 제한된다. 즉, 보수 수준이 최적계약에 따라 정당화될 수 있는 범위를 현저히 초과하고, 그로 인해 외부의 분노가 유발되며, 그 분노로 인한 비용이 과도할 경우, 보수 증가 범위가 제한된다.

구체적으로, 외부의 분노는 이사들에게 다양한 사회적 비용과 평판 비용을 초래할 수 있기 때문에, 분노는 경영진 보수에 대한 이사회의 승인 여부에 영향을 미칠 수 있다. 이사들은 제안된 보수안이 일정 수준을 초과하여 외부의 분노를 유발하고, 그로 인한 비용이 과도할 것으로 예상될 경우 일정한 수준에서 제동을 걸 가능성이 있다. 특히 사외이사에게 평판은 매우 중요하다. 따라서 사외이사들은 자신을 곤란하게 하거나 평판을 손상시킬 수 있는 보수를 승인하는 것을 꺼려할 것이고, 너무 많은 분노 비용을 부과하지 않는 한도 내에서만 경영진을 지지할 것이다.

이러한 분노 기반의 통제 메커니즘은 우리나라의 상황에서도 고려될 수 있다. 지배주주가 이사회에 영향력을 행사하는 등의 방식으로 자신의 보상을 통한 지대 추출을 시도하더라도, 그 수준이 일반적으로 정당화될 수 있는 한계를 넘어서고, 외부에 그러한 사실이 인식될 경우 소수주주를 비롯한 외부의 분노를 불러일으킬 수 있다. 따라서 분노는 우리나라에서도 경영진 보수에 대한 실질적인 통제 요인으로 작용할 수 있다. 이러한 점을 고려하여 경영진 보수의 공시 제도 및 관련 규제를 정비하는 것이 유의미한 제도적 대응이 될 수 있다(관련 내용은 제5장 제4절 3.에서 검토한다).

3) 위장(camouflage)의 역할

분노 비용과 관련하여, 경영진 권력 이론은 보수 설계자들이 경영진의 보수의 수준이나 규모를 은폐하는 방식으로 보상 체계를 설계, 포장, 정당화함으로써 분노를 피하거나 줄이려고 할 것이라고 본다. 이를 위장(camouflage)라고 한다. Bebchuk 등은 경영진 권력 이론 하에서 경영진들은 지대 추출을 최적계약으로 위장할 수 있는 보상 구조와 절차를 선호할 것으로 보고, 이러한 위장의 동기로 기업이 보상 설문조사와 컨설턴트에 크게 의존하는 이유를 설명할 수 있다고 주장한다.

다. 경영진 권력 이론 관련 연구들

Bertrand와 Mullainathan(2001)의 연구에 따르면, CEO는 자신이 통제할 수 없는 우발적 행운(luck)에 대해서는 보수를 받지만, 유사한 수준의 불운(unluck)에 대해서는 그에 상응하는 불이익을 받지 않는다. 이러한 결과는 최적계약 이론으로는 설명되지 않는다.[52] 또한 이들은 기업지배구조가 잘 갖추어진 기업일수록 CEO에게 행운에 따른 보수가 적게 지급된다는 사실을 발견하였다. 이는 운에 기반한 보수가 경영진의 지대 추출 수단으로 기능할 수 있음을 시사하며, 이러한 결과는 경영진권력이론의 설명과 일치한다.

또한, Kuhnen와 Zwiebel(2009)은, 최적계약 이론으로는 경영진 보수의 상당 부분이 주주의 감시를 회피하기 위한 '숨겨진' 형태를 취하는 현상을 설명하기 어렵다고 지적한다. 이들은 경영진이 향유하는 특전, 호화로운 연금계획, 관대한 퇴직금 등과 같은 보수 요소가 설령 일부 최적 계약의 일부일 수 있다 하더라도, 이를 주주에게 은폐

---

[52] Bertrand/Mullainathan(2001); Garvey/Milbourn(2006)의 연구결과도 같은 취지이다.

하는 방식은 지대추출의 가능성을 암시하며, 이는 경영진이 실질적으로 스스로의 보수를 결정하고 있음을 의미한다 본다. 다만, Kuhnen와 Zwiebel(2009)는 경영진이 가능한 한 많은 보수를 받고자 하는 유인을 갖지만, 무제한적인 보수 추구가 불가능한 이유는 대체인력에 비해 일정 수준 이상의 효율성을 유지하지 못할 경우 해임될 수 있다는 제약 때문이라고 설명한다. 이와 관련하여, 경영진 교체에는 비용이 수반되기 때문에 주주로서는 경영진의 예상미래가치(즉, 예상 미래성과에서 미래보수를 차감한 값)가 교체비용에 미치지 못하는 경우에만 해임을 고려할 것이라고 분석한다.[53]

한편, Chhaochharia과 Grinstein(2009)는 경영진 권력이론을 뒷받침하는 실증적 증거를 제시하였다. 이들의 연구에 따르면, 이사회 과반수의 독립성과 보수위원회의 독립성 등에 대한 규제가 강화된 이후 CEO 보수 수준이 감소한 것으로 나타났다.[54]

라. 소결론

이상과 같이 경영진 권력 이론은 기존의 최적계약 이론과는 상이한 관점을 제시한다. 최적계약 이론이 경영진 보수를 분산된 주주와 경영진 간의 대리문제를 해결하기 위한 수단으로 본 것과 달리, 경영진 보수 자체를 대리문제의 일부로 보았다. 즉, 경영진 보수는 경영진이 상당한 영향력을 행사할 수 있는 절차의 결과물이기 때문에 최적계약의 조건에서 벗어나게 된다는 것이다. 이러한 관점을 바탕으로, 경영진 권력 이론은 경영진의 권력 남용을 통제하기 위한 대응으로 이사회 독립성 강화와 같은 기업지배구조 개선 방안에 초점을 맞추고 있다.

---

[53] Kuhnen/Zwiebel(2009)
[54] Chhaochharia/Grinstein(2009)

(3) 지각된 비용 이론

2002년 Kevin Murphy는 경영진 권력 이론의 한계를 지적하며, 그에 대한 대안적인 설명으로 지각된 비용 접근(the perceived cost approach)을 제시하였다.[55]

Murphy는 우선, 1990년대 동안 경영진 보수가 감소한 시기가 이사회의 독립성이 강화된 시기와 일치한다는 점, 그리고 기존 이사회와 아무런 연고가 없는 외부에서 영입된 CEO가 오히려 더 많은 보수를 받는다는 점을 지적하며, 이는 CEO가 이사회와의 관계를 이용하여 지대를 추출한다는 경영진 권력 이론의 주장과 일치하지 않는다고 비판하였다.

또한 Murphy는 2000년 미국의 상장회사들이 부여한 스톡옵션의 거의 80%가 임원 뿐만 아니라 직원에게도 부여되는 '광범위한(broad-based)' 스톡옵션 계획이며, 이와 같이 광범위한 스톡옵션이 증가 추세에 있다는 사실을 제시하며, 이러한 현상은 최적계약 이론이나 경영진 권력 이론으로 정당화하기 어렵다고 주장한다. 즉, 광범위한 스톡옵션계획은 최적계약 설계의 결과도 아니며, 경영진 권력 행사의 영향이라고 보기도 어렵다는 것이다.

Murphy에 따르면, 이러한 현상은 스톡옵션 부여 비용에 대한 인식에서 기인한 것이다. 이사회와 실무자의 입장에서 스톡옵션은 현금 지출 없이, 회계상 비용 인식 없이 부여 가능한 수단으로 인식되기 때문에 실제 경제적 비용보다 저렴한 보상수단으로 인식된다.

한편, 스톡옵션의 행사가격이 부여 시점의 시가로 균일하게 설정되고 있는 이유에 대하여, Bebchuk 등은 경영진의 영향력에 기인한 것이라고 설명하지만, Murphy는 경영진 스톡옵션의 가치 및 인식된

---

[55] Murphy(2002), 847-869면

비용으로 더 잘 설명할 수 있다고 보았다. 예를 들면, 당시 미국 국세법 162(m) 조항에 따라 1백만 달러를 초과하는 '비성과 기반'의 보상은 불합리한 것으로 간주되어 비용으로 공제할 수 없었다.56 스톡옵션이 성과기반 보상으로 인정받아 세제 혜택을 받기 위해서는 스톡옵션의 행사가격이 부여일 당시의 시장가격 이상이어야 한다. 또한 세금 우대 인센티브 스톡옵션(ISO)도 행사가격이 부여일의 시장가격 이상이어야 한다. 결국 대부분의 스톡옵션 행사가격이 부여일 시가로 설정되는 이유는, 경영진 권력 행사보다는 세무적 관점이나 회계적 관점에서 인식된 비용을 고려한 설계의 결과라는 것이 Murphy의 설명이다.

이와 같이 접근 이론이 달라지면, 경영진 보상 제도에 대한 정책적 개선 방안에 대해서도 접근을 달리하게 된다. 즉, 경영진 권력 이론에서는 경영진 보상이 최적계약에서 벗어나게 되는 주된 요인이 경영진의 영향력으로 인한 것이라고 보았기 때문에, 경영진 권력을 완화하기 위해 이사회 독립성 강화와 같은 기업지배구조 개선에 초점을 맞추었다. 반면, Murphy는 지각된 비용에 따라 경영진 보수가 달라진다고 보았기 때문에, 경영진과 이사회에 대한 교육을 통해 실질 비용에 대한 이해를 제고하고, 스톡옵션 부여에 대하여 회계 비용을 부과하는 등 회계 및 세금 규제의 변경에 초점을 맞추어야 한다고 주장하였다.

(4) 소결론

최적계약 이론, 경영진 권력 이론, 그리고 지각된 비용 이론은 어느 하나의 이론만으로 경영진 보수 전반을 설명하거나 종합적인 규

---

56 다만, 이후 2017년 이후 성과기반보상에 대한 1백만 달러 제한의 예외는 사라졌다. 관련 내용은 제5장 제6절 1.(2) 참조.

범적 기준을 제시할 수 있는 것은 아니다. 각 이론은 상호 보완적인 설명력을 가지며, 우리나라의 제도 개선에 대해서도 서로 다른 측면에서 중요한 시사점을 제공한다.

따라서 이 글에서 우리나라 경영진 주식연계보상 제도의 개선 방안을 검토함에 있어, 위 이론들이 제시한 유용한 분석 틀을 종합적으로 고려한다. 첫째, 최적계약 이론의 관점에서는 주식연계보상의 구체적인 수준이나 구조에 대해 일률적인 규제가 개입하는 것은 비효율적일 수 있으며, 기업의 특성과 경영 환경에 따라 자율적으로 설계할 수 있도록 하는 것이 바람직하다는 점을 고려한다. 둘째, 경영진 권력 이론의 관점에서는 경영진의 주식연계보상 결정 과정에서 지배주주 또는 경영진의 영향력이 작용할 경우, 회사의 장기적 가치 및 전체 주주의 이익에 부합하는 보상 구조의 도출이 저해될 수 있다. 따라서 주주 권한의 강화, 보수위원회의 독립성 강화 등 절차적 규제가 필요하며, 아울러 분노 비용 및 위장의 가능성을 고려할 때 공시 규제 강화 역시 유효한 대응 수단이 될 수 있다. 셋째, 지각된 비용 이론에 따르면, 실제 주식연계보상의 설계 및 채택시에는 세금 부담 등 현실적인 비용 요인도 중요한 고려 요소가 되므로, 그와 관련된 규제 정비도 함께 진행되어야 한다. 이를 바탕으로 한 제도 개선 방안에 대해서는 제5장에서 구체적으로 다룬다.

3. 경영진 주식연계보상에 관한 논의의 전개

다양한 유형의 주식연계보상 중, 초기에는 경영진이 회사의 장기적 가치상승을 도모하도록 유인하기 위한 수단으로 스톡옵션이 광범위하게 활용되었다. 이후 2000년대부터는 성과기반 주식보상(performance-based equity compensation)이 대안으로 주목받기 시작하였으며, 현재에도 기관투자자 및 의결권 자문사들에 의해 가장 선호되고 권장되는 보상 유형으로 자리잡고 있다. 한편, 2017년 경부터는 기간조건부 사후교부 제한주식(time-vested RSU)를 활용하되 장기간 양도제한을 부과하는 방식에 주목하는 견해도 등장하였다. 이하에서 관련 논의의 전개를 살펴본다.

(1) 2000년대 이전: 스톡옵션의 광범위한 활용

1990년대까지는 경영진에 대한 주식연계보상 가운데 특히 스톡옵션이 성과와 연계된 보상의 핵심적인 수단으로 인식되었다.57 정액제로 현금보상을 받는 경영자들이 지나치게 위험회피적으로 행동한다는 비판과 더불어 경영진에게 스톡옵션을 부여함으로써 이를 해소할 수 있다는 견해가 미국 기업계를 지배하게 되면서 경영진 보수 중에서 스톡옵션이 차지하는 비중이 증가하게 된 것이었다.58

Brian Hall(2000)은 스톡옵션이 경영진의 보수와 성과를 효과적으로 연결시키는 수단이라고 보았다. 그는 1980년경까지 대부분의 경영진이 관료와 유사하게 급여를 받고 관료처럼 행동하는 경향이 있

---

57 Bhagat/Romano(2009), 361-362면.
58 Jensen/Meckling(1976), 353면; Jensen/Murphy(1990), 140-141면; Hannes/Tabbach(2013), 544면; Markham(2007), 284면; 이러한 이론적 배경 외에도 당시 회사 입장에서 보상을 스톡옵션으로 지급할 경우 회계상, 세무상 이점이 있기도 하였다. 현금보상과 달리 상장회사들은 스톡옵션을 회계상 비용으로 인식하지 않을 수 있었고 법인세 공제에도 유리한 측면이 있었다. 즉, 1993년 미국 세법 개정으로 1백만 달러를 초과하는 경영진 보상에 대해서는 법인세 공제를 받을 수 없게 되었으나, 성과 기반 보상의 경우 예외적으로 공제를 받을 수 있었고 스톡옵션은 성과 기반 보상의 일종으로 취급되었다(The Internal Revenue Code Section 162(m)) {Ades-Laurent (2917), 353-354, 357-363면}. 그러나 2017년 12월 Tax Cuts and Jobs Act 제정 이후에는 성과기반보상에 대한 1백만달러 제한의 예외는 없어졌다. 관련 내용은 제5장 제6절 1.(2) 참조.

없던 것과 대조적으로 1980년에서 2000년 사이에는 스톡옵션 도입이 확대되면서 경영진이 소유자와 유사한 방식으로 보상을 받고 그에 따라 소유자처럼 행동할 가능성이 현저히 높아졌다고 분석하였다. 또한, Hall은 주식은 그 전체 가치가 부여되는 반면, 스톡옵션은 행사가격 이상의 주가 상승분만큼의 가치가 부여되기 때문에 주식을 부여하는 것보다 스톡옵션을 부여하면 동일한 비용으로 더 많은 수의 스톡옵션을 부여할 수 있으며, 이는 주가 변동이 경영진의 부에 미치는 영향을 극적으로 증대시킨다는 점에서 주식 자체를 부여하는 것(즉, 주식형 보상)보다 스톡옵션의 부여(즉, 옵션형 보상)가 더 효과적인 보상수단이 될 수 있다고 평가하였다.[59]

이러한 이론적 배경 하에 2000년대 이전까지는 스톡옵션이 경영진 보수의 주요 수단으로 자리잡으며 대부분의 비중을 차지하게 되었다. 예를 들면, 1998년 미국 250대[60] 상장회사의 경영진에게 부여된 장기 인센티브의 유형을 분석한 자료에 따르면, 6개 회사를 제외한 모든 기업이 스톡옵션을 부여하고 있었으며, 이는 전체의 98%의 회사에 해당한다.[61] 이 시기에 주로 활용된 스톡옵션의 전형적인 유형은 일정 기간의 경과에 따라 가득되는(time-vested) 방식이었다.[62]

(2) 2000년대 이후: 성과기반 주식의 부상

2000년에 들어서면서 성과조건부 주식이 스톡옵션을 대체하여 미국과 유럽 등 상장기업의 경영진 보수에서 주요한 수단으로 자리잡게 되었다. 성과조건부 주식은 국가 및 기업에 따라 구조와 조건 설

---

[59] Hall(2000)
[60] 시가총액 기준, 이하 같음
[61] FW Cook(1999), 5면
[62] 약 80%가 time-vested 방식이었다(FW Cook(1999), 6면)

정에 다소 차이가 있으며, 이를 지칭하는 용어 또한 performance-vested RSU, PSU, performance share, PSP(performance shares plan) 등으로 다양하게 나타난다. 그러나 공통된 핵심적 특징은 단순히 기간의 경과(time vesting) 뿐만 아니라, 일정한 성과조건의 성취를 가득조건(performance vesting)으로 설정한다는 점이다. 미국의 문헌에서도 용어 사용에 있어 일관성은 없지만, 이러한 보상의 핵심적 특징을 포섭할 수 있는 'performance-based equity'라는 용어가 널리 사용되고 있다. 이에 따라 해외 논의를 검토하는 본 항에서는 해외 논의와의 비교 및 이해를 용이하게 하기 위하여 '성과기반 주식'이라는 용어를 사용한다.

성과기반 주식은 1990년대 말에서 2000년대 초 영국에서 장기 인센티브를 위한 주요 주식보상 수단으로 도입되었고, 이후 미국과 유럽에 널리 확산되었다. 이러한 유형의 확산은 경영진 보수와 기업성과 간의 연계를 강화해야 한다는 투자자들의 요구에 의해 주도되었으며, Say-On-Pay 제도의 도입과 의결권 자문사들의 의결권 행사 정책 등에 의하여 더욱 강화되었다.

실제로 1998년에서 2012년 사이에 미국 상장기업에서 경영진에 대한 성과기반 보상의 도입률은 21%에서 70%로 증가[63]하였고, 2015년 기준으로는 미국 250대 상장기업의 90%가 경영진 인센티브 수단으로 성과기반 보상을 활용하고 있었다.[64] 또한 미국 S&P 500 지수에 포함된 기업의 CEO를 기준으로 볼 때, 전체 보수 중 성과기반 주식이 차지하는 비중은 2009년 17%에서 2018년 40%로 두 배 이상 증가하였다.[65]

---

[63] 1998년부터 2012년까지 1833개 미국 상장기업의 경영진 보상에 대한 데이터에 따른 것이다(Bettis et al. (2018), 196면).
[64] FW Cook(2015), 4면
[65] Roe/Papadopoulos(2019)

가. 성과기반 주식의 증가 배경

1) 스톡옵션에 대한 비판 및 주식형 보상에 대한 지지

2000년대 초반 엔론(Enron) 등 기업들의 회계부정 스캔들이 잇따라 발생하면서, 일부 기업의 경영진이 기업 붕괴 직전에 스톡옵션을 행사하여 막대한 차익을 얻었다는 사실이 드러났다. 이를 계기로 스톡옵션을 중심으로 구성된 당시 경영진 보수 체계에 대한 사회적 비판이 제기되었고, 스톡옵션이 역기능적 행동을 초래할 수 있다는 연구들도 발표되었다.

이와 관련하여, 스톡옵션의 '옵션'으로서의 특성이 도입 초기에는 장점으로 받아들여졌으나, 시간이 지나면서 오히려 경영진에게 왜곡된 인센티브를 제공할 수 있다는 비판이 제기되었다. 스톡옵션은 경영자의 과도한 위험회피 성향을 보완하기 위한 수단으로 설계되었으나, 반대로 과도한 위험감수를 유발할 수 있다는 점에서 양날의 검으로 작용할 수 있다. 주가 상승시 경영자는 스톡옵션을 통해 이익의 상한이 없는 무제한의 수익을 얻을 수 있는 반면, 주가 하락시에는 아무런 수익을 얻지 못할 뿐 손실을 부담하지 않기 때문에 주가를 끌어올리지 못했을 때의 하방 리스크는 제한적이다. 스톡옵션과 같은 옵션형 보상뿐 아니라 RSA, RSU와 같은 주식형 보상도 주가와 연동된다는 점에서는 공통점을 가지지만, 학자들은 특히 옵션형 보상이 과도한 위험감수를 유발할 가능성이 높다고 보았다. 주식형 보상은 주가와 1:1 비례(dollar-to-dollar) 관계를 가지며, 보상의 가치는 주가 변화에 선형(linear)으로 반응한다. 예컨대 주가가 1% 하락하면 RS의 가치도 1% 하락하고 주가가 1% 상승하면 RS의 가치도 1% 상승한다. 반면, 옵션의 가치는 주가에 영향을 받되 비선형(convex) 관계를 보인다. 행사가격이 주가보다 높으면(out-of-money) 옵션의 가치는 0에 머물며 주가 변동이 인센티브에 영향을 주지 않는다. 그러나 행사가격이 주가보다 낮으면(in-the-money) 그 상태에서는 주가의 소폭 상승만으로도 옵션 가치가 민감하게 증가한다. 예를 들어, 행가 가격 100원인 옵션 1주가 부여되었을 때, 주가가 110원에서 120원으로 상승하면 옵션 가치는 10원에서 20원으로 2배 증가하게 된다.66

한편, 스톡옵션의 부여시기나 부여와 관련된 정보공개에 있어 경영진이 기회주의적으로 행동하여 과도한 수익을 얻는 것이 아니냐는 의문도 제기되었다. Yermack(1997)는 스톡옵션 부여 직후 주가가 상승하는 경향이 있으며 이는 강력한 영향력을 가진 경영자가 긍정적 뉴스 발표 직전에 스톡옵션을 부여받는, 소위 스프링 로딩(Spring Loading) 현상을 시사한다고 분석하였다.67 Aboody와 Kasznik(2000)은 이러한 비정상적인 패턴이 경영진이 중요한 정보의 공개 시점을 조정하기 때문이라고 해석하였다.68 더 나아가 스톡옵션 부여 이후 사후적으로 스톡옵션의 부여일을 선택하는 옵션 백데이팅(backdating)에 대한 문제도 제기되었다.69 그 외, 경영진이 스톡옵션을 보유한 경우 재무정보를 허위로 표시(financial misrepresentation)할 가능성이 높다는 연구도 제시되었다.70

또한, 스톡옵션보다 주식을 부여하는 보상이 더 바람직할 수 있다는 주장도 제기되었다. Dittmann과 Maug(2007)의 연구에서는 미국 CEO 표본을 대상으로 스톡옵션, 주식, 기본급 간의 최적균형을 분석한 결과, 스톡옵션은 부여하지 않거나 소량만 부여하고, 기본급여는 낮추되 제한주식으로 인센티브를 부여하는 것이 최적의 보상구조로 나타났다. 또한 이들은 CEO로 하여금 회사의 주식에 투자하도록 하여야 한다고 주장하였다.71 Zhang 등(2008) 은 미국 상장기업 데이터

---

66 Walker(2011), 619-620면
67 Yermack(1997)
68 Aboody/Kasznik(2000)
69 Heron/Lie(2007)
70 Efendi et al.(2007)

를 분석한 결과 스톡옵션이 많고 주식 보유율이 낮을수록 CEO가 기업수익을 조작할 가능성이 높고, 주식을 많이 소유하고 있는 경우에는 CEO의 실적 조작경향이 약화된다는 점을 발견하였다.[72]

2) 기간조건에 대한 우려와 성과조건에 대한 지지

학계와 투자자들은 1990년대까지 주로 활용되었던, 단순히 일정 기간의 경과만으로 가득되는 기간조건부 주식연계보상 방식이 경영자들에게 제대로 된 인센티브를 제공하지 못한다는 우려를 제기하였다.[73]

영국 정부는 1990년대부터 정부가 구성한 위원회들을 중심으로 기업지배구조에 관한 광범위한 검토를 진행하였는데,[74] 이사 보수에 관한 사항도 그 주요 논의 대상이었다. 당시 영국에서는 이사 보수와 관련하여 보수와 성과 사이에 명확한 연관성이 결여되어 있다는 점이 주된 비판으로 제기되었다. 이에 따라 영국산업연맹(Confederation of British Industry, CBI)은 1995년 1월 그린베리(Greenbury) 위원회를 구성하고, 이사의 보수 결정에 대한 모범 실무(best practice)에 대한 보고서(이하 "Greenbury 보고서")와 상장회사에 적용할 모범규준의 초안을 마련하도록 하고, 1995년 7월 그 보고서 및 모범규준을 발표하였다(Directors' Remuneration, Report of the Study Group chaired by Sir Richard Greenbury).[75] Greenbury 보고서는 전통적으로 널리 사용

---

[71] Dittmann/Maug(2007), 335-336면
[72] Zhang et al.(2008)
[73] Bettis et al (2010); 단순 time-vested 방식에 대한 비판으로는 Bebchuk 및 Fried(2004) 참조. 단순 time-vested 방식을 'pay for pulse'로 표현하기도 하였다(Forbes, "Paying for Pulse", Forbes (2013. 6. 19.))
[74] 그 내용들은 런던증권거래소(London Stock Exchange)의 the Principle of Good Governance and the Code of Best Practice에 적용되었고, 이는 현재 영국 상장회사들에 적용되는 영국 기업지배구조 모범규준으로 이어졌다.

되어 온 기간조건부 스톡옵션 및 제한주식 대신, 기업 성과에 연동된 주식보상이 우선시되어야 한다는 입장을 제시하고, 회사가 임원에게 지급하는 모든 장기 인센티브 제도에 성과 기준을 적용할 것을 권고하였다. 또한, 스톡옵션 부여보다 장기인센티브플랜(Long Term Incentive Plan, 이하 "LTIP")의 활용을 권장하고,[76] 성과기준은 비교 가능한 기업 집단과의 상대평가를 바탕으로 5~6개의 지표를 고려하도록 제안하였다. 특히 인플레이션이나 일반적인 시장 변동 등 경영진의 실질적인 성과와 무관한 주가 상승 또는 기타 지표에 기반하여 보수가 지급되어서는 안 된다는 점을 강조하였다. 이와 같은 권고는 폭넓은 지지를 받아, 이후 영국에서는 경영진 보상계획에 성과 목표를 반영하는 방식이 일반화되었다.[77] 이후 Higgs(2003)의 보고서에서도 이사의 보수가 기업 성과와 연계될 수 있도록 보수 구조를 설계할 것을 권고하였다.[78]

미국의 경우 기간조건부 방식이 경영진에게 기업 가치 상승에 대한 인센티브를 부여하지 못할 것이라는 우려로 인해, 주요 투자자들 및 의결권 자문사는 경영진 보상에 주식 및 옵션 부여에 성과기반 가득조건을 포함할 것을 요구하였다. 이와 더불어 2010년 7년 제정된 Dodd-Frank Wall Street Reform and Consumer Protection Act (이하 "도드-프랭크법")이 상장회사 경영진 보수에 대한 주주 투표권(이하 "Say-On-Pay") 제도[79]를 도입하면서, 의결권 자문사들의 영향력이 커지게 된 점도 함께 영향을 미쳤다. 구체적인 예를 들면, ISS는 주식 보상의 상당 부분(50%)이 성과에 기반해야 한다고 권고하며,[80] 기간

---

[75] Dignam/Lowry(2020), 294-295면
[76] Hameed et al (2023), 4246-4270면
[77] Pinto, Helena Widdicks (2014), 662-694면
[78] Ozkan(2011), 260-285면
[79] 미국의 Say-On-Pay의 구체적인 내용은 제3장 제1절 4.(2)가. 참조
[80] ISS, "Frequently Asked Questions on U.S. Compensation Policies" (2014), 15-16면

조건부 제한주식은 성과기반 급여로 인정하지 않았다. 따라서 이들은 경영진 보상에 상당한 수준의 기간조건부 제한주식이 포함되어 있는 경우 Say-On-Pay 제안에 부정적인 권고를 하는 경향이 있었다.[81] 경영진 보상에서의 성과 연계에 대한 ISS의 입장은 미국 상장회사 이사회, 보수위원회에 영향을 미쳤다.[82] 이로 인해 2014년 기준 부여 당시 가치로 측정되는 장기 주식 인센티브 보상의 약 50%는 성과 주식의 형태가 되었다.[83]

나. 성과기반 주식의 발전

위와 같은 배경 하에 성과기반 주식의 활용이 확대되면서, 그 구조 설계 및 성과지표 설정에 관한 논의와 연구들도 활발히 전개되었다.

1) 성과기반 구조

초기에 성과기반 주식의 구조는 비교적 단순하였다. 일정 성과 기준에 도달하지 못하면 주식이 전혀 가득되지 않고, 해당 기준을 초과하면 전량 가득되는 이른바 "all or none" 방식이 일반적이었다(31페이지 그래프 유형 A 참조).[84]

이후 성과기반 주식의 구조는 점차 복잡해졌다. 구체적인 설계는 회사마다 상이하지만, 1990년대 영국 FTSE 100 기업들에 의해 도입되고 미국 상장회사에도 널리 확산된 일반적인 구조는 다음과 같다. 즉, 하나 이상의 성과지표(회계, 주가 또는 시장 점유율, 매출 성장

---

[81] Walker(2016), 407면
[82] Bachelder(2014)
[83] Meridian Compensation Partners, LLC, "2014 Trends and Developments in Executive Compensation"(2014), 22면
[84] Bettis et al.(2018), 194-196면

등)를 설정하고, (i) 특정 성과 임계치(threshold) 이하에서는 가득되는 주식 수가 0이고, (ii) 최소 성과 수준(minimum performance level 또는 lower threshold)을 달성한 이후부터는 가득되는 주식 수가 점차 증가하며, (iii) 최대 성과 수준(maximum performance level 내지 upper threshold)을 초과하면 부여되는 주식 수가 더 이상 증가하지 않는 구조이다. 위 (ii)와 (iii) 사이의 구간을 '인센티브 구간(incentive zone)'이라고 하며, 이 구간에서 부여되는 주식 수는 성과 수준의 증가에 따라 선형으로(linear) 또는 단계적으로(stepwise) 증가하도록 설계할 수 있다(31페이지 그래프 유형 B-1 및 B-2 참조).[85]

2) 성과지표

성과기반 주식의 확산과 더불어 어떠한 성과지표를 활용할 것인지, 그리고 성과기준을 절대적 지표 또는 상대적 지표로 설정할 것인지에 대한 다양한 연구가 이루어졌다. 아래에서는 다양한 성과지표에 대한 선행연구들을 살펴본다. 단, 모든 연구들은 일률적으로 모든 회사에 적용될 수 있는 보편적인 성과지표는 존재하지 않으며, 각 기업의 상황과 전략에 적합한 지표를 선택해야 한다는 점을 공통 전제로 하고 있다.

미국 상장기업[86]을 대상으로 한 연구에 따르면 2012년부터 2014년까지 성과기반 주식에 가장 많이 활용된 성과지표는 TSR(Total Share Return, 총 주주수익률)이었다. TSR은 많은 주주들이 선호할 뿐 아니라 적절한 피어그룹이나 주가지수의 구성요소를 벤치마크로 삼아 목표를 설정하고 공개하기 용이하다는 장점이 있다.[87] 그 다음으로는 이익(EPS, Net Income, EBIT, EBITDA 등), 자본효율성(Return on

---

[85] Bettis et al.(2018), 194-196면
[86] 시가총액 기준 상위 250개 기업의 데이터이다(FW Cook Report (2014), 12면).
[87] Speidel/Lepine (2017)

Equity, Return on Assets, Return on Capital), 매출, 현금 흐름 등의 지표가 많이 활용된 것으로 나타났다.[88] 또한, 분석대상 기업의 45%는 하나의 성과지표만을 사용한 반면, 나머지 기업들은 두 개 이상의 성과지표를 활용했다.

한편, 상대적 성과지표(relative performance evaluation, RPE)의 중요성을 강조하는 주장들도 제기되었다. Holmström(1982)은 대리인이 통제할 수 없는 산업 전반이나 시장 변동으로 인한 노이즈를 제거할 수 있는 상대적 평가 방식이 대리인 보수 계약의 효율성을 제고할 수 있다는 점을 선구적으로 제시하였다.[89] Bebchuk과 Fried(2004) 역시 경영진의 성과가 아닌, 일반적인 시장이나 업계 전반의 주가 상승으로 인한 효과를 배제할 수 있는 주식연계보상 제도를 장려해야 한다고 주장하였다.[90] 상대적 성과지표를 활용하면, 전반적인 시장 상승기에 경영진이 정당한 기여 없이 과도한 보상을 받는 문제(소위 "windfall")를 방지하는 동시에 시장 하락기에도 경영진의 인센티브가 과도하게 약화되지 않도록 조정함으로써 효과적인 인센티브를 유지할 수 있다.[91]

실제로 2000년대 중반 이전까지는 상대적 성과지표의 활용 비중이 미미하였으나, 2000년대 후반부터 2010년대에 이르러 이를 활용한 주식연계보상 제도가 확산되었다.[92] 구체적으로, 미국 상장회사 1,833개사를 표본으로 한 분석에 따르면, 1998년에는 전체의 13%만이 상대적 성과지표를 사용하고 있었으나, 2012년에는 그 비율이 37%로 증가하였다.[93] 특히, 가장 보편적으로 활용되는 성과지표인

---

[88] FW Cook Report (2014), 12면
[89] Holmström(1982), 334-338면
[90] Bebchcuk/Fried(2004), 140-142면
[91] Walker (2016), 419면
[92] Walker(2019), 2384-2385면
[93] Bettis et al.(2014), 4면

TSR의 경우, 상대적 TSR(relative TSR)을 채택하는 기업이 비중이 지속적으로 증가하여, 미국 250대 기업을 기준으로 할 때 그 사용 비율은 2010년 29%에서 2014년 49%로 상승하였다.[94]

(3) 2000년대 이후: 양도제한의 중요성 부각

주식을 어떠한 조건과 구조로 부여할 것인가에 대한 논의와 더불어, 주식 부여 이후 그 처분을 금지하는 것의 중요성을 강조하는 주장들도 이어졌다.

Ofek과 Yermack (2000)은 이사회는 스톡옵션 및 기타 주식연계보상을 통해 경영진의 소유권을 강화하고자 한다고 말하지만, 실제로 회사 주식을 수령한 경영진은 해당 주식을 처분함으로써 위험을 분산시키려는 유인을 갖는다고 지적하였다. 이들은 1990년대 미국 상장기업들을 대상으로 한 실증연구를 통해, 주식연계보상은 회사 주식 보유 비율이 낮은 경영진에게 유의미한 인센티브 효과를 발휘하기는 하지만, 이미 일정 수준 이상의 지분을 보유한 경영진의 경우에는 오히려 기존 보유 주식을 매각함으로써 그 효과가 상당 부분 상쇄된다는 점을 발견했다. 이를 토대로 Ofek과 Yermack은 이사회는 경영진에게 일정 수준의 임계치(threshold)까지만 주식을 활용한 성과보상을 부여하는 방안을 고려할 수 있고, 만약 이사회가 경영진의 보수와 회사 주식 간의 부(wealth)의 연계를 더욱 강화하고자 한다면, 경영진의 주식 매각에 대한 제한 조치를 함께 취해야 한다고 보았다.[95]

Bhagat과 Romano(2009)는 경영진에 대한 인센티브는 제한주식(restricted stock) 및 제한스톡옵션(restricted stock option)으로만 구성되어야 한다고 제안하였다. 이들이 말하는 '제한'의 의미는, 세금 납

---

[94] FW Cook Performance Awards Report(2014), 3면
[95] Ofek/Yermack(2000), 1367면

부 등을 위하여 필요한 최소한의 범위 내에서 소액의 현금화를 예외적으로 허용하되, 원칙적으로는 경영진이 사임하거나 퇴임한 이후에도 일정 기간(최소 2~4년) 동안 주식을 매각하거나 스톡옵션을 행사할 수 없도록 한다는 점에서 '제한'되어야 한다는 것이다.[96] 이들은 이러한 구조가 경영진으로 하여금 투자자의 장기적인 이익을 위해 기업을 운영하도록 유도하는 효과적인 인센티브가 되고, 단기적인 주가 상승을 위해 정보 공개를 왜곡하거나, 이익을 관리하거나, 과도한 수준의 위험을 감수하려는 유인을 억제할 것이라고 보았다.

Bebchuk과 Fried(2010)는 경영진이 단기 주가 상승보다 장기 기업가치 상승에 집중하도록 하기 위해서는 주식연계보상 가득 이후에도 경영진이 그 주식의 상당 부분을 보유하도록 해야 한다고 주장하였다. 그러나 경영진의 퇴직 시점까지 주식 매각을 금지하는 방안은 바람직하지 않다고 보았다.[97] 주식의 현금화를 퇴직과 결부시킬 경우, 회사가 여전히 해당 경영자로부터 이익을 얻을 수 있는 상황임에도 불구하고 그 경영자가 조기에 퇴직을 선택하는 등 퇴직 결정이 왜곡될 수 있기 때문이다. 또한, 퇴직이 임박한 시점(가령 퇴직 전 1~2년)에 접어들면, 경영진은 단기 성과에 과도하게 집중하고 장기가치 제고에 소홀할 유인이 커질 수 있다. 이에 Bebchuk과 Fried는 경영진이 주식연계보상을 통해 취득한 주식에 대하여, 취득 직후 세금 납부를 위한 최소한의 현금화를 제외하고 일정 기간 동안 주식 매각을 금지한 뒤, 이후 점진적으로 현금화할 수 있도록 하는 방안을 제안하였다. 또한, 모든 주식연계보상에 대해서 경영진이 매년 일정 비율 이하로만 주식을 매각할 수 있도록 하는 제한조건을 두어야 한다고 주장하였다.[98]

---

[96] Bhagat/Romano,(2009), 362면
[97] Bebchuk/Fried(2010), 1926-1927면
[98] Bebchuk/Fried(2010), 1919, 1926-1927면

(4) 최근: 제한주식에 대한 새로운 견해

앞서 살펴본 바와 같이 성과기반 주식은 2000년대 이후 확산되기 시작하여, 현재까지도 가장 주요한 경영진 주식연계보상 수단으로 자리잡고 있다. 한편, 2017년 경부터는 단순히 일정 기간의 경과에 따라 가득되는 제한주식을 부여하고 가득 후 장기적으로 매각을 제한하는 방식을 지지하는 견해들도 제시되었다. 해외에서는 이러한 제한주식을 일반적으로 RSA와 RSU를 포괄하는 개념으로 restricted stock 또는 RS라는 용어로 통칭하므로, 이하 본 항에서 해외 논의를 인용하는 목적에서는 RS라는 표현을 사용한다. 이와 같은 견해는 Norges Bank Investment Management(이하 "노르웨이 국부펀드")와 영국을 중심으로 제기되었고, 이후 미국에서도 이러한 견해를 받아들이는 일부 기관투자자 및 기업들이 나타났다.

가. 새로운 견해의 등장 배경

Ozkan(2011)은 1999년부터 2005년까지의 기간 동안 영국 FTSE 390개 비금융기업을 표본으로 하여 CEO 보상과 성과 간의 관계를 실증적으로 분석하였다. 그 결과 CEO의 총 보상과 기업 성과 간에 양(+)의 상관관계가 나타났으나 이는 통계적으로 유의미하지는 않은 것으로 나타났다. 이를 근거로 Ozkan은 CEO 보수와 성과 간의 연관성을 강조해 온 영국의 기업지배구조 보고서들이 실제로는 효과적이지 않다고 비판하였다.[99]

기존의 스톡옵션이 획일적인 설계 방식을 따르는 경향이 있는 것과 달리, 성과기반 주식은 그 성과지표 및 구조가 회사마다 상이하다. 이러한 맞춤형 설계(customizing)는, 제대로 설계될 경우 보상의

---

[99] Ozkan (2011), 260-285면

효율성을 제고할 수 있다는 장점이 있는데, 점차 영국 기업들의 경영진 보수 패키지가 지나치게 복잡하게 구조화되면서, 투자자들이 이를 이해하거나 타사와 비교하기 어려워졌다는 비판도 등장하였다. 이로 인해 성과기반 주식이 오히려 경영진 보수를 외부로부터 은폐하고 분노비용을 줄이는 수단이 될 수도 있다는 견해가 제기되기도 하였다.100

나. 노르웨이 모델

노르웨이 국부펀드는 2017년 3월 CEO 보수에 관하여, CEO의 총 연간보수의 상당 부분을 장기간(최소 5년, 가급적 10년) 양도불가한 RS로 제공하여야 하고, 이사회는 단순한 보수 구조를 설계하여야 하며, 주식연계보상에 회사의 목표에 부합할 수도 있고 부합하지 않을 수도 있는 성과조건이나 복잡한 기준이 있어서는 안 된다는 입장을 발표하였다.101 이들은 성과조건의 경우, 종종 복잡하고 불투명한 지표가 사용되고, 성과측정 기간 동안 이사회가 관련 지표를 재량으로 조정하거나 변경하는 경우도 있다는 점을 지적하며, 성과조건이 없는 주식연계보상이 오히려 이사회와 CEO 간의 정보 비대칭성에 덜 취약하다고 평가하였다. RS를 부여하고 장기적으로 주식을 보유하도록 하는 것이 CEO와 주주의 이해관계를 일치시키는 간단하고 투명한 수단이라는 것이다.

한편, RS에 대해서는 주가는 통제불가한 외부요인에 따라 변동될 수 있기 때문에 CEO의 성과를 완전하게 반영하지 못한다는 지적이 있다. 노르웨이 국부펀드도 이러한 한계점은 인정하면서도, 장기적으로 보면 주식의 총 수익률이 주주 및 사회에 제공하는 전반적인

---

100 Walker(2016), 397면
101 Norges Bank Investment Management, "Position Paper on CEO remuneration" (2017. 4. 7.)

가치를 반영하며, 장기적인 주식 보유는 CEO를 회사 실적의 상승과 하락 모두에 노출시키기 때문에 바람직하다는 견해를 밝혔다.

이처럼 RS를 장기간에 걸쳐 가득되도록 하거나 장기간 양도불가하게 하는 등 주식을 장기간 보유하도록 하는 구조는 이후 영국과 미국의 일부 학계와 실무에도 영향을 미쳤으며, 노르웨이 국부펀드가 제시하여 이를 노르웨이 모델(Norges Model)이라고 부르기도 한다.

다. 영국에서의 논의

영국에도 노르웨이 모델을 지지하는 움직임이 나타났다. 영국 투자협회(Investment Association, 이하 "IA" 또는 "영국 투자협회") 산하 Executive Remuneration Working Group은 2016년 경영진 보상에 관한 검토보고서에서, 성과기반 주식을 중심으로 구성된 영국 기업들의 경영진 장기인센티브계획(Long Term Incentive Plan, 이하 "LTIP")이 지나치게 복잡해져서 성과와의 연계성이 약화되고 때로는 정당화하기 어려운 수준의 과도한 보수로 이어지고 있다고 지적하였다. 이들은 그 대안으로, 보다 더 긴 가득기간 또는 보유기간을 설정한 더 적은 규모의 RS를 부여하고, 경영진의 주식보유의무를 정하는 주식보유가이드라인상의 의무보유기준을 상향하는 방안을 제시하였다. 이와 관련하여, 투자자들이 RS로의 전환을 지지하기 위해서는, 기존 성과기반 주식보다 부여되는 주식 수량을 50% 이상 낮춰야 한다고 보았다.[102]

이후 2017년 영국 House of Commons BEIS (Business, Energy and Industrial Strategy Committee) Corporate Governance Report[103]는 영국

---

[102] Executive Remuneration Working Group, "Executive Remuneration Working Group Final Report"(2016. 7.), 10, 22면
[103] House of Commons BEIS, "Corporate Governance Report, Fourth Report of Session 2016-17"(2017), 39-41면

경영진 보상의 50%가량을 차지하는 LTIP는 원래 성과와 보수를 연결하기 위하여 도입된 것인데, 부적절한 지표, 예측불가능성, 복잡성 등으로 인해 본래의 목적을 달성하지 못하고 있다는 점을 지적하였다. 이에 RS로 보수를 지급하는 방식을 권고하면서, 다만 RS로 전환하는 경우 일반적으로 3년으로 설정되는 LTIP의 가득기간보다 더 긴 가득기간을 설정하여야 한다고 보았다. 구체적으로, 일반적으로 5년 이상일 것을 권고하지만, 각 기업의 목적에 따라 결정해야 한다고 하였다(예: 석유 탐사 회사는 디자인 에이전시와 다른 기간이 적절할 것). 또한 RS가 단계적으로 가득되도록 설계하면(예: 매년 15-20%), 단일한 가득일로 인해 가득일과 가까운 시점에 경영진의 의사결정이 왜곡되는 위험을 방지할 수 있다고 보았다.

영국의 학자들 중 이러한 견해를 지지하는 대표적인 학자인 Alex Edmans는 경영진에게 RS를 부여한다는 것은 그들이 주주와 같이 보수를 받는다는 것을 의미한다고 보았다.[104] 기존 영국의 LTIP에 대하여, Edmans는 통상 3년의 성과기간을 설정하는 LTIP의 경우 평가기간의 종료가 다가올 때 단기주의에 빠질 수 있는 점,[105] 어떠한 성과지표를 사용해야 하는지 명확히 밝혀진 바 없고, 특정 성과지표를 활용할 경우 경영진이 그 지표에만 집중하는 부작용이 발생할 수 있다는 점,[106] 각 성과지표간의 가중치나 임계치(threshold)를 어떻게 설정하는 것이 타당한지를 평가하는 것도 어렵다는 점을 지적하였다.[107]

Edmans는 그에 비해 RS에는 다음과 장점이 있다고 본다. 첫째, 경

---

[104] Edmans(2018), 9면
[105] Edmans(2018), 3-4면
[106] 이 연구는 경영진 권력이론을 지지하는 것으로, 기업지배구조가 강화될수록 CEO의 영향력은 감소한다고 하고 있다(Morse et al.(2011), 1818면).
[107] Edmans(2018), 4-5면

영진에게 현금을 지급하여 주식을 매수하게 하는 방식은, 경영진이 주식 매입 전에 주가를 하락시키기 위해 부정적 정보를 발표하는 등 매입과 매도 시점에 소위 게이밍(gaming) 행위가 발생할 우려가 있으나 RS는 이를 막을 수 있다.[108] 둘째, 성과기반 주식은 여러 성과지표, 여러 단계의 임계치(threshold), 그에 따라 부여되는 주식 수의 변동 등으로 인해 부여 결정 당시 그 가치 평가가 어려운 반면 RS는 주식 수가 미리 정해지고 그 부여 당시 가치가 명확하므로, 투자자들이 쉽게 그 보수의 적정성을 평가할 수 있다.[109] 셋째, 단기 주가는 조작할 수 있지만, 장기적으로 주가를 조작하기는 어렵다는 점에서, 가득기간 및 보유기간을 장기로 설정한 RS는 단기주의적인 행동을 억제할 수 있다.[110]

이러한 주장에 대하여, RS는 단순히 시간이 경과하기만 하면 경영진이 경영에 실패하더라도 보상을 부여하는 것이라는 비판도 여전히 존재한다. 이에 대해 RS를 옹호하는 입장에서는 다음과 같은 대안을 제시한다. 즉, (i) RS가 성과기반 주식에 비해 가치의 확실성이 더 높다는 점을 고려하여, 부여시 가치를 기존 성과기반 주식 대비 50% 수준으로 할인하여 설정하고,[111] (ii) 경영진의 명백한 실패 내지 저성과시 주식을 몰수할 수 있도록 하는 이른바 '언더핀(underpin)'을 설정하는 방식이다.[112]

라. 미국 기관투자자협의회(CII)에서의 논의

미국 기관투자자협의회(Council of Institutional Investors, CII)는

---

[108] Edmans(2018), 5면
[109] Edmans(2018), 5면
[110] Edmans(2018), 5면; Edmans et al.(2012)
[111] Tharp(2024); Executive Remuneration Working Group, "Executive Remuneration Working Group Final Report" (2016. 7.), 22면
[112] Edmans(2018), 5면

2018년 1월 다양한 투자자들이 참석한 라운드테이블에서 경영진 보수에 대하여 논의된 의견을 발표하였다.113 이에 따르면 투자자들은 성과지표에 기반한 보상에 대한 몇 가지 문제를 지적하였다. 즉, 성과지표를 가지고 일종의 'whack-a-mole(두더지 게임)'을 하고 있다는 점-즉, 한 가지 성과 지표에 대해 이의를 제기하면 다른 지표를 제시하는 방식으로, TSR과 ROIC, 절대적 지표와 상대적 지표, GAAP와 비GAAP에 대한 논쟁에 휩싸여 있다는 점, 그리고 성과기반 주식을 제대로 설계하기가 어렵고 비즈니스 모델의 모든 동인(drivers)을 포착하지 못한다는 점 등에 대한 지적이었다. 이를 토대로 투자자들은 경영진이 5년에서 10년에 걸쳐 장기적으로 가득되는 RSU로 보상을 받는 것에 대하여 우호적인 입장을 보였다.

이러한 논의를 바탕으로, CII의 기업지배구조정책(Policies on Corporate Governance)은 기업에 따라 보상을 단순화하여 장기보유 RS를 매년 지급하는 방식을 채택할 수 있으며, 성과기반 보상을 설계할 때에는 엄격한 감독과 주의가 필요하다는 입장을 제시하고 있다.114 이에 따르면 보수위원회는 성과기반 보상제도가 너무 복잡하여 주주들이 이를 이해하기 어렵지 않은지, 성과지표가 회사의 사업전략을 뒷받침하고 있는지 확인하여야 하고, 주주들에게 해당 보상계획의 목적과 성과지표, 그에 따른 지급액이 어떻게 결정되는지에 대한 정보가 명확히 전달되어야 한다. 또한 동 정책에 따르면, 보수위원회는 장기보유 RS와 성과기반 주식 중 어떠한 형태로 지급하는 것이 더 나은지 여부를 검토하여야 한다.

---

113 CII, "CII Round Table Report" (2018. 3.), 4-14면
114 CII, "Policies on Corporate Governance",(2023. 9. 11.)

(5) 소결론

이상과 같이, 2000년대 이후로 현재까지 성과기반 주식이 해외 주요국의 투자자들로부터 폭넓은 지지를 받아왔고, 최근에는 기간조건부 RS를 옹호하는 일부 견해도 제기되고 있다. 다만, 대부분의 학자들과 투자자들 역시 어떠한 유형과 조건의 주식연계보상이 적합한지는 각 회사의 상황에 따라 다르다는 점에 기본적으로 동의하고 있으며, 따라서 특정 유형의 주식연계보상이 절대적으로 우월한 것이 아니라 각 회사에 적합한 구조를 설계하는 것이 중요하다고 보고 있다.

4. 국내 관련 연구

본 항에서는 국내의 특수성을 고려하여 참고할 수 있는 선행연구들을 검토하고, 이를 통해 앞서 살펴본 해외 논의가 우리나라에도 적용될 수 있는지, 그리고 국내 상황에 비추어 달리 접근해야 할 부분이 있다면 어떤 점일지에 대하여 고찰한다.

우선, 국내 기업들은 기업지배구조 측면에서 특수성이 있으므로, 경영진 보수와 지배구조 간의 관계에 관한 선행연구들을 살펴본다((1)항). 그리고 국내 상장회사 경영진 보수가 실제로 성과와 어느 정도 연계되어 있는지에 관한 연구결과를 살펴본다((2)항). 또한, 주식연계보상에 관한 국내 실증연구들을 검토한다. 다만, 스톡옵션 외의 주식연계보상은 국내 도입 역사가 짧아 이에 대한 실증연구는 거의 없는 실정이므로, 스톡옵션 관한 실증연구를 중심으로 살펴본다((3)항).

(1) 경영진 보수와 기업지배구조

Bebchuk(2002)은 국가 간 CEO 보수의 차이를 기업지배구조의 차이에 따른 경영진 권력의 차이로 설명하였다. 즉, 미국의 CEO가 다른 국가의 CEO보다 훨씬 더 많은 보수를 받는 현상과 관련하여, 경영진 권력 이론에 따르면 지대 추출의 정도는 경영진 권력의 크기에 따라 달라지는데, 미국은 소유구조가 매우 분산되어 있고 대주주가 존재하지 않는 기업들이 많아서 경영진이 상당한 권한을 행사하는 경우가 많다. 또한 미국의 CEO들은 유리한 계약적 장치를 통하여 지대를 추출할 수 있는 다른 사업적 이해관계를 갖는 경우가 드물기 때문에, 결과적으로 보수를 통해 지대를 추구하는 경우가 더 많이 나타난다는 것이다.[115]

반면, 미국 외 국가에는 소유가 분산된 기업이 상대적으로 적고 지배주주가 존재하는 기업이 더 많다. 주식 소유가 집중된 기업에서는 (지배주주와 특수관계인이 CEO가 아닌 한) CEO의 권한이 제한된다. 따라서 주식 소유가 집중된 기업이나 지배주주가 존재하는 기업에 고용된 전문 CEO는, 주주 구성이 분산되어 있어 CEO 감시가 어려운 미국 기업의 CEO보다 더 적은 지대를 추출하게 된다.[116]

한편, 지배주주나 가족에 의해 지배되는 기업에서는 지배주주가 스스로 경영을 하기도 하는데, 이러한 경우의 CEO(소위 "소유경영자")는 미국의 CEO보다 더 큰 권한을 가질 수도 있다. 이들은 자기거래나 사업기회 유용 등 보수 외의 더 강력한 지대 추출 수단을 보유하고 있을 가능성이 크다. 이러한 경우 CEO는 보수를 통해 추가적인 지대를 추구할 수 있음에도 불구하고, 이를 자제하는 것이 전체 지대 금액을 위장하는 데 있어 더 비용 효율적인 선택이 될 수 있다.

---

[115] Bebchuk et al.(2002), 95면
[116] Bebchuk et al.(2002), 95-96면

지배주주는 자기 보수를 제한함으로써 소액주주에게 충실하다는 인상을 줄 수 있으며, 보수는 다른 가용자원에 비해 그 규모가 상대적으로 작기 때문에, 자신에게 더 많은 보수를 지급하지 않는 데 따르는 비용은 크지 않다. 이상의 설명은 아래와 같이 요약할 수 있다.[117]

구분	지배구조의 유형	경영자 보수에 미치는 영향
[1]	분산된 소유, 전문 경영자 체제	경영자가 보수를 통해 지대를 추구할 가능성 높음
[2]	지배주주 존재, 전문 경영자 체제	지배주주가 경영자 보수를 통제할 가능성 높음
[3]	지배주주 존재, 소유 경영자 체제	경영자가 보수를 통해 지대 추구할 수 있으나, 다른 수단으로 지대를 추구하고 이를 활용하지 않을 가능성도 있음.

우리나라의 경우 전통적으로 위 [3] 유형의 회사들이 대다수를 차지해 왔으며, 이후 점차 [2] 유형의 회사들도 등장하였으나, 미국과 같은 [1] 유형의 회사는 드문 상황이다. 이와 같은 유형별 차이에 따라 경영자 보수를 어떻게 구성하는 것이 바람직한지, 그리고 어떠한 규제가 적절한지도 달라질 수 있다. 따라서 우리나라 기업들의 주된 기업지배구조인 [3] 유형과 [2] 유형에 초점을 두어 검토를 진행할 필요가 있다.

위 설명에 따르면, [2] 유형, 즉 지배주주가 존재하는 회사의 전문 경영자 보수는 낮을 것으로 예상된다. 반면, [3] 유형, 즉 지배주주가 존재하는 회사의 소유경영자의 경우, 이들이 보수를 통해 지대를 추구하는지, 혹은 다른 수단을 통해 지대를 추구하는지 명확하지 않다. 아래와 같은 관련 선행연구들을 추가로 검토하더라도, 소유경영자가 과도한 보수를 수령하는지 여부에 대해서는 분명한 결론을 내리

---

[117] Bebchuk et al.(2002), 95-96면

기 어렵다.

우선, 소유경영자는 사적 소비의 하나로 자신의 영향력을 이용하여 과도한 보상을 추구한다는 연구들이 있다. Demsetz(1983)는 지배주주가 경영에 참여할 때 자신의 보상을 높일 유인을 갖게 된다고 하였다.[118] Holderness와 Sheehan(1988)의 연구는 소유경영자의 현금 보수 수준이 전문경영자의 현금 보수 수준보다 높게 결정된다는 점을 제시하고, 경영자가 주요 주주인 경우 자신의 영향력을 이용하여 보수를 높인다고 설명하였다.[119] 홍콩 상장사를 대상으로 한 Cheun 등(2005)의 연구에서는 지배주주인 경영자가 지분을 많이 보유할 경우 많은 보수를 받는 것으로 나타났고, 이는 지배주주가 사익을 추구한 결과라고 해석되었다.[120] 일본 기업에 대한 Basu 등(2007)의 연구는 지배주주의 경영참여가 자신들의 보수 수준을 높이고 있다고 보고하였다.[121]

반면, 소유경영자가 과도한 보수를 받지 않는다는 연구결과도 다수 존재한다. 지배주주와 친족이 지분을 많이 가지고 있는 기업에서 소유경영자가 과도한 보수를 받는다면 장기적으로는 기업 가치가 하락하고 자신의 부가 감소할 것이기 때문에, 기업을 장기적으로 보유하고 있는 지배주주의 입장에서는 과도한 보수를 통해 일시적으로 자신의 부를 늘리는 것보다는 장기적으로 기업가치가 상승하는 것이 자신의 부를 늘리는 데 더 큰 도움이 될 수 있다. 유럽 기업에 대한 Croci 등(2012)의 연구에서는 지배주주 가족 출신의 최고경영자는 전문경영자보다 보수 규모가 작으며 주식매수선택권과 같은 주

---

[118] Demsetz(1983)
[119] Holderness/Sheehan(1988)
[120] 1995년~1998년 기간의 412개 홍콩 상장기업을 대상으로 연구한 것이다 (Cheung et al.(2005))
[121] Basu et al.(2007)

식형 보수의 규모도 작은 것으로 나타났다.122 기업의 상황에 따라 소유경영자가 더 많은 보수를 받는 경우도, 더 적은 보수를 받는 경우도 있다는 연구도 존재한다. Combs 등(2010)의 연구에서는 미국에서 지배주주가 최고경영자인 기업 중 그 가족이 이사회에 참여하는 경우에는 가족이 최고경영자가 전문경영자보다 13% 낮은 보수를 받았지만, 가족이 이사회에 포함되어 있지 않은 경우에는 56% 높은 보수를 받는 것으로 나타났다.123 이처럼 [3] 유형과 관련한 다양한 연구 결과를 종합해 보면, 소유경영자가 과다한 보수를 수령하는지 여부에 대해서는 일관된 결론을 내리기 어렵다.

한편, 우리나라에서 수행된 연구들을 살펴보면, 대체로 소유경영자가 전문경영자보다 상대적으로 더 많은 보수를 받는 경향이 있는 것으로 보고되고 있다. 유고은과 방문옥(2016),124 이창민과 최한수(2017)125는 지배주주 일가 임원이 전문경영자 보다 상대적으로 더 많은 보수를 받는 경향을 발견하였다. 조영곤과 박철형(2017)의 연구에서도 등기임원의 지배주주 및 특수관계인 여부는 보수 수준과 정(+)의 관계를 갖는 것으로 나타났다.126 안정인과 서윤석(2021)의 연구에 따르면, 국내 상장기업의 경우 기업을 대표하는 최고경영자 보

---

[122] 영국을 제외한 유럽 기업의 CEO 보수 데이터를 제공하는 Boardex 자료를 이용하여, 754개 기업을 연구한 조사이다(Croci et al.(2012)).
[123] 2002년~2005년 기간의 미국 S&P 500 기업에 대한 연구이다(Combs et al. (2010)).
[124] 2014년도에 대규모 기업집단에 소속된 대표이사의 평균 보수는 지배주주인 경우 18.2억원, 전문경영자인 경우 13.6억원이었다(유고은/방문옥(2016), 5면).
[125] 2014년과 2015년 개별 보수액 5억원 이상으로 공시된 상장회사 임원들의 보수를 분석한 결과, 지배주주 일가인 임원의 보수가 지배주주 일가가 아닌 임원의 보수보다 2억 3,0000만원 많은 것으로 나타났다(이창민/최한수(2017), 133면).
[126] 조영곤/박철형(2017), 115-124면

다 실질적 최고경영자(대부분 지배주주)[127]가 존재하는 경우가 많고, 이들이 최고경영자보다 더 많은 보수를 수령하는 경향이 있다.[128] 한국기업지배구조원(2020)이 2013년부터 2018년까지 유가증권시장 상장기업(금융업 제외)을 대상으로 분석한 결과에 따르면, 지배주주 일가인 임원은 그렇지 않은 임원에 비해 더 높은 보수를 수령하고 있는 것으로 나타났다.[129] 경제개혁연구소(2023)에서 2021년과 2022년 사업보고서에 공시된 임원보수를 분석한 결과, 해당 연도 기준 등기 지배주주 임원의 평균 보수는 전문경영자 대비 각각 0.8배, 1.09배였고, 미등기 지배주주 임원의 평균 보수는 전문경영자 대비 각각 1.10배, 1.18배로 나타났다. 대기업집단의 경우, 등기 여부에 관계없이 지배주주 임원의 평균 보수가 전문경영자에 비해 1.5배에서 2.0배 많았으나, 비대기업집단에서는 0.67배에서 0.99배로 지배주주의 평균 보수가 전문경영인보다 오히려 적게 나타났다.[130]

(2) 경영진 보수와 성과

전항에서는 우리나라의 경우 지배주주가 존재하는 회사가 많고, 소유경영자의 보수가 대체로 전문경영자보다 높은 경향이 있다는

---

[127] 이 연구에서는, 최고경영자는 조직 전반의 성과와 이를 위한 의사결정을 주도하며 최종적인 책임을 지는 자로 이사회에 참여해 주요 경영 현안을 결정하고 사업보고서에 대한 법률적인 책임을 져야 하는 법적 책임자인데, 국내의 독특한 기업지배구조로 재벌 총수나 오너 일가 등이 회사의 대표이사로 취임하지 않고 기업 전반의 경영활동에 참여하는 경우가 있는바, 경영자 보상자료를 바탕으로 해당 기업에서 최상위 보상수령자가 대표이사가 아닌 경우 실질적 최고경영자가 존재하는 것으로 간주하고 분석하였다.
[128] 안정인/서윤석(2021)
[129] 한국기업지배구조원(2020), 34면
[130] 경제개혁연구소, "2021-2022년 임원보수 공시 현황 분석" (2023), 2-3면

점을 살펴보았다. 그러나 앞서 해외 논의에서도 강조된 바와 같이, 경영진 보수와 관련한 핵심 이슈는 총보수의 절대적인 금액의 많고 적음이 아니라, 보수가 성과와 연계되어 있는지 여부이다. 즉, "과다보수"란 단순히 보수의 총액이 많음을 의미하는 것이 아니라, 경영진이 창출한 성과에 비해 과도한 보수를 수령하는 경우를 의미한다.

지배주주가 존재하는 경우에도, 그 주주가 회사를 100% 소유하는 것이 아닌 이상, 지배주주가 회사의 성과와 연계되지 않은 보수를 수령해 간다면 소수주주와 이해상충이 발생할 수 있다. 따라서 지배주주가 경영을 하는 경우에도 그 보상은 회사의 성과와 연계되어야 정당화될 수 있다.

그런데 우리나라 상장회사 경영진의 성과와 보수 간의 관련성에 관한 선행연구 결과는, 일관되지는 않지만 대체로 유의미한 관련성이 나타나지 않거나, 제한적인 사례에서만 낮은 수준의 유의성이 관찰될 뿐이다. 또한 이러한 경향은 소유경영자의 경우에만 국한되지 않으며, 전문경영자의 경우에도 마찬가지로 나타난다.

지성권(2010)의 연구에서는 2006~2009년 상장 제조기업의 경우, 총자산이익률(ROA) 증감에 대해 경영자 보상이 하방경직적으로 반응하는 경향이 나타났다. 즉, 경영성과가 증가할 때 보수가 증가하는 폭보다, 경영성과가 감소할 때 보수가 감소하는 폭이 더 작았다는 것이다.[131] 이창민과 최한수(2017)의 연구에 따르면, 2014~2015년 상장회사 등기임원 보수가 기업 성과에 민감하게 반응하지 않는 것으로 나타났다.[132] 이미주 외(2020)의 연구에 따르면, 2013~2017년 상장회사 임원 보수는 기업의 주식수익률 및 매출액 변화율과는 양(+)의 상관관계를 보였으나, 총자산영업이익률 및 자기자본 영업이익률의 변화 등 수익성 지표와는 유의한 관계가 나타나지 않았다.[133] 한국지

---

[131] 지성권(2010), 333-357면
[132] 이창민/최한수(2017), 133면

배구조연구원(2020)의 2018년 상장회사 임원보수 분석 결과, 성과지표 중 총자산이익률(ROA)과만 제한적으로 양(+)의 연관성이 나타났다.134 김민기(2022)의 연구에서는, 국내 상장기업 경영진의 현금 보상이 주주이익(자본이익+배당)에 대해 낮은 수준의 민감도(pay-performance sensitivity)를 보이는 것으로 나타났다.135

지배주주 지분율과 성과 연계 보상과의 관계에 관하여, 조영곤과 박철형(2017)의 연구에 따르면, 지배주주 지분율과 성과-보상 민감도 간에 유의한 관계가 나타나지 않았다. 이는 지배주주의 지분율이 높다고 해서 지배주주가 전문경영자의 보상을 성과에 따라 효율적으로 감시하고 있다고 보기는 어렵다는 점을 시사한다. 또한 소유경영자의 보상은 경영성과와의 연계성이 약하고 성과급의 비중 역시 낮은 것으로 나타났다.136 반면, 이미주 등(2020)의 연구에서는 오히려 전문경영자의 보수와 기업성과 간에는 유의한 양(+)의 관계가 관찰되지 않았으나, 소유경영자의 보수에는 매출액 변화율이 중요한 영향을 미친 것으로 나타났다.137

안정인과 서윤석(2021)은 실질적 최고경영자가 존재하는 기업을 대상으로 초과보상의 역할을 분석한 결과, 성과와 무관한 초과보상이 높은 기업일수록 임원 보수 공시의 품질이 낮았다고 보고하였다. 이는 실질적 최고경영자가 성과와 무관한 과도한 보수를 받을 경우, 보수에 관한 정보를 은폐하려는 의사결정을 내릴 가능성이 있다는 점을 시사하며,138 이는 경영진 권력이론에서 말하는 위장(camouflage) 개념으로도 설명될 수 있을 것이다.

---

133 이미주 등(2020), 523-557면
134 한국기업지배구조원(2020), 56면
135 김민기(2022), 2면
136 조영곤/박철형(2017), 115-124면
137 이미주 등(2020)
138 안정인/서윤석(2021), 289면 이하

이상과 같이, 선행연구들에 따르면 우리나라 경영자의 보상과 성과 간의 연관성은 전반적으로 뚜렷하게 나타나지 않고, 소유경영자의 경우 성과와의 연계성이 더 낮을 가능성을 시사하는 결과들이 존재한다.

(3) 스톡옵션

 앞서 살펴본 바와 같이, 미국과 영국 등에서는 보수의 성과 연계성이 강조되면서 성과연계보수로서의 주식연계보상에 관한 다양한 연구가 활발히 이루어져 왔다. 반면, 우리나라의 경우 스톡옵션 외의 다른 유형의 주식연계보상은 도입된 지 오래되지 않아 이에 대한 실증연구는 아직 미비한 실적이다. 스톡옵션은 우리나라에 1997년 도입된 이후 2000년대부터 관련 연구가 진행되어 왔다. 이에 본 항에서는 스톡옵션과 관련한 국내 선행연구들을 실증연구를 중심으로 살펴본다.

가. 스톡옵션과 성과

 우선, 스톡옵션에 따른 단기 주가 반응에 관한 연구들에서는 대체로 스톡옵션 부여가 단기적으로 긍정적인 시장반응을 유도한다는 결과가 보고되었다. 원재환(2001),[139] 김창수(2002),[140] 배길수(2002)[141]의 연구에서는 스톡옵션 부여 발표 이후 주가가 단기적으로 긍정적 반응을 보인다는 점을 확인하였다. 설원식과 김수정(2003a)은 스톡옵션 도입 시기에 따른 주가 반응을 분석한 결과, 스톡옵션이 보편화되고 스톡옵션 부여 빈도가 증가함에 따라 긍정적인 주가 반응이 약

---

[139] 원재환(2001), 579-623면
[140] 김창수(2002), 1-42면
[141] 배길수(2002), 1-26면

화된다고 보고하였다.142

그러나 스톡옵션의 장기적 효과에 대한 연구들은 일관되지 않은 결과를 제시하고 있다. 스톡옵션을 부여한 회사의 장기성과에 유의미한 차이가 없거나 오히려 성과지표가 낮아졌다는 연구들(아래 표 1 내지 6)도 존재하는 반면, 스톡옵션을 도입하거나 행사한 회사의 장기성과가 개선되었다는 연구들(아래 표 7 내지 15)도 존재한다. 한편, 스톡옵션 행사 가부나 기업 전략에 따라 상이한 효과가 나타난다는 연구도 존재한다(아래 표 16 내지 17).

#	저자(연도)	주요 내용
1	윤태화 등 (2005)	부여 전후 3년 비교시, 총자산이익률, 자기자본이익률 더 낮음143
2	김선구 등 (2005)	부여 전후 3년 비교시, 총자산순이익률(ROA), 자기자본순이익률(ROE), 매출액증가율 유의미한 효과 없음144
3	김홍식 (2005)	2000년~2002년 부여 기업의 자기자본경상이익률(경상이익/자기자본)이 스톡옵션과 음(-)의 상관관계를 보임145
4	강선우 등(2007)	부여 후 1년, 4년 기업가치(Tobin's Q) 유의한 영향 없음146
5	도태현 (2007)	도입 1년전과 비교시 기업규모 증가, 부채비율 감소 총자산이익률,147 순이익증가율148은 오히려 감소149
6	권순용과 조정일 (2008)	도입 후 3년간 장기성과 측정모형들을 이용하여 분석 결과, 비유의적인 양(+) 또는 음(-)의 초과수익률을 보여 대응기업과 비교해 유의적인 차이를 보이지 않음.
7	이경태 등(2005b)	경영자 스톡옵션 보상비중이 높아지면 기업가치(Tobin's Q)가 높아지는 것으로 나타남. 경영자 스톡옵션 보상비중과 기업가치 사이의 역U자형 비선형 관계가 선형 관계보다 설명력이 높게 나타남150
8	정정현 등 (2006)	도입 후 ROA 증가151
9	김홍식과 방성식 (2006)	도입 전보다 경상수익률계수가 양(+)의 값을 가지며 유의미한 차이를 보임152

---

142 설원식/김수정(2003a), 61-92면

#	저자(연도)	주요 내용
10	김동회 등 (2006)	도입 후 ROA 증가[153]
11	정재욱/ 배길수 (2007)	전문경영기업의 장기주가성과가 옵션의 규모와 양(+)의 상관관계를 보임. 전문경영기업에서는 대리인비용이 스톡옵션 도입 후 성과를 결정하는 중요한 요소로 나타남.[154]
12	박재영 (2008)	스톡옵션보상이 이익지속성 및 기업가치에 양(+)의 유의한 영향을 미침. 스톡옵션보상이 현금보상보다 이익지속성 및 기업가치에 미치는 영향이 더 큼[155]
13	손성규 등 (2009)[156]	스톡옵션을 행사한 기업의 장기 주가성과[157]를 살펴 본 결과 시장전체에 비해 높은 성과를 실현했다고 보기는 어렵지만, 동일한 산업에 비해서는 높은 성과를 보임[158]
14	고윤성 등 (2012)	스톡옵션을 행사한 기업이 행사시점 이후 연도에서 장기 경영성과 (수익성, 성장성, 생산성으로 측정)가 유의하게 높음.[159]
15	윤성민 (2019)	스톡옵션 부여가 기업가치(Tobin's Q)에 양(+)의 영향을 미침[160]
16	설원식과 김수정 (2003b)	스톡옵션 부여 후 3년 후 명목주가로 구한 36개월 누적수익률은 유의적으로 증가하였지만, 벤치마크로 조정한 CAR[161]이나 BHAR[162]은 유의한 차이가 없었음.[163] 단, 행사기간 도래시 행사가격 이상인 기업군의 CAR과 BHAR은 벤치마크보다 유의적으로 높은 성과를 달성.[164] 이는 스톡옵션 행사가 가능한 기업들은 벤치마크 이상의 성과를 올린 것으로 해석됨[165]
17	김유진과 홍지연 (2017)	기업 전략에 따라 다름. 선도형 기업의 경우 장기성과지표(스톡옵션)를 사용할 때 우수한 성과를 보였으며, 방어형 기업은 단기성과지표 (현금보상)를 사용할 때 더 높은 성과가 발현되는 것으로 나타남[166]

[143] 윤태화 등(2005), 213-236면
[144] 김선구 등(2005), 1-39면
[145] 김흥식(2005), 1-25면
[146] 강선우 등(2007), 138-161면
[147] 도입연도(t년도) 순이익을 t-1년도 총자산으로 나누어 측정
[148] t년도와 t-1년도 변화분을 t-1년도 순이익으로 나누어 측정
[149] 도태현(2007), 1-20면
[150] 이경태 등(2005), 1637-1665면
[151] 정정현 등(2006), 85-115면
[152] 김흥식/방성식(2006), 33-61면
[153] 김동회 등(2006), 83-113면

이와 같이 선행연구들이 상반된 결과를 보이고 있는 상황에서 스톡옵션의 효과에 대해 단정적인 결론을 내리기는 어렵다. 스톡옵션이 효과가 없는 것으로 나타난 연구들 중, 김선구 등(2005)은 외환위기라는 시기적·외부적 요인의 영향이 있다는 점을 한계점으로 분석하고 있다.167 도태현(2007)의 연구는 도입 1년 전과 도입연도를 비교한 것으로, 스톡옵션의 장기적인 효과를 평가하기에는 한계가 있

---

154 소유경영 기업에서는 스톡옵션이 대리인 비용 절감 보다는 여유자금이 부족한 상황에서의 비현금보 상, 미래성과를 알리기 위한 신호, 최고경영자와 하위 임직원 사이의 대리인 비용 절감 등의 목적으로 이용했을 가능성을 제시하였다(정재욱/배길수(2007), 149-182면).
155 박재영(2008), 45-64면
156 손성규 등(2009), 57-85면
157 스톡옵션 부여 후 1개월부터 각각 12, 24, 36개월까지의 월별 수익률을 사용하여 수익률을 산정
158 손성규 등(2009), 57-85면
159 고윤성 등(2012), 255-280면
160 윤성민, (2019)
161 초과수익률을 매월 회사별로 평균하여 누적시킨 누적평균초과수익률(cumulative average abnormal returns)을 스톡옵션 부여 시점을 기준으로 이후 36개월에 걸쳐 측정
162 스톡옵션 부여 후 3년 매입-보유 초과수익률(buy-and-hold abnormal returns)
163 단, '장부가/시장가' 기준의 통제기업과 비교한 1년 BHAR과 2년 BHAR은 약한 양(+)의 초과수익률로 나타났다.
164 벤치마크 수익률에 비해 유의적인 차이를 발견하지는 못하였다. 하지만 스톡옵션 행사기간에 도달했을 때 주가가 행사가격 이상인 기업군(ITM 그룹)에서는 벤치마크에 비해 높은 성과가 나 타난 반면, 주가가 행사가격보다 낮은 기업군(OTM 그룹)에서는 벤치마크에 비해 낮거나 유사한 성과를 발견하였다. 그들은 이러한 결과를 통해 스톡옵션을 행사하여 보상을 받은 경영자들은 적어도 평균적으로 벤치마크 이상의 성과를 올렸다고 판단하였다
165 설원식/김수정(2003b), 173-218면
166 김유진, 홍지연, "경영전략과 경영자 보상체계의 적합성이 기업성과에 미치는 영향에 관한 연구", 회계저널 제26권 제6호(2017), 45-72면
167 김선구 등(2005), 24면

다.168 그 외에도 대부분의 연구가 스톡옵션 부여 3년 후의 성과를 분석하고 있는데, 기업의 특성에 따라 장기적인 성과를 평가하는 적정 기간은 그 이상일 수 있다는 점에서, 단지 3년 뒤의 성과만으로 스톡옵션의 성과 유무를 단정하기는 어렵다. 한편, 김홍식(2005)의 연구에서는 스톡옵션과 성과 간 음(-)의 상관관계가 관찰되었는데, 이는 경영성과가 저조할수록 스톡옵션을 통해 성과 개선을 유도하려는 보상 전략의 결과라고 해석하였다.169 이처럼 상관관계는 반드시 인과관계를 의미하지 않는다는 점에도 유의할 필요가 있다.

한편, 우리나라의 스톡옵션 대부분이 성과와 연동되지 않는 구조라는 점170 역시 스톡옵션과 장기 성과 간의 연계성이 뚜렷하게 나타나지 않는 원인일 수도 있다. 아울러, 해외 학계에서도 경영진 보상에 관한 실증연구들은 일관된 결론을 도출하지 못하고 있으며, 경영진 보수가 인과적 효과를 갖는다는 점을 실증적으로 입증하는 것은 매우 어렵다고 여겨지고 있다. 이는 보상 체계란 경영진, 이사회, 시장 등 여러 주체 간의 복잡한 상호작용의 산물일 뿐 아니라, 관찰 불가한 요소들 및 수많은 기업, 산업 및 경영진의 각 특성과 필연적으로 상관되어 있어, 경영진 보수와 성과 간의 관찰된 상관관계를 곧바로 인과관계로 해석하기 어렵기 때문이다.171

나. 스톡옵션과 기회주의적인 행동

해외의 논의에서, 스톡옵션을 부여받은 경영진이 자신의 이익을 극대화하기 위해 기회주의적인 행동을 할 수 있다는 점이 스톡옵션의 부작용으로 지적되었는데(위 3.(2)가.1)), 이러한 문제는 우리나라

---

168 도태현(2007), 9-16면
169 김홍식(2005), 19면
170 김민기(2022), 5-6면
171 Edmans et al.(2017), 83면

의 선행연구에서도 보고된다.172 즉, 경영자가 스톡옵션 행사가격을 낮추기 위해 부여 시점에 이익조정을 하거나(아래 표 1과 2), 스톡옵션 행사시점을 전략적으로 선택하거나, 행사시점 주가를 상승시키려고 하는 등의 행동이 나타났다(아래 표 3 내지 5).

#	저자(연도)	주요 내용
1	한경희와 이계원(2012)	경영자가 스톡옵션 행사가격을 낮추기 위해 이익조정을 하는지에 대하여 분석한 결과, 스톡옵션을 부여하기 전 3개년과 부여년도까지 전체기간에 걸쳐 지속적으로 이익조정을 행하는 것으로 나타남.173
2	심상규(2012)	경영자가 스톡옵션의 보상가치를 높이고자 부여시점에 이익의 하향조정을 실시한다는 점을 발견함.174
3	김현아(2014)	스톡옵션을 부여받은 경영자가 자신의 이익을 극대화하기 위해 행사시점을 전략적으로 선택하는 것으로 나타남. 이러한 전략적 시점선택은 경영자의 해당 기업에 대한 우월한 정보능력에 기반한 것으로 분석됨.175
4	김선미 등(2011)	경영자가 스톡옵션 행사 전에 경영자 이익예측정보를 공시하는지, 그리고 그 정보가 경영자의 이익을 극대화하는 방향으로 되어 있는지 분석 결과 스톡옵션 행사 전 자발적 이익공시를 낙관적으로 한다는 점을 발견함.176
5	김종대 등(2009)	스톡옵션 발행기업의 경영자는 자신들이 스톡옵션을 행사할 것으로 예상할 경우 그 직전년도에 재량적 발생액을 이용한 이익관리를 통해 주가를 증가시키려 노력하는 것으로 나타남.177

---

172 김민기(2022), 13-14면
173 한경희/이계원(2012), 237-255면
174 심상규(2012), 237-258면
175 김현아(2014), 55-82면
176 김선미 등(2011), 1-37면
177 김종대 등(2009), 301-321면

5. 소결론

미국을 중심으로 전개된 연구들은, 소유와 경영이 분리된 상장회사에서 발생하는 대리문제를 완화하고 보수와 성과를 연계시키는 수단으로 주식연계보상이 핵심적인 기능을 할 수 있다고 보고 있다. 우리나라의 경우, 지배주주가 존재하는 기업이 많다는 측면을 고려할 때, 해외에서의 논리가 그대로 적용될 수 있는지에 대해 의문이 제기될 수 있다. 그러나 국내 기업지배구조의 특성을 고려하더라도 주식연계보상은 유용한 수단이 될 수 있다. 그 논거는 아래와 같다.

우리나라 상장회사는 지배주주가 직접 경영을 하는 소위 '소유경영자 체제'가 일반적이며, 전문경영자를 영입한 경우에도 지배주주가 미등기임원 등의 직위에서 실질적인 영향력을 행사하는 경우가 많다. 이러한 구조 하에서 경영진 보수는 소유경영자의 보수가 전문경영자의 보수보다 상대적으로 높고, 성과와의 연계성은 낮다는 특징을 보인다.

우선, 소유경영자의 보수가 상대적으로 높게 나타나는 경향과 관련하여, 그 원인이 실증적으로 명확히 밝혀진 바는 없다. 즉, 그것이 소유경영자가 자신의 지배력을 활용하여 지대를 추구한 결과인지, 아니면 지배구조의 특성상 소유경영자의 기여도가 실제로 높아 정당화될 수 있는 것인지는 논란의 여지가 있다. 실제로 지배주주가 존재하는 기업에서는, 지배주주가 일상적인 경영에는 관여하지 않더라도 주요 사업 결정에는 어떠한 방식으로든 관여하는 것이 일반적이며, 이러한 구조하에서는 기업 성과가 과연 지배주주와 전문경영자 중 누구의 기여에 따른 것인지 명확히 구분하기 어렵다. 만약 전문경영자의 역할이 지배주주의 결정을 집행하는 수준에 그친다면, 전문경영자의 높은 보수를 정당화하기는 어렵다는 분석도 있다.[178]

다음으로, 성과와의 낮은 연계성은 소유경영자에만 국한된 문제가 아니라, 전문경영자를 포함한 상장회사 경영진 전반에 걸쳐 나타나는 문제이다. 이 점을 고려하면, 상장회사 경영진 보수를 기업 성과와 연계할 필요성은 우리나라에도 존재한다. 따라서 우리나라 기업들도, 보수와 성과 간의 연계 수단으로 해외 주요국에서 널리 활용되고 있는 주식연계보상을 적극 활용할 필요가 있다.

한편, 우리나라에는 적은 지분으로 경영권을 보유한 이른바 소수지배주주(controlling minority shareholder)가 많아, 이와 관련된 문제도 지적되고 있다. 즉, 소수지배주주의 경우 기업의 주가가 상승하더라도 자신의 부가 크게 증가하지 않기 때문에, 전체 주주에게 이익이 되는 주가보다 경영권 확보 등 다른 사익 추구에 관심을 기울이는 경향이 있다는 것이다.[179] 주식연계보상은 소수지배주주의 부와 나머지 주주들의 부의 연계성을 높이는 수단이 될 수 있다는 점에서도, 주식연계보상의 활용 필요성이 인정될 수 있다.

이상을 고려할 때, 우리나라 상장회사 경영진 보수 제도 개선의 목적은, 보수 수준의 절대적인 감소나 소유경영자와 전문경영자 간의 보수 균등이 아니라, 경영자의 지위와 무관하게 성과에 부합하며 회사 및 전체 주주의 장기적 이익과 정합적인 보수 설계를 유도하는 데 두어야 한다. 주식연계보상은 이러한 목적 달성을 위해 필요한 수단이다. 지배주주의 영향력 하에 있는 전문경영자의 경우에도, 성과와 무관한 현금보수보다 주식을 지급하여 장기간 보유하도록 하는 것이, 지배주주의 이익만을 위하지 않고 전체 주주의 부의 증진을 위해 일하고자 하는 인센티브 부여 수단이 될 수 있다. 소유경영자의 경우에도 성과와 무관하게 지급되는 현금보수보다, 주식연계보상이 지배주주와 소수주주의 부를 연계시키는 수단이 될 수 있다.[180]

---

[178] 김건식(2010), 237면
[179] 문병순/권재현(2019)

이하에서는 이와 같은 주장에 대해 제기될 수 있는 비판적 관점에 대해서도 생각해보고, 그에 대한 반론을 제시함으로써 위 주장에 대한 타당성을 뒷받침하고자 한다. 즉, (i) 스톡옵션의 성과 연계성에 대한 실증연구 결과의 비일관성과 (ii) 스톡옵션의 기회주의적 이용 내지 그로 인한 인센티브 왜곡 사례들은 스톡옵션에 대한 회의론 내지 무용론으로 이어질 수 있는데, 이는 다른 유형의 주식연계보상 역시 마찬가지 아니냐는 비판적 시각이 있을 수 있다. 그러나 스톡옵션에서 드러난 문제들 중에는 제한주식과 같은 주식형 보상을 통해 오히려 완화 내지 해소할 수 있는 부분들이 있고, 경영진 보수 관련 절차에 대한 통제 강화를 통해 해소할 수 있는 부분들도 있기 때문에, 기존 스톡옵션에서의 문제들을 주식연계보상 제도 전반의 문제로 확대하는 것은 타당하지 않다. 이하에서 차례로 검토한다.

우선, (i) 관련, 스톡옵션과 장기성과 간의 연계성이 잘 나타나지 않은 원인 중 하나는 스톡옵션의 가득조건이 대부분 기간조건부이기 때문일 가능성이 있다(위 4.(3) 참조). 미국에서도 1990년대까지 통용되던 스톡옵션의 문제 중 하나로, 주가에만 연계되어 있어 경영진이 통제할 수 없는 외부요인으로 인해 보상이 결정된다는 점이 지적되었으며, 그 대안으로 스톡옵션의 경우에도 행사가액을 소속 산업군의 주가에 인덱싱하거나 성과에 따라 가득되도록 하는 등의 방식으로 성과와의 연계성을 높이는 것이 더 효율적일 것이라는 주장이 제시된바 있다.[181] 따라서 성과조건부 사후교부 제한주식과 같은 주식형 보상을 활용함으로써 이러한 문제를 보완할 수 있다.

이에 대해서도 두 가지 반론이 제기될 수 있다. 즉, ① 주식연계보상을 활용하지 않고 성과조건부 현금보수를 활용하도록 하면 충분

---

[180] 지배주주에게도 주식연계보상이 효과적인 보수 수단이 될 수 있다는 점에 대해서는 제5장 제4절 1.에서 상세히 검토한다.
[181] Buechuk et sl.(2002), 141-142면

하지 않느냐는 주장, ② 위 3.(4)항에서 살펴본 바와 같이 성과조건부 주식에 대한 비판론도 있지 않느냐는 주장이다.

그러나 위 ①의 주장과 관련하여, 성과조건부 현금보수에 비해 주식연계보상만이 갖는 장점이 있다. 성과조건부 현금보수가 고정급 보수에 비해서는 성과 연계성을 강화할 수 있는 수단인 것은 사실이다. 그러나 주식연계보상은 그 성과지표, 가득조건, 양도제한 등의 요소를 적절히 설정함으로써 기업과 경영자의 특성에 따른 맞춤형 설계가 가능하고, 장기성과와의 연계성을 한층 강화할 수 있다는 점에서, 한 단계 진화된 보상수단이다. 예를 들어, 일정한 성과목표 달성시 주식을 제공하기로 함으로써 경영진에게 성과 달성에 대한 인센티브를 부여하는 것은 성과조건부 현금보수와 유사한 측면도 있으나, 가득 이후에도 주식의 매각을 일정 기간 제한함으로써, 가득시점에 맞추어 기업의 성과지표를 일시적으로 조정하는 등의 기회주의적 행위를 억제하는 동시에, 양도제한 기간 동안 회사의 부와 경영진의 부를 지속적으로 연계시킬 수 있다는 점 등은 주식연계보상만이 갖는 장점이다.[182]

그리고 위 ②의 주장과 관련하여, 영국 등에서 제기되고 있는 성과조건부 주식에 대한 비판론을 우리나라에 그대로 적용하는 것은 섣부르다. 해외 주요국에서 성과조건부 사후교부 제한주식이 가장 널리 활용되고 있기는 하나, 최근 일부 그에 대한 비판론도 등장하였다는 점에 대해 위 3.(4)에서 검토하였다. 그러나 그러한 비판론의 등장 배경을 살펴보면, 현재 우리나라와는 전혀 다른 상황 하에서 제기된 것이라는 점을 알 수 있다. 즉, 이러한 비판론은 성과조건부 주식보상이 광범위하게 활용되고 고도화된 국가들에서, 그 설계가 지나치게 복잡해져 일반투자자들은 그 의미를 쉽게 이해하기 어려

---

[182] 이와 관련하여서는 제5장 제4절 1.(2)나.에서 가상의 사례를 통해 추가로 검토한다.

운 정도에 이르게 되자, 경영진이 우월한 정보를 활용하여 자신들에게 유리한 성과지표나 시기를 조정하더라도 투자자들이 이를 알아차리기도 어려운 것 아니냐는 의문이 제기된 것이다. 실제로 영국, 미국 등 해외 주요국의 공시 자료를 보면, 경영진의 보수에 관한 설명만 수십 페이지에 달하는 경우가 많고, 그 성과지표, 가득기간, 산정방식 등이 매우 복잡하여 쉽게 이해하기 어려운 사례들도 발견된다. 그러나 우리나라의 경우, 성과조건부 사후교부 제한주식의 도입되기 시작한 단계로, 그 활용도가 낮고, 구조도 단순한 상황이다. 따라서 해외의 논의들도 해당 국가들이 제도 도입 내지 전환 초기의 논의들을 중심으로 참고하는 것이 바람직하다. 예를 들면, 미국·영국의 경우 2000년대에 스톡옵션에서 주식형 보상으로 주된 보상 수단이 변경되던 시기, 일본의 경우 2015년경 주식형 보상의 도입과 활용을 촉진 필요성이 제기되던 시기의 논의들이 이에 해당한다. 우리나라도 유사한 도입기적 상황에 있는 만큼, 주식연계보상의 활용을 촉진하는 한편, 우리나라 기업의 사업목표와 특성에 부합하는 주식연계보상 구조의 설계 방안을 개발하고 고도화해 가야 하는 시점이라 할 수 있다. 성과조건부 사후교부 제한주식의 한계에 대한 비판론은, 주식연계보상 제도의 성숙기 이후, 지나치게 복잡한 설계 방식에 기인한 새로운 문제점들이 지적되며 등장한 논의로, 아직 도입 초기 단계에 있는 우리나라와는 관련성이 낮다. 또한, 성과조건부 제한주식의 문제를 지적하는 견해들 역시 주식연계보상의 유용성 자체를 부정하는 것이 아니라, 각 기업의 상황에 적합하게 경영진에게 인센티브를 부여하면서 투자자들이 그 경영진의 보상과 성과와의 연계성을 이해할 수 있도록 주식연계보상을 설계해야 한다는 취지인바(위 3.(4) 참조), 이러한 비판론이 우리나라에 주식연계보상 제도 활용을 촉진하여야 한다는 주장과 상충되는 것도 아니다.

다음으로, (ii) 관련, 스톡옵션과 관련한 ① 인센티브 왜곡, ② 기회주의적 이용, ③ 단기주의의 문제는 주식형 보상과 절차 통제 강화로 완화 내지 해소할 수 있으므로, 기존 스톡옵션에서 발견된 문제점을 기반으로 주식연계보상 제도 전반을 부정적으로 보는 것은 타당하지 않다.

즉, ① 스톡옵션에서 나타난 과도한 위험 감수로 인한 인센티브 왜곡 문제는 옵션형 보상 특유의 구조적 특성에 기인한 것이므로 주식형 보상을 활용할 경우 해소될 수 있다.[183]

또한, ② 스톡옵션 사례에서 나타난 기회주의적인 행동과 관련하여, ⓐ 스톡옵션의 부여 시점의 기회주의적인 선택 문제는 주식형 보상을 부여하는 경우에도 나타날 수 있는 문제이나, 이는 경영진이 자신의 보상 결정 시점에 대한 영향력을 행사하지 못하도록, 경영진 보상 부여 절차에 대한 개선을 하는 방향으로 해결할 문제이다. 한편, ⓑ 스톡옵션 행사시점의 기회주의적인 선택 문제는 스톡옵션의 경우 가득되고 나면 행사기간 동안 경영진이 자유롭게 행사여부 및 행사시점을 선택할 수 있는 것과 달리, 주식형 보상은 정해진 가득시점에 주식이 부여되는 구조이므로 경영진의 자의성의 개입의 여지가 적다는 점에 차이가 있다. 물론 주식형 보상의 경우도 정해진 가득시점에 직전에 경영진이 성과를 조정하고자 할 유인이 있으나, 이는 일시지급형이 아니라 단계적 지급형을 활용하는 방식으로 대응할 수 있다. 가령 사후교부 제한주식이 3-5년에 걸쳐 매분기 혹은 매반기 가득된다면 가득시점마다 성과를 조정하기는 어려울 것이다. 또한, 주식교부 이후 일정기간 동안 양도를 제한하고 양도제한의 해제를 단계적으로 해소하는 것도 도움이 될 수 있다. 즉, 가득되더라도 바로 매각할 수 없다면 그 가득시점의 주가에 영향을 미치는 방식의 조정을 할 유인이 없다. 양도제한을 두더라도 재임 중 양도제

---

[183] 위험감수에 대한 인센티브 차이에 대해서는 제5장 제3절 2.(2)나.항에서 상세히 검토한다.

한이 일시에 해제된다면 그 양도제한 해제 시점에 맞추어 성과를 조정할 유인이 있을 수 있다.

마지막으로, ③ 스톡옵션에서 나타난 단기주의의 문제는 주식형 보상 조건의 설계를 통해 완화할 수 있다. 주식형 보상의 경우에도, 특정 시점에 조건 성취 여부에 따라 가득 여부가 결정되는 경우 그 시점을 기준으로 단기적인 성과 추구나 재무정보의 허위표시 등이 발생할 우려를 완전히 배제할 수는 없다. 그러나 이는 주식연계보상 자체의 문제가 아니라 불충분한 보유요건의 문제이며, 따라서 그에 대한 해결방안은 주식을 현금보상으로 대체하는 것이 아니라 가득기간을 연장하거나 양도제한 요건을 설정하는 것이다.184 가령 가득기간을 경영진의 퇴직 이후까지 연장함으로써 단기조작을 억제하고 퇴직 후에도 보상을 받을 수 있는 장기투자를 장려할 수 있다는 주장이 제기되기도 한다.185

결론적으로, 우리나라 상장회사 경영진 보수가 성과에 부합하며 회사 및 전체 주주의 장기적 이익과 정합적으로 설계되도록 하기 위해서는 주식연계보상의 적극적인 활용이 필요하다. 이러한 관점에서, 이하에서 관련 해외 입법례를 살펴 보고, 우리나라 상장회사 경영진의 주식연계보상 관련 개선방안을 검토한다.

---

184 Edmans et al. (2017), 97면
185 Edmans et al. (2017), 97-98면

제3장
경영진 주식연계보상에 관한 입법례

제2장에서 살펴본 이론적 논의의 요지는 상장회사 경영진의 보수가 회사 및 주주의 장기적 이해와 일치되기 위해서는 주식연계보상을 적절히 활용하고 경영진이 주식을 장기간 보유하도록 유도하는 것이 바람직하다는 것이다. 본 장에서는 해외 주요국(미국, 영국, 일본, 독일)이 이와 관련하여 어떠한 접근을 취하였는지를 살펴보고자 한다.

이를 위해 각 국가별로 먼저 상장회사 경영진 보수의 구성과 그 구성에서 주식연계보상이 차지하는 비중 등 보수의 내용적 측면을 현황 중심으로 살펴본다(각 절의 1.항). 다음으로, 주식연계보상은 경영진에 대한 인센티브 수단인 한편, 기존 주주의 지분 희석 등 주주의 이해관계에 영향을 미치는 측면도 있으므로, 회사법적으로 주식연계보상의 허용 방식 및 절차에 대한 검토가 필요한바, 각국이 회사법상 주식연계보상을 어떻게 규율하고 있는지를 살펴본다(각 절의 2.항).[186] 그리고 경영진과 체결하는 주식연계보상계약의 결정 방식 및 주요 조건을 살펴본다(각 절의 3.항). 아울러, 경영진에 대한 주식연계보상 규제적 측면과 관련하여서는, (i) 보수의 내용에 관한 접근 방식과 (ii) 보수 부여 절차 및 공시에 관한 규제로 나누어 살펴본다(각 절의 3.항).[187] 마지막으로 각국 주요 상장회사의 경영진 보수

---

[186] 제1장에서 정리한 바와 같이 본 글의 범위는 상장회사 경영진에 대한 주식연계보상인데, 해외 입법례를 살펴 보면 오직 경영진에게 부여하기 위한 주식연계보상 제도를 별도로 두고 있지는 않고, 임직원에게 주식연계보상을 부여할 수 있도록 제도를 마련해 두고 있고 경영진에 대한 부여도 이를 통하여 이루어지는 경우가 많다. 따라서 해당 항목에서는 회사법상 (경영진에 대한 주식연계보상에 활용할 수 있는) 임직원에 대한 주식연계보상 제도에 대하여 살펴본다.

를 사례를 중심으로 구체적으로 살펴본다(각 절의 4.항).[188]

제 1 절 미국

미국에서는 주식연계보상이 상장회사 경영진[189]의 대리문제를 완화하고 경영진의 부를 주주들의 부와 연계시킬 수 있는 수단이라는 관점에서 투자자들에 의해 주식연계보상이 장려되어왔다. 1990년대까지는 스톡옵션이 선호되었으나, 2000년대에 들어서면서 경영진의 과다보수 문제와 더불어 스톡옵션을 부여받은 경영진의 단기주의, 과도한 위험감수, 재무정보의 허위표시 등의 사례들이 발견되었다. 학자들과 투자자들은 문제의 핵심을 과다보수가 아니라 성과와 연계되지 않는 보수로 보았고, 이에 성과와 연계하여 주식을 부여하고 일정 기간 양도를 제한하는 등의 방식이 각광받게 되었다. 이와 더불어 규제의 측면에서는 Say-on-Pay 등 절차 및 공시 강화로 접근하였다.

---

[187] 경영진 보수 규제 측면에서 대부분의 입법례가 '주식연계보상' 자체만을 별도로 규제하고 있지는 않고 경영진 보수 전반에 대하여 규율하면서 그 주요 요소 중 하나로 주식연계보상에 대해 다루고 있다. 따라서 본 글에서도 (주식연계보상에 관한 사항이 포함되는) 경영진 보수에 대한 규제를 검토한다.
[188] 경영진의 주식연계보상에 관한 입법례에 관한 내용은 윤소연(2025), 14-23면 참조.
[189] 미국의 경우, 주주총회에서 선임하는 이사(director)들로 구성된 이사회(Board of Director)가 직접 또는 이사회 내 위원회를 통하여 경영진(executive officers)을 감독한다. 미국에서 보수에 대한 논의와 규제의 중심이 되었던 대상은 최고경영자(Chief Executive Officer, CEO)를 중심으로 한 경영진이므로, 본 절에서도 CEO를 중심으로 한 경영진의 보상에 초점을 두어 검토한다.

1. 경영진 보수의 현황: 주식연계보상을 중심으로

(1) 경영진 보수의 구성 및 주식연계보상의 비중

주식연계보상이 미국 상장회사 경영진 보수의 상당 부분을 차지하고 있다. 즉, 2019년 기준 미국 상장회사의 경영진 보수는 기본급 약 10%, 연간 보너스 약 18%, 장기인센티브 약 72%로 구성되는데, 장기인센티브는 주로 주식연계보상으로 구성된다.[190]

(2) 주식연계보상의 유형

컨설팅 회사인 FW Cook이 2023년 미국 상장회사들[191]의 장기인센티브 유형을 분석한 결과, 86%의 회사가 하나 이상의 장기인센티브 수단을 활용하고 있는데, 그 중 성과기반보상은 거의 대부분의 회사들에 의해 활용되고 있고(94%), RS[192]은 69%의 회사들에 의해 활용되고 있는 것으로 나타났다. CEO의 장기인센티브에서 차지하는 비중을 살펴보면, 평균적으로 성과기반보상이 60%,[193] RS가 22%, 스톡옵션/SARs가 18%를 차지하는 것으로 파악되었다.[194]

성과지표와 관련하여서는, 대부분의 회사들이 복수의 성과지표를 활용하고 있는데, TSR 72%, 이익 53%, 자본효율성 37%, 매출 25%, 현

---

[190] 미국 Fortune 500 기업 중 매출액 상위 250여개 기업을 대상으로 계산한 수치의 중간값이다(WTW 2020 analysis).
[191] 표본은 미국 S&P 500 기업 중 2023년 4월 30일 기준 시가총액 상위 250개 기업이다.
[192] 해당 연구는 RSA와 RSU를 합하여 RS로 분류하고 있다.
[193] 해당 연구는 성과를 기반으로 하여 주식, 주식 단위(unit), 현금을 지급하는 경우를 포함하여 성과기반보상(Performance-based award)으로 분류하고 있다.
[194] FW Cook Report (2023), 5면

금흐름 19% 순으로 활용하고 있다.[195]

성과지표의 측정과 관련하여서는 TSR를 활용하는 대부분의 회사들(96%)이 인덱스 또는 다른 피어그룹과의 상대적 수치로 측정하고 있다. TSR 외의 지표들은 대부분 절대적 수치를 기반으로 측정되고 있다.[196]

평균적인 가득기간은 성과기반주식의 경우 3년이 91%인데 비해, RS의 경우 3년이 69%, 4년이 25%로, 제한주식의 가득기간을 조금 더 길게 설정하는 경향이 있다. 그리고 RS의 가득 스케줄은 비례적(ratable)인 경우가 67%, 일시적(Cliff)인 경우가 22%로 나타났다.[197]

(3) 주식보유의무

미국에서는 2015년 경부터 주식보유가이드라인(stock ownership guideline)과 주식보유정책(stock retention policy 또는 retention requirement)을 도입하는 회사들이 늘어나고 있다. 2021년 기준 S&P 100 기업의 약 70%가 주식보유가이드라인과 주식보유정책을 두고 있다. 주식보유가이드라인은 일반적으로 경영진에게 기본급의 일정 배수에 해당하는 금액만큼 회사 주식을 소유할 것을 요구하는 방식인데, 절반 가량의 회사들이 CEO에게 기본급의 6배수를 적용하고 있다.[198] 주식보유정책의 경우 (i) 경영진이 주식보유가이드라인을 달성할 때까지 주식을 매각하지 못하도록 하는 '가이드라인 종속형(guideline-dependent)'으로 설계되기도 하고 (ii) 경영진이 (주식보유가이드라인 달성 현황과 무관하게) 장기 인센티브(LTI) 보상을 통해 수

---

[195] FW Cook Report (2023), 6면
[196] FW Cook Report (2023), 7면
[197] FW Cook Report (2023), 13면
[198] WTW, "S&P 100 executive stock ownership guidelines: 2015 - 2021", (2021. 12. 13.)

령한 주식을 취득 후 일정 개월 또는 수 년간 매각할 수 없는 '독립형'(stand-alone) 정책으로 설계되기도 한다. 주식보유정책을 두고 있는 S&P100기업의 70%가 (i) 가이드라인 종속형 정책만을 두고 있고, 약 17%는 (i)과 (ii)을 모두 활용하고 있다.

2. 주식연계보상 부여에 관한 법적 규율

(1) 회사법상의 규율

미국에서는 다양한 유형의 주식연계보상이 폭넓게 활용되고 있는데, 법에서 유형별 개념에 대한 정의나 유형별 규제를 하고 있는 것은 아니다. 미국[199]의 경우 신주 발행이나 자기주식 처분에 대한 제약이 적고, 원칙적으로 이사회의 결의로 이를 결정할 수 있기 때문에, 이러한 법제를 토대로 회사들이 스톡옵션, RSA, RSU, PSU, SAR 등 다양한 유형의 주식연계보상을 설계하여 신주발행 또는 자기주식 처분 방식으로 활용하고 있는 것이다.

즉, 델라웨어 주 일반회사법(Delaware General Corporation Law, 이하 "DGCL")은 신주 발행에 원칙적으로 주주의 신주인수권을 인정하지 않고 있고, 주식 또는 주식에 관한 권리나 옵션을 부여할 권리의 발행권한을 이사회에 두고 있으며,[200] 주식 발행 대가의 종류에도 제한이 없다.[201] 따라서 이사회가 임직원에게 미래의 역무제공을 발행

---

[199] 본 논문에서 미국의 회사법 관련 내용은 델라웨어 주 일반회사법(Delaware General Corporation Law, 이하 "DGCL")을 중심으로 검토하고, 필요한 경우 미국 모범회사법(the Model Business Corporation Act) 또는 다른 주 회사 법에 대하여 추가로 언급한다.
[200] DGCL 제151조~제153조, 제158조, 제161조, 제166조
[201] DGCL 제152조는 금전이나 유체, 무체재산 외에 회사에 대한 어떠한 편익

대가로 하고 금전의 납입은 하지 않는 무상 신주 발행 방식으로 다양한 유형의 주식연계보상을 부여할 수 있다.202 자기주식도 이사회가 자유롭게 처분 가능하여,203 신주 대신 자기주식을 부여하는 것도 가능하다.

(2) 상장규정에 따른 규율

앞서 본 바와 같이 DCGL상으로는 주식연계보상을 이사회 결의만으로 유효하게 부여할 수 있지만, 뉴욕증권거래소(the New York Stock Exchange, 이하 "NYSE") 또는 NASDAQ(National Association of Securities Dealers Automated Quotations) 상장회사는 그 각 거래소의 상장규정에 따라 주식보상계획(Equity compensation plan)에 대해 주주 승인을 받아야 한다.204

상장규정에 따라 주주 승인이 요구되는 '주식보상계획'은 '직원,

    도 주식발행의 대가가 될 수 있다고 한다. 또한 2004년에 동법이 개정되기 전에는 역무에 대해서는 과거의 역무 제공만을 주식발행의 대가로 할 수 있었지만 그 당시에도 근소한 금액을 대가로 하면 같은 일을 하는 것은 가능했다. 또한 미국 모범회사법(the Model Business Corporation Act) 제6-21조 (b)항은 장래에 역무를 제공하는 합의도 주식 발행의 대가로 할 수 있다는 취지를 정하고 있다(tangible or intangible property or benefit to the corporation, including cash, promissory notes, services performed, contracts for services to be performed, or other securities of the corporation).

202 이에 따라, RSU나 PSU 등 일정한 조건 성취를 전제로 부여대상자에게 회사의 주식을 발행하여 주기로 하는 경우, 일반적으로 그 부여계약서에 대가(consideration)에 관한 조항을 두고 해당 주식연계보상이 '장래에 회사에 제공할 역무의 대가(in consideration of the services to be rendered by the Grantee to the Company)'로 부여되는 것이라는 점을 명시하고 있다.

203 DGCL은 자기주식 매수로 기업의 자본에 손해를 야기하는 경우가 아닌 한, 자기주식 매수를 허용하고 있고(DGCL 제160조 제(a)항 (1)), 이사회가 그 자기주식을 처분하는 것도 가능하다(DGCL 제160조 제(b)항).

204 NYSE Listing Rule 303A.08, NASDAQ Listing Rule 5635(c)

이사 또는 기타 서비스 제공자에게 서비스에 대한 보상으로 주식을 제공하는 계획 또는 기타 약정'이다. 위 상장기준은 주식이 교부되는 경우에 적용되므로(신주 발행이든, 자사주 교부이든) 스톡옵션, RS, RSU 등은 포함되나, 현금 정산 SARs 등 현금으로만 제공되는 보상계획은 주주 승인의 대상은 아니다.[205]

또한, 주식보상계획의 중대한 수정시에도 주주 승인을 받아야 한다. NYSE의 Listed Company Manual은 '중대한 수정'에는 ① 주식보상계획에 따라 활용가능한 주식 수가 중대하게 증가하는 경우(단, 구조재편, 주식 분할, 합병, 분할 또는 그와 유사한 거래를 반영하기 위한 경우는 제외), ② 주식보상계획에 따른 주식연계보상의 유형이 추가되는 경우, ③ 주식보상계획의 적용대상이 중대하게 확장되는 경우, ④ 스톡옵션 행사가격 결정 방법이 중대하게 변경되는 경우, ⑤ 주식보상계획 기간이 중대하게 연장되는 경우, ⑥ 스톡옵션의 가격재조정을 금지하는 조항의 삭제 또는 제한 등이 포함된다고 규정하고 있다. 그러나 주식보상계획의 수정이 해당 계획의 범위를 확대하기보다는 축소하는 경우에는 중대한 수정으로 간주되지 않는다.[206]

3. 주식연계보상 부여계약 조건

(1) 주식연계보상 부여 조건 결정 방식

전 항에서 검토한 바와 같이 미국은 주식연계보상을 유형별로 규제하고 있지 않기에, 실무상 대부분의 회사들은 하나의 주식연계보상계획 안에 다양한 주식연계보상의 부여근거를 마련하여 이사회

---

[205] Lund(2006), 122, 126면
[206] NYSE, Listed Company Manual §303A.08

승인(또는 필요한 경우 주주총회 승인)을 받는 소위 "옴니버스형" 주식연계보상계획을 활용하고 있다.207 즉, 통상적으로 주식연계보상계획 안에 부여대상자의 자격(가령 직원, 임원, 계열회사 임직원 등), 부여 가능한 주식연계보상의 유형(스톡옵션, SARs, RSA, RSU 등), 해당 계획 하에서 발행될 수 있는 총 주식의 수, 각 보상의 유형별 주요 조건(가득기간, 성과조건 등)에 관한 내용을 정하여 두고, 그 계획에서 정한 범위 안에서 이사회 또는 보수위원회가 구체적인 부여 조건을 결정한 다음 해당 부여대상자와 주식연계보상 부여계약을 체결하게 된다.

예를 들면 Alphabet Inc.의 주식계획(Stock Plan)은 (i) 해당 주식계획에 따라 부여되는 인센티브의 대상이 될 수 있는 주식의 최대 수를 규정하고, 보수위원회의 재량에 따라 신주를 발행하거나 자기주식으로 교부할 수 있다고 규정하고 있다. (ii) 해당 주식계획의 적용대상은 이사뿐만 아니라 직원과 회사에 직간접적으로 서비스를 제공하는 사람들이 포함된다. (iii) 해당 주식계획에 따라 부여할 수 있는 주식연계보상의 유형으로 (a) 스톡옵션의 행사가격, 행사기간, 행사방법에 관한 사항을 규정하고 구체적인 사항은 보수위원회가 정할 수 있다고 규정하고 있으며, (b) 기타 주식연계보상에 대해서는 '위원회는 본 계획에 달리 설명되지 않은 주식연계보상을 위원회가 정하는 금액과 조건(성과 조건 포함)에 따라 부여할 수 있다는 취지를 정하고 있다.208

---

207 Dravis(2019), 635면
208 Alphabet Inc. "Amended and Restated 2021 Stock Plan – Form of Alphabet Restricted Stock Unit Agreement", (2022) (이하 "Alphabet 2021 Stock Plan")

(2) 주요 조건

본 항에서는 미국 상장회사들이 주식연계보상계획 및 그에 따라 체결하는 주식연계보상 부여계약의 주요 조건과 관련하여, 미국 경영진 대한 주식연계보상의 대부분을 차지하는 RSU 및 PSU을 중심으로 살펴 본다.

가. 가득기간

가득기간은 다양한 방식으로 설계되는데, 미국 상장회사의 경우 3년~4년의 가득기간을 두는 경우가 많다. 구체적인 예로는, 가득기간 3년에 분기마다 균등하게 분할 가득되도록 정하는 경우,[209] 가득기간 4년에 1년 후 25%, 그 이후 6개월마다 12.5%씩 가득되도록 정하는 경우,[210] 가득기간 4년에 분기별로 분할 가득되도록 정하는 경우 등이 있다.[211] 의결권 자문사인 ISS는 최소 1년의 최소 가득기간(minimum vesting period)이 없는 경우 성과에 대한 인센티브가 부여되지 못한다고 보고 부정적으로 평가하고 있고,[212] 3년 이상의 가득기간은 긍정적으로 평가하고 있는데, 미국 상장사들은 이러한 의결권 자문사들의 의견을 고려하고 있는 것으로 보인다.[213]

나. 성과조건

PSU의 성과지표는 기업마다 다르게 정해지는데, 총 주주 수익률

---

[209] Alphabet Inc., "Proxy Statement", (2024), 49면
[210] Microsoft Inc., "Proxy Statement", (2023), 44면
[211] Meta Inc., "Proxy Statement", (2023), 64면
[212] ISS, "United States Proxy Voting Guidelines Benchmark Policy Recommendation", (2024), 51면; ISS, "Equity Compensation Plans - FAQ", (2023. 12. 11.), 15면
[213] ISS, "Equity Compensation Plans - FAQ", (2023. 12. 11.), 16면

(TRS)이 널리 활용되며,214 그 외 주당 순이익, EBITDA, 매출, 현금흐름, 자기자본 수익률, ESG 관련 지표들이 사용된다.

회사의 성과는 (i) 회사 자체의 성과(절대 성과목표)를 측정하는 방식과 (ii) 유사 업종의 회사들 대비 성과(상대적 성과목표)를 측정하는 방식, 그리고 (iii) 위 (i)과 (ii)를 혼합하여 사용하는 방식 모두 활용되고 있다.

그리고 미국 대부분의 상장기업은 3년을 기준으로 성과를 측정하고 있다.215

다. 재직요건

일반적으로 RSU 또는 PSU는 가득일에 부여대상자가 회사에 계속 고용되어 있을 것을 조건으로 한다.216 이에 사망 외의 사유로 중도 퇴직하는 경우, 퇴직일 기준으로 가득되지 않은 수량은 모두 소멸(forfeit)되도록 규정한다.217 단, 사망으로 중도 퇴직하게 되는 경우, 부여되었으나 가득되지 않은 모든 RSU는 퇴직일을 기준으로 즉시 가득되도록 정하는 경우가 많다.218 이와 같이 당초 정해졌던 가득일 정 전에 가득되도록 하는 것을 가속된 가득 내지 조기 가득(accelerated vesting)이라고 한다.

---

214 Alphabet Inc., "Proxy Statement", (2024), 49면; Apple Inc., "Proxy Statement", (2024), 46면
215 Kieffer, Joseph, "Executive Long-Term Incentive Plans", Harvard Law School Forum on Corporate Governance, (2019. 4. 11.)
216 Alphabet 2021 Stock Plan; Apple Inc. "2022 Employee Stock Plan Restricted Stock Unit Award Agreement" (이하 "Apple 2022 Stock Plan")
217 Alphabet 2021 Stock Plan
218 Alphabet 2021 Stock Plan; Apple 2022 Stock Plan

라. 배당 등가물

RSU와 PSU는 가득되어 부여대상자가 실제 주식을 수령할 때까지 주식의 소유자가 아니다. 따라서 주주로서의 권리, 즉 의결권이나 배당을 받을 권리도 갖지 않는다. 다만, 배당 등가물(dividend equivalents)를 부여하기로 정하는 경우도 있다. 가령 부여계약 체결 후 가득 전에 배당이 실시되는 경우, 부여일에 주식이 발행되었더라면 부여대상자에게 지급되었을 배당금과 동일한 금액(dividend equivalents)을 현금으로 지급해 주기로 정하기도 하고, 그에 상응하는 가치만큼 주식단위(unit)의 수를 늘려 주기로 규정하는 경우도 있다.[219]

마. 양도제한 또는 주식보유의무

미국 상장회사들은 경영진에게 RSU 또는 PSU를 부여하고 가득 후 추가로 양도제한 약정을 하는 방식보다는, 별도로 주식보유가이드라인을 통해 주식보유의무를 정하고 있는 경우가 많다(주식보유의무에 관한 내용은 1.(3) 참조). 예를 들면 Microsoft Inc.는 CEO는 기본급여의 15배, 그 외 경영진은 8배의 주식을 소유하도록 하고 있고,[220] Apple Inc.는 CEO는 기본 급여의 10배, 그 외 경영진은 기본급여의 3배의 주식을 소유하도록 하고 있다.[221]

바. 조정 및 환수

미국 상장회사들은 도드-프랭크법에 따라 개정된 상장규정에 따라 재무제표의 중대한 사항에 오류가 있어 이를 재공시하는 경우 이를 기반으로 잘못 부여된 성과보수를 환수하여야 한다(상세한 내용

---

[219] Alphabet 2021 Stock Plan; Apple 2022 Stock Plan
[220] Microsoft Inc., "Proxy Statement", (2023), 63면
[221] Apple Inc., "Proxy Statement", (2024), 39면

은 4.(2)다.). 의결권 자문사들은 상장요건을 충족하는 것 외에도 중대한 위법행위, 중대한 평판 저해 또는 중대한 운영 실패 등과 같은 문제 있는 결정이나 행위의 증거가 있는 경우 보상을 회수할 수 있도록 하는 것이 바람직하다고 보고 있다.222 예를 들면, Glass-Lewis의 가이드라인은 주주에게 실질적이고 부정적인 영향을 미칠 수 있는 사유는 상장규정상 열거된 환수 사유에 한정되지 않는다고 보고 있으며, 환수정책은 보수의 근거가 된 성과지표가 수정되는 경우, 중대한 위법 행위, 중단한 평판 훼손, 중대한 리스크 관리 실패, 중대한 운영 실패 등 문제가 있는 결정이나 행동의 증거가 있는 경우에도 보수를 회수할 수 있도록 설계되어야 한다고 본다.223

이에 실무상 다수의 상장회사들이 주식연계보상을 조정하거나 환수하여야 하는 사유를 상장규정에 따른 의무적 환수 보다 넓게 정하고 있다. 예를 들면, Microsoft Inc.는 경영자가 중대한 법률 또는 규정 위반을 저지른 경우, 보수위원회는 그 위반이 재무제표 재공시와 관련하여 발생하였는지 여부와 관계없이 경영자에게 지급된 인센티브 보상에 대해 회수를 요청할 수 있도록 하고 있다.224 Apple Inc.는 경영진이 중범죄를 저지르거나, 기밀을 위반하거나, 계약을 중대하게 위반하거나, 절도, 횡령 또는 사기 행위를 저지르는 등의 경우 RSU와 관련하여 지급된 주식 또는 기타 금액을 환수할 수 있도록 정하고 있다.225

---

222 ISS, "United States Proxy Voting Guidelines Benchmark Policy Recommendation", (2024), 8-9면
223 Glass Lewis, "United State 2024 Benchmark Policy Guidelines", (2024), 61-62면
224 Microsoft Inc., "Executive Compensation Recovery Policy"
225 Apple 2022 Stock Plan

사. 구조개편시 처리

RSU나 PSU를 부여한 이후 그것이 가득되기 전에 회사의 자본구조에 중대한 변경이 이루어지는 경우 이를 어떻게 처리할 지가 문제된다. 이와 관련하여, 미국 상장회사들은 대부분 주식연계보상계획에 이러한 경우에 대한 추상적인 처리 원칙 및 방식만을 규정하고 구체적인 사항은 보수위원회가 결정하도록 하고 있다. 그리고 부여계약에는 해당 회사의 주식연계보상계획에서 정한 바를 따른다는 내용을 규정하게 된다.

예를 들면, Alphabet Inc.의 Stock Plan은 다음과 같이 규정하고 있다.[226]

주식의 분할, 병합 또는 주식 배당의 지급으로 발행 주식의 수 가 증가 또는 감소하는 경우, 기타 무상 증자 또는 무상 감자의 경우, 보수위원회는 부여되어 있는 주식연계보상의 대상이 되는 주식의 수를 적절하게 조정(appropriately adjust)해야 한다.

회사의 합병으로 주주들이 존속회사의 주식을 대가로 받는 경우, 보수위원회는 주식연계보상을 적절히 조정(appropriately adjust)하여 해당 주식연계보상의 대상이 되는 주식에 대해서도 그것이 가득되었더라면 합병으로 받았을 주식이 부여되도록 하여야 한다.

그리고 (i) 회사의 해산 또는 청산, (ii) 회사 자산의 전부 또는 상당부분의 매각, 또는 (iii) 회사가 관여된 합병 또는 유사한 거래에서 회사의 주주들이 존속회사의 주식 외에 다른 증권 또는 다른 자산(현금 포함)을 수령하는 경우, 보수위원회는 전적인 재량으로(sole discretion), 주식연계보상의 교환대가로 (a) 주식연계보상의 대상이 되는 주식이 가득되었더라면 해당 거래에서 부여되었을 자산을 제공하거나, (2) 주식연계보상의 대상이 되는 주식이 가득되었더라면

---

[226] Alphabet 2021 Stock Plan

해당 거래에서 부여되었을 증권을, 보수위원회가 결정하는 바에 따라 공평하게 조정(equitable adjustment)하여 제공할 수 있다.

그 밖에 회사의 자본에 변동이 발생하거나 상기 구체적으로 명시된 것 외의 기업 변경(특별 현금 배당, 분할, 자회사 또는 사업부 매각 또는 이와 유사한 거래를 포함)이 발생하는 경우, 보수위원회는 그러한 변경이 발생한 날에 주식연계보상의 대상이 되는 주식의 발행회사, 주식 수 및 종류를 조정할 수 있고, 그 외 보수위원회가 적절하다고 판단하는 기타 조건을 조정할 수 있다.

4. 경영진에 대한 보수 관련 규제

(1) 보수의 내용적 측면에 대한 규율 방식

경영진 보수의 내용적 측면과 관련하여, 미국은 주식연계보상의 활용에 대해 법률로 직접적으로 규율하고 있지 않고, 기관투자자 및 의결권 자문사의 영향을 받아 회사들이 자율적으로 경영진에 대한 주식연계보상을 도입 및 활용하고 있다.

가령 의결권 자문사인 Glass Lewis의 가이드라인은 경영진의 주된 장기 인센티브 수단인 주식연계보상은 적절하게 사용하면 경영진의 보상을 회사 성과와 연계하여 경영진의 이익과 주주의 이익을 일치시킬 수 있는 수단이 될 수 있다고 하며, 그 가치를 인정한다고 명시하고 있다.[227] 그리고 경영진으로 하여금 주식연계보상의 가득 이후나 퇴직 이후에도 주식을 보유하도록 하는 것에 대해 긍정적으로 평가하고 있다.[228]

---

[227] Glass Lewis US Policy Guidelines(2024), 56면
[228] Glass Lewis US Policy Guidelines(2024), 52면

또 다른 의결권 자문사인 ISS는 경영진에 대한 주식연계보상의 최소 50%가 성과에 기반한 것이어야 한다고 하면서, 기간의 경과만으로 가득되는 주식연계보상은 성과기반으로 인정하지 않는 입장을 밝혔다.229 성과 연계성에 대한 이러한 ISS의 입장은 미국 상장회사 이사회와 보수위원회에 영향을 미친 것으로 파악된다.230

미국 기관투자자들의 협의체인 CII의 기업지배구조정책에 따르면, 경영진 보수는 장기적인 주주 가치를 구축하고 장기적인 전략적 사고를 촉진하여야 하고, 이를 위해 현금과 주식연계보상의 조합으로 구성되어야 한다. 또한 CII는 경영진 보수 프로그램의 핵심은 경영진으로 하여금 의미 있는 수준의 주식을 보유하도록 함으로써 주주와의 이해관계를 일치시키는 데 있다고 보며, 주식연계보상, 장기간의 보유요건 및 주식보유 의무를 통해 이를 이룰 수 있다고 보고 있다.231

위와 같은 의결권 자문사 및 기관투자자들의 입장이 실질적으로 미국 상장회사에 영향력을 발휘할 수 있었던 배경에는 Say-on-Pay의 도입이 있었던 것으로 보인다. 즉, 미국은 경영진 보상의 구성이나 내용에 대해 직접적으로 규제를 하지는 않았지만, 2010년 도드-프랭크법을 통해 Say-on-Pay 제도가 도입232되면서, 상장회사들이 의결권 자문사 및 기관투자자들의 의견을 무시할 수 없게 된 것으로 보인다. Say-on-Pay는 법적 구속력 없는 권고적 승인이기는 하지만, 주요 의결권 자문사들은 Ssy-On-Pay에서 주주 찬성 비율이 낮은 경우, 그에 대해 이사회가 후속 대응을 제대로 하지 않으면 보수위원회 위원 선임에 대해 반대 의견을 권고하는 등의 방식으로 사실상의 영향력

---

229 ISS "Frequently Asked Questions on U.S. Compensation Policies", (2014), 15-16면
230 Walker(2016), 407면
231 CII, "Policies on Corporate Governance", (2023. 9. 11.)
232 Say-On-Pay의 구체적인 내용에 대해서는 다음 항에서 검토한다.

을 확보하고 있다.233

(2) 보수의 절차적 측면 및 공시에 대한 규제

가. 승인 절차

미국의 경우 경영진에 대한 보수 결정 권한은 이사회에 있고, 법으로 주주 승인을 요구하지는 않는다. 그러나 2008년 금융위기 이후 경영진의 기회주의적인 행동을 통제할 필요성이 대두되면서 Say-on-Pay를 도입하여 주주의 권한을 강화하였다.

1) Say-on-Pay

미국은 2010년 도드-프랭크법 제정을 통해 일정 규모 이상의 상장회사로 하여금 경영진 보수에 대하여 Say-on-Pay를 시행하도록 하였다.234 Say-on-Pay의 논거는 주주의 감독이 경영진 보수의 전반적인 수준을 낮추고 이사회로 하여금 경영진의 보수가 회사의 성과와 더 긴밀히 연계되도록 할 것이라는 점이었다.235 Say-on-Pay의 구체적인

---

233 ISS는 Say-on-Pay에서 70% 이하의 찬성을 받은 결의안에 대하여 이사회가 적절히 대응하지 않을 경우, 보수위원회 위원 및 잠재적으로 이사회 전체에 대하여 반대 또는 보류 의견으로 투표하도록 권고하고 있다(ISS, "United States Proxy Voting Guidelines Benchmark Policy Recommendations", (2024), 47면). Glass Lewis도 이와 유사하게, Say-on-pay에서 상당한 수준의 반대(주주 투표의 20%이상이 반대 또는 유보인 경우)의견이 나온 경우, 이사회는 주주 피드백에 대응하여야 하고 보수위원회는 대응책을 마련해야 한다고 한다. 공시에서 이사회가 이러한 문제에 주주를 적극적으로 참여시키고 그에 따라 대응하고 있다는 증거가 없는 경우, 주주 반대에 적절히 대응하지 못한 보수위원회 위원에게 책임을 물을 것을 권고할 수 있다(Glass Lewis US Policy Guidelines(2024), 53-54면}
234 도드-프랭크법 제951조 (a), (c)}
235 Carney, John, "Why 'Say on Pay' Failed and Why That's a Good Thing",

내용은 다음과 같다.236

(가) 적용대상 회사

Say-on-Pay를 실시해야 하는 회사는 시가총액 7,500만 달러 이상의 상장회사이다.237

(나) 적용대상자

Say-on-Pay에 따른 투표 대상이 되는 자들은 경영진에 해당하는 NEOs(named executive officers)이다. 구체적으로 NEOs는 (i) 보수 수준에 관계없이 최근 종료된 회계연도 동안 최고 경영 책임자로 근무하거나 이와 유사한 직책으로 활동한 모든 개인(principal executive officer, "PEO"), (ii) 보수 수준에 관계없이 최근 종료된 회계연도 동안 최고 재무 책임자로 근무하거나 이와 유사한 직책으로 활동한 모든 개인(principal financial officer, "PFO"), (iii) PEO 및 PFO를 제외하고, 최근 종료된 회계연도 말에 연봉 $100,000을 초과하는 보수를 받은 경영진 중 가장 높은 보수를 받은 3명,238 (iv) 위 (iii)항에 따라 공개되어야 하나 해당 개인이 최근 종료된 회계연도 말에 경영진이 아니라는 이유로 공개되지 않은 개인(최대 2명까지)을 의미한다.239

(다) 승인의 내용

적용대상 회사는 Reg S-K 402240에 따라 공시된 대로 NEOs에게지

CNBC (2013. 7. 3.)
236 도드-프랭크법 제951조에 따라 신설된 Securities Exchange Act of 1934 (이하 "미국 증권거래법") 제14A조
237 미국 증권거래법 제14A조 (e), 17 C.F.R.§240.12b-2
238 17 C.F.R.§229.402(a)(iii)
239 17 C.F.R.§229.402(a)(3)
240 Reg S-K 402의 공시 내용에 대해서는 아래 나.항에서 검토한다.

급하는 보수에 대하여 주주들의 권고적 승인을 받아야 한다.241 또한, 주주들이 Say-on-Pay를 매년 실시할 것인지, 2년에 한 번 실시할 것인지, 3년에 한 번 실시할 것인지에 대한 권고적 승인도 최소 6년에 한 번씩 실시하여야 하고,242 회사가 M&A 거래와 관련하여 제공될 수 있는 보상 및 혜택에 대해서도 권고적 승인을 받아야 한다.243

2) 보수위원회

미국 상장회사들은 경영진 보수를 독립적인 보수위원회에서 결정하여야 한다.

즉, NYSE는 상장회사의 보수위원회를 모두 사외이사로 구성하도록 하고 있다.244 보수위원회는 CEO의 성과를 평가하고 그 평가에 기반하여 CEO의 보상 수준을 결정한다. 또한 CEO 외의 경영진(non-CEO executive officer)에 대한 보상, 이사회의 승인을 받아야 하는 인센티브 및 주식연계보상 계획에 대해서는 이사회에 권고한다.245

NASDAQ도 상장회사의 보수위원회는 원칙적으로 최소 2명의 사외이사로 구성하도록 하고 있다.246 NASDAQ 상장회사의 보수위원회는 CEO를 포함한 모든 경영진(executive officer)의 보상을 결정한다.247

---

241 17 C.F.R.§240.14a-21(a)
242 17 C.F.R.§240. 14a-21(b)
243 17 C.F.R.§240. 14a-21(c)
244 NYSE, Listed Company Manual §303A.05(a)
245 NYSE, Listed Company Manual §303A.05(b)(i)
246 단, 예외적이고 제한된 상황(이사회가 결정하는 바에 따라)에서 위원회가 최소 3명의 위원으로 구성되는 경우, 사외이사 1명을 위원회에 임명할 수 있다. 이 예외에 따라 임명된 위원의 임기는 2년을 초과할 수 없으며, 회사는 웹사이트 또는 위임장 설명서를 통해 해당 이사와 회사의 관계의 성격과 그러한 관계에도 불구하고 해당 이사가 임명된 이유를 공개해야 한다 (NASD Rule 4350(c)).

나. 공시

도드-프랭크법은 SEC에게 주주들이 상장회사의 경영진 보상의 체계를 잘 이해하고 이의를 제기할 수 있는 방향으로 공시규제를 개선하도록 하였고(제953조), 이에 따라 개정된 SEC의 Regulation S-K (이하 "Reg S-K") Item 402는 상장회사의 사업보고서 및 위임장 설명서에 포함되어야 하는 경영진[248] 보수에 대한 공시의무들을 규정하고 있다. Reg S-K Item 402는 주식연계보상에 국한된 공시의무는 아니지만, 특히 주식연계보상의 경우 일반 주주들이 그 구조를 이해하거나 가치를 평가하기 쉽지 않기 때문에 현금보상에 비해 보다 상세하게 항목별 사항들을 기재하도록 하고 있고 그 달러 가치도 함께 표시하도록 하고 있다. 이하에서 주식연계보상과 연관된 공시사항을 중심으로 살펴 본다.

1) 주식연계보상 관련 기재사항

상장회사는 경영진 보수의 모든 요소의 정량적 정보를 주주들이 명확하게 파악할 수 있도록 표 형식으로 제공하여야 하고, 그 표에 대한 설명을 함께 기재하여야 하는데, 보상 요약표(Summary Compensation Table)에는 최근 3개 회계연도 동안 각 경영진에게 지급된 총 보수를 유형별로 기재하되, ① 기본급과 ② 보너스 뿐만 아니라, ③ 주식보상의 공정가치, ④ 옵션보상의 공정가치 등[249]도 각각 명시하고 그 총액을 기재하여야 한다(Reg S-K Item 402(c)).

또한 주식연계보상에 대해서는 별도의 표에 정량적 조건들 및 그

---

[247] NASDAQ Listed Company Manual Section 5605(d)
[248] 공시대상은 주요 경영진에 해당하는 NEOs로, 위 (2)가.(나)항에서 설명한 바와 같다.
[249] 그 외 ⑤ 주식 외 인센티브 계획에 따른 모든 수익의 금액, ⑥ 기타 보상도 각각 명시하여야 한다.

에 대한 설명을 기재하여야 한다(Reg S-K Item 402(d)~(j)).

계획기반 보상 부여 표(Grants of Plan-Based Awards Table)에는 직전 회계연도에 각 경영진에게 지급된 모든 주식 보상, 옵션 보상, 주식 외 인센티브 보상에 대한 정보를 표시하여야 한다. 구체적으로, 주식연계보상의 경우 ① 각 주식연계보상의 부여일, ② 성과기반 주식보상의 향후 예상 부여수량(즉, 주식보상계획에 따라 해당 성과조건이 충족될 때 가득되는 주식 수의 범위(최소치, 목표치, 최대치를 각 기재)), ③ 시간기반 주식보상의 부여수량, ④ 옵션보상의 행사가격, ⑤ 주식 및 옵션 부여일의 공정가치가 표에 포함되어야 한다. 또한, 회사는 주주가 표에 제시된 정보를 이해하는데 도움이 되는 설명을 기재하여야 한다. 통상 주식연계보상과 관련된 성과 조건 및 부여 일정 등 보상의 주요 조건을 설명으로 기재하게 된다.

미지급 주식보상 부여 표(Outstanding Equity Awards at Fiscal Year-End Table)에는 회계연도 말 기준, 각 경영진에게 부여되었으나 아직 가득되지 않거나 행사되지 않아 미지급 상태로 보유하고 있는 주식보상에 대하여 기재하여야 한다. 구체적으로 ① 옵션 보상의 경우 (a) 성과기반 스톡옵션의 성과조건 성취 전 주식 수, (b) 시간기반 스톡옵션의 행사가능하지만 행사하지 않은 주식 수, (c) 시간기반 스톡옵션의 행사할 수 없는 주식 수, (d) 행사가액, (e) 행사기간 만료일, ② 주식 보상의 경우, (a) 성과기반 주식보상의 성과목표 달성 및 가득 전 주식 수, (b) 위 (a)의 시장가치, (c) 시간기반 주식보상의 가득 전 주식 수, (d) 위 (c)의 시장가치에 관한 정보가 포함되어야 한다.

마지막으로, 행사된 옵션 및 가득된 주식표(Option Exercise and Stock Vested Table)에는 ① 옵션 보상의 경우 (a) 행사된 주식의 수와 (b) 행사차익, 주식 보상의 경우, ② (a) 가득되어 취득한 주식의 수와 (b) 위 (a)의 시장가치를 기재하여야 한다.

2) 보상과 성과 간의 연계성에 관한 사항

SEC는 도드-프랭크법에 따라 2022. 8. 25. Reg S-K에 Item 402(v) "Pay vs Performance Rule (PVP Rule)"을 추가하였다. 이는 미국 상장회사[250]들로 하여금 경영진에게 실제로 지급된(actually paid) 보수와 회사의 최근 5년[251] 동안의 재무적 성과 사이의 관계에 대한 정보를 공시하도록 하는 것이다.[252] 구체적으로, ① CEO의 총 보수와 다른 경영진의 평균 총 보수, ② CEO에게 실제로 지급와 보수와 다른 경영진에게 실제로 지급된 평균 총 보수, ③ 회사 및 비교 그룹(peer group)의 총 주주 수익률(TSR), ④ 회사의 순이익, ⑤ 회사의 가장 최근 회계연도에 회사의 경영진에게 실제로 지급된 보상을 회사의 성과와 연결하기 위해 사용한 가장 중요한 재무 지표, ⑥ '실제로 지급된' 보상액을 결정하기 위해 경영진의 총 보상액에서 공제 및 추가된 금액이 포함된 새로운 '보수 대비 성과' 표를 기재하도록 하였다.

다. 환수

SEC는, 도드-프랭크법 제954조에 따라, 증권거래소가 경영진[253]에게 잘못 부여된 인센티브 보상을 환수하도록 상장기준을 마련하게 하면서, 상장회사가 준수해야 할 최소한의 기준을 제시하였다.[254] 그

---

[250] smaller reporting companies(SRCs)도 포함된다. 단, emerging growth companies, foreign private issuers, registered investment companies는 제외된다.
[251] SRCs의 경우 3년
[252] SEC Release Nos. 34-95607 (2022. 8. 25.)
[253] 적용대상자는 재무제표 재공시일 이전 3개 회계연도 동안 인센티브 기반 보상을 받은 전·현직 경영진(executive officer)이고, 경영진은 대표이사(president), 최고재무임원(principal financial officer), 최고회계임원(principal accounting officer, 그러한 자가 없는 경우 통제자), 주요 사업부나 부서를 담당하는 부사장, 정책결정기능을 하는 임원 혹은 그와 유사한 업무를 수행하는 자를 의미한다(17 C.F.R. §240.10D-1(b)(i), (d))
[254] 17 C.F.R. § 240.10D-1; Kesner, Mike, Ringlee, Lane, "SEC Finalizes New

에 따르면, 환수대상이 되는 보상은 적용대상자가 수령한 인센티브 기반 보상(incentive-based compensation), 즉 재무보고 지표의 달성을 기반으로 부여되거나 가득되는 보상이고,[255] 환수 사유는 과거에 작성된 재무제표에 중대한 사항에 대한 오류를 수정하는 재작성 또는 현재 기간에 수정되지 않으면 중대한 오류가 될 수 있는 경우이다.[256]

5. 사례

앞서 제3장 이론적 논의에서 살펴본 바와 같이 미국 상장회사의 경영진 보상에는 PSU가 중요한 비중을 차지하고 있고, 최근 단순 time-vested RSU로 돌아가자는 견해도 제기되고 있는데, 아래와 같이 Alphabet, Microsoft 등은 PSU를 각 사의 특성에 맞는 성과지표 및 기간 등을 설정하고 이에 대해 설명하고 있고, Amazon은 time-vested RSU를 주된 보상수단으로 채택하였다.

(1) Alphabet Inc.[257]

Alphabet Inc.의 CEO인 Sundar Pichai의 보상은 기본급, 현금보너스 및 주식연계보상으로 구성되어 있고, 주식연계보상은 time-vested RSU[258]와 PSU를 조합하여 부여하고 있다. 그 각 가득조건은 아래와

Clawback Rules", Harvard Law School Forum on Corporate Governance, (2022. 11. 15.)
[255] 17 C.F.R. §240.10D-1(d). 주가와 TSR은 재무보고 지표에 해당하나, 단순 기간기반 보상은 포함되지 않는다(Kesner/Ringlee(2022))
[256] 17 C.F.R. §240.10D-1(b)(1)
[257] 이하 본 항의 내용은 Alphabet Inc.의 "Notice of 2024 Annual Meeting of Shareholders and Proxy Statement" 46-60면을 토대로 한 것이다.

같다.

유형	가득조건
Time-vested RSU	2023년부터 3년간 분기별로 1/12씩 가득
PSU	Tranche A: 성과기간(2023. 1. 1.~2024. 12. 31.) 동안 성과목표에 따라 0~1,338,858주 부여 Tranche B: 성과기간(2023. 1. 1. ~2025. 12. 31.) 동안 성과목표에 따라 0~1,338,858주 부여

CEO 외의 NEO들에 대한 보상도 기본급, 현금보너스 및 주식연계보상으로 구성되어 있고, 주식연계보상은 time-vested RSU와 PSU를 조합하여 부여하고 있는 점은 동일하며, PSU의 성과구조만 다르다.259

Alphabet Inc.는 이사회가 정한 기업지배구조 가이드라인에 최소 주식소유 요건을 규정하고 있다. 그에 따르면 설립자 및 CEO는 최소 3,500만 달러 상당의 주식을 소유해야 하고(CEO 기본급이 200만달러) 채용 또는 각 직급으로 승진한 날로부터 5년 이내에 최소 주식 소유 요건을 준수해야 한다.

또한, Alphabet Inc.는 증권거래법 및 SEC 규정과 NASDAQ 상장규정에 따른 환수 정책을 채택하고 있다.

---

258 Alphabet Inc.는 이를 GSU라고 지칭하고 있는데, 그 구조는 time-vested RSU에 해당한다.
259 즉, "성과 기간(2023-2025년) 동안 S&P 100 기업 대비 회사의 TSR 성과에 따라 2025. 12. 지급됨. 가득 되는 PSU의 수는 성과 기간 종료 후 정해진 지급 곡선에 따라 결정됨(25~50 백분위수 및 50~75 백분위수 사이의 상대적 TSR 순위에 대해 linear interpolation을 통해 결정됨) 성과에 따라 부여되는 PSU의 수는 목표 PSU 수의 0%~200% 범위에서 결정됨"이라고 정하고 있다.

(2) Microsoft Corp.[260]

Microsoft Inc.는 경영진 보상에 대한 원칙으로, 경영진 보수의 대부분을 성과 기반 인센티브로 제공한다는 점, CEO 보상의 83%, 그 외 NEO들의 보상의 80%를 주식으로 제공하여 주주와의 강력한 연계성을 제공한다는 점, 다년간의 가득기간 및 성과요건을 갖춘 주식보상을 통해 장기적인 관점에 초점을 맞추었다는 점을 천명하고 있다.

CEO의 보수는 기본급, 현금 인센티브 및 성과주식보상(performance stock award, PSA)으로 구성되어 있고, time-vested RSU는 제공하지 않고 있다. 보상의 95%가 성과기반이고, PSA는 3년의 성과기간 동안 매년 PSA 지표에 따른 성과를 측정하고 S&P500의 상대적 TSR에 따라 실제 받는 보상을 조정하게 된다.

CEO외 NEO의 보수는 기본급, 현금 인센티브 및 주식보상으로 구성되며, 주식보상은 50%의 성과주식보상(PSA)과 50%의 주식보상(Stock awards, SA)으로 구성된다. SA는 4년에 걸쳐, 반기마다 같은 비율로 가득되는 time-vested RSU에 해당한다.

Microsoft Inc.는 아래와 같이 성과지표를 세분화하고 각 성과지표별로 가중치를 두고 있다.

성과지표	설명	가중치
Microsoft 클라우드 수익*	Azure 및 기타 클라우드 서비스, Office 365 상업용, LinkedIn의 상업용 부분, Dynamics 365 및 기타 상업용 클라우드 자산의 수익	30%
Microsoft 클라우드 구독자 증가	주로 상업용 고객 부문에서 현재 또는 신규 사용자당 SaaS 클라우드 서비스의 유료 seat 수	20%

---

[260] 이하 본 항의 내용은 Microsoft Corp.의 "Notice of 2023 Annual Meeting of Shareholders and Proxy Statement" 35-50면을 토대로 한 것이다.

성과지표	설명	가중치
Teams 월별 활성 사용량	엔터프라이즈, 기업, 중소기업, 교육 및 소비자 부문에서 Teams의 월간 순 활성 사용자 수 성장률 20%	20%
Xbox 콘텐츠 및 서비스 매출 성장*	자사 및 타사 콘텐츠(게임 및 게임 내 콘텐츠 포함), Xbox Game Pass 및 기타 구독, Xbox 클라우드 게임, 광고, 타사 디스크 로열티 및 기타 클라우드 서비스로 구성된 Xbox 콘텐츠 및 서비스 매출	10%
Windows 10/11 MAD 성장	Windows 월간 활성 디바이스(MAD) 성장률은 특정 날짜로부터 지난 28일 동안 활성 상태였던 Windows 10 및 Windows 11 디바이스의 수로 정의됨	10%
LinkedIn 세션	LinkedIn 회원 경험의 전반적인 품질과 회원의 경제적 기회를 실현할 수 있는 기회를 나타내는 주요 지표로서 회원 방문 횟수를 측정한 수치	10%

또한, 3년간의 결과는 아래와 같이 S&P 500과 비교한 상대 TSR 백분위수 순위에 따라 조정한다. 절대 TSR이 양수여야 조정된 보상 금액이 100% 이상으로 증가하게 된다.

3-year relative TSR ranking	Modifier
20th Percentile & Below	75%
30th Percentile	87.5%
40th to 60th Percentil	100%
70th Percentile	125%
80th Percentile & Abov	150%

Microsoft Inc.의 최소주식소유 요건은, CEO는 기본급의 15배, 그 외 경영진의 기본급의 8배에 해당하는 보통주를 취득하고 소유권을 유지해야 하며, 최소주식소유 요건을 달성할 때까지 모든 순 주식(세후)의 50%를 보유해야 한다.

Microsoft Inc.는 무과실 임원 보상 환수(clawback) 정책을 두고 있다. 즉, 도드-프랭크법 및 나스닥 상장 규정의 인센티브 기반 보상 회수 조항에 따라 재공시 시 인센티브 보상 지급을 환수할 수 있을 뿐만 아니라, 해당 임원이 중대한 법률 또는 규정 준수 위반을 저지른 기간에 지급된 인센티브 보상에 대해 해당 위반이 재공시와 관련하여 발생했는지 여부와 관계없이 회수를 요청할 수 있다.[261]

추가로, Microsoft는 경영진 보상과 관련하여 적극적인 주주 참여 프로그램을 운영하고 있다. Say-on-pay 외에도, 2023 회계연도에도 적극적인 주주 참여 프로그램을 지속하여 보수위원회 위원장 및 수석 사외이사의 참여를 포함해 발행 주식의 약 50%를 차지하는 주주들과 보상에 대해 논의하였다. 보수위원회 위원장과 수석 사외이사는 발행 주식의 20% 이상을 보유한 투자자들과 일련의 통화에 참여하여 임원 보상에 대한 이사회의 장기적 접근 방식을 비롯한 다양한 거버넌스 주제를 논의하였다.

(3) Apple Inc.[262]

CEO인 Tim Cook의 보수는 기본급 6%, 현금 인센티브 12% 및 장기주식보상 82%로 구성되어 있고, 주식보상의 25%는 time-based RSU, 75%는 performance-based RSU로 구성된다.

CEO 외 NEO들의 보수는 기본급 5%, 현금 인센티브 9%, 장기주식보상 86%로 구성되는데, 장기주식보상의 50%가 time-based RSU, 나머지 50%가 performance-based RSU로 구성되어 있다. CEO의 경우 성과기반 보상의 비중이 좀 더 높은 편이다.

2023년도 time-based RSU는 약 4년 6개월에 걸쳐 매년 세 차례 균등하게 분할하여 가득되는 구조로, Apple Inc.는 가득기간이 경쟁사

---

[261] Microsoft Corp., "Executive Stock Ownership Policy"
[262] 이하 본 항의 내용은 Apple Inc.의 "Notice of 2024 Annual Meeting of Shareholders and Proxy Statement" 46-69면을 토대로 한 것이다.

에 비해 길다고 설명하고 있다.

2023년도 performance-based RSU는 S&P 500을 비교그룹으로 하는 상대적 TSR을 지표로 삼고 있다.

S&P500 기업 대비 상대적 TSR	가득되는 Performance-Based RSUs
85th percentile 이상	200%
55th percentile	100%
25th percentile	25%
25th percentile 이하	0%

Apple Inc.의 주식 소유 가이드라인에 따르면 CEO는 기본급의 10배, 그 외 NEO들은 가이드라인의 적용을 받게 된 날로부터 5년 이내에 기본급의 3배에 해당하는 주식을 소유해야 한다. 개인이 직접 소유하거나, 개인의 배우자와 공동으로 또는 별도로 소유하거나, 개인, 개인의 배우자 또는 개인의 자녀의 이익을 위해 신탁으로 보유할 수 있다.

Apple Inc.의 환수 정책은, 2023년에 NEO에게 부여된 RSU 조건은 해당 임원이 특정 위법 행위(misconduct)에 연루될 경우 RSU와 관련하여 지급된 주식 또는 기타 금액을 회수(recoup)할 수 있도록 하고 있다.

Apple은 NEO가 Apple에 고용되어 있는 동안 중범죄를 저지르거나, Apple에 고용되어 있는 동안 또는 그 이후 언제든지 기밀을 위반하거나, Apple과의 계약을 중대하게 위반하거나, 절도, 횡령 또는 사기 행위를 저지르거나, 부정행위로 인해 Apple이 회계 재작성을 준비해야 하는 경우 보상을 환수할 수 있다. 또한 Apple은 2023년 10월 2일부터 시행되는 SEC 규정 및 NASDAQ 상장 규정에 따라 2024년에 환수 조항을 추가하였다.

(4) Meta Platform Inc.[263]

Meta Plantform Inc.의 CEO이자 창업자인 Mark Zuckerberg는 주식연계보상을 받지 않고 있다. 보수위원회는 그가 기존에 소유하고 있는 주식소유 지위가 주주의 이익과 충분히 일치한다고 판단했기 때문이다. Mark Zuckerberg는 Meta Inc.의 최대주주로서 2024. 2. 29. 기준 약 958,000주의 Class A 주식과 61% 이상의 의결권을 가진 3억 4,605만주의 Class B 주식을 보유하고 있다.

그 외 NEO들의 보상은 최소 4년에 걸쳐 가득되는 RSU에 큰 비중을 두고 있고 현금보상은 낮은 수준이다. 즉, Meta Inc.의 주식연계보상은 time-based RSU이고, 4년간 분기별로 1/16씩 가득되는 구조이다.

Meta Plantform Inc.의 주식 소유 가이드라인에 따르면, 경영진(executive officer)은 (x) 24,400주와 (y) 4백만달러 상당의 주식 중 적은 금액을, (i) 2023년 9월 또는 (ii) 임원이 된 지 5년 후 중 늦은 시점까지 소유해야 한다.

또한 법령에 따른 환수 정책을 두고 있다.

(5) NVIDIA Corporation[264]

NVIDIA Corporation(이하 "NVIDIA")의 창업자이자 CEO인 Jensen Huang[265]의 보수는 기본급 4%, 현금인센티브 8%, SY PSU 44%, MY PSU 44%로 구성되고, 그 외 NEO들의 보수는 기본급 8%, 현금인센티브 3%, SY PSU 49%, MY PSU 4%, RSU 35%로 구성된다.

---

[263] 이하 본 항의 내용은 Meta Platforms, Inc.의 "Notice of 2024 Annual Meeting of Shareholders and Proxy Statement" 58-75면의 내용을 토대로 한 것이다.
[264] 이하 본 항의 내용은 NVIDIA Corporation의 "Notice of 2024 Annual Meeting of Stockholders and Proxy Statement" 43-63면의 내용을 토대로 한 것이다.
[265] 전체 발행 주식의 0.21%에 해당하는 약 130만 주를 소유하고 있다.

CEO에게는 주식연계보상을 SY PSU(연간 기업 재무 성과에 연동되는 가치)와 MY PSU(3년 상대 주주 수익률에 연동되는 가치) 형태로 100% 부여하고, 단기 및 장기 성과를 모두 강조하기 위해 두 가지 형태의 PSU를 균등하게 배분하였다.

다른 NEO의 경우, 주식연계보상의 40%를 RSU 형태로, 60%를 PSU 형태로 제공하였다. NVIDIA는 이 조합이 성과 달성에 중점을 두면서도 의미 있는 양의 time-based RSU를 제공하여 장기근속을 장려하는 적절한 균형이라고 판단하였다고 한다.

	SY PSU	MY PSU	RSU
형태	주식	주식	주식
지급대상	NEO	NEO	NEO (CEO제외)
성과지표	영업이익	S&P500대비 상대적 TSR	NA
성과기간	1년	3년	NA
가득기간	부여일부터 4년	부여일부터 3년	부여일부터 4년
가득조건	Treshold 충족시, 부여일로부터 1년 되는 날 25%가득, 이후 분기별로 6.25%씩 가득	Treshold 충족시, 부여일로부터 3년 되는 날 100% 가득	부여일 이후 분기별로 6.25%씩 가득
목적	NEO 보수를 (i)연간 운영 성과 및 (ii)가득기간 동안의 지속적인 주가 성과에 연동하여 주주 이익과 일치	NEO 보수를 (i)다년간의 상대적 주주 수익률 및 (ii) 가득 기간 동안의 지속적인 주가 성과에 연계하여 장기 주주 이익에 일치	NEO보수를 주가 성과에 연계하여 주주 이익과 일치
받을 수 있는 최대금액	CEO의 SY PSU target opportunity의 150%(추가 SY PSU 포함 시 200%), 다른 NEO들의 각 SY PSU 목표 기회의 200%(추가 SY PSU 포함 시 250%). 제공되는 최종 가치	CEO의 MY PSU 목표 기회의 150% 및 다른 NEO들의 각 MY PSU 목표 기회의 200%. 제공되는 최종 가치는 가득일의 주가에 따라 달라짐	부여액의100% 제공되는 최종 가치는 가득일의 주가에 따라 달라짐

SY PSU	MY PSU	RSU
는 가득일의 주가에 따라 달라짐		

NVIDIA의 주식 소유 가이드라인에 따르면, CEO는 기본급의 6배, 다른 NEO는 해당 NEO의 기본급에 해당하는 회사 보통주를 보유해야 한다. 선임 후 최대 5년 이내에 소유한도를 충족시켜야 한다. 소유 가이드라인에 포함되는 주식에는 NEO가 보유한 주식, NEO와 직계가족을 위해 신탁으로 보유한 주식, 가득되었으나 이연된 주식은 포함되나, 가득되지 않거나 행사되지 않은 주식연계보상은 포함되지 않는다.

보수 환수 정책의 경우, NASDAQ 상장규정에 따라, 따라 특정 재무제표 재작성과 관련하여 현직 또는 전직 임원에게 제공된 특정 인센티브 보상이 재작성된 재무제표에 따라 해당 임원이 받을 수 있었던 금액을 초과하는 경우, 제한된 예외를 제외하고 해당 보상을 환수하는 정책을 두고 있다.

한편, NVIDIA는 주주와의 적극적인 소통을 강조하고 있다. 즉, NVIDIA는 매년 주주 아웃리치 프로그램을 실시하고 있는데, 2022년 가을, 2024 회계연도 보상 결정을 준비하면서 총 발행 보통주의 약 32%에 해당하는 주식을 약 1% 이상 보유한 상위 기관 보유자들과 접촉하였다. CEO와 보수위원회 위원 등 경영진과 이사회 구성원은 최종적으로 총 약 19%의 보통주를 보유한 주주 대표들과 임원 보상에 대해 논의하였다. 2023년 가을, 수석 이사를 포함한 경영진과 이사회 구성원은 다시 한번 주주와의 소통에 나섰습니다. 보수위원회는 현재 진행 중인 2025 회계연도 임원 보상 프로그램에 관한 결정을 내릴 때 이러한 회의에서 얻은 피드백과 2023 회계연도 보상에 대한 찬반 투표 결과를 고려하였다고 한다.

(6) Amazon Inc.[266]

Amazon Inc. (이하 "Amazon")은 경영진 보수의 원칙으로, 비슷한 위치에 있는 회사의 경영진에게 지급되는 급여보다 훨씬 낮은 기본급을 지급하고, 주가의 연간 고정상승을 가정하는 장기 가득조건에 따른 time-vested RSU의 주기적 부여로 주가가 일정하거나 하락하면 보상에 부정적인 영향을 미치도록 설계하였다고 설명한다.

Amazon은 경영진의 보상을 몇 개의 개별 성과기준에 연계하는 것이 경영진 보수의 복잡성과 혼란을 야기하고, time-vested RSU보다 가치 평가가 어렵고 모호성에 취약한 보상체계를 초래한다는 CII, 노르웨이 국부펀드 등의 견해에 공감한다고 표명하고 있다. 개별 성과지표를 선택하는 것은 Amazon과 같이 역동적이고 성장지향적인 회사가 경영진 보수를 장기적인 성과 및 주주 가치와 일치시키는 데 적합한 방법이 아니라는 것이다.

CEO를 포함한 NEO들에게 최소한의 현금보상에 해당하는 기본급을 지급하고 나머지 보수는 모두 time-vested RSU로 구성된다. Amazon의 RSU의 특징은, 격년 단위로 정기적으로 부여된다는 점, 일반적으로 5년 이상의 장기간에 걸쳐 가득된다는 점, 분기마다 가득된다는 점(따라서 연중 한 번의 행사 날짜가 아닌 연중 동안의 주가 성과를 반영하여 주주 이익과 더욱 일치하게 됨), 매년 주가가 고정적으로 상승한다고 가정하여, 주가가 제자리이거나 하락할 경우 경영진의 보상에 부정적인 영향을 미치게 되는 점, 다른 회사들과 달리 목표 초과 달성에 대해 추가 주식을 지급하지 않는다는 점이다.

Amazon은 이와 같이 장기적으로 가득되는 time-vested RSU의 정기적 부여를 강조하는 보상 구조가 자신들의 비즈니스에 가장 적합하

---

[266] 이하 본 항의 내용은 Amazon Inc.의 "Notice of 2024 Annual Meeting of Stockholders and Proxy Statement" 85-100면을 토대로 한 것이다.

다고 믿으며, 그 논거로, (i) 목표의 제한적이고 선택적인 측면만을 포함하는 1년, 2년 또는 3년 단위의 성과목표가 아니라 비즈니스의 진정한 장기적 성공에 초점을 맞출 수 있다는 점, (ii) 경영진의 보상을 주주에게 제공하는 수익률과 강력하게 연계한다는 점, (iii) 이를 통해 몇 년 전만 해도 상상할 수 없었던 방식으로 비즈니스를 발전시킬 수 있었으며, 여기에는 나중에 AWS, Kindle, Alexa, Fulfillment by Amazon, Marketplace, Prime Video가 된 이니셔티브가 포함되었다는 점, (iv) 이를 통해 지속 가능성 및 기타 환경, 사회, 인적 자본 이니셔티브와 목표에 대한 장기적인 약속을 이행하고 주주들에게 장기적으로 강력한 수익을 창출한다는 점을 들고 있다.

Amazon은 보상을 하나 또는 몇 개의 개별적인 성과 목표에 연계하지 않으며, 끊임없이 발명을 추구하고 현재 뿐만 아니라 5년, 10년, 심지어 20년 후의 주주 가치 구축에 집중하는 문화를 조성하려면 실험과 장기적인 사고를 장려해야 하는데, 이는 어떤 것이 효과가 있을지 미리 알 수 없다는 뜻이라고 한다. 직원들이 장기적인 성장과 끊임없는 혁신과 재창조를 희생하면서까지 단기적인 수익이나 개별적인 기준에 집중하는 것을 원하지 않기 때문에 1년, 2년 또는 3년의 성과 기간을 다루는 개별적인 목표를 하나 또는 몇 개 선정하지 않고, 대신, 장기적인 가치 창출에 집중할 수 있도록 경영진에게 주로 5년 이상의 긴 가득기간을 가진 RSU로 보상을 제공한다는 것이다.

또한, 이러한 구조는 경영진에게 보상에 대한 장기적인 가시성을 제공한다는 점에서 장점이 있다고 한다. 경영진에 대한 장기적인 보상 가시성을 확보하는 것이 경영진의 사고방식을 처음부터 육성하는 중요한 방법이며, 혁신을 이끌어낼 과감하고 장기적인 결정, 즉 기존의 인센티브 프로그램에서는 보상을 받지 못하거나 심지어 불이익을 받을 수도 있는 결정을 장려하는 중요한 방법이라는 것이다.

Amazon은 오히려 기존에 의결권 자문사들 및 타사들이 활용하는 성과 연계 보상이, 모호한 성과 조건과 목표치 이상의 지급으로 인해 주가 및 주주 가치와 무관하게 불투명하고 예측 불가능한 보상이 이루어진다고 보고 있다. 주주들은 경영진의 RSU를 보고 가득시 경영진에게 얼마나 많은 주식이 제공될 지 정확히 알 수 있고, 그 주식의 가치가 회사의 주가 성과와 일치할 것이라는 것을 알 수 있다.

제 2 절 영국

영국에서는 임직원 보상으로 주식을 부여하는 경우 신주 발행이나 자기주식 관련 규제를 완화해 주는 방식으로 주식연계보상의 유연한 설계 및 활용 가능성을 열어 주고 있다. 경영진[267] 보수와 관련하여서는, 1990년대 이후부터 보수와 성과 사이의 연계성 강화를 위해 주식연계보상의 활용이 장려되어 왔고, 규제 측면에서는 Say-on-Pay 등 절차와 공시 측면에서의 규제 강화로 접근해 왔다.

---

[267] 영국의 이사회는 집행이사(executive director, 사내이사 또는 상임이사로 번역되기도 함)와 비집행이사(non-executive director, 사외이사 또는 비상임이사로 번역되기도 함)로 구성되고, 집행이사가 경영 전반을 담당하며 비집행이사는 집행이사를 감시, 견제하는 역할을 수행한다. CEO는 일반적으로 집행이사이고, 영국에서 보수 규제와 관련하여 주로 초점이 되어 온 대상은 CEO를 중심으로 한 집행이사들의 보수이므로 본 절에서도 이들의 보수에 대한 내용을 중심으로 검토한다. 본 절에서 '경영진'은 집행이사들을 의미하며, 영국의 법 및 규정상 정의된 용어를 설명하기 위하여 필요한 경우, director는 이사, executive director는 집행이사, non-executive director는 비집행이사로 지칭한다.

1. 경영진 보수의 현황: 주식연계보상을 중심으로

(1) 경영진 보수의 구성 및 주식연계보상의 비중

영국 FTSE 100[268] 기업의 경영진 보수는 기본급, 연간 보너스, 장기인센티브, 연금으로 구성되는데, CEO 보수는 대략 기본급 25%, 연간보너스 29%, 장기인센티브 46%로 구성된다.[269]

영국 상장회사 경영진 보수에서 주식연계보상이 차지하는 비중은 상당하다. 연간 보너스의 경우, 대부분 50%의 연간 보너스가 3년뒤 주식으로 이연되는 구조로, 주식으로 지급되는 비중이 높다.[270] 평균적으로 전체 보상의 절반 이상(약 51%)의 비중을 차지하는 장기인센티브도 대부분 주식연계보상이다.[271]

(2) 주식연계보상의 유형

영국 상장회사 경영진 보수의 구성에 있어서 중요한 두 가지 흐름은 (i) 1990년대 중반 이후 성과주식계획(Performance Share Plan, "PSP")을 토대로 한 장기인센티브계획(Long Term Incentive Plan, "LTIP")의 확산, (ii) 2016년경 이후 제한주식계획(Restricted Share Plan, "RSP")[272]의 증가 추세이다(관련 이론적 배경은 제3장 제2절 2.항 및

---

[268] 영국 런던국제증권거래소에 상장된 시가총액 상위 100개의 회사를 의미한다.
[269] WTW 2020 analysis
[270] Deloitte 2023 Report, 18면
[271] 2019년 기준, Edentree, "white paper - Executive remuneration", (2022. 9)
[272] 영국에서 주로 활용되는 PSP, RSP의 주요 구조 및 조건을 살펴보면 제2장에서 살펴본 용어상으로는 각각 성과조건부 사후교부 제한주식, 기간조건부 사후교부 제한주식에 해당한다고 볼 수 있다. 다만 영국에서 PSP, RSP라는 용어가 통용되고 있고, 구체적인 구조는 영국에서도 회사마다 다르게 설계할 수 있으므로 영국에 관한 본 절의 설명에서는 PSP, RSP라는 용

4.항). 현재까지도 가장 많은 비중을 차지하는 유형은 PSP이며, 2016년경 이후부터 RSP를 도입하는 기업들이 등장하여, 2020년 말 기준 FTSE 350 기업의 약 10%가 RSP를 도입하였고,[273] 2022년 기준 FTSE 100 기업 경영진 LTIP에서 PSP와 RSP가 각각 81%, 18%를 차지하고 있다.[274]

(3) 주식보유의무

영국 상장회사들은 경영진의 주식보유 가이드라인을 두고 있는데, 통상적으로 경영진에게 연봉의 약 350% 이상의 주식을 보유할 것을 요구하고 있고, 실제로 CEO들은 평균적으로 연봉의 약 665%에 해당하는 주식을 보유하고 있다.[275] 퇴직 후 주식보유 가이드라인의 경우, 80%가량의 회사들이 퇴직 후 최소 2년간 지속적으로 주식보유의무를 유지하도록 요구하고 있다.[276]

2. 주식연계보상에 관한 법적 규율

영국 회사법(Companies Act 2006, 이하 "CA 2006")[277]은 경영진에 대한 주식연계보상 제도에 대해 규정하거나 주식연계보상의 유형별

어를 사용하기로 한다..
[273] The Purposeful Company, "Study on Deferred Shares Progress Review", (2020. 9.)
[274] WTW 2023 Report, 12면
[275] Deloitte 2023 Report, 6면
[276] Deloitte 2023 Report, 41면
[277] 현재 영국의 회사에 대한 규제는 2006년 전면 개정된 CA 2006에 의해 규율되고 있다. 이는 1948년 영국 회사법이 1985년 Companies Act 1985로 전면 개정되고, 이후 몇 차례 개정을 거쳐 2006년 포괄적으로 개정된 것이다.

로 규정을 두고 있지 않다. 대신, CA 2006는 임직원에 대한 다양한 유형의 주식연계보상을 포괄할 수 있는 employee's share scheme(이하 "종업원주식보상제도")이라는 개념을 규정하고, 이에 해당하는 경우 신주 발행이나 자기주식 활용에 일정한 예외를 허용해 주고 있다. 이러한 법제 하에서 영국 기업들은 다양한 유형의 주식연계보상을 활용할 수 있다.

(1) CA 2006에 따른 종업원주식보상제도

가. 개념

CA 2006의 종업원주식보상제도는 '회사, 회사의 자회사, 회사의 지주회사 및 지주회사의 자회사의 전·현 종업원 및 그의 배우자 및 미성년 자녀를 위하여 회사의 주식 등을 보유하는 것을 장려·촉진하는 제도'로 정의된다(CA 2006 제1166조). 따라서 다양한 유형의 주식연계보상이 종업원주식보상제도의 개념에 포함될 수 있다.

나. 종업원주식보상제도의 적용대상

CA 2006은 종업원주식보상제도의 대상인 "종업원"의 범위를 명시적으로 규정하고 있지는 않으나, 집행이사(executive director)는 종업원주식보상제도의 적용대상에 포함되는 것으로 해석되고 있다.[278]

---

[278] 실무상으로도 영국 회사들은 집행이사를 포함한 임직원들에 대한 주식연계보상 부여에 관한 계획을 하나의 종업원주식보상제도에 포함하여 정하는 경우가 많다. 구체적인 사례는 3.(1)항. 참조.

다. CA 2006상 종업원주식보상제도에 적용되는 예외

1) 신주 발행 권한에 관한 예외

CA 2006 은 종업원주식보상제도에 대해 신주 발행 규제를 완화해 주고 있다. 즉, 원칙적으로 상장회사의 경우 이사회는 정관 또는 주주총회 보통결의로 사전 수권을 받은 경우에만, 그 수권 받은 범위 내에서 주식, 주식을 인수할 수 있는 권리, 주식으로 전환될 수 있는 증권(이하 본 항에서 "주식 등")주식 등을 발행할 수 있다(CA 2006 제551조 제1항).[279] 그러나 이 조항은 종업원주식보상제도에 따라 부여되는 주식 등에 대해서는 적용되지 않는다. 따라서 종업원주식보상제도 하에서는 주주의 별도 수권 없이도 이사회가 주식 등을 발행할 수 있다(CA 2006 제549조 제2항).

2) 주주의 신주인수권에 대한 예외

CA 2006에 따르면 주주는 원칙적으로 주식 등 발행시 신주인수권을 가진다(CA 2006 제561조). 따라서 먼저 기존 주주에게 해당 주식 수에 비례하여 신주를 인수할 수 있도록 제안하여야 하고, 주주의 신주인수권을 배제하려면 정관의 근거 또는 주주총회 특별결의가 필요하다.[280] 자기주식을 처분할 때도 원칙적으로 주주의 신주인수권이 인정된다(CA 2006 제560조 제3항).[281] 그러나 CA 2006은 종업원주식보상제도에 따른 주식 등의 발행이나 자기주식 양도시에는 주

---

[279] 본 논문은 상장회사에 초점을 두고 있어 그와 관련된 내용만 포함하였는데, 참고로 한 종류의 주식을 발행하고 있는 비상장회사의 경우, 회사의 정관으로 달리 정하고 있지 않은 이상 원칙적으로 이사들이 주식 등을 발행할 권한을 행사할 수 있고(CA 2006 제550조), 두 종류 이상의 주식을 발행할 수 있는 비상장회사에 대해서는 상장회사와 같은 규정이 적용된다.
[280] Hannigan(2021), 505면
[281] Hannigan(2021), 506면

주의 신주인수권이 배제된다는 점을 명시하고 있다(제566조, 제727조 제1항(b)).282 만약 종업원주식보상제도에 따라 주식 등을 발행하거나 자기주식을 처분할 때마다 주주가 신주인수권을 갖는다면 종업원주식보상제도는 현실적으로 실현 불가능해지기 때문이다.283

(2) 상장규정에 따른 주주 승인

영국 런던증권거래소의 상장규정은 상장회사284 및 주요 자회사285의 종업원주식보상제도가 신주 발행이나 자기주식 교부에 대한 내용을 포함하고 있는 경우, 그 종업원주식보상제도에 대하여 주주총회의 보통결의에 따른 승인을 받도록 하고 있다.286 따라서 상장회사 및 주요 자회사가 집행이사에 대한 주식연계보상으로 신주 발행이나 자기주식 교부를 하기 위해서는 그 종업원주식보상제도에 대해 주주 승인을 받아야 한다.

---

[282] Davis et al.(2021), 639면
[283] Davis et al.(2021), 877면
[284] 참고로, 영국은 기존에 상장회사를 프리미엄 상장(premium listing)과 스탠다드 상장(standard listing)으로 구분하고 프리미엄 상장된 회사들에 대해 더 엄격한 상장기준과 기업지배구조를 요구하고 있었으나, 영국 금융감독청(Financial Conduct Authority, 이하 "FCA")는 2024. 7. 29.부터 그 구분을 폐지하고 단일 카테고리인 상장회사(commercial companies)로 통합하고 단일한 규정을 적용하기로 하였다.
[285] 주요 자회사란 그룹 총 자산 또는 총 이익 (세금을 제외한 모든 비용을 공제한 후)의 25% 이상을 차지하는 자회사를 의미한다(UK Listing Rules Annex A glossary of definitions).
[286] UK Listing Rules 9.3.1, 10.6.10~10.6.12

3. 주식연계보상 부여계약 조건

(1) 주식연계보상 부여 조건 결정 방식

영국 상장회사들은 전항에서 본 바와 같이 CA 2006에 따른 종업원주식보상제도에 해당하는 '주식연계보상계획'을 작성하여 이사회 및 주주총회 승인을 받고 있다. 통상적으로 미국과 유사하게 PSU, RSU, 스톡옵션, SARs 등 회사가 운영하는 다양한 유형의 주식연계보상을 하나의 계획 안에 포함하는 옴니버스형 주식연계보상계획을 두고 있는 경우가 많다. 그 명칭은 회사마다 Long term incentive plan ("LTIP plan"), Share Reward Plan, Share Incentive Plan("SIP") 등 다양하다. 경영진을 포함한 전직원을 대상으로 하는 계획을 수립하는 회사도 있고,[287] 경영진에 대한 계획을 별도로 세우는 회사도 있다.[288]

통상적으로 주식연계보상계획에 '본 계획에 따른 주식연계보상 지급을 위해 신주를 발행하거나 자기주식을 교부할 수 있다'는 취지를 명시하고, 일정 기간 동안 발행 또는 교부할 수 있는 주식 수의 상한을 정하고 있다. 법령상 정해진 수량 제한은 없지만, 영국 투자협회(IA)는 10년간 희석한도를 10%로 제한하도록 하고 있고, 영국 상장회사들은 대부분 이에 따르고 있다.[289] 주식연계보상계획으로 정

---

[287] GlaxoSmithKline plc는 전직원이 적용대상이 되는 Share Reward Plan {GlaxoSmithKline plc, "Notice of Annual General Meeting 2022", 2022. 3. 28 (이하 "GlaxoSmithKline Notice(2022)")}, InterContinental Hotels Group plc는 계열사를 포함한 전 그룹사 임직원에게 적용되는 Long Term Incentive Plan을 두고 있다{InterContinental Hotels Group plc, "Notice of Annual General Meeting", 2014. 5. 2. (이하 "IHG Notice(2014)")}

[288] BP plc는 경영진 및 고위임원들을 적용대상으로 하는 Executive Directors' Incentive Plan을 두고 있다{BP plc, "Notice of BP Annual General Meeting 2020", 2020. 3. 27.(이하 "BP Notice(2020)")}.

[289] The Investment Association, "Principles of Remuneration", (2022. 11. 9.), 19면;

한 한도 내에서 개별적인 부여 결정은, (i) 보수위원회가 승인된 이사보수정책에 부합하는 범위 내에서 결정할 수 있도록 위임하거나,290 (ii) 주식연계보상계획에서 한 사람에 대하여 부여할 수 있는 수량의 최대한도를 규정하고, 그 범위 내에서 보수위원회가 결정하도록 하는 등의 방식을 택하고 있다.291

주식연계보상계획은 부여수량 외에도 개별 보상의 구체적인 조건 결정을 보수위원회에 위임하는 것으로 규정하는 경우가 대부분이다.292 이에 따라 보수위원회는 주식연계보상계획 및 이사보수정책(아래 3.가.에서 검토)에서 정한 범위 안에서 개별 부여대상자에 대한 구체적인 부여조건을 정하여 부여계약을 체결하게 된다.

한편, 주식연계보상계획의 효력은 통상 10년이다.

예를 들면, BP plc의 Executive Directors' Incentive Plan에서는 '본 계획에 따른 보상 지급을 위해 신주를 발행하고 자기주식을 양도할 수 있다. 10년의 계획기간 동안 발행 또는 양도할 수 있는 최대 주식 수는 현재 발행된 회사 보통주의 10%를 초과할 수 없다'고 정하고 있다(BP Notice(2020), 19면). GlaxoSmithKline plc의 Share Reward Plan은 '본 계획은 신주나 자기주식으로 운영될 수 있다. 신주 발행은 회사가 발행한 보통주의 10%를 초과할 수 없고, 자기주식도 이 한도에 포함된다'고 정하고 있다(GlaxoSmithKline Notice (2022), 22면). InterContinental Hotels Group의 LTIP도 'LTIP는 신주 또는 자기주식으로 운영될 수 있다. 회사가 10년 동안 발행할 수 있는 보통주식의 수는 회사 발행 보통주식의 10%를 초과할 수 없다. 자기주식은 기관투자자 가이드라인에서 자기주식을 포함해야 한다고 간주하는 한 이러한 한도에 포함된다'고 규정하고 있다(IHG Notice(2014), 6면).

290 BP plc의 Executive Directors' Incentive Plan은 보수위원회가 성과에 따라 부여되는 주식을 부여할 수 있도록 하고 있다. 한 사업연도에 부여할 수 있는 최대 주식 수는 승인된 이사보수정책 내에서 위원회의 재량에 따라 결정할 수 있도록 하고 있다(BP Notice(2020), 19면).

291 InterContinental Hotels Group plc는 LTIP에서 한 사업연도 내에 한사람에게 부여할 수 있는 보상의 최대치는 해당 부여대상자의 기본연봉의 3배를 초과할 수 없다고 규정하고 있다(IHG Notice(2014), 6면)

292 BP Notice(2020), 19면; IHG Notice(2014), 6면 등

(2) 주요 조건의 내용

본 항에서는 영국 FTSE 100 상장회사들의 주식연계보상계획 및 그에 따라 부여하는 경영진 주식연계보상의 주요 조건을 살펴본다. 앞서 언급한 대로 영국 상장회사 경영진의 주식연계보상은 PSP가 가장 많은 비중을 차지하므로 PSP를 중심으로 살펴본다.

가. 가득기간

PSP는 (i) 가득기간(vesting period)과 (ii) 주식 교부 후 보유기간(holding period)을 각각 정하는 구조(이를 total time horizon이라고 함)가 대부분이며, 가득기간은 대체로 3년이다.[293]

나. 성과조건

PSP의 성과 기준은 TSR(또는 다른 시장기반지표)가 80%로 가장 많이 활용된다. 63%의 회사가 하나 이상의 ESG 기준을 적용하고 있고, 이익 지표 58%, Return on measure가 53%, 그 외 재무지표가 28%, 현금지표가 28%, 매출액 지표가 20%로 활용되고 있다.[294]

다. 재직요건

PSP가 가득되기 전 부여대상자가 중도퇴직할 경우, 미가득분의 취급에 대해서도 주식연계보상계획에서 정하고 있는 경우가 많다. 영국 상장회사의 경우 영국투자협회가 수립한 IA 보상원칙(IA principles of remuneration)의 내용을 주식연계보상에 반영하는 경우가 많은데, IA 보상원칙은 퇴직 사유에 따라 (i) 사망, 장애, 건강이상, 경영권 변동

---

[293] WTW 2023 Report, 12-13면
[294] WTW 2023 Report, 12-13면

으로 인한 퇴직(이른바 "good leaver")과 (ii) 그 외 부정행위, 저성과, 계약 위반, 자발적 사직으로 인한 퇴직(이른바 "bad leaver")을 구분하여 달리 취급하고 있다.

　IA 보상원칙은 good leaver라 하더라도 사망 등 일부 제한된 상황을 제외하고는 원래의 성과 측정 기간을 적용하는 것을 원칙으로 한다. 즉, 성과조건이 충족되는지를 기다려 보고, 실제 가득 시점에 그에 따라 가득되는 주식을 산정하여 지급한다. 이를 "wait and see" 방식이라고 한다. wait and see 방식에 따를 경우, 가득되는 주식 수량은 주식연계보상 부여일과 퇴직일 사이에 경과한 기간에 비례하여 축소된다. 예를 들면, 경영진이 성과기간이 3년인 PSP를 부여 받은 후 1년 뒤 퇴직하는 경우, 비례배분 기준으로 최대수량은 원래의 수량의 1/3이 된다. 가득은 원래 정하였던 가득시점에 이루어지며, 그 시점을 기준으로 성과목표가 75% 달성된 경우, 지급되는 수량은 원래의 수량의 1/3의 75%으로 조정된다.

　다만, 사망 등 일정한 사유 발생시에는 "wait and see" 원칙의 예외로 조기 가득(early vesting)도 허용할 수 있다고 보고 있다. 조기 가득이 허용되는 경우, 영국 투자협회(IA)는 고용이 중단된 시점을 기준으로, 그 시점에 성과조건이 어느 정도 충족되었는지를 고려하고, 단축된 성과기간에 비례하여 가득되는 수량을 조정할 것을 권장하고 있다.

　반면, bad leaver의 경우 가득되지 않은 주식연계보상은 박탈되도록 하고 있다.[295,296]

---

[295] IA, "The IA's principles of remuneration", (2024. 10. 8.), 16면
[296] BP plc의 Executive Directors' Incentive Plan은 (i) 사망, 부상, 장애, 건강 악화, 정리해고, 회사 또는 사업체의 매각 또는 위원회의 재량에 따른 기타 상황("good leaver")으로 인해 퇴사하지 않는 한, 주식이 부여되기 전에 언제든지 퇴사하는 참가자에 대한 보상은 소멸, (ii) good leaver에 대한 보상은 성과기간 종료시점에 (성과 조건 달성에 따라) 지급(즉, wait and see 접

라. 배당등가물

　PSP는 부여 후 가득기간이 경과할 때까지 실제 주식이 교부되지 않으며 따라서 주주로서의 권리인 배당을 받을 권리도 자동적으로 주어지지 않는다. 통상적으로 가득기간 중에 이루어진 배당에 대하여 어떻게 처리할 지에 대해서도 주식연계보상에서 규정하고 있다.

　회사마다 처리 방식에 차이가 있는데, 예를 들면 주식연계보상계획에 해당 주식연계보상이 가득될 때까지 의결권, 배당금 수령 기타 주주로서의 권리를 가질 수 없다는 원칙에 대한 확인적 규정을 두고, 다만 회사는 배당금에 상응하는 금액을 지급할 수 있다고 규정하는 경우가 있다.297 이러한 경우, 주식연계보상에 대하여 구체적으로 규정되지 않은 사항들에 대해서는 이사회 또는 보수위원회에 위임하고 있기 때문에 배당금에 상응하는 금액의 지급여부에 대해서는 이사회 또는 보수위원회가 정하게 될 것이다. 반면, 주식연계보상계획에 가득 전 회사가 배당을 할 경우, 부여대상자가 주식을 보유하고 있었더라면 받을 수 있었던 배당금에 상응하는 가치를 부여할 수 있다고 명시하는 경우도 있다.298

　근), (iii) 부여대상자가 사망하는 경우, 보상은 퇴직일에 효력이 발생하며, 근속기간에 따라 비례배분되도록 정하고 있다{BP Notice(2020), 19면}. InterContinental Hotel Group도 위 (i), (ii)에 대해 동일한 취지로 규정하고 있고, (iii) 사망 또는 보수위원회가 합리적이라고 판단하는 기타 상황의 경우, 이사보수정책에 따라 합리적으로 실행 가능한 한 빨리 보상의 효력이 발생하도록 효력 발생 시기를 앞당길 수 있다는 취지를 정하고 있다{IHG Notice(2014), 6면}
297 IHG Notice(2014), 6면
298 BP plc의 Executive Directors' Incentive Plan은 성과기간 동안 해당 기간 동안 배당금의 가치에 상응하는 추가 주식을 받을 수 있다고 규정하고 있다 {BP Notice(2020), 19면}.

마. 양도제한 또는 주식보유의무

대부분의 상장회사들은 가.항에서 본 바와 같이 total time horizon, 즉, 가득기간과 취득 후 보유기간을 두는 구조를 택하고 있는데, 보유기간은 대부분 2년으로 설정하고 있다.[299] 즉, 가득 후 2년간 양도가 제한된다.

추가적으로, 영국 상장회사들은 경영진의 주식보유가이드라인을 통해 일정 비율 또는 수량 이상의 주식보유의무도 부여하고 있다(주식보유가이드라인에 관한 내용은 1.(3)참조).

바. 조정 및 환수

영국 기업지배구조모범규준은 이사의 보수에 관한 계약에 감액 및 환수(malus and clawback) 조항을 포함하여야 한다고 규정하고 있다(추가적인 내용은 4.(2)3다.에서 후술).[300] 영국 투자협회(IA)는 기존에는 감액 및 환수의 일반적인 사유가 중대한 위법 행위 및 재무제표 허위작성 등으로 제한되어 있었는데, 이러한 사유는 개별적으로 입증하기 어려워 실제로는 거의 사용되지 않는다고 지적하며, 보상위원회가 감액 및 환수 시행할 수 있는 보다 구체적인 사유 목록을 수립해야 한다고 하였다. IA 보상원칙에서는 감액 및 환수 사유는 회사마다 다를 수 있지만, 중대한 위법행위 및 재무제표 허위작성보다는 넓어야 한다고 하며, 부정확하거나 오해의 소지가 있는 정보, 위법행위, 회계자료 허위작성, 심각한 평판손상 및 사업 실패 등이 포함될 수 있다고 하고 있다.[301]

이에 따라 FTSE 100 기업들은 사업 결과의 허위기재나 실적 계산

---

[299] WTW 2023 Report, 12-13면
[300] UK Corporate Governance Code Section 5 Provision 37
[301] IA, Principles of Remuneration (2022), Section 4

오류에 근거하여 지급된 보상, 평판 손상, 사업 실패, 위법행위 등을 감액 및 환수 사유로 정하고 있다.302 예를 들면, InterContinental Hotel Group은 (i) 부여대상자의 위법 행위가 회사, 그룹 자회사 또는 관련 사업부의 재무 상태, 사업 기회 또는 지속적인 성과 또는 수익성에 대한 전망에 심각한 평판 손상을 초래하거나 중대한 부정적 영향을 미치는 경우 또는 (ii) 회사 또는 그룹 자회사의 감사 재무제표의 중대한 허위 진술 또는 재작성을 포함하여 이사보수정책에 따라 적절하다고 판단되는 경우, 보수위원회가 보상을 조정할 수 있도록 하고 있다.303

사. 구조개편시 처리

PSP 부여 후 가득되기 전에 회사의 자본구조에 중대한 변경이 이루어지는 경우 이를 어떻게 처리할 지에 대하여, 영국 상장회사들은 대부분 주식연계보상계획에 일반적인 원칙을 정해 두되 구체적인 처리 방안에 대해서는 보수위원회에 상당한 재량을 부여하고 있다.

예를 들면, Tesco PLC는 회사의 분할, 현물배당 기타 주식연계보상의 가치에 부정적 영향을 미칠 수 있는 사건이 발생하는 경우, 보수위원회는 공정하고 합리적으로 행동하여(acting fairly and reasonably) 주식연계보상의 가득 범위를 결정할 수 있다고 규정하고 있다. 또한 회사가 자발적 해산 결의안을 통과시키는 경우, 보수위원회가 절대적인 재량으로(absolute discretion) 그 시점에 가득되는 범위를 결정하게 된다. 이 때 보수위원회는 해당 사안 발생일에 성과목표가 충족된 정도(보수위원회가 판단) 및 부여일로부터 해당 사안 발생일까지 경과한 기간을 고려하여 가득되는 비율을 결정하여야 한다.304

---

302 Deloitte 2023 Report, 42면
303 IHG Notice(2014), 6면
304 Tesco plc, "Long-Term Incentive Plan", (2021); British American Tabacco,

4. 경영진에 대한 보수 관련 규제

(1) 보수의 내용적 측면에 대한 규율 방식

영국의 경우 경영진 보상의 내용적 측면에 대해 CA2006 등 경성 규범으로 규율하고 있지 않고, 정부 주도 하에 제정된 기업지배구조 모범규준에서 상장회사 경영진의 주식연계보상의 유형, 조건, 주식 보유 의무 등 및 그 결정과 관련된 원칙에 대하여 정하는 자율규제의 방식으로 접근하고 있다.

가. 1990~2010년대 PSP 관련 자율규제

1980년대 후반부터 1990년대 초까지 기업지배구조와 관련하여 영국의 대중과 주주들의 주된 관심사는 당시 새롭게 민영화된 기업 이사들의 과도한 보수 문제였다. 이후 2008년 금융위기를 계기로 이사 보수 문제가 다시금 뜨거운 쟁점으로 부상하였다.[305] 당시 이사 보수에 대한 주된 불만은 보수와 성과 간에 명확한 연관성이 없다는 점, 그리고 이사의 보수 결정 과정의 투명성이 부족하다는 점이었다.

이와 관련하여, 영국산업연맹(Confederation of British Industry, CBI)은 1995년 Greenbury 위원회를 구성하여, 상장회사 이사 보수 결정에 관한 보고서(이하 "Greenbury 보고서") 및 모범규준(code of best practice)을 작성하였다.[306] Greenbury 보고서는 독립적인 보수위원회 구성 및 공시 강화 등에 대한 권고와 더불어, 보수와 성과 간의 연계

InterContinental Hotel Group, BP Plc 등 다른 영국의 상장회사들도 이와 유사한 취지로 정하고 있다(British American Tabacco, "Notice of Annual General Meeting", (2016), A-7면; IHG Notice(2014), 6면}
[305] Dignam/Lowry(2020), 294면
[306] Dignam/Lowry(2020), 294-295면

성을 강화할 것을 권고하였다.307 즉, 스톡옵션과 RS 대신, 성과에 따른 주식보상을 우선적으로 활용하여야 한다고 하며,308 경영진에 대한 Long Term Incentive Plan(이하 "LTIP") 도입을 권장하면서, LTIP의 성과기준은 비교 가능한 기업 그룹과 비교하여 5~6개의 성과를 고려해야 한다는 점, 경영 성과와 직접 관련이 없는 주가 상승(또는 기타 지표)에 대해 이사가 보상을 받아서는 안 된다는 점 등을 강조하였다.309

금융위기 이후인 2010년 영국 재무보고위원회(Financial Reporting Council, 이하 "FRC")가 발표한 영국 기업지배구조 모범규준(UK Corporate Governance Code)에서는 이사 보수의 원칙으로 보수의 상당 부분을 성과와 연계할 수 있도록 구성하도록 하고, 성과연계보상의 설계에 대한 사항들을 규정하였다.310 그에 따르면, 성과조건은 기업의 장기적인 성공을 촉진할 수 있도록 설계되어야 하고, 상당 기간 보유하도록 하는 주식으로 보수를 구성할 수 있으며, 주식연계보상의 가득기간은 일반적으로 3년 미만이 되지 않도록 할 것 등을 권고하고 있다.

영국 기업지배구조 모범규준은 런던증권거래소에 상장된 회사들에 적용되며, 상장회사들에게 그 준수 여부 및 미준수시 그 사유에 대한 공시의무(Comply or Explain, CoE)를 부과함으로써 그 실효성을 확보하고 있다. 실제로 기업지배구조 모범규준 이행현황을 살펴본 결과, 원칙 준수 또는 미준수에 대한 상세한 설명과 공시정보의 질이 점진적으로 향상된 것으로 나타났다.311

이러한 배경 하에 1990년대 이후부터 영국 상장회사의 경영진에 대한 LTIP로, 성과지표의 달성 여부에 따라 주식 부여 여부 및 부여

---

307 O'Connlell/Ward (2020), 2면
308 O'Connlell/Ward (2020), 2면; Hameed et al.(2023), 4246-4270면
309 Pinto/Widdicks(2014), 662-694면
310 UK Corporate Governance Code Section D Schedule A
311 안유미(2024), 3-4면

규모가 달라지는 PSP 구조가 활용되기 시작하여 점차 확산되었다(제 2장 제2절 3.(2) 참조).

나. 2010년대 이후 RSP 관련 자율규제

2010년대에 들어서면서 당시 널리 확산된 PSP 구조 중심의 LTIP에 대한 비판이 제기되기 시작했다. 2017년 영국 House of Commons BEIS이 발표한 Corporate Governance Report는 보수와 성과를 연계시키기 위해 도입된 PSP가 부적절한 성과지표, 예측불가능성, 복잡성 등으로 인해 본래의 목적을 달성하지 못한다는 비판이 제기되고 있다는 점을 지적하며 RSP의 활용을 권고하였다(상세한 내용은 제2장 제2절 3.(4) 참조).

이후 영국기업지배구조 모범규준에도 위와 유사한 취지가 반영되었다.[312] 즉, 경영진 보수는 회사의 목적과 가치에 부합해야 하며, 회사의 장기 전략을 성공적으로 달성하는 것과 명확하게 연계되어야 한다는 원칙을 명시하면서,[313] 장기적인 주주 이익과 일치하도록 장기적인 주식 보유를 촉진해야 한다는 점, 일반적으로 이러한 목적에서 부여되는 주식연계보상은 단계적으로 매각 가능하도록 해야 하는 점, 가득기간 및 보유기간은 총 5년 이상이어야 한다는 점을 규정하고 있다.[314]

(2) 보수의 승인 절차 및 공시 등 규제

영국에서는 경영진 보수의 수준이나 내용을 입법자가 직접 규제

---

[312] 2024. 1. 22. 개정되어 2025. 1. 1. 시행 예정인 UK Corporate Governance Code, 이하 본 절에서 같다.
[313] UK Corporate Governance Code Section 5 Principles P.
[314] UK Corporate Governance Code Section 5 Provisions 36

하는 것은 바람직하지 않다는 입장에서, 보수 관련 승인 절차와 공시를 중심으로 규제 체계를 개선해 왔다.315

가. 승인 절차

과거 영국의 모범정관은 이사 보수를 주주총회 보통결의로 정하도록 하였으나(1985 Table A model article 제82조), 이후 모범정관은 이사 보수를 이사회에서 정하도록 하였다(2008 model article 제19조 및 제23조).316 실제로 대부분의 영국 회사들은 정관으로 이사의 보수는 이사회에서 정하도록 규정하였다. 당해 이사는 자신의 보수 결정 안건에 대한 의결권 행사가 제한되지만,317 이러한 방식은 이사들이 상호 간에 유사한 처리를 기대하며 동료 이사의 보수에 대해 엄격한 검토를 하지 않게 되는, 전형적인 상호 봐주기(mutual back scratching)의 위험을 초래하는 방식이라는 비판이 제기되었다.318 결국, 이러한 절차로는 이사들의 기회주의적인 행동을 방지하기에 부족하다는 인식 하에 Say-on-Pay를 도입하고, 기업지배구조 모범규준으로 보수위원회를 두도록 하였다.

1) Say-on-Pay

영국은 2002년 Say-on-Pay를 도입하였다. 현재 영국 CA 2006에 따르면, 상장회사 등319은 이사 등320의 보수와 관련하여, (i) 이사보수

---

315 Dignam/Lowry(2020), 293면; Davis et al.(2021), 405면; 영국의 이사 보수규제 관한 국내 선행연구로는, 송지민(2022), 김희철(2015b), 오성근(2016) 참조.
316 Dignam/Lowry(2020), 292면; 이에 대해서는 국내 선행연구인 송지민(2022) 에서 상세히 검토하고 있다.
317 Davis et al.(2021), 404면
318 Davis et al.(2021), 405면
319 Say-on-Pay의 적용대상은 상장회사(quoted companies)였으나, 2019년 개정으로 거래회사(traded companies)도 포함되었다. Quoted companies는 영국

정책 및 (ii) 이사 보수에 관한 연간보고서(이하 본 항에서 "이사보수보고서")에 대하여 주주 투표를 하여야 한다(CA 2006 제439조, 제439A조). 구체적으로, (i) 이사보수정책에 대해서는 최소 3년 마다 구속력 있는 주주 승인(보통결의)를 받아야 하고, 이를 변경할 때에도 승인을 받아야 한다(CA 2006 439A조). 이사보수정책이 승인되면 회사는 보수와 퇴직금을 그에 따라서만 지급하여야 하고, 승인되지 않으면 회사는 이사에게 보수를 지급할 수 없다. 이사보수정책에 반하여 체결된 보수약정은 무효이다(CA 2006 제226E(1)). 한편, (ii) 매년 해당 회계연도에 각 이사에게 실제 지급된 보수에 대한 이사보수보고서에 대해서는 주주들로부터 구속력 없는 권고적 승인을 받아야 한다(CA 2006 제439조 제1항).[321]

2) 이사보수정책

이사보수정책에는 보수의 각 구성요소를 명시하여야 하고, 그에 관하여 다음 사항을 포함하여야 한다:[322] (i) 각 구성요소가 회사의 장단기 전략적 목표에 어떻게 기여하는지에 대한 설명, (ii) 각 구성

에 상장된 회사, 유럽경제지역 국가의 시장에 상장된 회사, NYSE나 NASDAQ과 같은 미국 거래소에 상장된 회사를 포함하고, Traded companies는 비상장회사 중에서도 EU 금융상품시장지침(MiFID)에 따라 인가된 시장에서 주식이 거래되는 회사를 의미한다(CA 2006 제439조 제1A항, 제360C조).
[320] 이사(director) 외에도 이사가 아니면서 CEO나 vice-CEO의 기능을 하는 자가 있는 경우, 적용대상자가 된다.
[321] Dignam/Lowry(2020), 298면
[322] Paragraph 24-40 Schedule 8 to the Large and Medium-sized Companies and Groups (Accounts and Reports) Regulations 2008 (SI 2008/373), as amended by the Large and Medium-sized Companies and Groups (Accounts and Reports) Amendment Regulations 2013 (SI 2013/1981), the Companies (Miscellaneous Reporting) Regulations 2018 (SI 2018/860) and the Companies (Directors' Remuneration Policy and Directors' Remuneration Report) Regulations 2019 (SI 2019/970).

요소의 운영방식에 대한 설명, (iii) 각 구성요소로 지급될 수 있는 최대 금액, (iv) 성과보상의 경우 성과지표에 대한 설명(복수의 성과지표가 있는 경우 가중치 포함) 및 성과기간에 대한 설명이 포함되어야 한다. 특히, 주식연계보상을 지급하는 경우에는 가득기간 및 주식 보유기간에 대한 내용도 포함되어야 한다.

3) 보수위원회

영국 기업지배구조 모범규준은 이사 보수 결정과 관련하여 보수위원회를 설치하도록 하고 있다.323 보수위원회는 최소 3인324의 독립적인 비집행이사(non-executive director)로 구성되어야 하고, 이사회 의장은 독립적이어야만 보수위원회의 구성원이 될 수 있으며 보수위원회의 위원장이 될 수는 없다.

나. 공시

이사보수보고서에는 해당 회계연도에 각 이사에게 지급된 보수에 대한 사항을 기재하여야 하는데, 주식연계보상의 경우 관련 조건들이 상세히 공시되지 않으면 일반 주주들이 그 구조를 이해하기 쉽지 않고, 주식 수만 표시될 경우 그 가치를 평가하기도 어렵기 때문에, 주식연계보상을 부여한 경우 가득조건, 부여수량 대비 가득 비율, 시장 가치 등 상세한 사항을 기재하도록 하고 있다.325

---

323 UK Corporate Governance Code Section 5 provision 32
324 소규모회사의 경우 2인. 소규모회사란 보고연도 직전 1년 내내 FTSE350에 미달하는 기업을 의미한다(UK Corporate Governance Code Footnote 7).
325 Schedule 8 to the Large and Medium-sized Companies and Groups (Accounts and Reports) Regulations 2008 (SI 2008/373), as amended by the Large and Medium-sized Companies and Groups (Accounts and Reports) Amendment Regulations 2013 (SI 2013/1981), the Companies (Miscellaneous Reporting) Regulations 2018 (SI 2018/860) and the Companies (Directors' Remuneration

구체적으로, 개별 이사의 보수의 유형별 금액 및 총 합계액을 기재하되, 보수 유형 중 1년 이상의 기간에 걸쳐 가득되는 스톡옵션 또는 주식의 가치는 '부여된 원래의 주식 수 × 가득된 비율 × 가득된 날짜의 주식의 시장가치'로 계산한 현금 등가액을 산정하여 기재하여야 한다. 이를 통해 주주들은 현금 보수뿐만 아니라 주식연계보상의 가치에 대해서도 쉽게 파악할 수 있다.

또한, 표 형식으로, (i) 이사(특수관계인326 포함)가 보유하고 있는 회사의 주식 관련 권리의 총 수, (ii) 주식연계보상계획상의 총 주식 수(주식 및 스톡옵션, 성과지표가 있는 것과 없는 것을 구분하여 기재), (iii) 위 주식연계보상계획의 세부사항, (iv) 스톡옵션의 세부사항으로서 가득되었으나 행사되지 않은 수량 및 당해 회계년도에 행사된 수량을 명시하여야 한다.

한편, 이사에 대한 주식보유가이드라인이 있는 경우 그에 대한 설명과 준수 여부를 명시하여야 한다. 또한, 보수정책도 함께 공시하여야 한다.

나아가, 이사의 보수와 성과와의 연계성을 파악하기 쉽도록, 보수보고서에 성과그래프를 포함하여야 한다. 성과그래프에는 과거 10년327 동안 각 연도별 해당 회사의 주식 및 주식시장 인덱스를 기준

Policy and Directors' Remuneration Report) Regulations 2019 (SI 2019/970)
326 그 가족 구성원, 연관된(associated) 법인, 수탁자로서 본인을 수익자로 하는 경우 등이 포함된다. 여기서 가족 구성원에는 배우자, 동거인, 최소 12개월 동안 같은 세대(household)를 구성한 친척(relatives), 18세 미만의 자녀 또는 의붓자녀를 의미하고, 연관된 법인이란 해당 법인의 경영 의사결정을 내릴 수 있는 권한을 가진 이사 또는 고위임원, 해당 법인의 자기자본의 20% 이상에 해당하는 지분에 이해관계가 있거나, 의결권의 20% 이상을 행사할 수 있는 경우 그 법인을 의미한다(The Companies (Directors' Remuneration Policy and Directors' Remuneration Report) Regulations 2019 (SI 2019/970) 별표 8 제17조(b)(i), Financial Services and Markets Act 2000 (FSMA) Section 96B(2))

으로 하여, 해당 기간 동안 주식을 보유하였을 때의 총주주 수익률을 그래프로 보여주어야 한다.328

다. 감액 및 환수

영국 기업지배구조 모범규준은, 이사의 보수에 관한 계약에는 회사가 지급된 금액이나 주식연계보상을 감액 및 환수(malus and clawback)할 수 있는 조항이 포함되어야 한다고 규정하고 있다.329 또한, 이사보수보고서에 감액 및 환수 조항에 대한 설명을 기재하되, (i) 해당 조항이 적용되는 사유, (ii) 감액 및 환수의 기간 및 그러한 기간이 회사에 가장 적합한 이유에 대한 설명, (iii) 해당 조항이 최근 사업연도에 실제 사용되었는지 여부 및 사용된 경우 그 사유를 명확하게 설명하도록 하고 있다.330

5. 사례

(1) BT Group

BT Group plc(이하 "BT Group")은 경영진의 LTIP로 영국 기업들이

---

327 단, 성과그래프를 최초 작성하는 회사의 경우 과거 5년
328 Paragraph 24-40 Schedule 8 to the Large and Medium-sized Companies and Groups (Accounts and Reports) Regulations 2008 (SI 2008/373), as amended by the Large and Medium-sized Companies and Groups (Accounts and Reports) Amendment Regulations 2013 (SI 2013/1981), the Companies (Miscellaneous Reporting) Regulations 2018 (SI 2018/860) and the Companies (Directors' Remuneration Policy and Directors' Remuneration Report) Regulations 2019 (SI 2019/970).
329 UK Corporate Governance Code Section 5 Provision 37
330 UK Corporate Governance Code Section 5 Provision 38

전형적으로 활용하고 있는, 성과지표와 연계된 Incentive Share Plan (ISP)을 운영하다가, 2020년에 이를 Restricted Share Plan(RSP)로 변경하였다. BT Group 은 영국의 대표적인 통신사로서 그들의 비즈니스 전략은 최고의 네트워크를 제공하는 것이고 이를 위한 기술 및 인프라 구축은 매우 장기간이 걸린다는 점에서 새로운 장기적인 인센티브 플랜이 필요하다고 보았다. 또한, BT Group 은 이와 같이 변경한 것은 더 단순하고 투명한 보상구조가 필요한 점, 재무적/비재무적 다양한 지표에 대한 균형 잡힌 보상을 한다는 점, 장기적인 주식 소유를 장려한다는 점, 엄격한 규제 환경을 반영하여 비즈니스 모델에 부합하는 보다 좁지만 예측가능한 범위의 보상을 보장한다는 점, 단기적으로 몇 가지 중요한 투자 결정에 직면하여 있고 주주들에게 이익을 실현하는 데에 시간이 걸릴 수 있다는 점, 기업지배구조의 모범 사례를 준수한다는 점 등을 종합적으로 고려한 판단이라고 설명하고 있다.

기존 ISP에 비해 새로운 RSP는 성과지표는 없고 대신 단순한 underpin이 있으며, 가득기간이 더 길고 추가적인 양도제한기간이 있으며, 부여되는 총 주식 수량은 줄어든다. RSP는 ISP에 비해 궁극적으로 지급되는 주식의 수량이 더 적고 더 변동성이 적은데, BT Group은 그들의 비즈니스가 다른 회사들에 비해 엄격히 규제되는 환경 하에서, 성과 결과의 범위가 더 제한적이라는 점에서 이러한 새로운 보상제도가 그들의 사업 특성에도 더 적합하다고 설명하고 있다.[331]

2024년 기준, CEO의 보수는 기본급, 연간보너스는 기본급의 120%~200%(성과 달성 정도에 따라 결정됨), RSP는 기본급의 200%로 구성된다.

---

[331] BT Group plc, "Annual Report 2020"

BT Group의 RSP는 부여일로부터 3년 후, 4년 후, 5년 후에 1/3씩 가득되고, 부여일로부터 5년이 될 때까지 전부 양도가 제한된다. 단 부여일로부터 3년의 기간 동안 두 가지 underpin (즉, 평균 ROCE(사용자본이익률)가 최소 7%일 것, 지속가능성 약속을 지키기 위한 충분한 진전을 이룰 것)중 어느 하나라도 충족되지 않으면, 보수위원회의 재량으로 가득 수량을 감소시키거나 전부 가득되지 않도록 할 수 있다.

또한 연간보너스의 50%도 이연보너스플랜(deferred bonus plan, DBP)에 따라 주식으로 이연지급된다. 이연주식의 가득기간은 3년이다.

BT Group은 RSP 로의 전환을 보완하기 위하여 경영진의 주식보유 가이드라인의 보유기준도 2배 가량 상향하여, 기본급의 500%에 해당하는 주식을 보유하도록 하였다. 이는 선임 후 5년 내에 충족하여야 한다. 또한 기업지배구조모범규준을 반영하여 퇴임 이후에도 2년간 동일하게 주식보유의무가 적용되도록 하였다. 되2년 동안 동일하게 적용된다.[332]

(2) Weir Group

Weir Group의 LTIP는 기존에 영국에서 전형적으로 사용되는 성과기반주식계획(PSP)였으나, 여기에는 'all or nothing'이라는 문제가 있다고 판단하였다. 엔지니어링 회사인 Weir Group은, 원자재 시장의 영향 때문에 재무적 목표를 설정하는 것이 매우 어렵고, 그래서 지난 10년 간 LTIP에서 'all or nothing'의 결과를 보였다고 분석하였다. 이는 성과보다는 비즈니스가 어떤 사이클에 있는지를 반영한 것이

---

[332] BT Group plc, "Annual Report 2024"

다. 즉, Up-cycle은 경영진에게 '횡재'를 제공하고, down-cycle은 경영진에게 패널티를 주게 된다. Weir Group은 이러한 보상 구조는 경영진에게 올바른 행동에 대한 동기부여를 하지 못할 것이라고 판단하였다.

이에 더하여, Weir Group은 기존의 전형적인 LTIP 보다 단순하고 투명한 대안이 필요하다는 영국의 Investment Association Working Gorup의 권고 및 단기 성과 조건에 덜 의존하고 더 많은 주식소유를 요구하는 단순한 보상구조가 투자, 이노베이션, 장기 의사결정 및 장기 가치 창출에 더 긍정적인 영향을 미칠 수 있다는 학계의 논의들을 종합적으로 고려하여, 2018년 기존의 LITP를 Restricted Share Award 로 변경하였다.

기존 LTIP는 3년간의 성과지표(EPS, ROCE, TSR)에 따라 CEO의 경우 기본급의 250%, CFO의 경우 기본급의 200%에 해당하는 성과주식을 받도록 되어 있었다.

새로운 Restricted Share 제도 하에서 경영진은 기존의 50%에 해당하는 수량의 주식을 매년 부여받는다(즉, CEO의 경우 기본급의 125%, CFO의 경우 100%). 이는 2년 후 25%, 3년 후 25%, 4년 후 25%, 5년 후 25%씩 가득되며, 각각 3년, 2년, 2년, 2년 간 매각이 제한된다.

Restricted Share 제도에는 기존과 같은 성과조건은 없지만, 심각한 저성과 상황시 가득을 조정할 수 있게 하는 안전장치로서 underpin 을 설정하였다. Underpin은 배당/ROCE의 임계치, 중대한 기업지배구조의 실패 등으로 설정되며, 보수위원회는 underpin에 해당할 때 가득 수량을 조정할 수 있는 재량권을 갖는다.

이러한 변화와 더불어 Weir Group은 주식보유가이드라인의 기준도 2배 높였다. 즉, CEO의 경우, 보유해야 하는 주식을 기본급의 200%에서 400%로 상향하였고, 임기 만료 이후 보유해야 하는 기간도 추가하였다(임기 중 보유해야 하는 비율의 50%에서 단계적으로 감소

되어 2년 후 0%).333

(3) Burberry Group

Burberry Group plc(이하 "버버리")의 경영진 보상은 기본급, 연간 보너스, LTIP, 연금 기타 혜택으로 구성된다. 버버리의 LTIP는 기존 영국에서 전형적으로 사용되는 성과기반주식계획(PSP)였으나, 버버리가 속한 산업인 럭셔리 산업의 특성에는 전통적인 장기 인센티브 플랜보다 Restricted Share Plan(PSP)이 더 적합하다고 판단하고 2020년 LTIP를 RSP로 전환하였다. 버버리는 이러한 전환에 대하여, 진정으로 매력적인 글로벌 럭셔리 브랜드를 구축함에 있어서 성공의 열쇠는 장기적으로 브랜드를 향상시키는 데 집중하여 브랜드의 선호도와 가치를 높이는 것이고, 이를 위해서는 수 년에 걸쳐 전 세계에 걸쳐 창의적인 비전을 일관되게 활용하고 확대할 수 있는 고도의 전문성과 꾸준한 투자가 필요한 점, 또한 장기적 성과를 창출할 수 있는 기회가 생겼을 때 민첩하게 대응하고 때로는 상당한 초기 투자가 필요한 점, 이미지 구축에 도움이 되지 않는 매장으로 유통을 확대하거나 과도한 할인을 적용하는 등 단기적인 매출과 이익만을 향상시키는 것은 브랜드와 주주의 장기적 가치에 해가 될 수 있으므로 피하는 것이 중요한 점을 고려하였다고 설명하였다.

PSP에서 RSP로 전환되면서 경영진에 대해 지급되는 주식의 총 규모는 절반으로 축소되었다. CEO와 CO&FO(Chief Operating and Financial Officer)에게는 각각 기본급의 162.5%와 150%의 RSP가 부여되었다. 부여 후 3년, 4년, 5년째 되는 날 1/3씩 가득되고, 해당 주식은 가득 후 5년 간 의무보유하여야 한다.

---

333 The Weir Group PLC, "Annual Report and Financial Statements 2017"

기존 PSP처럼 일정한 성과지표 달성시 주식이 지급되는 방식은 아니지만, 성과 미달(under-perform)에 대한 안전장치로서 'performance underpin'을 설정하였다. 버버리가 설정한 underpin은 매출액, ROIC(Group Return on Invested Capital), 브랜드 및 지속가능성에 관한 것으로서 일정 수준에 미달할 경우 보수위원회가 이를 반영하여 지급 수준을 축소하는 것이 적절한지 여부를 고려하게 된다.

버버리의 주식보유 가이드라인에 따르면 경영진은 기본급의 300%에 해당하는 주식을 보유하여야 한다. 또한 기업지배구조 모범규준을 고려하여 임기 이후 2년간 주식보유를 유지하여야 한다는 점도 추가하였다.[334]

제 3 절 독일

독일의 경우 주식을 교부하는 경우의 절차상의 제약 등으로 인하여 현금으로 정산되는 가상주식이 주로 활용되고 있다. 대신 상장회사 경영진[335]에게 현금을 회사의 주식에 재투자하여 보유할 의무를

---

[334] Burberry Group plc, "Annual Report 2019-2020"
[335] 독일의 경우, 경영권한과 감독권한이 분리된 복층 구조로, 감독권한은 비집행이사로 구성된, 주주총회에서 선임하는 감독이사회(Aufsichtsrat)에게 있고, 감독이사회는 사업전략을 기획하고 집행하는 최고집행임원(principal executive officer)을 포함한 경영이사회(Vorstands)를 임면하고 감독한다 {Kraakman et al.(2017), 50-51면}. 경영이사회는 회사 업무를 집행하고 회사를 대표하는 기관이며(독일 주식법 제76조 제1항, 제78조 제1항), 미국의 CEO에 해당하는 최고집행이사도 통상적으로 경영이사회의 구성원이다. 따라서 본 절에서 독일의 경영진 보수는 경영이사회 이사의 보수를 중심으로 살펴본다. 본 절에서 '경영진'은 경영이사회 구성원인 이사를 의미하며, 독일의 법규상의 개념을 설명하기 위해 필요한 경우 경영이사회 구성

부여함으로써 실제 주식을 교부하는 것과 유사한 효과를 도모하고 있다.

1. 경영진 보수의 구성: 주식연계보상을 중심으로

(1) 경영진 보수의 구성 및 주식연계보상의 비중

독일에서 이사 보수 중 주식연계보상이 차지하는 비중은 2009년 15%에 불과하였으나 2018년 52%로 증가하였다.336 독일 투자자협회인 Deutsche Schutzvereinigung für Wertpapierbesitz e.V.(이하 "DSW")의 연구에 따르면, 2023년 기준 독일 DAX 기업의 이사 보수는 고정보수 29%, 단기변동보상 26%, 장기인센티브(Long Term Incentive, LTI) 44%로, LTI가 총 보수의 절반 수준에 이르는 것으로 나타났다.337

(2) 주식연계보상의 유형

장기인센티브는 대부분 주식연계보상으로 구성되지만, 독일의 경우 영미권 국가들과 달리 실제 주식이 아닌338 가상주식을 부여하고, 해당 가치에 상응하는 금액을 현금으로 정산하는 방식이 일반적이다.339

원을 '이사'로 지칭한다.
336 Beck et al.(2020), 806면
337 DSW and Techische Universitat Munchen, "Studie zur Vergütung der Vorstände in den DAX-Unternehmen im Geschäftsjahr 2023"
338 실제 주식을 교부하는 사례도 존재하지만(가령 Siemens AG의 경우 PSU 유형을 활용하여 실제 주식을 이전해 주고 있다. 관련 내용은 아래 4.(4)참조), 대부분의 경우 가상주식을 활용하고 있다.

독일에서는 전통적으로 가상주식이 널리 활용되어 왔는데, 이에 대한 기존 분석은 주로 상장회사 경영진의 보상 수단으로서의 주식연계보상에 대한 것보다는, 비상장회사, 특히 스타트업 임직원에 대한 보상 수단으로서의 활용에 초점을 두고 논의되어 왔던 것으로 보인다. 이러한 배경에서, 독일에서는 실제 주식을 부여하는 것보다 가상주식을 활용하는 것이 세무적·절차적 측면에서 유리하다는 점 때문에 가상주식이 주된 주식연계보상수단으로 활용되었다. (i) 세무적 측면에서, 2021년 이전까지는 임직원 입장에서 주식을 보수로 수령할 경우, 현금화되기 전 시점에 소득세를 납부해야 하는 소위 dry income 문제가 있었다. 반면, 가상주식의 경우 수령 시점에 현금으로 지급되기 때문에 세금 납부가 용이하다는 장점이 있었다. 다만, 독일 정부는 가상주식이 아닌 주식연계보상 촉진을 위해, 2021년 자금소재지법(Fondsstandortgesetz)을 개정하여 일정 범위의 중소기업·스타트업의 주식연계보상과 관련한 과세이연 제도를 도입하였고, 2023년 11월에는 독일 기술산업이 미국 실리콘밸리와 경쟁할 수 있도록 하는 자본시장 프레임워크에 대한 개혁 패키지를 승인하는 등의 조치로 세무상의 어려움이 일부 해소되었다. 그러나 이러한 규정은 일정 규모 이상의 기업에 한정적으로 적용되기 때문에, 독일에서는 여전히 다수의 기업들이 가상주식 방식을 유지하고 있는 실정이다.340 한편, (ii) 절차적 측면에서는, 독일에서 가장 일반적인 기업 형태인 GmbH(Gesellschaft mit beschränkter Haftung)의 경우, 임직원에게 주식을 양도할 때 공증 절차가 요구된다는 점도 독일에서 가상주식이 선호되는 배경 중 하나로 설명되고 있다.341

---

339 WTW, "European CEO compensation trends and AGM season 2023", (2024. 1. 4.)
340 Holye(2024)
341 Holye, Luch, "German startup equity & the Future Financing Act", Carta (2024); Rose&partner, "Virtual employee stock ownership plan (VSOP) in

이와 같이 독일에서 가상주식이 널리 활용되는 배경에 대한 일반적인 설명은, 상장회사 경영진의 경우에도 동일하게 적용되지는 않는 것으로 생각된다. 상장회사 주식은 수령 즉시 주식시장에서 현금화할 수 있으므로 소위 dry income 문제에 대한 부담이 상대적으로 경감되며, 상장회사인 주식회사(Aktiengesellschaft)는 GmbH에 비해 주식 이전과 관련한 절차상 제약 역시 완화되어 있기 때문이다. 그럼에도 불구하고, 독일의 경우 상장회사 경영진에 대해서도 실제 주식을 부여하는 방식은 거의 활용되지 않고 주로 가상주식을 부여하고 있다.342 이러한 현상의 정확한 원인을 단정하기는 어렵지만, 아래 2.항에서 살펴 보는 바와 같이, 독일에서는 스톡옵션이나 자기주식 교부 등 실제 주식을 교부하기 위해서는 주주총회의 승인 등 일정한 절차가 요구되는 것에 비해 가상주식 부여에는 이러한 절차상 제약 없이 상대적으로 용이하게 부여할 수 있기 때문인 것으로 생각된다.

(3) 주식보유의무

 앞서 이론적 논의에서 살펴본 바와 같이, 상장회사 경영진 보상에 있어 주식연계보상을 통해 경영진이 자사 주식을 보유하도록 하는 것은 중요한 요소이다. 그러나 가상주식을 부여할 경우에는 실제 주식을 보유하도록 함으로써 얻을 수 있는 인센티브 정렬 효과가 약화될 수밖에 없다. 독일에서는 이러한 한계를 보완하기 위하여, 경영진이 가상주식으로 수령한 현금의 상당 부분을 자사 주식에 재투자하고 이를 일정 기간 이상 보유하도록 의무화함으로써, 실질적인 이해관계의 일치를 도모하고 있다.343

---

 german legal practice"; PXR, "Why ESOP is better than VSOP"
342 구체적인 사례는 아래 4.항 참조

2. 주식연계보상에 관한 법적 규율

독일 주식법(Aktiengesetz)은 이사에 대한 주식연계보상 부여에 대해 별도로 규정하고 있지는 않고, 임직원에 대한 스톡옵션 발행의 근거 규정을 두고 있으며(제192조 제2항 제3호), 그 외 주식형 보상에 대해서는 별도의 규정을 두고 있지는 않다. 자기주식 취득의 예외적 허용에 관한 규정(제71조 제1항 제8호)을 활용하여 이사에게 자기주식을 취득하여 교부하는 것이 이론상 가능하나, 위 1.항에서 살펴 본 바와 같이 절차상의 규제가 없는 가상주식을 활용하는 것이 일반적이다.

(1) 스톡옵션

스톡옵션은 독일 주식법 제192조 제2항 제3호 및 제193조에 따라 부여될 수 있다. 스톡옵션 부여를 위해서는 주주 4분의 3 이상의 찬성을 얻어야 하고(제193조 제1항), 스톡옵션 발행으로 인한 자본금의 증가는 주주총회 결의 시점 자본금의 10분의 1을 초과할 수 없다(제193조 제3항). 주주총회 결의에서는 부여 목적, 부여대상자의 범주, 발행가액 또는 그 산정 근거, 근로자와 경영자 간의 배분, 성과목표, 취득기간 및 행사기간, 대기기간을 정하여야 한다(제193조 제2항). 이 중 대기기간은 스톡옵션을 부여받은 후 행사할 때까지의 기간을 의미하며, 최소 4년이 되어야 한다(제193조 제2항). 이는 스톡옵션을 회사의 장기성과와 연계시키기 위한 취지에서 규정된 것인데, 가상주식에 대해서는 이러한 제약이 없는 것에 비해, 스톡옵션에 대해서는 지나치게 긴 기간을 설정하도록 함으로써 스톡옵션의 활용이 저

---

343 구체적인 사례는 아래 4.항 참조

해되고 있다는 지적이 있다.344

(2) 자기주식 취득 및 처분

독일 주식법상 자기주식 취득은 원칙적으로 금지되고, 제71조 제1항 각호에 열거된 경우에만 예외적으로만 허용되는데, 1998년 KonTraG로 독일 주식법 제71조 제1항 제8호가 추가되어 자기주식 취득의 허용범위가 넓어졌다. 따라서 이사에게 자기주식을 활용하여 주식연계보상을 제공하고자 할 경우, 동 규정에 근거하여 자기주식을 취득할 수 있다.345

구체적으로, 독일 주식법 제71조 제1항 제8호에 따르면, 주주총회에서 자본금의 10%를 초과하지 않는 범위 내에서 최저 및 최고가액346과 자본금 대비 비율을 정하고, 5년 이내의 기간을 정하여347 경영이사회에 자기주식 취득 권한을 위임하며, 경영이사회는 그 범위 내에서 자기주식을 취득할 수 있다. 동 호에 따른 자기주식의 취득 및 처분에도 주주평등의 원칙이 적용되는데(3문), 거래소를 통한 자기주식의 취득 및 처분은 주주평등 원칙을 준수한 것으로 보게 되지만(4문), 주주총회에서 다른 방식의 처분을 결정하는 경우에는 신주발행시의 신주인수권 배제에 관한 제186조 제3항 및 제4항과 스톡옵

---

344 Koch(2024), §192 Rn. 9b, 15
345 Grigoleit(2020), §71 Rn. 83
346 결의일 당시의 주가에 프리미엄 또는 디스카운트를 정하는 등 {Henssler/Strohn (2024)§71 Rn. 33}
347 과거 자기주식 취득에 요구되는 주주총회 승인의 유효기간은 18개월로 제한되어 있었기 때문에(구 독일주식법 제71조 제1항 제8호 1문), 자기주식 취득을 위해 주주 승인을 반복적으로 받아야 하는 경우가 있었다. 독일에서는 법 개정을 통해 이러한 장애물을 제거하고자 자기주식 취득 승인 유효기간을 최대 5년으로 연장하였다(독일주식법 제71조 제1항 제8호 1문) {Goette et al., (2021) AktG §192 Rn. 81}

션에 관한 제193조 제2항 제4호를 적용하여야 한다. 이 경우 자기주
식을 처분할 때 주주의 신주인수권 배제에 관한 주주총회 결의를 하
여야 한다. 이 때 경영이사회는 주주총회에 신주인수권 배제 이유에
대한 서면 보고서를 제출하여야 하며, 출석 주주의 4분의 3이상의
찬성으로 결의하여야 한다(제186조 제3항 및 제4항).348 또한, 그 주
주총회 결의 내용에는 스톡옵션 부여시 결정하여야 하는 사항들(부
여 방식, 성과목표, 최소 4년의 대기기간에 관한 내용 등)이 포함되
어야 한다(제193조 제2항 제4호).349

3. 주식연계보상 부여계약 조건

(1) 주식연계보상 부여 조건 결정 방식

위 1항에서 살펴본 바와 같이 독일에서는 신주 발행 또는 자기주
식 교부를 전제로 하는 주식연계보상계획이나 주식연계보상 부여계
약의 활용도가 낮다. 그 대신, 독일의 상장회사들은 가상주식 부여를
위해 주식연계보상계획과 유사한 가상성과주식계획(Phantom
Performance Share Plan, PPSP)을 수립하고 있다. 일반적으로 가상성
과주식계획은 감독이사회에 일정한 재량권을 부여하는 내용을 포함
하고 있으며, 이에 따라 감독이사회는 가상성과주식계획에서 정한
기준과 범위 내에서 개별 부여대상자에 대한 구체적인 부여 조건을
설정하고, 이를 토대로 개별 계약을 체결하게 된다.

---

348 정관에서 더 높은 비율의 찬성을 요구하거나 추가 요건을 정하는 경우 그
에 따라야 한다.
349 동 조항에 따라 주주총회 승인을 받아 자기주식을 취득하여 경영진 보상
으로 제공한 구체적인 사례로 5.(4) Siemens AG 참조

(2) 주요 조건의 내용

본 항에서는 독일 상장기업들의 가상성과주식계획 및 그에 따른 부여계약의 주요 조건을 살펴본다.

가. 가득기간

가상성과주식의 가득기간은 대체로 3년~4년인 경우가 많다. 예를 들어 Deutshce Telekom, Volkswagen은 4년의 가득기간을 정하고 있고,350 Mercedies-Benz Group AG, Merck KGaA는 3년의 가득기간을 정하고 있다.351

나. 성과조건

성과조건은 대체로 가상성과주식계획에서 구체적으로 정하지 않고 감독이사회로 하여금 회사의 성과를 고려하여 결정하도록 하고 있다. 회사마다 활용하는 성과조건은 다양하다. 예를 들면 Merck KGaA는 상대적 주가, EBITDA pre margin (25%), 매출성장을 각 50%, 25%, 25%씩 반영하도록 하고 있고, Bayer는 EURO STOXX 50 total return의 상대적 성과, 그룹 차원의 ROCE, 지속가능성 목표를 각 40%, 40%, 20%씩 반영하도록 하고 있다. ESG 요소도 함께 고려하도록 하고 있는 회사들도 있다. 가령 Volkswagen은 재무적 지표와 더불어 ESG 지표로서 탈탄소화 인덱스(Decarbonization Index), 다양성 인덱스(Diversity Index)를 성과지표에 포함하고 있다.352

---

350 Deutsche Telekom, "Remuneration Report", (2023); Volkswagen Group, "Remuneration Report", (2023)
351 Mercedes-Benz Group AG, "Remuneration Report", (2023); Merck KGaA, "Remuneration Report", (2023)
352 Volkswagen Group, "Remuneration Report", (2023)

다. 재직요건

가상성과주식의 경우, 통상적으로 부여 후 가득 시점까지 재직할 것을 조건으로 하고, 가상성과주식계획으로 가득 전 퇴직할 경우 미가득분의 처리 방식에 대해 정하고 있다. 예를 들면, 정년퇴직이나 회사와의 합의로 퇴직하는 경우에는 기존에 정한 대로 지급하고, 경영진의 일방적 사임시에는 미가득된 가상주식은 소멸하도록 정하는 등[353] 퇴직 사유에 따른 처리 방식을 가상성과주식계획에 정해 두고 있다.

라. 주식투자 또는 주식보유의무

가상성과주식은 현금으로 정산되기 때문에, 1.(3)에서 살펴본 바와 같이 독일 상장기업들은 경영진에게 수령한 현금 보수의 일정 비율을 회사의 주식에 재투자할 의무를 부여하고, 그 투자로 취득한 주식에 대해 일정 기간 양도제한 내지 보유의무를 부여하는 경우가 많다. 예를 들면, Deutsche Telekom은 매년 연간 보너스의 1/2~1/3의 금액을 회사 주식에 투자할 의무를 부여하고, 그 주식을 4년간 보유하도록 하고 있다. Merck KGaA도 성과에 따라 지급된 현금의 1/3을 회사 주식에 투자할 의무를 부여하고, 4년간 보유하도록 하고 있다.[354]

마. 조정 및 환수

대부분의 가상성과주식계획은 가상성과주식의 조정 및 환수 사유를 규정하고, 그러한 사유 발생시 감독위원회가 조정 또는 환수에 대한 결정을 하도록 하고 있다. 예를 들면 Deutsche Telekom의 경우,

---

[353] Deutsche Telekom, ""Remuneration Report", (2023); Merch KGaA, "Remuneration Report", (2023)
[354] Deutsche Telekom, "Remuneration Report", (2023)

감독위원회는 성과목표 달성에 관한 정보가 명백히 불완전하거나 부정확하여 가상성과주식 지급의 전부 또는 일부가 부당한 것으로 밝혀진 경우 이사에게 지급된 보수를 회수할 수 있다.355 Mercedies-Benz Group AG도 가상성과주식계획 및 그에 따른 계약에 조정 및 환수에 관한 사항을 정하고 있는데, 조정 및 환수에 대한 결정은 감독위원회가 하도록 하되, 회사의 청렴성 강령에 명시된 원칙 또는 기타 직업적 의무를 명백히 위반한 경우를 조정 및 환수 사유로 규정하고 있다.356 Merck KGaA의 경우, 법 또는 내부규정(Code of Conduct) 위반, 그 외 회사 가치에 반하는 비윤리적 행동을 조정 및 환수 사유로 정하고 있다.357

4. 경영진에 대한 주식연계보상 활용 관련 규율

(1) 보상의 내용적 측면에 대한 규율 방식

독일 주식법은 이사 보수와 관련하여 변동보수에 관한 기본 원칙을 명시하고 있다. 변동보수가 법률상 주식연계보상을 의미하는 것은 아니나, 실제로 대부분의 변동보수는 주식연계보상(주로 가상주식)으로 구성되고 있기 때문에 변동보수에 관한 규율은 주식연계보상 활용과 밀접한 관련을 가진다. 아울러 독일 기업지배구조 모범규준은 변동보수의 비중, 성과기준, 주식연계보상, 주식 보유기간 등 보다 구체적인 내용에 대해 정하고 있다.

---

355 Deutsche Telekom, "Remuneration Report", (2023)
356 Mercedes-Benz Group AG, "Remuneration Report", 2023)
357 Merch KGaA, "Remuneration Report", (2023)

가. 독일 주식법

독일에서 이사 보수가 사회적 이슈로 부각되기 시작한 계기는 2000년 Vodafone이 Mannesmann을 적대적으로 인수하는 과정에서, Mannesmann의 CEO인 Klaus Esser을 비롯한 경영진에게 약 6천만 유로에 달하는 상여금 및 퇴직금이 지급된 사건이었다. 이후 2008년 글로벌 금융위기 이후 HypoRealEstate, Bayerische Landesbank, WestLB, Dresdner Bank 등 다수의 금융기관들이 파산 위기에서 공적 자금의 지원을 받았음에도 불구하고, 경영진에게 거액의 보너스가 지급된 사실은 여론의 비판을 가중시켰다.[358] 이에 따라, 경영진의 보수가 기업의 성과를 반영하지 못하고 지나치게 단기지향적이라는 문제의식이 확산되었고,[359] 그에 대한 입법적 대응으로 2009년 이사보수의 적정성에 관한 법률(Das Gesetz zur Angemessenheit der Vorstandsvergütung; 이하 "VorstAG")이 제정되었다. VorstAG는 독일 주식법상 이사 보수에 관한 규제를 강화하였으며,[360] 변동보수에 관한 규정을 통해 간접적으로 주식연계보상에도 영향을 미치게 되었다. 독일 주식법상 변동보수와 관련된 규정을 중심으로 살펴보면 다음과 같다.

독일 주식법은 이사 보수의 결정에 있어 이사 보수가 적정해야 한다는 일반원칙을 규정하고 있고(제87조 제1항),[361] 특히 상장회사에 대해서는 보수 구조가 회사의 지속적이고 장기적인 발전을 촉진하도록 하여야 한다는 점(제87조 제1항 2문), 이와 관련하여 변동보수

---

[358] Fabbri/Marin(2012), 2면
[359] Goette et al.(II)(2023), §87 Rn. 7
[360] Goette et al.(II)(2023), §87 Rn. 7; 최문희(2010), 150면
[361] 감독이사회는 경영이사회 구성원 개인의 보수를 결정할 때 이사의 업무와 성과 및 회사의 상황에 적합하도록 해야 한다는 점을 명시하고 있다(독일 주식법 제87조 제1항).

는 수 년간의 평가를 기초로 하여야 한다는 점을 추가로 규정하고 있다(제87조 제1항 3문).362 또한, 독일 주식법은 이사의 보수정책에 포함되어야 하는 사항들을 열거하고 있는데, 변동보수와 관련한 사항으로는, 모든 고정 및 변동보수 구성요소, 각 구성요소가 보수에서 차지하는 상대적 비중, 변동보수 부여 기준 및 그 기준이 회사의 목표 달성에 어떻게 기여하는지에 대한 설명 등 구체적인 내용을 포함하도록 하고 있다(독일 주식법 제87a조).

나. 독일 기업지배구조 모범규준

독일 기업지배구조 모범규준(Deutscher Corporate Governance Kodex, 이하 "DCGK")은 상장회사의 경영진 보수는 기업 전략을 촉진하고 회사의 장기적인 발전을 지원해야 한다는 기본원칙(DCGK G. I. Grundsatz 24) 하에 DCGK는 주식연계보상을 비롯한 변동보상에 대하여 다음과 같이 권고하고 있다. 우선, 보수체계는 고정보수 대비 장·단기 변동보수의 비율, 변동보수 산정에 활용되는 재무적·비재무적 성과지표, 성과지표의 달성과 변동보상 간의 관계 등을 정하여야 한다(DCGK G. I. 1. G.1). 또한, 변동보수의 대부분은 주식연계보상이거나, 해당 경영자에 의하여 회사 주식에 투자되어야 한다. 여기서 주식연계보상은 실제 주식으로 지급되는 방식에 국한되지 않고, 주가에 연동되는 다른 형태의 변동보수도 포함되며, 4년의 보유기간이 적용된다(DCGK G. I. 3. G10).363

이와 관련하여, 독일 주식법은 상장회사로 하여금 매년 DCGK의 권고사항 준수 여부 및 준수하지 않은 경우 그 이유를 공개하도록 하고 있다(comply or explain, CoE, 독일 주식법 제161조).

---

362 최문희(2010), 151면
363 Henssler(2023), §87 Rn. 127

(2) 보상의 승인 절차 및 공시 등 규제

가. 승인 절차

1) 감독이사회

(가) 감독이사회의 이사 보수 승인

독일 주식법상 이사 보수에 대한 결정권한은 감독이사에 있다(제87조 제1항). 감독이사회는 이사 보수 결정을 하위 위원회에 위임할 수 없다(독일 주식법 제107조 제3항 7문).364 나아가 독일 주식법은 감독이사회가 이사 보수를 부적절하게 정한 경우 회사에 보상을 할 의무가 있다는 점을 명시하여(제116조 3문), 보수 결정에 대한 감독이사회의 책임을 강조하고 있다.365

(나) 감독이사회의 이사보수정책 수립

독일 주식법은 상장회사의 감독이사회로 하여금 이사보수정책을 수립하도록 하고 있다(제87a조). 감독이사회는 이사의 보수에 관하여 명확하고 이해할 수 있는 정책을 수립하여야 한다. 독일 주식법은 이사보수정책에 규정하여야 하는 사항을 명시하고 있는데, 그 중 주식연계보상과 관련하여서는, 기간 제한, 주식 취득 후 보유 조건, 그 보수가 회사의 사업 전략 및 장기적 발전에 어떻게 기여하는지에 대한 설명이 포함되어야 한다(제87a조 제2호, 제7호).

또한 상장회사의 감독이사회는 주주총회에 제출된 이사보수정책을 토대로 개별 이사의 보수를 정하여 승인받아야 한다(제87a조 제2

---

364 독일 주식법 제107조 제3항은 감독이사회가 일정한 사항을 하위위원회에 위임할 수 있다고 규정하고 있는데, 7문은 감독이사회가 하위위원회에 위임할 수 없는 사항들을 열거하고 있다. 여기에는 제87조에 따른 이사보수 결정에 관한 사항이 포함되어 있다.
365 Goette et al. (II)(2023),§87 Rn. 7, 152

항 1문). 회사의 장기적 이익(well-being)을 위해 필요한 경우 이사보수정책에서 일시적으로 벗어날 수 있으나, 그 경우 그 절차 및 그로 인하여 영향을 받는 보수정책의 요소를 보수정책에 명시하여야 한다(제87a조 제2항 2문).

2) Say-On-Pay

독일은 2019년 상장회사의 이사보수정책 및 이사보수보고서에 대한 Say-On-Pay를 의무화하였다(독일 주식법 제120a조).366 이에 따라 상장회사는 적어도 4년마다 또는 이사보수정책이 실질적으로 변경되는 경우 이사보수정책에 대해 주주총회의 권고적 승인을 받아야 한다(제120a조 제1항). 만약 주주총회에서 이사보수정책이 승인되지 않을 경우, 감독이사회는 이를 재검토 후 다음 정기주주총회에 제출하여야 한다(같은 조 제3항). 또한, 상장회사는 직전 회계연도의 보수보고서에 대해서도 주주총회의 권고적 승인을 받아야 한다(같은 조 제4항).

독일에서 이사 보수에 대한 결정권한은 감독이사회에 있고, 주주총회의 승인은 권고적 효력에 불과하지만, 감독위원회는 주주총회에서의 부정적인 표결 가능성을 염두에 두게 되므로, Say-On-Pay 제도로 인해 감독위원회가 이사 보수 및 이사보수정책 결정에 있어 보다 신중한 주의와 관심을 기울이게 될 것이라고 평가되고 있다.367

나. 공시

독일 상장회사들은 매년 이사의 보수에 관한 보고서를 작성하여야 한다(독일 주식법 제162조 제1항 1문). 보수 보고서에는 개별 이

---

366 Goette et al.(2023), §120a Rn. 1
367 Goette et al.(2023), §120a Rn. 1

사별로 다음 사항이 기재되어야 한다. ① 모든 고정보수 및 변동보수 구성 요소, 그 각 상대적 비중, 해당 보수가 이사보수정책에 어떻게 부합하며 회사의 장기적인 발전을 어떻게 촉진하는지 및 성과기준이 어떻게 적용되는지에 대한 설명(제1호), ② 최근 5개 회계연도 동안의 보수 변동, 회사의 성과 및 직원 평균 보수와의 비교 정보(제2호), ③ 부여되거나 약정된 주식 및 스톡옵션의 수량, 주요 조건 및 그 변경 사항(제3호), ④ 변동보수 환수 여부 및 환수한 경우 그 방법에 대한 정보(제4호), ⑤ 이사보수정책과 차이가 존재하는 경우, 그에 대한 정보(제5호), ⑥ Say-On-Pay에서 채택한 결의가 어떻게 고려되었는지에 대한 설명(제6호), ⑦ 경영이사회 이사의 최대 보수 상한 준수에 대한 설명(제7호)이 포함되어야 한다.

주식연계보상은 위 제3호에 따라 보수보고서에 포함된다. '부여되거나 약정된 주식'은 실제 주식이 지급된 경우뿐만 아니라 부여할 의무는 있으나 아직 이행되지 않은 경우도 포함하는 폭넓은 개념으로 해석되고 있어, 제한주식도 이에 포함된다. 그러나 주식으로 정산되지 않는 가상주식이나 SAR는 본 호의 대상에 포함되지 않는다.[368]

다. 감액·환수

독일 주식법은 감독이사회의 이사 보수 결정과 관련하여, 특수한 사정의 발생으로 이사 보수가 증가하는 경우 이를 제한할 수 있도록 하여야 한다고 규정하고 있다(제87조 제1항 3문). 이는 이사의 개인적 성과와 무관하게 외생적 요인으로 인해 과도한 보수가 지급되는 이른바 우발적 이익(wind-fall profits)을 방지하기 위한 것이다.[369]

또한, 독일 주식법은 주주들이 이사의 최대 보수를 감액할 수 있

---

[368] Goette et al. (2024), §162 Rn. 58-60; Hölters/Weber(2022), §162 Rn.23-25
[369] Goette et al. (2023), §87 Rn. 117, 118

도록 하고 있다. 즉, 전체 주식의 5% 이상 또는 액면가 EUR 500,000 이상의 주식을 보유한 주주의 제안이 있는 경우, 주주총회 보통결의로 이사의 최대 보수를 감액할 수 있다(제87조 제4항, 제122조 제2항 1문, 제133조 제1항).[370]

한편, 독일 주식법에 따르면 이사보수정책에는 변동보수 환수를 위한 수단에 관한 구체적인 내용이 포함되어야 하고(제87a조), DCGK는 정당한 사유가 있는 경우 변동보수의 유보 또는 환수가 허용되어야 한다고 권고하고 있다(DCGK G. I. 3. G.11).

5. 사례

(1) Mercedes-Benz Group AG

Mercedes-Benz Group AG의 경영이사회 이사의 보수는 (i) 고정보상인 기본급, 부가혜택 및 퇴직금과 (ii) 변동보상으로 단기변동보상(연간보너스) 및 장기변동보상으로 구성된다.

장기변동보상은 가상성과주식계획(Performance Phantom Share Plan, PPSP)으로 3년의 성과기간 및 이후 1년의 보유기간을 설정하여 3년간의 성과 측정 후 추가 1년 뒤에 가상주식(현금)이 교부된다. 성과지표는 상대적인 판매수익(Return on Sales) 및 주가성과가 80%, ESG지표가 20% 반영된다.

또한 Mercedes-Benz Group AG는 주식보유가이드라인(SOG)을 두고 있다. 각 이사가 직무에 따라 20,000주~75,000주 사이의 주식을 보유하도록 설정하고 있는데, 일반적으로 PPSP에서 실제로 지급된 총 보

---

[370] Henssler(2024), §87 Rn. 88-92

수의 최대 25%는 지정된 주식 수에 도달할 때까지 회사의 주식을 매수하는 데에 사용된다.371

(2) Deutsche Telekom AG

Deutsche Telekom AG의 경영이사회 이사의 보수는 (i) 고정보상인 기본급, 부가혜택 및 퇴직금과 (ii) 변동보상으로 단기인센티브(연간 보너스) 및 장기인센티브로 구성된다.

단기인센티브(STI)의 기간은 1년이다. STI의 성과목표는 그룹 재무목표, 세그먼트 재무 목표, ESG 목표가 각각 1/3씩 동일한 비율로 반영된다.

Deutsche Telekom AG는 STI와 관련하여 투자 의무를 부과하고 있다. 즉, 이사들은 연간 총 STI의 3분의 1 이상에 해당하는 금액을 의무적으로 회사 주식에 투자할 의무가 있다(mandatory). 당사자의 의사에 따라 STI의 2분의 1에 해당하는 금액까지 투자할 수도 있다(optional). 이와 같이 투자한 주식은 매수일로부터 4년간 양도가 금지된다.

위 투자의무와 연계하여 Deutsche Telekom AG 은 Share Matching Program을 운영하고 있다. 위 투자에 대한 4년의 양도금지기간이 끝나면 이사들은 이를 자유롭게 처분할 수 있고, 이 때 개인 투자로 매수한 주식과 같은 수량의 추가 주식이 무상으로 교부된다.

장기인센티브는 가상주식에 기반하여, 4년의 기간 동안 성과지표(ROCE, EPS, 고객만족, 직원만족) 달성 정도에 따라 현금으로 지급된다.

또한 Deutsche Telekom AG는 주식보유가이드라인(SOG)을 두고 있

---

371 Mercedes-Benz Group AG, "Remuneration Report", (2023)

다. 이사들은 연간 기본급에 상응하는 가치의 회사 주식을 보유하여야 하며, 이는 세 번째 STI 지급 전까지 충족해야 한다.[372]

(3) Continental AG

Continental AG의 경영이사회 이사에 대한 보상은, 기본급(총 보상의 25~35%), 연간보너스(총 보상의 40~50%, 그 중 40%는 즉시 지급, 60%는 3년 이연지급), 장기인센티브(총 보상의 25~35%) 및 기타 혜택으로 구성되어 있다.

장기인센티브는 가상성과주식계획(virtual performance share plan)으로, 4년 후 현금으로 지급하게 된다.

또한 Continental AG는 주식보유가이드라인(SOG)을 두고 있는데, 주주의 이익과 더욱 긴밀히 연계하기 위하여 각 이사는 회사의 주식에 최소 금액 이상을 투자하고 해당 주식을 임기 동안 및 임기 만료 후 2년간 보유할 의무를 부여하고 있는데, 그 최소 금액은 CEO의 경우 기본급의 200%, 그 외 이사들은 기본급의 100%이다.[373]

(4) Siemens AG

Siemens AG의 경영이사회 이사의 보수는 (i) 고정보상인 기본급, 부가혜택 및 퇴직금과 (ii) 변동보상인 단기변동보상(연간보너스) 및 장기변동보상으로 구성된다. 변동보상이 최대로 지급될 경우를 기준으로 하면, 고정보상과 단기변동보상과 장기변동보상의 비율은 1:2:3이다.

장기변동보상의 경우 Siemens AG는 'Stock Award'라는 명칭을 사

---

[372] Deutsche Telekom AG, "Remuneration Report", (2023).
[373] Continental AG, "Remuneration Report", (2023).

용하고 있는데, 4년의 성과기간 종료 후 성과지표 달성 정도에 따라 회사의 실제 주식을 이전374해 주는 방식으로 정산하는 것으로, 유형을 구분하면 PSU에 해당한다. 성과지표는 (i) MSCI 세계산업지수 대비 상대적 TSR과 (ii) ESG 핵심성과지표(CO_2 배출량, 직원당 디지털 학습시간 등)이다.

또한 Siemens AG는 주식보유가이드라인을 두고 있다. CEO는 기본급의 300%, 그 외 이사는 직급에 따라 기본급의 200%에 해당하는 Siemens AG 주식을 임기 동안 보유해야 한다. 만약 주가 변동으로 인해 보유하고 있는 주식의 가치가 정해진 금액 이하로 떨어질 경우 추가로 주식을 매수해야 한다.375

제 4 절 일본

일본은 회사법에 스톡옵션만을 규정하고 있고, 신주 발행이나 자기주식 활용에 제약이 많아 다양한 주식연계보상 활용이 어려웠다. 경영진376 보수 관점에서는 현금 고정급의 비중이 높아 회사 실적을

---

374 Siemens AG의 주주총회 소집통지서에 따르면, Siemens AG는 2020년과 2025년에 주주총회에서 독일 주식법 제71조 제1항 8호에 따른 자기주식 취득 및 처분에 관한 주주 승인을 받았다. 주주총회 소집통지서에 따르면 승인 받은 범위 내에서 Simens는 자기주식을 이사 및 기타 임직원에게 보상으로 제공할 수 있다(Siemens AG, "Notice of Annual Shareholders' Meeting 2025" (2024. 12.), 11-12면; Siemens AG, "Report of the Managing Board on Agenda Item 10 of the Annual Shareholders' Meeting of Siemens AG on February 13, 2025", (2024. 12.), 3-4면).
375 Siemens AG, "Compensation Report", (2023)
376 일본의 경우 이사회 설치회사의 업무집행은 대표이사 또는 대표이사 외의 이사로서 이사회의 결의로 선정된 자가 한다(일본 회사법 제363조 제1항).

향상시킬 동기 부여가 부족하다는 지적이 제기되어 왔다.377 이에 일본 정부는 2014년 일본 기업들의 기업가치 제고를 위한 일본재흥전략에 상장회사 경영진의 실적연동형 보수 활용의 필요성 및 이를 위한 제도적 개선 방안을 포함하였다. 이후 몇 차례의 세법 개정378 및 회사법 개정 등을 통해 주식연계보상 활용을 촉진한 결과 그 활용 비중이 증가하였다.

1. 경영진 보수의 현황: 주식연계보상을 중심으로

(1) 경영진 보수의 구성 및 주식연계보상의 비중

일본은 전통적으로 경영진 보수에서 기본급(고정액으로 지급되는 금전보수)이 차지하는 비중이 높았다. 상장회사 CEO 보수에서 기본급이 차지하는 비중은 2015년 기준 미국의 경우 11%, 영국의 경우 25%, 독일의 경우 28%인데 비해, 일본의 경우 58%로 보수의 절반 이상을 차지하고 있었다. 그 외 연간보너스가 28%를 차지하고, 장기인센티브는 14%에 불과하였다.379 이에 따라 일본에서는 상장회사 경

일본의 경우 대표이사를 포함한 이사들(사외이사 제외)의 보수에 초점을 두어 검토한다. 본 항에서 일본의 '경영진'은 이들을 의미한다. 일본 회사법 등 규정상의 내용을 설명하기 위하여 필요한 경우 '이사'라는 용어를 사용한다.
377 伊藤靖史(2017), 5면.
378 주식연계보상과 관련한 일본 세법 개정에 대한 내용은 제5장 제6절 2.참조
379 미국의 경우 매출 1조엔 이상의 표준 500대 기업(257개사)의 중간값, 영국의 경우 매출 1조엔 이상의 FTSE 100 기업(46개사), 독일의 경우 매출 1조엔 이상인 DAX 기업 (23개사), 일본의 경우 시가총액 상위 100대 기업 중 매출 1조엔 이상인 기업(70개사) 데이터의 각 중간값으로 산정한 수치이다 (WTW 2020 analysis)

영진에 대해 실적 향상에 대한 동기부여가 부족하다는 지적이 지속적으로 제기되어 왔다.[380]

이에 일본 정부는 자국 기업의 기업가치 제고를 위하여 2014년 '일본재흥전략'을 발표하고, 기업지배구조강화를 위한 방안을 검토 및 추진하였다. 그 일환으로, 상장회사 경영진에 대한 실적연동형 보수의 필요성 및 이를 위한 제도적 개선 방안에 대한 검토가 이루어졌다. 그 결과로 2015년 일본 기업지배구조코드 제정, 2016년 이후 세법 개정,[381] 2019년 회사법 개정 등이 연이어 추진되었다.

이러한 일련의 제도 개편에 따라 일본에서는 2015년 이후 경영진 보수에서 주식연계보상의 비중이 점차 증가하였다. 일본의 상장회사 중 경영진에 대한 주식연계보상 제도를 도입한 기업은 2015년 592개사에서 2023년 2,321개사(전체 상장회사 3,915개의 60%)로 증가하였다.[382] 또한, CEO 보수의 구성도 변화되어 2015년에는 기본급 58%, 연간보너스 28%, 장기인센티브 14%로 구성되었던 것에 비해 2022년에는 기본급, 연간보너스, 장기인센티브가 거의 동일한 비율(1:1:1)을 차지하게 되었다.[383]

(2) 주식연계보상의 유형

2015년경 이후 일본에서 가장 급격히 증가한 주식연계보상 유형은 RSA[384]로, 이를 도입한 상장회사는 2023년 기준 1,418개에 달한다.

---

380 伊藤靖史(上)(2017), 5면
381 세법 개정 관련 내용은 제5장 제5절 2.에서 검토한다.
382 伊藤靖史(上)(2017), 5면; 日本経済団体連合会 提言(2024)
383 시가총액 기준 상위 100대 기업 중 매출 1조엔 이상인 기업(76개사)를 대상으로 조사한 데이터이다(WTW, "Executive pay in Japan seeks to improve corporate value", (2024. 1. 18)).
384 일본 실무상 RS라는 영문표현을 사용하기도 하고, 이를 譲渡制限付株式(양

주식교부신탁을 활용하는 기업도 꾸준히 증가하여 2023년에는 631개의 상장회사가 이를 활용하고 있다. 반면, 스톡옵션은 활용 사례가 감소 추세에 있으며, 2023년 기준 스톡옵션 도입 상장회사는 139개사에 불과하다. PSU[385]와 RSU[386]를 도입한 기업은 각각 108개사, 25개사로 아직 활용 비중이 상대적으로 높지 않지만 증가하는 추세를 보이고 있다.[387]

2. 주식연계보상 부여에 관한 법적 규율

일본은 회사법상 스톡옵션 외의 다른 주식연계보상 유형에 대해 별도의 규정을 두고 있지는 않은데, 실무적으로 이사의 보수청구권을 신주 발행 납입대금과 상계하거나 현물출자하는 방식으로 주식형 보상을 부여하고 있다. 상장회사 이사에 대한 보수로서 교부하는 경우 무상 주식발행 및 행사가액이 0인 스톡옵션의 발행도 허용되어, 이를 통해 다양한 주식연계보상 설계가 가능하다.

(1) 스톡옵션

일본은 신주예약권을 교부하는 방식으로 스톡옵션을 부여하고 있

도제한부주식) 또는 リストリクテッド·ストック(리스트릭티드스톡)이라고 부르기도 한다. 이는 그 내용상 미국의 RSA에 해당하므로, 본 항에서는 혼동을 피하기 위해 RSA로 표기한다.
[385] 일본 실무상 PSU라는 영문표현을 사용하기도 하고, パフォーマンス·シェア·ユニット(퍼포먼스 쉐어 유닛)이라고 표기하기도 한다.
[386] 일본 실무상 RSU라는 영문표현을 사용하기도 하고 讓渡制限付株式ユニット(양도제한부주식유닛) 또는 リストリクテッド·ストック·ユニット(리스트릭티드 스톡유닛)이라고 표기하기도 한다.
[387] 日本経済団体連合会 提言(2024)

다.388 일본 회사법상 신주예약권이란 권리자가 미리 정해진 기간 내에 정해진 가격으로 회사에 대해 주식의 교부를 청구할 수 있는 권리를 의미하며(일본 회사법 제2조 제21호), 자금 조달 등 다양한 목적으로 활용될 수 있는데, 회사의 임직원에 대한 보상수단으로 활용되는 경우가 많다.389 이러한 목적의 신주예약권은 일본 문헌과 실무에서 통상 '스톡옵션'으로 지칭되므로, 본 절에서도 스톡옵션이라는 용어를 사용하되, 일본 회사법상의 신주예약권 제도와 관련된 설명을 위해 필요한 경우 신주예약권이라는 용어를 병행하여 사용한다.

가. 스톡옵션의 유형

일본의 스톡옵션은 다음과 같이 두 가지 유형으로 구분할 수 있다.

1) 통상형 스톡옵션

신주예약권의 행사가액을 신주예약권 발행 시점의 주가 이상의 금액으로 하되, 신주예약권 발행시 현금의 지급을 요구하지 않고 직무집행의 대가로서 부여하는 방식(이하 "무상방식") 또는 임직원에게 신주예약권의 공정가치 상당액의 보수채권을 부여하고 해당 보수채권을 신주예약권의 납입채무와 상계하는 방식(이하 "상계방식")이 활용된다.390 이는 부여 시점 대비 주식가치 상승분을 임직원에 대한

---

388 일본은 1997년 구 상법 개정으로 스톡옵션을 도입하였고, 2001년 상법 개정, 2005년 회사법 제정 및 2019년 회사법 개정 과정에서 스톡옵션 관련 법제도 변화하였다. 구 상법하에서는 스톡옵션의 부여대상자가 이사 또는 종업원으로 한정되어 있었고, 부여한도는 발행주식총수의 10% 이내로 제한되어 있었으나, 2001년 상법 개정으로 신주예약권 제도가 창설되고 스톡옵션도 신주예약권을 교부하는 방식으로 재구성되면서 이러한 제한은 없어졌다(斎藤誠(2002), 39-40면).
389 김재형(2011), 449면
390 柴田寛子/澤田文彦(2016), 5면

인센티브로 하는 것으로 전형적인 스톡옵션으로, '통상형 스톡옵션'이라고 한다.

2) 주식보수형 스톡옵션

일본에서는 신주예약권을 위와 마찬가지로 무상방식 또는 상계방식에 의해 발행하되, 신주예약권의 행사가액을 1엔으로 설정하는 방식이 통용되고 있다. 이와 같이 행사가액을 1엔으로 설정하면 부여대상자는 스톡옵션 행사 시점의 주식가치와 거의 동일한 가치의 이익을 부여받게 되므로, 실질적으로 주식형 보상과 같은 기능을 하게 되며,[391] 이를 '주식보수형 스톡옵션' 내지 '1엔 스톡옵션'이라고 한다.[392]

사실상 주식형 보상을 부여하는 것과 마찬가지인 스톡옵션이 통용되고 있고 이를 '주식보수형 스톡옵션' 또는 '1엔 스톡옵션'이라고 한다.[393] 이는 일본에서 2005년 임원퇴직위로금 제도가 폐지되면서 그 대체수단으로 도입되기 시작한 것으로, 그러한 목적으로 활용하는 경우 1엔 스톡옵션을 퇴직 시점에 행사가능하도록 하여 퇴직위로금으로 주식을 취득할 수 있도록 하고 있다.[394]

나아가 2019년 일본 회사법 개정으로 상장회사의 이사에게 보수 등으로 신주예약권을 발행하는 경우에는 행사가액을 0으로 하는 것도 가능해지게 되었다. 2019년 일본 회사법 개정에 대한 내용은 아래 나.항에서 검토한다.

---

[391] 田崎伸治 外(2018), 19면~20면
[392] 柴田寬子/澤田文彦(2016), 5면
[393] 柴田寬子/澤田文彦(2016), 5면
[394] 役員退職慰労金の清算支給としての新株予約権有利発行議案の事例分析(特集3), 資料版商事法務 255号(2005), 31면

나. 스톡옵션 발행절차

일본 회사법상 신주예약권의 발행 절차는 신주 발행절차와 기본적으로 동일하다.395 신주예약권을 발행할 때에는 일정한 사항을 그 내용으로 하여야 하고(일본 회사법 제238조 제1항)396 모집사항397을 정하여야 하는데, 공개회사398는 원칙적으로 이사회 결의로 정할 수

---

395 相澤哲/豊田祐子(2005), 18면
396 1. 신주예약권의 목적인 주식의 수(종류주식발행회사의 경우에는 주식의 종류 및 종류별 수) 또는 그 수의 산정방법
2. 신주예약권의 행사 시 출자되는 재산의 가액(행사가액) 또는 그 산정방법
3. 금전 이외의 재산을 해당 신주예약권의 행사 시에 하는 출자의 목적으로 하는 경우 그 취지와 해당 재산의 내용 및 가액
4. 신주예약권을 행사할 수 있는 기간(행사기간)
5. 신주예약권의 행사에 의하여 주식을 발행하는 경우에 증가하는 자본금과 자본준비금에 관한 사항
6. 양도에 의한 해당 신주예약권의 취득에 대해 해당 주식회사의 승인을 필요로 하는 경우 그 취지
7. 신주예약권에 대하여 당해 주식회사가 일정한 사유가 발생한 것을 조건으로 이를 취득할 수 있게 할 경우 법으로 정하는 일정한 사항
8. 회사가 합병, 흡수분할, 신설분할, 주식교환, 주식이전을 하는 경우 신주예약권자에게 존속회사, 신설회사 등의 신주예약권을 교부하는 경우 그 취지 및 그 조건
9. 신주예약권을 행사한 신주예약권자에게 교부하는 주식 수에 1주 미만의 단주가 있는 경우 이를 절사하기로 하는 경우에는 그 취지
10. 해당 신주예약권과 관련된 신주예약권증권을 발행하기로 할 경우 그 사실
11. 전호에서 규정하는 경우, 신주예약권자가 기명식증권, 무기명식증권 간의 전환청구의 전부 또는 일부를 할 수 없게 하는 때에는 그 사실
397 1. 모집 신주예약권의 내용 및 수
2. 모집 신주예약권과 교환하여 금전의 납입을 요하지 않기로 하는 경우에는 그 취지
3. 위 2. 외의 경우에는 모집신주예약권의 납입금액 또는 그 산정방법
4. 모집 신주예약권의 배정일
5. 모집신주예약권과 상환할 금전의 납입기일을 정할 때에는 그 기일

있다(일본 회사법 제240조 제1항).399 상장회사의 경우, 공개회사에 해당하므로 이사회 결의로 신주예약권을 발행할 수 있다. 다만, 유리발행의 경우에는 주주총회 특별결의가 필요한데(제238조 제2항, 제3항),400 이에 대해서는 다음 항에서 검토한다.

다. 스톡옵션의 무상부여와 유리발행 규제

일본의 경우 주식이나 신주예약권 발행시 납입금액이 인수인에게 특히 유리한 금액인 경우, 이사회가 그 이유를 설명하고 주주총회 특별결의를 받도록 하고 있으며(일본 회사법 제199조 제3항, 제201조 제1항, 제309조 제2항 제5호), 이를 유리발행 규제라고 한다. 우리나라의 저가발행에 대응되는 개념이다.

일본 회사법은 신주예약권 발행시 금전의 납입을 요하지 않도록 정할 수 있고(일본 회사법 제238조 제2항), 이에 근거하여 스톡옵션의 무상발행이 이루어지고 있는데, 이 경우 유리발행 규제의 적용대상이 아닌지 의문이 제기될 수 있다. 이와 관련하여, 일본 회사법은 '금전의 납입을 요하지 아니하는 것으로 하는 것이 해당 자에게 특히 유리한 조건인 때'에는 '금전의 납입을 요하는 경우에 그 납입금액이 해당 자에게 특히 유리한 금액인 때'와 마찬가지로 유리발행의 규율에 따르도록 하고 있다(일본 회사법 제238조 제3항). 이와 같이 규정한 것은, 유리발행인지 여부는 신주예약권의 가치와 납입금액

---

398 공개회사란 모든 종류의 주식에 양도제한이 없는 회사와 일부 종류 주식에 대하여만 양도제한이 있는 회사를 의미한다(일본 회사법 제2조 제5호). 상장회사는 공개회사에 속한다.
399 비공개회사의 경우 주주총회 결의로 정하여야 한다.
400 비상장회사가 주주배정 이외의 방법으로 신주예약권을 발행할 경우에는 주주총회 특별결의로 모집사항을 결정하여야 하고(제238조 제2항), 유리발행의 경우에는 주주총회에서 이사가 유리발행을 필요로 하는 이유를 설명하여야 한다(제238조 제3항).

과의 비교로 결정되는 것인데, 금전의 납입을 요하지 않는 경우라고 해서 그 자체로 당연히 유리발행이 되는 것은 아니며 신주예약권의 가치와 비교하여 그것이 특히 유리한 조건이라고 생각되는 경우에만 유리발행으로 취급되어야 함을 밝힌 것이라고 해석되고 있다.[401] 즉, 유리발행을 규제하는 취지는 그로 인해 신규 주주와 기존 주주 사이에 가치 이전이 생겨 기존 주주에게 경제적 손실을 입히는 것을 방지하기 위한 것인데, 신주예약권이 임직원의 직무집행의 대가가 되는 이상, 대가로 적절한 업무 제공을 받는 것이라면 특히 유리한 조건으로의 모집에는 해당하지 않을 수 있다는 것이다. 따라서 신주예약권의 무상 발행 자체가 당연히 유리발행에 해당하는 것은 아니고, 신주예약권의 가치와 그 대가가 되는 임직원의 직무집행 등을 비교하여 그것이 특히 유리한 조건인 경우에만 유리발행으로 보게 된다.[402]

다만, 제공되는 임직원의 역무가 신주예약권의 공정가치에 상응하는지에 대한 판단 기준이 항상 명확하지는 않아 의문이 제기될 수 있기 때문에, 일본 실무상으로는 신주예약권의 무상발행이 허용됨에도 불구하고 신주예약권의 유상발행 및 상계 방식이 널리 활용된다.[403] 즉, 발행할 신주예약권의 공정가치를 산정하여 그 가치에 상당하는 금액을 납입금액으로 정하고, 회사가 해당 임직원에 대해 보수채권을 부여함으로써 이를 신주예약권 납입청구권과 상계하는 구조를 취하면, 유리한 조건에 의한 발행이 아닌 것이 보다 명확해진다는 점에서 실무상 이러한 방식이 선호되고 있다.[404]

401　相澤哲/豊田祐子(2005), 18면
402　澤口実/石井裕介(2006), 37면; 落合誠一(2005), 19면
403　澤口実/石井裕介(2006), 37면
404　澤口実/石井裕介(2006), 37면; 高木弘明/辰巳郁(2020), 34면

라. 스톡옵션의 무상행사

일본은 2019년 회사법 개정[405]을 통해 상장회사[406]의 이사에 대한 보수 등으로 신주예약권을 부여할 경우에는 신주예약권을 무상행사 하도록 하는 것이 가능하게 되었다(일본 회사법 제346조 제3항). 즉, 기존에 일본 회사법은 회사가 신주예약권을 발행할 때에는 '신주예약권의 행사시 출자되는 재산의 가액 또는 그 산정방법'(회사법 제236조 제1항 제1호)을 정하도록 하고 있었기 때문에, 무상행사 방식은 허용되지 않았고, 이에 실무상으로는 신주예약권의 행사가액을 1엔으로 하는 이른바 1엔 스톡옵션이 널리 활용되고 있었다.[407] 그러나 이는 우회적, 기교적이며, 신주예약권의 무상행사를 허용해야 한다는 지적이 있었다.[408] 이에 2019년 개정 회사법은 주식의 무상교부 (아래 (2)나.항에서 검토한다)와 마찬가지로 상장회사의 이사에 대하여 보수 등으로서 신주예약권을 부여하는 경우에는 '신주예약권 행사시 출자되는 재산의 가액 또는 그 산정방법'을 정할 것을 요하지 않는 것으로 하고, 이를 대신하여 '이사의 보수 등으로서 또는 이사의 보수 등으로 하는 납입과 교환하여 신주예약권을 발행하는 것으로서 당해 신주예약권의 행사시 금전의 납입 또는 재산의 급부를 요하지 않는 취지'를 정하도록 함으로써 스톡옵션의 무상행사를 허용하였다(일본 회사법 제236조 제3항).[409]

---

[405] 会社法の一部を改正する法律(令和元年法律第70号), 2019. 12. 4. 성립, 2019. 12. 11. 공포.
[406] 「금융상품거래법」 제2조제16항에서 규정하는 금융상품거래소에 상장되어 있는 주식을 발행한 주식회사를 의미한다. 이하 본 절에서 같다.
[407] 久保田安彦(2020), 19면
[408] 髙木弘明/辰巳郁(2020), 33-34면
[409] 髙木弘明/辰巳郁(2020), 33-34면

(2) 주식교부신탁

일본에서는 2000년대 후반 경부터 주식교부신탁이 활용되기 시작하여 현재도 상당 수의 기업들이 이 방식을 활용하고 있다.410

가. 주식교부신탁의 유형

이사보수용으로 활용되는 주식교부신탁은 BIP신탁(Board Incentive Plan 신탁)이라고 부른다.411

주식교부 조건에 따라, (i) 일정 기간 경과 후 주식교부를 하는 구조를 Restricted Stock형 주식교부신탁, (ii) 일정 기간 경과 후 실적 등 달성 여부에 따라 주식교부를 하는 구조를 Performance Stock형 주식교부신탁으로 구분하기도 한다. 기업 실무상으로는 Performance Stock형 주식교부신탁을 PSU제도라고 지칭하거나, Restricted Stock형 주식교부신탁을 RSU제도라고 지칭하는 사례도 있다. 엄밀히 보면 주식교부신탁과 주식형 보상은 구분되는 제도이지만, 부여대상자 입장에서는 PSU, RSU와 유사한 경제적 기능을 하므로 용어가 실무상 혼용되어 사용되고 있는 것으로 보인다.

나. 주식교부신탁의 운영 구조 및 절차

주식교부신탁은 일반적으로 다음과 같은 절차와 구조로 운영된다.412

즉, 도입기업은 ① 이사 보수에 관한 주주총회 결의를 하고, ② 주식교부규정을 제정한다. BIP신탁의 주식교부규정의 경우, 주주총회

---

410 新たな自社株式保有スキームに関する報告書(2008), 2면
411 직원보수용으로 활용되는 경우에는 ESOP신탁(Employee Stock Ownership Plan 신탁)이라고 한다(内ケ崎茂(2012), 35면)
412 内ケ崎茂(2012), 35, 38-40면

결의로 승인된 범위 내에서, 이사회에서 임원보수규정의 일부로 수립하게 된다(일본 회사법 제361조 제1항). 다음으로, ③ 도입기업은 부여대상자를 수익자로 하는 신탁계약을 체결하고, 위 ①에서 승인된 범위 내에서 일정한 주식취득대금 및 신탁비용 준비금을 지출함으로써 타익신탁을 설정한다.

이후 ④ 수탁자는 신탁계약에 근거한 신탁관리인413의 지시에 따라 주식교부규정을 근거로 하여 부여대상자에게 교부할 것으로 예상되는 수의 주식을 도입기업 또는 주식시장으로부터 미리 정하는 취득기간 내에 시가로 취득한다.

신탁기간 동안, ⑤ 도입기업은 주식교부신탁에 대해 해당 신탁 내 주식에 대한 잉여금의 분배를 다른 주식과 동일하게 실행한다. 주식교부신탁이 수령하는 잉여금은 신탁원본에 편입되어 신탁비용의 지불에 충당된다. ⑥ 신탁관리인은 신탁기간 동안 신탁 내 주식의 의결권 행사 등 주주로서의 권리행사에 대한 지시를 하고, 주식교부신탁은 해당 지시에 따라 주주로서의 권리를 행사한다.414

---

413 주식교부신탁에서는 신탁관리인(일본 신탁법 제123조, 제125조)의 지시에 따라 신탁 내 주식의 매매, 의결권 행사 등 신탁재산의 관리, 처분을 실시하게 된다. 신탁관리인은 위탁자와 수탁자 간 협의 후 변호사나 공인회계사 등 전문실무가로서 도입기업이나 도입기업의 임원 또는 중요한 종업원과 친족관계나 특별한 이해관계가 없는 자를 선임하게 된다(内ケ崎茂 (2012), 36면).

414 신탁관리인의 의결권 행사지시는 신탁계약에 미리 정하는 의결권 행사기준에 따라 실시하게 된다. 의결권 행사 기준으로는 (i) 수익자 후보의 의사에 따라 찬성, 반대 비율로 의결권 행사를 하는 방법, (ii) 기관투자자의 의결권 행사기준에 따라 의결권행사를 하는 방법, (iii) 경영중립성이나 신탁의 독립성 관점에서 항상 불행사로 하는 방법 등이 상정되는데, BIP신탁에서는 도입기업 이사의 자의성이 작용하지 않는 객관적이고 적정한 내용으로 하는 것이 중요하다는 견해가 있으며, 이러한 관점에서 위 (ii) 또는 (iii)의 방법을 생각할 수 있는데, 신탁관리인이 기관투자자와의 사이에서 의결권 행사 조언업무 위탁계약을 체결하고 해당 기관투자자의 조언에 따라

⑦ 주식교부신탁은 주식교부규정에 따라 신탁기간 중 매 사업연도 직위, 재직연수나 실적 달성 등에 따라 부여대상자에게 일정 수의 포인트를 부여한다. 일정 사유 발생시, 해당 포인트 수에 따른 수량의 주식이 부여대상자에게 보수로 교부된다.

다. 자기주식 규제의 적용 여부

일본 회사법상 자기의 계산으로 타인 명의로 자기주식을 취득하는 경우 자기주식 규제에 의한 제한을 받게 된다(제156조 이하). 일본 회사법상 자기주식 규제는 크게 (i) 자기주식 취득에 관한 규제(취득절차에 관한 규제 및 재원 규제), (ii) 자기주식 보유에 관한 규제(자기주식의 공익권, 자익권의 부정), (iii) 자기주식의 처분에 관한 규제(모집주식 발행과 기본적으로 동일한 규제)가 있다.[415]

신탁으로 회사의 주식을 취득하는 것은 수탁자이므로, 원칙적으로는 해당 회사에 자기주식 규제가 적용되지는 않는 것으로 해석된다. 그러나 타인 명의 주식이라 하더라도 회사의 계산으로 주식을 취득하는 경우 자기주식 규제의 대상이 될 수 있다고 설명되어 왔다.[416] 주식교부신탁의 경우, 회사가 출연한 자금으로 주식시장에서 해당 회사의 주식을 취득하는바, 회사의 계산으로 취득한 것으로 평가되어 자기주식 취득규제를 적용해야 하는 것이 아닌지 의문이 제기될 수 있다.

일본에서 실무상 주식교부신탁이 고안되어 활용되기 시작하자 2008년 일본 경제산업성은 '새로운 자사주식보유스킴 검토회(新たな

본 신탁에 따라 의결권 행사를 지시하는 것도 가능하다고 한다. (한편, ESOP신탁에서는 종업원의 의결권 행사를 통한 경영참여의식 향상을 도모하는 관점에서 종업원 의사를 반영하는 것이 합리적이라고 한다.)
[415] 田中亘(2022), 56면
[416] 田中亘(2022), 53면

自社株式保有スキーム検討会)'를 통해 주식교부신탁과 관련된 법적 논점들을 검토하고 '새로운 자사주식 보유 스킴에 관한 검토 보고서(新たな自社株式保有スキームに関する報告書)'를 발표하였고, 이를 통해 학계에서 후속 논의들이 이어졌는데, 결론적으로 주식교부신탁에 대해서는 자기주식 규제가 적용되지 않는 것으로 해석하였다. 그 근거는 아래와 같이 설명하고 있다.[417]

회사의 계산에 의한 취득 해당 여부에 대해 판례·기존 학설상 확립된 기준은 존재하지 않으나, 대체로 (a) 취득에 사용하는 자금의 출처, (b) 취득을 위한 거래에 관한 의사결정의 소재(거래 상대방의 선택, 매입가격의 결정, 매수시기의 결정 등), (c) 취득한 주식에 대한 지배의 소재(취득주식에 관한 실질적인 경제적 이익의 귀속)를 종합적으로 고려하여 판단하고 있다.[418] 주식교부신탁의 경우, 우선 (a) 자금의 출처와 관련하여, 주식교부신탁은 도입기업이 출연한 자금으로 해당 기업의 주식을 취득한다는 점에서 문제될 수 있다. 그런데 일본에서는 종래부터 일반적으로 회사가 종업원에게 지급하는 종업원지주회의 장려금에 대해서는 종업원의 복지를 증진시키는 한 회사의 계산으로 평가되지 않는다는 견해가 일반적이었다. 같은 관점에서, 주식교부신탁에 대한 도입기업의 자금 지출도, 그 재정적 지원이 임직원의 복리후생이나 근로 인센티브의 향상을 도모하기 위한 수단으로서 합리적인 범위 내에 머무르는 것이라면, 회사의 계산으로 평가되는 것은 아니라고 한다.[419] 다음으로, (b) 의사결정의 소재와 관련하여, 아래 (c)와 같이 도입 후 신탁이 보유하는 주식에 대

---

[417] 新たな自社株式保有スキームに関する報告書(2008), 13면 이하; 内ケ崎茂(2012), 42면 이하
[418] 新たな自社株式保有スキームに関する報告書(2008), 13~15면; 内ケ崎茂(2012), 42~43p
[419] 新たな自社株式保有スキームに関する報告書(2008), 15면

한 지배가 도입기업에 귀속되지 않는다면, 도입기업이 주식교부신탁의 도입 여부에 대해 재량을 갖는다는 점만으로 그 주식교부신탁에 의한 주식취득이 회사의 계산에 의한다고 평가되지는 않는다.[420] 마지막으로, (c) 취득한 주식에 대한 지배와 관련하여, 주식교부신탁에서는 신탁계약에 근거한 신탁관리인의 지시에 따라 주식을 시가로 주식시장에서 취득하고, 취득 후 주식교부규정에 따라 임직원에게 인센티브 보수로 주식이 교부되는 등 도입기업의 재량이 미치지 못하는 구조로 설정되어 있는 점, 주주권 행사에 대해서도 판단의 독립성이 확보되어 있고 매매차익이 도입기업에 귀속되지 않는다는 점에서, 도입기업에 주식에 대한 지배가 없다고 보고 있다.[421]

(3) 주식형 보상

일본 회사법은 주식형 보상(RSA, RSU, PSU 등)에 대해 별도의 규정을 두고 있지 않았는데, 2013년 경부터 미국 등에서 널리 활용되는 주식형 보상의 활용 필요성이 제기되면서 일본 회사법 하에서 주식형 보상을 어떻게 활용할 수 있는지 실무 및 학계의 논의가 진행되었다. 이를 토대로 해석론을 통해 미국식 주식형 보상을 부여하는 방안이 활용되기 시작하였고, 이후 2019년 상장회사 이사에게 무상으로 주식형 보상을 부여할 수 있도록 회사법 개정이 이루어졌다.

가. 2019년 회사법 개정 전

회사가 임직원의 보수로 주식을 교부하고자 하는 경우, 신주를 발

---
[420] 新たな自社株式保有スキームに関する報告書(2008), 16-17면
[421] 新たな自社株式保有スキームに関する報告書(2008), 17~18면; 內ヶ崎茂(2012), 42~43면

행하여 주거나 자기주식을 교부해 주어야 하는데, 일본 회사법은 주식의 발행 또는 자기주식의 처분시 모집주식의 납입금액 또는 그 산정방법을 정해야 한다고 규정하고 있기 때문에(제199조 제1항 제2호), 주식의 무상발행 또는 자기주식의 무상 교부 방식으로 미국에서와 같은 유연한 주식연계보상을 설계하는 데에 제약이 있었다의 활용에 제약이 있었다.422

한편, 일본 회사법상 주식회사에서 출자의 목적은 '금전 그 밖의 재산'으로 한정되며, 노무의 출자는 허용되지 않는 것으로 해석된다(일본 회사법 제199조 제1항 제2호, 제2호, 제576조 제1항 제6호).423 따라서 임직원이 노무를 출자하고 신주 또는 자기주식을 제공받는 것으로 구성할 수도 없었다.424

이러한 제약 하에서 어떻게 주식형 보상을 부여할 수 있을지에 대해 논의가 진행되었으며, 2015년 기업 지배구조시스템의 존재 방식에 관한 연구회의 「기업지배구조 실천 - 기업 가치 향상을 위한 인센티브와 개혁」에서 현물출자 방식 등을 통해 주식형 보상을 활용하는 방안 및 그와 관련된 회사법적 쟁점들을 검토하여 발표하였다.425 이러한 논의를 토대로 실무상 이사 보수를 금전으로 정한 다음, 이사에게 주식을 배정하고, 이사가 회사에 대한 금전보수지급청구권을 현물출자(현물출자 방식)하거나 신주 납입금과 상계(상계 방식)하도록 하는 방식이 고안되어 활용되기 시작하였다. 이에 대한 몇 가지 법적 쟁점은 아래와 같다.

---

422 伊藤靖史(上)(2017), 6면 이하
423 伊藤靖史(上)(2017), 7면
424 伊藤靖史(上)(2017), 6면 이하
425 コーポレート・ガバナンス・システムの在り方に関する研究会 解釈指針(2015), 13-15면

1) 검사인 조사 필요 여부

현물출자에 대해서는 원칙적으로 법원이 선임하는 검사인에 의한 조사가 필요하다(일본 회사법 제207조 제1항). 다만, 금전보수채권의 변제기가 도래한 경우, 회사법이 규정하는 요건을 충족하면 검사인 조사가 면제되므로(일본 회사법 207조 9항 각호), 주식형 보상 활용 시 금전보수채권의 변제기가 도래한 것으로 하여 검사인 조사를 면할 수 있다.[426]

또한 모집주식의 인수인에게 할당하는 주식의 총수가 발행주식 총수의 10분의 1을 넘지 않을 경우에는 검사인 조사가 불필요하다(동조 제9항 제1호). 통상적으로 주식형 보상으로 발행되는 주식은 발행주식총수의 10분의 1을 초과하지 않으므로, 실무상으로는 이에 근거하여 검사인 선임이 면제되는 경우가 많다.[427]

2) 가장납입 이슈

납입이 가장인 경우, 인수인 또는 이사는 일본 회사법 213조의2, 213조의3에 따라 그에 대한 책임을 부담하게 된다. 그러나 주주총회 결의 또는 이사회 결의를 얻어 보수로서 부여된 금전채권을 현물출자하거나 상계하는 이상, 이는 적법하고 유효한 출자이며 가장납입에 해당하지 않는다고 보고 있다.[428]

3) 유리발행 규제

현물출자 또는 상계되는 금전보수채권이 발행 또는 교부되는 주식의 가치와 비교하여 특히 유리한 금액이 아닌 것으로 설정하는 경우, 유리발행 규제(회사법 제199조 제3항)는 적용되지 않는 것으로

---

[426] 해석 지침, 13~15면; 伊藤靖史(上)(2017), 6면
[427] 石綿学 外 (2016), 14면
[428] 石綿学 外 (2016), 14면

해석된다.429

4) 불공정발행

주식 발행 등이 현저히 불공정한 방법으로 이루어지고 주주가 불이익을 받을 우려가 있는 경우, 주주는 회사에 대하여 주식발행 등의 금지를 청구할 수 있으며(일본 회사법 210조 2호), 이사가 자신의 지분을 유지하거나 자신에게 유리하게 지배관계를 변동시키는 것을 주요한 목적으로 주식을 발행하는 경우 이는 불공정 발행에 해당한다고 해석되고 있다. 그러나 사업경영상 필요성과 합리성이 인정되고, 회사지분의 유지, 변동을 주요한 목적으로 하는 것이 아님이 전제되면, 현물출자나 상계 방식의 주식형 보상 교부는 불공정 발행에 해당하지 않는다고 볼 수 있다.430

나. 2019년 회사법 개정 후

현물출자나 상계 방식으로 주식형 보상을 활용하는 방안에 대하여, 실질적으로는 재산을 납부하지 않은 것과 다를 바 없고, 지나치게 편의적이라는 지적이 제기되었다.431 또한 이러한 방식은 우회적·기교적이므로, 금전 기타 재산의 납입을 요하지 않고 주식을 발행할 수 있도록 허용해야 한다는 주장도 제기되었다.432 기존에 일본 법제상 주식의 무상발행이 허용되지 않는 이유와 관련하여, (i) 회사법이 모집주식의 발행이 자금조달 목적으로 이루어지는 것을 상정하고 있다는 점, 그리고 (ii) 주식회사에서 출자의 목적으로 할 수 있는 것은 금전 및 기타의 재산에 한정된다(따라서 가치가 있는 금전 및 그

---

429 해석 지침, 13~15면; 伊藤靖史(上)(2017), 7면
430 石綿学 外 (2016), 15면
431 伊藤靖史(上)(2017), 6면
432 高木弘明/辰巳郁(2020), 33면

밖의 재산이 출자되어야 한다)는 점으로 설명되어 왔다. 그런데, 주식의 무상발행이 허용되지 않는 근거가 위와 같은 사유에 기초한 것이라면, 그것은 반드시 절대적인 것은 아니라는 것이다. 즉, 자금조달 외의 목적을 위한 모집주식 발행이 반드시 금지되어야 하는 것은 아닌 점, 자본충실이라는 개념이 현행 회사법 하에서 여전히 유효한 의미를 가지는지에 대한 이론상 다툼도 있으나, 자본충실 규제가 과거에 비해 완화되고 있는 것은 명확한 점, 또한 당시 회사법 하에서도 납입금액을 현저히 낮출 수는 있다는 점(극단적인 경우 1엔)을 생각해 보면, 주식의 무상발행을 일률적으로 금지하는 것은 실제로 큰 의미가 없다는 견해가 제기되었다.[433]

일본 상사법무연구회 회사법연구회의 2017년 '회사법연구회보고서'에서도 주식보상에 관하여, 금전의 납입이나 현물출자 재산 급부를 요하지 않고도 적법하게 발행할 수 있도록 하는 것과 이를 위해 필요한 절차를 법제화하는 방안을 고려할 수 있다는 의견이 제시되었다.[434]

이러한 논의 끝에 일본은 2019년 일본 회사법 개정을 통해 상장회사가 이사에게 보수를 지급하는 경우, 신주의 무상발행이나 자기주식 무상 교부도 가능하도록 하였다.[435] 즉, 일본 회사법 제202조의2 제1항은 상장회사가 이사의 보수 등의 결정에 관한 제361조 제1항 제3호[436]의 규정에 따라 그 발행하는 주식 또는 그 처분할 자기주식을 인수할 자의 모집을 하는 때에는, 모집사항의 결정에 관한 일본

---

[433] 伊藤靖史(上)(2017), 6면
[434] 会社法研究会報告書(2017), 20면
[435] 2019년 일본 회사법의 개정 배경, 관련 내용 전반에 대한 국내 선행연구로는 최문희(2020)
[436] 이사의 보수 등에 대한 정관 또는 주주총회 승인에 관한 규정으로, 동 규정 자체의 내용에 대해서는 아래 3.항 경영진 보상 규제의 절차통제에 관한 부분에서 검토한다.

회사법 제199조 제1항 제2호(모집주식의 납입금액 또는 그 산정방법) 및 제4호(모집주식과 교환하는 금전의 납입 또는 재산의 급부기일 또는 그 기간)의 사항을 정하지 않아도 되고, 대신 (i) 이사의 보수로서 주식의 발행 또는 자기주식의 처분을 하는 것으로, 금전의 납입 또는 재산의 급부를 요하지 않는다는 취지 및 (ii) 주식을 배정하는 날을 정하도록 하였다.437

위 규정의 적용대상을 상장회사로 한정한 것에 대해서는 비상장회사의 주식은 공정가치 산정이 용이하지 않기 때문에 납입을 요하지 않을 경우 그 제도가 남용될 우려가 높기 때문이라고 한다.438

한편, 보수로서의 주식 무상발행을 허용할 경우 이것이 유리발행이 아닌지 문제될 수 있다. 그러나 이는 이사가 그 직무의 집행으로 회사에 제공한 업무에 대하여 제공되는 것이므로, 회사가 이사로부터 제공받는 업무의 가치에 비해 과도한 규모의 주식이 발행되는 것이 아니라면, 비록 납입금을 요하지 않는 것으로 하더라도 기존주주가 불이익을 받는 일은 없고 이사에게 특별히 유리하다고 할 수 없으므로, 유리발행 규제는 적용되지 않는 것으로 해석되고 있다.439

---

437 해당 이사 외의 자는 그 주식의 인수 신청을 할 수 없도록 하고 있다(일본 회사법 제203조 제3항).
438 久保田安彦(2020), 19면.
439 久保田安彦(2020), 20면; 무상발행시 자본금 및 자본준비금 계상은 해당 이사가 그 직무의 집행으로 회사에 제공한 서비스의 공정한 평가액을 기준으로 산정하도록 하고 있다 (일본 회사법 제445조 제6항, 일본 회사법시행규칙 제116조 제9호, 일본 회사계산규칙 제4조, 제42조의2, 제42조의3).

3. 주식연계보상 부여계약 조건

(1) 주식연계보상 부여 조건 결정 방식

일본 회사법상 이사의 보수에 대해서는 정관에 규정이 없으면 주주총회 승인을 받아야 한다. 보수로 주식을 제공하는 경우, 그 주식의 수의 상한, 양도제한 약정이 있는 경우 그 취지 및 개요, 환수 약정이 있는 경우 그 취지 및 개요, 그 외 조건의 개요에 대하여 주주총회 결의로 정하여야 한다(제361조 제1항).

실무상 우리나라와 유사하게 일본 기업들도 주주총회에서는 전체 이사 보수의 한도에 대해 승인을 받고, 개별 이사의 보수는 이사회에서 정하는 경우가 많다. 다만, 일본 회사법은 개별 이사의 보수를 주주총회에서 정하지 않은 경우 이사회 결의로 보수결정방침을 정하도록 하고 있다(제361조 제7항, 상세한 내용은 아래 4.(2) 참조).

이에 따라 일본 상장회사들은 정기 주주총회에서 전체 이사에 대한 보수 안건을 상정하면서, 주식연계보상에 대해서는 그 상한과 주요 조건을 명시하고, 개별 이사에 대한 구체적인 배분은 이사회에 위임하도록 하는 내용에 대하여 주주 승인을 받고 있다.[440] 이러한 주주총회의 승인 및 보수결정방침에 따라 이사회에서 개별 이사에 대한 구체적인 부여 조건을 정하여 계약을 체결하게 된다.

(2) 주요 조건의 내용

일본 경제산업성은 기업의 지속가능한 성장을 위한 인센티브 계획 도입 가이드에서 임원들에 대한 주식연계보상규정 및 주식교부

---

[440] 経済産業省(2023), 106-122면

계약을 예시적으로 제시(이하 "표준모델계약")하고 있다. 이하에서는 표준모델계약의 내용을 중심으로, 일본에서 권장 및 활용되고 있는 주식연계보상의 주요 조건을 검토한다.

가. 가득기간

글로벌 의결권 자문사 및 일본의 기관투자자들은 성과조건이 연계되지 않은 주식연계보상의 가득기간이 3년 미만인 경우에 대하여 부정적인 견해를 표하고 있다. 이에 따라 일본 기업들은 가득기간을 3년 이상으로 설정하고 있다. 일본 시가총액 상위 50개사 중 약 10%의 기업은 30년이라는 매우 긴 가득기간을 설정하고 있다.441

나. 성과조건

일본에서는 성과조건으로 연결매출액, 경상이익 등의 수익성 지표가 많이 활용되고 있고, ROE 등 자본효율성지표와 TSR과 같은 주주환원 지표도 활용되고 있다.442

다. 재직요건

주식연계보상은 원칙적으로 가득시점까지 재직하여야 하므로, 중도에 퇴임하게 된 경우의 처리 방안이 문제된다. 표준모델계약은

---

441 Hitachi Ltd, Mitsui&Co Ltd, Terumo Corp, Kyocera Corp, Dai-chi Life, CUmitomo Corp가 30년 이상의 가득기간을 두고 있다{Hibiki Path Advisor, "Stock Compensation - Its Development in Japna", (2020)}
442 일본 경제산업성 기업지배구조에 관한 기업 설문조사 결과(2017년 3월), 874개사 중 78%의 기업이 성과지표를 도입하였고, 그 중 수익성 지표(연결매출액, 경상이익 등)를 활용하고 있는 회사가 74%, 자본효율성 지표(ROE, ROIC (투하자본이익률) 등)를 활용하고 있는 회사가 16%, 주주환원지표(TSR)를 활용하고 있는 회사가 3%였다{복수 응답 가능, 経済産業省(2023), 8면}.

RSA의 경우, 양도제한기간이 만료되기 전에 정당한 사유로 퇴임하는 경우 또는 사망으로 인한 퇴임의 경우에는 퇴임일에 양도제한이 해제된다고 규정하고 있다.443

RSU에 대해서는, 부여 후 정당한 사유로 퇴임하는 경우, 원래의 가득기간 만료 시점에 지급하되, 지급 수량을 재임기간이 가득기간에서 차지하는 비율에 따라 조정하는 방안을 제시하고 있다. 다만, 퇴임 시점에 확정하여 주식을 교부하는 방안도 고려할 수 있다고 한다.444 사망으로 인한 퇴임시에는 약정한 주식 수에 퇴임 시점의 주식 시가를 곱하여 얻은 금액을 권리 승계인에게 교부하도록 하고 있다.

라. 양도제한

일본 회사법상 주식은 자유롭게 양도할 수 있고, 다만 정관에 의한 양도 제한이 인정된다(제107조, 제127조). 이와 관련하여, 계약으로 주식양도를 제한하는 경우 그 계약의 효력이 문제된다. 양도제한 계약의 효력에 대하여, 일본의 전통적인 다수설은 주주 상호간의 계약 또는 주주·제3자간의 계약인 경우에는 유효하나, 회사가 계약 당사자인 경우에는 원칙적으로 무효이며, 다만 계약 내용이 주주의 투하자본 회수를 부당하게 방해하지 않는 합리적인 것일 때에 한하여 예외적으로 유효하다고 보고 있다.445 이러한 기존 해석론에 비추어 볼 때, 임직원으로 하여금 일정 기간 동안 주식을 보유하도록 하여 직무에 충실하도록 하는 것은 적극적인 합리성이 인정되는 사안으로 평가될 수 있으므로, 주식연계보상과 관련한 양도제한 약정은 유효하다고 해석되고 있다.446

---

443 経済産業省(2023), 124면
444 経済産業省(2023), 157면
445 高橋美加 外 (2020), 85면
446 石綿学 外 (2016), 15면

한편, 계약에 의해 양도제한의무를 설정하는 방식 외에, 신주를 발행하면서 종류주식의 일종인 양도제한주식을 발행하는 방식도 가능하다(일본 회사법 제108조 제1항 제4호).447

마. 환수

일본의 표준모델계약은 주식연계보상의 가득 전 권리상실사유로 (i) 금고 이상의 형을 받은 경우, (ii) 파산개시절차, 민사재생절차 그 밖에 이와 유사한 절차 개시의 신청이 있는 경우, (iii) 압류, 가압류, 가처분, 강제집행 또는 경매신청을 받거나 조세 체납처분을 받은 경우, (iv) 퇴임한 경우(단, 정당한 이유로 퇴임한 경우 및 사망으로 인한 경우는 제외), (v) 회사의 사전 승인 없이 경업을 한 경우, (vi) 법령, 회사 내부 규정 또는 부여계약을 중요한 점에서 위반한 경우를 규정하고 있다. 주식을 교부 받을 권리를 상실한다.448 즉, 주식연계보상이 가득되기 전에 부여대상자에게 위와 같은 사유가 발생하면, 부여된 주식연계보상은 박탈된다.

한편, 주식연계보상이 가득되어 주식을 교부 받은 이후에 위 (i) 내지 (vi)의 사유가 발생한 경우에는 회사가 이를 무상으로 다시 취득, 즉 환수할 수 있도록 하고 있다.449

바. 구조개편시 처리

일본 표준모델계약은 당해 회사가 소멸회사가 되는 합병이나 완전자회사가 되는 주식교환·주식이전시 그 효력발생일을 기준으로, 당초 약정한 계산방법에 따라 산정된 교부 주식 수에 효력발생일의

---
447 コーポレート・ガバナンス・システムの在り方に関する研究会 解釈指針(2015), 15면
448 経済産業省(2023), 149면
449 経済産業省(2023), 132-133면

주식 시가를 곱하여 얻은 금액의 '금전'을 교부하도록 하고 있다.450

4. 경영진에 대한 보수 관련 규제

(1) 보수의 내용적 측면에 대한 규율 방식

일본 회사법은 경영진에 대한 주식연계보상 등 보수의 내용적 측면을 명시적으로 규정하고 있지는 않고, 기업지배구조 모범규준에서 이사의 보수가 중장기적 실적과 연동되어야 하며 주식 보수의 비율이 적절히 설정되어야 한다는 취지를 규정하고 있다.

일본재흥전략의 권고사항을 토대로 일본 금융청과 도쿄증권거래소가 2015년 제정한 기업지배구조 모범규준(コーポレートガバナンス・コード) 4-2은 '경영진의 보수에 대해 중장기적인 회사의 실적이나 잠재적 리스크를 반영하여 건전한 기업가 정신의 발휘에 도움이 되는 인센티브를 부여하여야 한다'고 정하고, 보조원칙 4-2-1은 '이사회는 경영진의 보수가 지속적인 성장을 위한 건전한 인센티브로서 기능하도록 객관성·투명성 있는 절차에 따라 보수제도를 설계하고 구체적인 보수액을 결정해야 한다. 그 때, 중장기적인 실적과 연동하는 보수의 비율이나, 현금 보수와 자사주 보수의 비율을 적절히 설정해야 한다'고 정하고 있다.

일본 상장회사는 기업지배구조 모범규준의 원칙을 준수하거나, 준수하지 않을 경우 이에 대하여 설명하여야 한다(comply or explain, CoE). 도쿄증권거래소는 기업지배구조보고서 가이드라인을 제시하고, 일본 상장회사들은 이에 따라 매년 기업지배구조보고서를 작성

---

450 経済産業省(2023), 151-152

하여 웹사이트에 게재하여야 한다.

기업지배구조보고서에는 '이사에 대한 인센티브 부여에 관한 정책의 실시상황'을 기재하여야 한다. 구체적으로는 실적연동보수제도를 도입하고 있는 경우, 해당 실적연동보수와 관련된 지표, 해당 지표를 선택한 이유 및 해당 실적연동보수의 금액의 결정 방법 등에 대해서, 덧붙여 실적연동보수와 실적연동보수 이외의 보수 등의 지급 비율의 결정에 관한 방침을 정하고 있을 때는, 해당 방침의 내용을 보충 설명에 기재하는 것이 바람직하다고 하고 있다. 또, 스톡 옵션 제도를 채택하고 있을 때는, 그 총액이나 개인별 지급 수준에 관한 의견 등을 보충 설명에 기재하는 것이 바람직하다고 하고 있다.[451]

(2) 보상의 승인 절차 및 공시 등 규제

일본은 2019년 회사법 개정을 통해 상장회사 이사에 대한 주식의 무상교부를 허용함과 동시에 이사의 보수 부여에 관한 절차를 구체화하고 공시를 강화하였다.

가. 주주 승인

1) 원칙

(가) 원칙

일본 회사법은 이사의 보수, 상여, 그 밖의 직무집행의 대가로부터 주식회사로부터 받는 재산상 이익(이하 "보수 등")은 정관 또는 주주총회 결의로 정하도록 하고 있다(제361조 제1항).

2019년 회사법 개정 이전 일본 회사법 제361조는, 정관 또는 주주

---

[451] Tokyo Stock Exchange, Inc. "TSE-Listed Companies White Paper on Corporate Governance 2021",(2021. 3.) 114-115면

총회 결의로 정하여야 하는 항목을 (i) 금액이 확정된 것은 그 금액(제1호), (ii) 금액이 확정되지 않은 것은 그 구체적인 확정방법(제2호), (iii) 금전이 아닌 것은 그 구체적인 내용(제3호)으로 열거하고 있었다(제361조 제1항). 이와 관련하여, 이사에게 스톡옵션이나 주식형 보상을 부여하는 경우에는 위 각 호 중 어디에 근거하여 승인을 받아야 하는지에 대해 의문이 제기되었다. 즉, 현물출자나 상계방식으로 스톡옵션을 부여하는 경우 '금전보수'에 대한 결정을 한다는 측면에서 회사법 제361조 제1항 제1호의 결의를 하면 된다고 보는 견해가 통설이었다. 다만 실질적으로는 보수로서 신주예약권을 부여하는 것임을 고려하여 주주총회에서 신주예약권의 내용을 밝히는 것이 바람직하다는 견해들도 있었다(즉 제1호의 결의사항이나 제3호의 사항도 함께 설명하도록 하는 방식).[452] 주식형 보상을 부여할 때에도 마찬가지의 문제가 있었다. 「기업지배구조 실천 - 기업 가치 향상을 위한 인센티브와 개혁」 별지3 법적 논점에 관한 해석 지침에 따르면, 주식형 보상의 경우 금전보수채권을 확정액의 보수로서 상한을 정하여 승인을 받는 방안도 생각할 수 있고(제1호), 불확정액의 보수로서 구체적인 산정방법에 대해 승인 받는 방안도 생각할 수 있으며(제2호), 주식이 보수로서 교부되는 것으로 평가할 수도 있기 때문에 비금전보수로서의 보수 승인을 받는 방안(제3호)도 생각할 수 있다고 한다.[453] 이와 관련하여, 회사법 제361조 제1항의 해석으로는 제1호 또는 제2호의 결의가 요구되며, 제3호의 결의도 함께 실시하는 것이 가장 좋은 실무(best practice)라는 견해도 있었다.[454] 실무상으로는 금전보수로서의 확정액(상한액)의 승인(제1호)에, 그 실

---

[452] 伊藤靖史(下)(2017), 13면; 中西一宏 (2014), 215면
[453] コーポレート・ガバナンス・システムの在り方に関する研究会 解釈指針(2015), 16면
[454] 伊藤靖史(下)(2017), 14-15면

질은 주식보수이므로 비금전보수로서의 주식의 '구체적인 내용'(제3호) 또는 그에 준하는 내용을 밝히고 주주총회의 승인을 받는 것이 회사법의 취지에 부합한다고 인식되었다.455

위와 같은 불명확성을 해소하고자, 2019년 개정된 일본 회사법은 어느 방식을 취하는 경우에도 정관 또는 주주총회의 결의에 의하여 이사가 인수하는 주식, 신주예약권의 수의 상한, 기타 법무성령으로 정하는 사항을 정하도록 하였다(제361조 제1항 제3호 내지 제5호). 즉, 결의 사항을 다음과 같이 구체화하였다(일본 회사법 제361조, 동법 시행규칙 제98조의2, 제98조의3).456

보수 등의 내용	결의가 필요한 사항
금액이 확정된 것 (1호)	금액
금액이 확정되어 있지 않은 것 (2호)	그 구체적인 산정방법
주식 (3호)	1) 주식의 수(종류주식발행회사에서는 주식의 종류, 종류별 수)의 상한
주식과 교환하기 위한 금전 (5호 가)	2) (i) 일정한 사유가 발생할 때까지 해당 주식을 타인에게 양도하지 않을 것을 이사에게 약정하기로 한 때는 그 취지 및 해당 일정 사유의 개요 (ii) 일정한 사유가 발생하는 조건으로 해당 주식을 회사에 무상으로 양도할 것을 이사에게 약정하기로 한 때는 그 취지 및 해당 일정 사유의 개요

---

455 柴田寬子(2020), 28면
456 지명위원회등설치회사에서는 보수위원회가 보수의 금액을 결정한다(일본 회사법 제404조 제3항). 일본의 지명위원회등설치회사는 이사회 내부의 위원회로 사외이사가 과반수로 구성된 세 개의 위원회 즉, 지명위원회, 감사위원회, 보수위원회를 두고, 집행임원과 대표집행임원이 회사의 경영을 담당하도록 하는 회사이다(일본 회사법 제2조 제12호, 제400조 제3항, 제402조 제1항, 제420조 제1항, 제418조). 다만 지명위원회등설치회사를 선택한 회사는 많지 않으므로 본고에서는 지명위원회등설치회사 외의 회사를 중심으로 검토한다.

보수 등의 내용	결의가 필요한 사항
	(iii) 위 (i) 및 (ii)에 열거된 사항 외에 해당 주식을 교부할 조건을 정할 때 그 조건의 개요
신주예약권 (4호)	1) 신주예약권 수의 상한
신주예약권을 대가로 하기 위한 금전 (5호 나)	2) (i) 회사법 236조 1항 1호~4의 사항: - 신주예약권의 목적인 주식의 수(종류주식발행회사에서는 주식의 종류, 종류별 수) 또는 그 수의 산정방법 - 해당 신주예약권 행사시 출자되는 재산의 가액 또는 그 산정방법 - 금전 이외의 재산을 해당 소유예약권 행사시에 하는 출자의 목적으로 하는 때에는 그 취지 및 해당 재산의 내용 및 가액 - 해당 신주예약권을 행사할 수 있는 기간 (ii) 일정한 자격을 가진 자가 해당 신주예약권을 행사할 수 있도록 하는 때에는 그 취지 및 해당 자격내용의 개요 (iii) (i) 및 (ii)에 열거된 사항 외에 해당 신주예약권 행사의 내용을 정한 때에는 그 조건의 개요 (iv) 일본 회사법 제236조 제1항 제6호의 사항(양도에 의한 해당 신주예약권의 취득에 대하여 회사의 승인을 필요로 하는 경우 그 취지) (v) 일본 회사법 제236조 제1항 제7호의 사항(해당 신주예약권에 대하여 해당 회사가 일정한 사유가 발생한 것을 조건으로 이를 취득할 수 있는 것을 할 때에는 해당 신주예약권의 내용으로 정해지는 사항)의 개요 (vi) 해당 신주예약권을 교부하는 조건을 정할 때에는 그 조건의 개요
금전이 아닌 것 (주식, 신주예약권 제외) (6호)	그 구체적인 내용

2) 위임 및 재위임 가부

우리나라와 유사하게 일본도 실무상 주주총회 결의에서 이사 전원의 보수 총액(상한)을 정하고, 이사회에 각 이사의 구체적인 보수 등의 결정을 위임하는 방식이 널리 활용되어 왔고 이러한 위임은 허용되는 것으로 해석되어 왔다.457 주식연계보상의 경우에도 이사회에 대한 위임이 허용되는 것으로 해석되고 있다. 즉, 이사에게 주식연계보상을 부여하는 경우, 주주총회 결의에서 그 주식 수의 상한 및 교부조건 등의 범위(예를 들어 가득기간의 경우 부여 후 X년이 경과한 날로부터 Y년 이내 등)를 정하고, 그 범위에서 이사회에 구체적인 결정을 위임할 수 있으며, 그 경우 주주총회 결의는 이사에게 주식연계보상을 부여할 때마다 필요한 것은 아니라고 한다.458

한편, 일본에서는 이사회가 구체적인 개인별 보수 등 배분 결정을 대표이사에게 재위임 하는 것도 허용된다고 보고 이러한 방식이 실무상 통용되고 있었다.459 그러나 이에 대하여 학설상으로는 대표이사에 대한 재위임을 허용하면, 이사가 대표이사를 감독하기 어려워 문제가 크기 때문에 이를 허용해서는 안 된다는 견해(이른바 "재위임제한설")가 유력하게 제기되고 있었다.460 이사 보수규제가 과다보수 방지만을 목적으로 하는 것이라면, 총액만 정해지면 나머지 배분은 대표이사가 결정하는 것도 용인할 수 있으나, 감독이라는 관점에서 보면 가장 감독을 받아야 할 입장의 대표이사가 보수 배분액을 결정하는 것은 문제라고 볼 수 있다.461 이와 관련, 재위임을 하는 경우 주주총회의 명시적인 승인을 받도록 해야 한다는 견해도 있었다.462 이러한 논의가 있는 상황에서 일본 법무성의 '회사법제(기업통치 등 관계)의 재검토에 관한 중간시안'에서는 (i) 상장회사에서 이사의 개인별 보수에 관한 결정을 대표이사에게 재위임하기 위해서는 주주총회 결의를 요하는 것으로 하는 안463이 제시되기도 하였다.

---

457 久保田安彦 (2020), 19면
458 久保田安彦 (2020), 21면
459 久保田安彦 (2020), 19면
460 久保田安彦 (2020), 22면
461 前田雅弘(2020), 38면
462 法務省 中間試案の補足説明(2018), 27면
463 이와 관련하여, 총액을 결정하는 주주총회 결의는 개별 이사에 대한 배분을 이사회 결정에 맡긴다는 내용의 결의이므로, 대표이사에 대한 재위임이 인정되기 위해서는 그 주주총회 결의가 재위임을 인정하는 취지의 것

한편, (ii) 재위임 여부를 사업보고에서 공시하도록 하되 주주총회의 결의를 요할 필요까지는 없다는 의견도 있었기에 현행법 규율의 재검토를 실시하지 않는 것으로 하는 방안도 제안되었다.464 그러나 경제계의 반대로 주주총회 결의를 요하는 방안은 채택되지 않았고,465 이후 회사법 시행규칙 개정을 통해 공개회사의 경우 이사 개인별 보수 결정의 재위임에 관한 사항을 사업보고서의 내용에 포함하도록 하였다(개정 회사법 시행규칙 제121조 제6호의3).466

나. 보수결정방침

이사의 보수가 적절한 인센티브 부여 수단으로 기능하기 위해서는 이사 전원에게 지급되는 보수 총액의 크기보다 그 범위 내에서 개인별 보수가 어떻게 결정되는지가 중요하다는 점에서, 일본은 회사법 개정시 일정 범위의 회사는 정관 또는 주주총회 결의로 개별 이사의 보수를 구체적으로 정하지 않은 경우 이사회 결의로 보수에 대한 결정방침(이하 "보수결정방침")을 정하도록 하였다(일본 회사법 제361조 제7항).467

　이어야 하며, 설령 법을 개정하지 않더라도 주주총회의 결의가 재위임을 인정하는 취지의 것이 아니라면 재위임을 할 수 없는 것이고, 따라서 해당 안안은 규제 강화라기 보다는 결의 내용을 명확히 하는 것에 불과한 것으로 합리적인 개정 제안이라는 견해도 있었다(前田雅弘(2020), 38면)
464 法務省 中間試案の補足説明(2018), 27면
465 前田雅弘(2020), 38면
466 이를 통해 주주는 공시 내용을 보고 대응을 모색할 수 있다고 한다(高木弘明/辰巳郁(2020), 36면). 그러나 이에 대해서는 위와 같은 사후적 주주총회의 관여에도 일정한 규율 부여 효과는 기대할 수 있지만, 대표이사로의 재위임은 특히 중요한 문제이기 때문에 강한 규율이 필요한바, 사업보고는 보고사항일뿐 주주의 의결권 행사의 직접적 대상이 되지 않기 때문에 충분하다고 보기 어렵다는 비판도 제기되고 있다(前田雅弘(2020), 38면; 久保田安彦 (2020), 22면).
467 前田雅弘(2020), 33면

1) 대상회사

보수결정방침을 정해야 하는 회사는 사외이사를 의무적으로 설치해야 하는 회사의 범위와 동일하다. 즉 이사회의 대표이사 등에 대한 감독 기능이 가장 발휘되어야 하는 회사들인, (i) 감사회 설치회사(공개회사이며 대회사인 것에 한함)로서 유가증권보고서를 제출해야 하는 회사[468] 및 (ii) 감사등위원회 설치회사[469]이다(일본 회사법 제361조 제7항, 제327조의2, 제331조 제6항).

2) 위임 가부

보수결정방침의 결정은 이사에게 위임할 수 없다(일본 회사법 제362조 제4항, 제399조의13 제5항 제7호).[470]

3) 내용

개정 일본 회사법 제361조 제7항 및 회사법 시행규칙 제98조의5는

---

[468] 감사등위원회 설치회사, 지명위원회등 설치회사 이외의 대회사이면서 공개회사인 회사는 감사회를 설치하여야 하고(일본 회사법 제328조 제1항), 그 외의 회사는 정관 규정에 따라 감사회를 임의로 둘 수 있으며 이와 같이 감사회를 두는 회사를 감사회 설치회사라고 한다(일본 회사법 제2조 제10호). (ii) 감사등위원회설치회사는 감사를 하는 감사등위원회를 설치하는 것을 선택한 회사를 의미한다(일본 회사법 제2조 제11의2호)

[469] 감사등위원회 설치회사는 감사를 하는 감사등위원회를 설치하는 것을 선택한 회사를 의미한다(일본 회사법 제2조 제11의2호). 감사등위원회 설치회사의 경우 '감사등위원인 이사'는 이사와 감사의 중간적 지위로서 보수에 대해서는 감사역과 같은 취급을 받기 때문에(회사법 제361조 제2항, 제3항) 회사법 제361조 제7항에 따른 보수결정방침을 정해야 하는 대상은 '감사등위원 외의 이사' 뿐이다(前田雅弘(2020), 34면).

[470] 神田秀樹 (2019), 7면; 지명위원회등 설치회사에서는 이미 개정 전부터 보수위원회가 이사의 개인별 보수내용에 대한 결정방침을 정해야 한다고 규정되어 있기 때문에(회사법 제409조 제1항), 개정된 회사법 제361조 제7항은 적용되지 않는다(前田雅弘(2020), 34면).

보수결정방침으로 정해야 하는 항목들을 상세히 규정하고 있다. 즉, 실적지표에 연동하지 않는 금전 보수의 금액 또는 그 산정방법 결정에 관한 방침(제1호), 실적연동보수가 있는 경우에는 관련 실적지표 및 실적연동보수의 산정방법의 결정에 관한 방침(제2호),[471] 금전이 아닌 보수가 있는 경우에는 해당 비금전보수의 내용 및 그 금액이나 수량의 산정방법의 결정에 관한 방침(제3호)을 정해야 한다. 비금전보수에 관한 항목에는 현물출자나 상계 방식의 주식연계보상의 납입에 충당하기 위해 금전을 보수로 정하는 경우도 포함된다.[472] 또한, 위 각 금전보수, 실적연동보수, 비금전보수 등의 비율 결정에 관한 방침(제4호) 및 보수 지급 시기 또는 조건의 결정에 관한 방침(제5호)에 관한 내용도 포함되어야 한다.[473] 그 밖에 이사 개인별 보수 결정을 이사 및 기타 제3자에게 위임하기로 하는 경우에는 그에 관한 내용(제6호)[474] 등이 포함되어야 한다.

4) 위반의 효력

보수결정방침을 정하여야 하는 회사가 보수결정방침을 정하지 않거나 보수결정방침에 반하여 이사의 보수를 결정한 경우, 그 보수결정은 위법이며 무효로 해석되고 있다.[475] 그 이유는, 이사에 대한 적절한 인센티브 부여라는 주식회사 지배구조의 기본과 관련된 중요한 규제이고, 해당 규제 위반행위를 무효로 해석해도 외부거래의

---

[471] 渡辺諭 外 (2020), 10면
[472] 渡辺諭 外 (2020), 9면
[473] 渡辺諭 外 (2020), 9면
[474] (i) 위임을 받는 자의 성명, 해당 주식회사에서의 지위 및 담당, (ii) 위임하는 권한의 내용, (iii) 위임을 받은 자에 의해 위임된 권한이 적절하게 행사되도록 하기 위한 조치를 강구하기로 하는 때에는 그 내용을 정하여야 한다(渡辺諭 外 (2020), 10면).
[475] 神田秀樹 (2019), 7~10면

안전은 해롭지 않기 때문이다.476

다. 공시

과거 일본 공개회사는 각 사업연도에 이사에게 지급된 보수 총액을 사업보고의 내용으로 공개하면 충분하였다(회사법 제435조 제2항, 구 회사법 시행규칙 제121조 제4호). 이러한 제도가 용인되어 온 것은 보수규제가 과다보수 방지만을 목적으로 한다고 생각하였기 때문이었다.477 그러나 개정 회사법은 보수의 인센티브 부여 또는 감독수단으로서의 기능을 중시하여 보수가 실제로 그러한 기능을 수행하는지 주주가 확인할 수 있도록, 공시의무를 강화하였다(개정 회사법 시행규칙 제121조 제4호 내지 제6호의3).478 그에 따라 주식연계보상과 같은 비금전보수에 대해서는 그 내용, 실적과 연동된 보수의 경우 그 내용 및 실적 선정 이유 등을 공시하도록 하고, 이사 보수 결정방침을 정한 경우 방침의 결정 방법, 방침 내용의 개요, 이사의 개인별 보수가 해당 방침에 따른 것이라고 판단한 이유 등을 공시하여야 한다.

5. 사례

(1) 소니그룹

소니그룹(ソニーグループ株式會社)은 이사의 보상을 기본급, 성과급, 주식연계보상으로 구성하고 있다. 2023년 기준 소니 CEO의 보수는

---
476 久保田安彦 (2020), 21~22면
477 久保田安彦 (2020), 20면
478 高木弘明/辰巳郁(2020), 37면; 久保田安彦 (2020), 20면

① 기본급 13%, ② 성과급 14%, ③ 주식연계보상 75%으로 구성되어 있다.[479]

③ 주식연계보상은 (a) 통상형 스톡옵션과 (b) 기간조건부 사후교부 제한주식[480]을 부여하고 있는데, (a) 통상형 스톡옵션은 부여일로부터 1년 후부터 10년 동안 행사가능하다.[481] (b) 사후교부형 제한주식은 부여대상자의 회사에 대한 금전보수채권의 현물출자에 대하여 신주 발행 또는 자기주식 이전을 통하여 주식을 교부하는 방식이다.[482] 사후교부형 제한주식의 가득기간은 9년으로 설정되어 있다.[483]

(2) 스퀘어닉스홀딩스

스퀘어닉스홀딩스(スクウェア・エニックス・ホールディングス)의 이사 보상은 ① 기본급, ② 성과연동보수(현금), ③ 주식연계보상으로 구성되어 있고, 대표이사의 경우 위 각 구성요소의 비율은 약 10:9[484]:10로 하고 그 외 이사들의 경우 해당 이사의 책임 영역에서의 실적 등을 고려하여 개별적으로 결정한다.

스퀘어닉스홀딩스는 주식연계보상으로 사전교부 제한주식[485]을

---

[479] Sony Group Corporation, "Corporate Report 2023"
[480] 소니그룹은 '讓渡制限付株式(RSU)'라는 명칭을 사용하고 있다. 그 특징상 기간조건부 사후교부 제한주식 중 양도제한형에 해당한다.
[481] Sony Group Corporation, Annual Report on 10-K, (2023. 6. 21.); Sony Gorup Corporation, IR News 2023, "Stock Options (Stock Acquisition Rights)", (2023. 4. 28.)
[482] Sony Group Corporation, IR News, "Introduction of Stock Compensation Plan through Restricted Stock Units(RSU)", (2022. 6. 30.)
[483] Sony Group Corporation, IR News "Granting of Restricted Stock Units",(2024. 6. 28.)
[484] 성과에 따라 변동
[485] 스퀘어닉스홀딩스는 이를 '讓渡制限付株式'이라고 하고 있다. 그 특징상 사전교부 제한주식에 해당한다.

부여하고 있다. 이는 신주 또는 자기주식을 무상으로 발행 또는 교부하는 방식으로 발행 또는 교부된다. 수령한 주식에 대해서는 이사의 지위를 유지하는 기간 동안 양도가 제한된다.486

(3) 도요타자동차

도요타자동차(トヨタ自動車株式会社)의 경영진 보상은 거의 현금으로 구성되어 있었으나 2019년부터 경영진 보상에 주식연계보상 제도를 도입하였다. 2023년 기준 도요타의 임원 보상은 평균적으로 ① 기본급 30%, ② 단기인센티브(현금) 20%, ③ 장기인센티브(주식연계보상) 50%로 구성되어 있다.487

도요타자동차는 장기인센티브로 성과조건부 사후교부 제한주식488을 부여하고 있다. 성과는 재무지표, 비재무지표 및 개별 성과평가를 기반으로 측정되고, 회사가 해당 이사의 성과지표의 달성 정도를 고려하여 금전보수액을 정하여 금전보수청구권을 부여하고, 해당 이사가 회사에 대한 금전보수채권을 현물출자하면 회사가 신주 발행 또는 자기주식 이전을 통해 주식을 교부하는 방식으로 이루어진다.489 교부받은 주식은 50년 동안 양도가 제한된다.490

---

486 スクウェア・エニックス・ホールディングス, "第41回定時株主総会招集ご通知" (2021. 6. 3.), 9-10면
487 Toyota Motor Corporation, "20-F (FY2023)", (2024)
488 도요타자동차는 양도제한 조건이 부가된다는 측면에서 이를 양도제한부주식(譲渡制限付株式)이라고 지칭하고 있다. 성과지표의 달성에 따라 주식을 교부하는 것이므로 유형상 성과조건부 사후교부 제한주식(PSU) 중 양도제한형에 해당한다.
489 Toyota Motor Corporation, "Notice Concerning the Disposition of Treasury Stock under Restricted Stock Compensation Plan", (2023. 5. 10.); Toyota Motor Corporation, "The 115th Ordinary General Shareholders' Meeting Notice of Convocation", (2019. 5. 23.), 17-18면

(4) 도쿄 일렉트론

도쿄 일렉트론(東京エレクトロン株式會社)의 임원보상은 기본급, 연간 성과연동보상, 중기 성과연동보상, 비성과연동보상(주식보상)으로 구성된다. 도쿄 일렉트론은 중장기적 기업가치 제고를 보다 강하게 하기 위하여, 주식연계보상의 비율을 늘려왔다. 2023년 기준 CEO의 보상은 ① 기본급 7.9%, ② 연간 성과연동보상으로 (a) 현금보너스 22.5%, (b) 주식보수형 스톡옵션 45.7%, ③ 중기성과연동보상으로 주식교부신탁[491]을 통한 주식보상 0.4%, ④ 비성과연동보상으로 주식보수형 스톡옵션이 23.5%로, 전체 보상에서 약 70%가량이 주식으로 지급되었다.[492]

② 연간 성과연동보상은 당해 년도 성과와 연동하여 지급하는 것으로, (a) 현금보너스와 (b) 주식보수형 스톡옵션(1엔 스톡옵션)이 직책에 따라 3:7 내지 4:6의 비율로 구성되는데, 구체적인 지급액, 부여 주식 수는 당해 연도의 회사 실적 및 개인의 성과 평가 결과에 따라 결정된다. 주식보수형 스톡옵션은 부여일로부터 3년 후부터 20년이 되는 날까지 행사할 수 있다.[493]

③ 중기성과연동보상은 주식교부신탁을 활용하여 성과 달성 여부에 따라 주식을 부여하고 있다.[494] 중기 실적향상에 대한 동기부여를

---

[490] Toyota Motor Corporation, "Notice Concerning the Disposition of Treasury Stock under Restricted Stock Compensation Plan", (2023. 5. 10.)
[491] 주식교부신탁을 설정하고 성과조건 달성에 따라 주식이 교부된다는 측면에서 회사는 パフォーマンスシェア(성과주식) 제도라는 명칭을 사용하고 있다.
[492] 東京エレクトロン株式會社, 有価証券報告書, (2024. 6. 18.), 74면
[493] Tokyo Electron, "Notice of 2023 Annual General Meeting of Shareholders", (2023. 5. 30.), 23-24면; 東京エレクトロン株式會社, 有価証券報告書, (2024. 6. 18.), 74면
[494] Tokyo Electron, "Notice Regarding Introduction of Stock Delivering Scheme for

목적으로 지급액은 직책에 따라 기본급의 30%~100%의 범위에서 설정되고, 대상기간(3년)의 실적목표(연결 영업이익률과 연결ROE) 달성 정도에 따라 교부 주식 수가 결정된다.[495]

④ 비성과연동보상은 주식보수형 스톡옵션(1엔 스톡옵션)을 부여하는 것으로, 중장기 기업가치 의식 제고 등을 목적으로, 직책에 따라 기본급의 2~3배 수준에서 결정하며, 부여일로부터 3년 후부터 20년이 되는 날까지 행사 가능하다.[496]

제 5 절 소결론

이상과 같이 해외 주요국의 상장회사 경영진에 대한 주식연계보상의 현황 및 그 관련한 입법례를 살펴보았다. 주식연계보상 수단의 활용이 자유로운 편에 속하는 미국이나 영국에서는 주식연계보상이 폭넓게 활용되고 있고, 그에 비해 주식연계보상 부여에 제약이 있는 독일의 경우 가상주식이 주로 활용되고 있다는 점, 그리고 주식연계보상 수단의 활용에 제약이 있었던 일본의 경우 회사법 개정 등을 통해 주식연계보상의 활용이 증가하였다는 점을 알 수 있었다. 경영진 보상에 대한 규제 필요성에 대해서는 주식연계보상 자체에 대한 규제를 강화한 것이 아니라 경영진 보상 부여 절차 및 공시 측면에서 규제를 강화하였다는 공통점이 있다.

이와 같이, 나라마다 그 방식과 정도에는 차이는 있지만, 회사법상 주식 발행이나 자기주식 활용 측면에서는, 기존 주주 보호를 위

---

the TEL Group Officers in Japan and Abroad", (2018. 5. 11.)
[495] Tokyo Electron, "Integrated Report 2023", (2023)
[496] 東京エレクトロン株式會社, 有価証券報告書, (2024. 6. 18.), 71-73면

해 일정한 절차는 두되 임직원에 대한 다양하고 유연한 주식연계보상 설계가 가능하도록 제3자에 대한 경우에 비해 일정 부분 예외를 인정해 주고 있는 점, 경영진 보상에 대한 규제 측면에서는 그 구성이나 내용에 대해서는 자율규제로 접근하고, 승인 절차와 공시 등에 대한 엄격한 규제를 하고 있다는 점은 우리나라의 현황 진단과 개선방안 검토에 있어서도 시사점을 준다. 즉, 해외 주요국에서 대체로 신주 발행과 자기주식 교부 방식의 주식연계보상 활용이 가능한 것에 비해, 우리나라의 경우 주식연계보상으로 신주 발행이 불가하고 자기주식 취득 및 처분 규제에 관한 일반적인 규제 하에서 이루어지고 있는데, 유연한 주식연계보상 설계를 위해 신주 발행과 자기주식 교부 모두 가능하도록 하되 그에 따라 주주 보호를 위한 절차 및 한도 등의 장치를 마련할 필요가 있는 것은 아닌지, 다른 한편으로 경영진 보상에 대한 규제 관점에서, 우리나라의 경우 상법상 이사 보수에 대해 정관의 근거나 주주 승인을 요구하고 있는데(상법 제388조), 미국과 유럽에서 보상의 구체적인 내용에 대하여 공개하도록 하고 그에 대하여 주주의 권고적 승인을 받도록 하고 있는 것과 비교해 볼 때 과연 우리나라의 절차가 실제로 더 강력한 규제를 하고 있다고 볼 수 있는지, 그렇지 않다면 어떻게 개선하는 것이 좋을지 등 제5장에서의 우리나라 경영진 주식연계보상과 관련한 개선방안을 검토함에 있어서도, 우리나라 지배구조의 특수성을 고려하되 관련 부분에서 앞서 살펴 본 해외 입법례가 주는 시사점을 함께 고려할 필요가 있다.

제4장
경영진 주식연계보상의 현황과 문제점

제 1 절 현황

1. 보상 전반

국내 상장회사 경영진 보수의 구성을 살펴보면, 2013~2017년 공시된 상장회사 경영진 보수 중 현금보수가 90~95%를 차지한다. 같은 기간 스톡옵션 행사이익이 차지하는 비중은 4~6%가량에 불과하였고,[497] 2020년에 8.6%로 약간 증가하였다.[498] 그 외 주식연계보상은 2020년 이전까지는 거의 사용되지 않다가 최근 2-3년 사이에 도입 사례들이 나타나기 시작한 단계로, 현재까지 국내 상장회사 경영진 보수는 현금이 대부분의 비중을 차지하고 있다.

그리고 이러한 현금보수는 성과와 무관한 고정급이 높은 비중을 차지하고 있다. 2018년 기준, 국내 상장회사 경영진의 총 현금보수에서 고정급이 차지하는 비중은 지배주주(친족 포함)가 경영진인 경우 80% 이상, 전문경영인의 경우 약 67%에 달하였다.[499]

위와 같이 성과와 연계된 보수의 비중이 전반적으로 낮을 뿐만 아니라, 저성과기업임에도 불구하고 경영진의 보수를 인상한 사례도 다수 존재한다. 실제로 2014년부터 2020년까지 영업이익이 적자 상태이거나 전년도 대비 감소한 기업들 중 약 절반에 해당하는 기업이 공시대상 임원 중 가장 높은 보수를 수령한 임원의 보수를 오히려 인상한 것으로 나타났다.[500]

---

[497] Gwon/Moon(2019), 97면
[498] 김민기(2022), 2면
[499] 한국기업지배구조원(2020), 36면
[500] 남길남(2021), 3면

앞서 이론적 논의에서 살펴본 바와 같이, 상장회사 경영진 보수에서 중요한 것은 보수 총액의 많고 적음이 아니라, 그 보수가 기업의 장기적인 가치 상승을 유도할 수 있는 적절한 인센티브로 기능하느냐는 점이다. 그러나 우리나라 상장회사 경영진 보수는 주식연계보상의 비중이 낮고 성과와 연계되지 않은 현금보수의 비중이 높다는 특징을 보이고 있다. 특히, 소유경영자의 경우 성과와 무관한 고정급의 비중이 더욱 높은 경향이 나타난다.

2. 주식연계보상

본 항에서는 우리나라 상장회사 경영진에 대한 주식연계보상 중 스톡옵션과 주식형 보상의 각 활용 현황을 살펴본다.

(1) 스톡옵션

우리나라 경영진의 보상에서 스톡옵션이 차지하는 비중은 크지 않다. 사업보고서상 기재된 5억원 이상의 보수를 수령하는 임원의 평균보수 중 스톡옵션 행사이익의 비중은 2020년 8.6%, 스톡옵션 행사이익의 규모는 평균 약 1억원에 그쳤다.[501]

스톡옵션을 부여한 경우에도 이 제도를 통해 경영진에게 기업의 장기적 성장에 대한 인센티브를 제공하기는 어려운 구조로 보인다. 2015년~2021년의 기간 동안 상장회사가 부여한 스톡옵션에 대한 연구 결과에 따르면, 성과연동 스톡옵션은 3.4% 수준에 불과하여 대부분 성과와 연동되지 않은 스톡옵션이 부여되고 있다. 제2장 제2절 4

---

[501] 김민기(2022), 2면.

항의 스톡옵션과 성과와의 관련성에 대한 실증연구에서 스톡옵션과 성과와의 연관성이 일관되게 나타나지 않은 이유를 이것으로 설명할 수도 있다. 또한, 스톡옵션 부여 후 행사가능일은 2년이 약 63%, 3년이 약 34%이고 4년 이상인 경우는 드물었다. 그리고 대부분의 스톡옵션은 권리행사 시점에 전량 행사가 가능한 일시효력형이고, 행사 후 주식처분이 자유롭게 허용되고 있다.502 실제로 경영진에게 부여된 스톡옵션은 행사 가능 시점 초기에 행사되는 경향이 강하고, 행사 이후 단기간 내에 처분되는 것으로 나타났다.503

(2) 스톡옵션 외 주식연계보상

가. 도입 배경

우리나라에서 스톡옵션 외의 주식연계보상은 거의 활용되지 않다가, 2020년경 이후부터 주식형 보상을 도입하는 회사들이 늘어나고 있다. 그 배경은 아래와 같다.

첫째, 스톡옵션에 대한 부정적 인식의 확산과 더불어, 장기성과와 연계된 새로운 보상수단의 필요성이 부각되기 시작하였다. 외환위기 당시 공적 자금이 투입되고 직원 임금이 삭감되는 등의 조치가 이루어진 일부 금융기관의 경영진이 대량의 스톡옵션을 부여받은 사례504는 스톡옵션에 대한 사회적 반감을 불러일으키는 계기가 되

---

502 김민기(2022), 5-6면
503 2015~2021년 동안 경영진에게 부여된 스톡옵션 중 행사가 확인된 경우(총 507명)를 살펴본 결과, 절반가량이 행사가능기간 도래 후 6개월 이내에 스톡옵션을 행사하였고, 부여 시점을 기준으로 보면 절반 가량이 부여 이후 2~3년 이내에 행사되었다. 또한 분석 표본중 50% 이상이 스톡옵션 행사 후 주식을 3개월 이내에 처분하였다(김민기(2022), 10~12면).
504 외환위기 중에 행장으로 취임한 국민은행의 김정태 행장이 스톡옵션 행사로 100억원대의 소득을 올린 것에 대해 비판이 제기되었고, 우리금융지주

였다.505 또한 2020년을 전후로 IPO 직후 경영진이 스톡옵션을 행사한 직후 주식을 대량 매각하여 거액의 차익을 실현하고 이후 주가가 급락하여 투자자들이 손실을 입는 사례들이 발생하면서, 스톡옵션에 대한 사회적 비판이 한층 강화되었다.506 이러한 배경 속에서, 스톡옵션 외에 임원의 보수와 성과를 연계하려는 대안의 하나로서, 해외에서 널리 활용되고 있는 성과연계 사후교부 제한주식이 등장하기 시작하였다.

둘째, 인재를 유인·유지하고, 이들에게 인센티브를 제공하는 수단으로서의 스톡옵션의 실효성이 저하되면서, 기업들은 대안적인 보상수단을 모색하게 되었다. 주식시장이 활황이던 2021년경까지는, 특히 IT·스타트업 업계를 중심으로 스톡옵션을 통해 상장 후 수십억에서 수백억원에 이르는 차익을 실현한 임직원 사례가 다수 존재하였고,507 그로인해 스톡옵션은 매력적인 보상 수단으로 인식되었다. 그러나 경기 침체와 증시 불황이 장기화되면서, 미국에서 행사가격이 주가보다 높은 소위 underwater options 문제가 부각되었던 것과 마찬가지로 국내에서도 소위 '휴지조각'이 된 스톡옵션의 사례가 증가하게 되었다. 이로 인해 임직원들은 스톡옵션의 보상 가치를 이전

황영기 회장의 경우 스톡옵션 부여 결의가 이루어졌다가 공적자금으로 살아남은 은행의 CEO가 거액의 스톡옵션을 받는 것에 대한 정부와 대중의 비난에 스톡옵션을 포기하기도 하였다(김건식(2010), 226-226면).

505 KB금융그룹, 보도자료 "KB금융그룹, 경영진 스톡그랜트 자진 반납 결의", (2009. 3. 23.); "신한금융지주, 스톡옵션 전량 반납키로", 파이낸셜뉴스, (2009. 3. 22.); "은행 스톡옵션 도덕적 해이의 극치", 서울파이낸스, (2009. 3. 23.); "금융권, 스톡옵션 반납 확산", 전자신문, (2009. 3. 24.)

506 "주식 먹튀 논란 카카오, 경영진 대폭 물갈이", 동아일보 (2022. 1. 21.); "스톡옵션, 상장 1년 내 먹튀 매각 무려 15%", 민들레뉴스 (2023. 11. 14.)

507 "네이버, 카카오 스톡옵션 대박직원들 수억씩 챙긴다", 조선일보 (2020. 5. 30.); "크래프톤 시가총액 일단 12조원스톡옵션 3500억원 대박 주인공은?", MTN (2021. 1. 6.); "카카오페이 임직원 스톡옵션 대박...일단 '따'는 성공", 한경코리아마켓 (2021. 11. 3.)

만큼 높게 평가하지 않게 되었다.508 이에 따라 기업 입장에서 유능한 인재들을 영입하고 유지하기 위해 스톡옵션을 대체하는 새로운 보상수단이 필요해졌고, 주가 하락시에도 어느 정도 가치를 유지할 수 있는 주식형 보상이 그 대안으로 떠오르게 되었다.509

셋째, 스톡옵션에 비해 주식형 보상의 경우 상대적으로 유연한 부여 및 설계가 가능하다는 점도 기업들이 이를 도입하는 하나의 계기가 되었다. 특히 스톡옵션은 국내 계열회사 임직원에게 부여할 수 없기 때문에 비상장 계열회사 임직원에게 상장주식을 보수로 제공하고자 할 경우, 주식형 보상 외에는 대안이 없다. 또한 지배주주 등에 대한 주식연계보상제도를 도입하고자 하는 경우나 주주총회 특별결의나 발행한도의 제한 없이 보상체계를 설계하고자 하는 경우 등에도, 보다 유연한 주식연계보상 수단으로서 주식형 보상에 대한 관심이 점차 증가하고 있다.

나. 활용 유형

위와 같은 배경에서 기업들은 스톡옵션 외에 다른 주식연계보상 수단을 모색하게 되었다. 다 미국 등 해외에서는 신주 발행 방식으로 다양한 주식형 보상을 부여할 수 있지만, 국내에서는 임직원에게 무상으로 주식을 발행하는 것은 허용되지 않는 것으로 해석되고 있기 때문에(관련 쟁점은 아래 제2절 4.(1)나.항 에서 검토한다), 국내 기업들은 자기주식 교부 방식으로 미국의 주식형 보상과 유사한 기능을 할 수 있는 제도를 도입하고 있다. 즉, 임직원에게 자기주식을 무상으로 교부하되, (i) 아무런 조건 없이 자기주식을 즉시 교부하기도 하고, (ii) 주식 교부 후 양도제한 등 일정한 제한을 두거나, (iii) 일

---

508 "카카오 직원들 멘붕스톡옵션 대박 기대했는데 휴지조각", 매일경제 (2022. 1. 20.); "휴지조각 된 잭팟 스톡옵션 포기하고 줄퇴사", 조선일보 (2023. 2. 6.)
509 "이해진 네이버 창업자의 '연봉 경쟁 우려' 현실화됐나", 더벨 (2023. 4. 7.)

정한 기간 내지 성과 등 조건이 충족될 때 자기주식을 교부하기로 약정하는 등의 방식을 활용하고 있다. 기업들은 이를 자사주 상여, 자사주 지급 프로그램, 스톡그랜트, 양도제한부 주식, RSU, 성과주 등 각기 다양한 명칭으로 부르고 있는데, 제2장 제1절 2.(2)항에서 정의한 용어를 사용하면, 위 (i)은 스톡그랜트, (ii)는 사전교부 제한주식, (iii)는 사후교부 제한주식에 해당한다. 이 중에서 상장회사 경영진 보상으로는 사후교부 제한주식이 활용되는 경우가 많다.

경제개혁연구소에서 2023. 5. 지정 기준 대규모기업집단 소속 상장회사 335개사의 사업보고서 조사 결과, 기간조건부 사후교부 제한주식510을 도입한 회사가 30개사, 성과조건부 사후교부 제한주식을 도입한 회사가 17개사, 스톡그랜트를 도입한 회사가 14개사 순으로 나타났다.511 경영진의 보상으로 주식연계보상을 폭넓게 활용하고 있는 기업집단은 한화, SK, 두산, 에코프로, 네이버, 카카오 등으로 파악된다.512 다음 항에서 대표적인 활용 사례를 살펴본다.

다. 활용 사례

1) 한화

한화그룹은 2020년 한화가 기간조건부 사후교부 제한주식513을 도

---

510 경제개혁연구소의 보고서에서는 가득조건 충족 후 주식으로 교환되는 것을 RSU로 분류하고, '가득조건 충족 후 소유권이 이전되며, 양도제한 조건이 붙은 것'를 RSA로 별도로 분류하고 있는데, 이는 사후교부 제한주식(RSU)에 양도제한 조건이 부가된 것이므로 동 보고서상의 RSU와 RSA는 본 연구에서는 모두 '사후교부 제한주식'으로 분류하였다.
511 경제개혁연구소, "주식기준보상 제도 운영 현황과 공시 개선 과제 – 대규모기업집단 소속 상장회사를 중심으로", 경제개혁리포트 (2024. 4.), 2면
512 이하 각 기업집단 내 개별 회사의 명칭에서 '주식회사'는 생략한다.
513 한화 자체적으로는 '양도제한조건부 주식(RSU)'라는 명칭을 사용하고 있다 (한화, 사업보고서(2024. 4. 30.)).

입한 것을 시작으로, 한화갤러리아, 한화생명, 한화손해보험, 한화솔루션, 한화시스템, 한화에어로스페이스, 한화투자증권이 기간조건부 사후교부 제한주식을 부여하고 있다. 계열회사별로 기간조건부 사후교부 제한주식의 구조와 조건은 유사하므로, 대표적으로 한화의 기간조건부 사후교부 제한주식에 대해 살펴본다.

한화는 2020년 2월 임원보수규정을 개정하여 임원에 대한 기존 현금 성과급제도를 폐지하고 장기성과 중심의 기간조건부 사후교부 제한주식 제도를 도입하였다. 이는 일시지급형, 현금혼합형, 양도허용형에 해당한다. 즉, 일정한 기간이 경과하면 가득조건이 성취되는데, 가득기간은 대표이사 및 대표이사 후보의 경우 부여일로부터 10년, 그 외 임원은 5~10년으로 일시에 지급된다(일시지급형). 가득기간 경과시 부여액의 50%는 주식, 50%는 현금으로 지급하도록 되어있다(현금혼합형). 또한 가득 이후에는 추가로 양도제한 조건이 부가되지 않는다(양도허용형). 한편, 가득기간 중 과거 성과에 대한 고의의 중대한 손실 또는 책임 발생시 이사회 결의로 부여를 취소할 수 있도록 하고 있다. 한화는 이를 전문경영자 뿐만 아니라 지배주주인 최고경영자에게도 부여하였다.[514]

이후 한화는 부여대상을 확대하여 2024년부터는 주요 계열사 팀장급 직원에게도 기간조건부 사후교부 제한주식 제도를 도입하였다. 다만 팀장급 직원의 경우 성과급 대체로서가 아니라 기존 현금으로 지급되던 팀장 수당 대신 희망자에 한해 제한주식을 선택할 수 있도록 하였고, 가득기간도 더 짧게(3년) 설정하였다.[515]

---

[514] 한화, 사업보고서(2025. 3. 31.)
[515] "수당 대신 3년 후 회사 주식으로 받을래요…한화RSU, 팀장급 확대", 뉴스원 (2024. 7. 18.)

2) SK

SK그룹은 SK, SKC, SK네트웍스, SK스퀘어, SK아이이테크놀로지, SK이노베이션, SK텔레콤, SK하이닉스, SK바이오팜 등 다수의 계열회사들이 스톡그랜트, 사전교부 제한주식, 성과조건부 사후교부 제한주식 등 여러 유형의 주식연계보상을 활용하고 있다. 각 회사마다 세부 유형에 일부 차이가 있는데, 이하에서는 SK를 중심으로 살펴본다.[516]

SK는 대표이사를 포함한 사장 이상의 임원에게 성과조건부 사후교부 제한주식을 부여하고 있다. 이는 일시지급형, 주식교부형, 양도허용형, 변동형에 해당한다. 즉, 부여 대상자 연봉의 50~100%에 해당하는 주식 수에 해당하는 단위(unit)를 부여하고, 3년 후 '기업가치 제고 활동 성과'를 반영하여 지급하고(일시지급형), 정산수단은 주식이다(주식교부형). '기업가치 제고 활동 성과'는 절대적인 기업가치 증감률을 기반으로 KOSPI 200 등 Peer 대비 상대적 기업가치 변동을 가감하여 책정한다. '기업가치 제고 활동 성과'에 따라, 성과조건부 사후교부 제한주식 부여 당시의 대상자 연봉의 0%부터 200% 또는 400%에 해당하는 주식을 지급할 수 있고, 시장 대비 획기적인 성과를 달성하는 경우 부여 시점 연봉 100% 상당의 부여 주식 수를 추가로 지급할 수 있도록 되어 있다(변동형). SK는 전문경영자에게 이를 부여하였고, 지배주주에게는 부여하지 않았다.[517]

한편, SK는 등기임원과 미등기임원에게 SK의 주식을 지급하였다고 하며, 등기임원에게는 3년간 양도를 제한하고, 미등기임원에게는 3년간 주식을 보유하도록 권고하였다고 공시하였다. SK는 이를 모두 '스톡그랜트'라고 지칭하고 있으나, 등기임원에게 부여된 것은 가득

---

[516] 한편, 스톡옵션과 주가차익보상권도 병행하여 운영하고 있는 회사들도 있는데, 본 항에서는 주식형 보상을 중심으로 살펴본다.
[517] SK, 사업보고서(2025. 3. 18.).

기간 3년인 기간조건부 사전교부 제한주식에 해당하고, 미등기임원에게 부여된 것은 스톡그랜트에 해당한다.518

3) 네이버

네이버는 경영진에게 성과조건부 사후교부 제한주식을 부여하고 있다.519 대표이사에게 부여된 성과조건부 사후교부 제한주식은 단계적 지급형, 주식교부형, 양도허용형, 변동형에 해당한다. 즉, 부여일로부터 3년간 30%, 30%, 40%씩 분할하여 가득되고(단계적 지급형), 모두 주식으로 정산되며(주식교부형), KOSPI 200내 기업대비 상대적 주가상승률(직전년도 1~4분기) 백분위에 따라 0~150% 내에서 최종 지급규모가 결정된다(변동형). 가득 후 추가로 양도제한조건이 부가되지는 않는다(양도허용형). 네이버는 전문경영자에게 이를 부여하였고, 지배주주에게는 부여하지 않았다.520

4) 두산

두산은 대표이사를 비롯한 등기임원과 미등기임원에게 기간조건부 사후교부 제한주식을 부여하고 있다.521 이는 일시지급형, 주식교부형, 양도허용형에 해당한다. 즉, 가득조건은 부여일로부터 2년 이상 재직시로 되어 있는데, 원칙적으로 3년 만근할 경우 100% 지급되고, 2년 이상 ~ 3년 이내 재직시 일할지급되며, 모두 두산 보통주식으로 지급된다. 또한 실제 주식을 지급받은 이후에는 추가적인 양도

---

518 SK, 사업보고서(2025. 3. 18.)
519 공시자료상 RSU라는 명칭을 사용하고 있으나 performance-vested RSU로서 성과조건부 사후교부 제한주식에 해당한다.
520 네이버, 사업보고서(2025. 3. 18.)
521 두산 자체적으로는 이를 RSU라고 지칭하고 있다(두산, 사업보고서(2024. 3. 20.))

제한을 두고 있지는 않은 것으로 파악된다.

두산은 2022년 이사회를 통해 장기성과급 운영규정을 제정하고, 개인 및 조직성과를 반영하여 부여규모를 산정한 다음 이사회 결의를 통해 확정 후 당사자와 부여계약을 체결하고 있다고 한다. 두산은 이를 대주주이자 등기임원인 박정원 회장에게도 부여하였다.522

5) 아모레퍼시픽

아모레퍼시픽은 임직원에 대하여 (i) 기간조건부 사후교부 제한주식523과 (ii) 스톡그랜트를 부여하였다. 기간조건부 사후교부 제한주식은 경영진과 일부 직원에게 부여되었고, 부여일로부터 3년이 경과한 후부터 3년 간 분할지급하는 단계적 지급형에 해당하며,524 현금혼합형, 양도허용형에 해당한다. 아모레퍼시픽은 이를 대표이사이자 대주주인 서경배 회장에게도 부여하였다.525

6) 에코프로

에코프로는 2022년 기간조건부 사후교부 제한주식 제도를 도입하여 경영진을 포함한 전임직원에게 이를 부여하였다.526 부여일로부터 2년 경과 시점에 부여수량의 50%를 지급하고, 3년 경과 시점에 나머지 50%를 지급한다. 이는 단계적 지급형, 주식교부형, 양도허용형에 해당한다. 이는 성과연동형은 아니지만, 저성과, 중징계, 그 외 인사위원회에 따른 제외대상자의 경우 지급하지 않도록 하고 있다.527

---

522 두산, 사업보고서(2025. 3. 21.).
523 아모레퍼시픽 자체적으로는 이를 '양도제한조건부 주식(RSU)'로 지칭하고 있다(아모레퍼시픽, 사업보고서(2025. 3. 17.)).
524 아모레퍼시픽, 대규모기업집단현황공시(2024. 5. 31.)
525 아모레퍼시픽, 사업보고서(2024. 3. 7.).
526 에코프로 자체적으로는 이를 '양도제한조건부주식보상(RSU)'로 지칭하고 있다(에코프로, 사업보고서(2025. 3. 18.)).

7) 크래프톤

크래프톤은 대표이사에게 사후교부 제한주식을 부여하였고, 이는 기간조건부 사후교부 제한주식 20%와 성과조건부 사후교부 제한주식 80%로 구성되며, 부여일로부터 3년간, 가득조건 달성을 전제로 1년차 35%, 2년차 35%, 3년차 30%씩 분할 지급된다. 기간조건부 사후교부 제한주식은 각 가득일까지 대표이사로 재임하고 있을 경우 총 8,000주가 위 비율대로 분할하여 가득되는 구조로, 단계적 지급형, 주식교부형, 양도허용형에 해당한다. 성과조건부 사후교부 제한주식의 경우, Scale-up the Creative 전략수행(최대 16,000주), 영업이익(최대 8,000주), 상대적 주가상승률(최대 8,000주)의 각 목표달성 수준을 각 가득일에 평가하여 지급규모를 정하며, 단계적 지급형, 주식교부형, 양도허용형, 변동형에 해당한다.[528]

최대주주인 이사회 의장에게도 사후교부 제한주식을 부여하였는데, 기간조건부 사후교부 제한주식 1%와 성과조건부 사후교부 제한주식이 99%로 구성된다. 기간조건부 사후교부 제한주식은 이사회 의장으로 임기만료일까지 재임할 경우에 부여수량이 모두 가득되는 구조로, 일시지급형, 주식교부형, 양도허용형에 해당한다. 성과조건부 사후교부 제한주식은 (a) 상대적 주가상승률 지표 달성 여부에 따라 최대 2,000주가 가득되고, (b) 10년의 기한 내에 단계별 목표 시가총액 기준 달성 여부에 따라 최대 90,000주가 가득되는 구조로(30조원 달성시 30,000주, 35조원 달성시 30,000주, 40조원 달성시 30,000주 총), 단계적 지급형, 주식교부형, 양도허용형, 변동형에 해당한다.[529]

---

527 에코프로, 사업보고서(2025. 3. 18.).
528 크래프톤, 특수관계인에 대한 기타 유가증권 매도(2025. 2. 14.), 사업보고서 (2025. 3. 18.).
529 크래프톤, 특수관계인에 대한 기타 유가증권 매도(2024. 3. 27.).

8) 하이브

하이브는 2024년부터 기간조건부 사후교부 제한주식 제도를 도입하였으며, 기존에 주식매수선택권을 부여받은 임직원들에게 보유한 주식매수선택권 계약을 공정가치의 기간조건부 사후교부 제한주식 부여 계약으로 변경할 수 있는 권한을 부여하였다. 이에 따라 하이브는 대표이사를 포함한 임직원들에게 기간조건부 사후교부 제한주식을 부여하였으며, 부여일로부터 2년, 3년 도래 시점에 약정된 주식을 지급하는 방식으로, 단계적 지급형, 주식교부형, 양도허용형에 해당한다.530

제 2 절 문제점531

1. 문제를 바라보는 관점의 재정립: "주식"의 문제 vs "보수"의 문제

앞서 살펴본 바와 같이 미국과 영국은 임직원에 대한 보상 수단으로 주식을 활용하는 것이 비교적 자유롭게 허용되어왔고, 일본의 경우 회사법 및 세법 개정 등을 통해 주식연계보상의 도입을 장려하였다. 주식연계보상을 회사의 중장기적 기업 가치 상승과 주주이익 제고에 도움이 되는 유용한 수단으로 보고 있기 때문이다. 이에 비해 우리나라는 유연한 주식연계보상 활용에 제약이 있고, 그 활용도는

---

530 하이브, 사업보고서(2025. 3. 21.).
531 경영진에 대한 주식연계보상 관련 문제점에 대해서는 윤소연(2025), 24-29면 참조.

낮은 수준이다. 이러한 상황에서 스톡옵션 외의 다른 유형의 주식연계보상에 대해서도 스톡옵션과 같은 수준으로 규제를 강화해야 한다는 주장이 제기되고 있다. 서두에서 언급한 바와 같이 이 글은, 해외 주요국에서 상장회사 경영진의 바람직한 보상수단으로 장려되고 있는 주식연계보상에 대해 유독 우리나라에서만 규제 강화론이 등장하고 있는 것에 대한 의문으로부터 시작되었다.

주식연계보상에 대한 규제 강화론의 등장 배경을 생각해 보면, 새로운 유형의 주식연계보상 도입 초기에 총수 일가에게 제한주식을 부여한 일부 사례들로 인해, 제한주식 등이 지배주주의 사익편취 수단으로 악용될 수 있다는 우려를 초래한 것으로 보인다. 규제 강화론은 이러한 우려에 기반하여, 현재의 문제는 주식연계보상에 대한 규제 미비라고 보고, 그에 대한 규제 강화가 문제를 해결할 수 있다고 생각하는 듯 하다.

그러나 본 항에서는 현재 우리나라 상장회사 경영진 보수와 관련한 문제의 본질을 정리하고자 한다.

주식연계보상 제도에 대한 규제가 강화될 경우, 지배주주에 대한 부여뿐만 아니라 전반적인 주식연계보상의 활용도가 감소될 것이다. 그런데 주식연계보상에 대한 규제만 강화한다면, 과연 우리 법제가 동액 상당을 현금으로 부여하는 것은 제대로 통제할 수 있는 시스템인가? 주식연계보상 활용 전반을 억제하는 것이 과연 우리나라 기업들과 전체 주주들에게 이로운 결과를 가져다줄 것인가?

필자는 현재 우리나라 상장회사 경영진 보수와 관련하여 문제가 되는 것은, 주식연계보상에 대한 규제 미비가 아니라, 경영진의 보수가 성과와 연계되어 있지 못한 것이라고 본다. 그리고 그와 관련하여, 경영진 보수 통제 장치가 미비한 점, 그리고 스톡옵션에 대해서는 규제가 지나치게 경직되어 있고, 새로운 주식연계보상 활용에도 제약이 있는 점 등이 문제라고 생각한다. 일각에서 과도한 제한주식 부여로 지적되고 있는 사안들도 근본적으로는 해당 경영자에게 그 규모의 보수가 부여되는 것이 정당화될 수 있는 것인지의 문제이다. 그 정도 규모의 보수가 성과 등과 연계되어 정당화될 수 있다면, 그 수단으로 현금이 아닌 주식을 지급하는 것은 회사와 전체 주주들에게 오히려 더 바람직할 수 있다. 반대로 그러한 규모의 보수가 과도한 것이라면, 주식이 아닌 현금으로 지급되는 것 역시 제대로 감시 및 통제될 수 있어야 한다. 이하에서 이러한 문제점에 대해 보다 상세히 살펴 보고, 이를 토대로 다음 장에서 개선방안을 제안한다.

2. 포괄적 문제: 성과와의 낮은 연계성

우리나라 상장회사 경영진의 보수의 주요 문제는, 성과와 연계되지 않은 현금보수의 비중이 높고 주식연계보상의 비중이 낮아 경영진에게 회사의 성과 및 주주이익 제고와 일치하는 인센티브를 충분히 부여하지 못하고 있다는 점이다. 소유경영자의 경우 성과와 무관한 고정급의 비중이 보다 높은 경향이 나타난다. 그러나 전문경영자 역시 그 보수와 성과와의 연계성이 뚜렷하게 나타나지 않는다는 점은 마찬가지이다. 결국, 상장회사 경영진 전반의 보수가 성과와 연계되어 있지 않다는 문제가 존재한다.

소유경영자의 경우, 그에 대한 보수가 전문경영자의 보수보다 높은 경향이 있는 것은 사실이지만(제2장 제2절 및 본 장 제1절 참조), 그 자체를 근본적인 문제로 단정하거나, 양자간 보수 수준 균등을 궁극적인 목표로 삼는 것은 적절하지 않다. 소유경영자의 보수가 더 높은 것이 지배력을 활용한 지대 추구의 결과인지, 아니면 지배구조의 특수성으로 인해 기업 내 실질적 기여도가 높아 정당화될 수 있는 것인지에 관하여는 실증적으로 명확히 규명되지 않았기 때문이

다(제2장 제2절 5. 참조).532

전문경영자와 관련하여, 미국과 같이 지배주주 없이 소유구조가 분산된 경우에는 경영진에 대한 모니터링이 불가능하거나 비용이 많이 소요되는 데 비해(제2장 제2절 2.(1) 참조), 우리나라 기업들은 지배주주가 전문경영자를 직접 감시하고 저성과시 해임할 수 있기 때문에 인센티브 계약을 활용할 필요성이 낮다는 주장도 생각해 볼 수 있다. 그러나 우리나라 상장회사는 소수지배주주가 많은 구조이며, 이들의 경우 기업의 주가가 상승하더라도 그로 인한 부의 증가가 제한적이기 때문에 전체 주주의 이익보다 다른 사익 추구에 더 관심을 둘 수 있다는 비판533도 제기된다. 실제로 전문경영자가 전체 주주의 이익을 위한 장기적인 기업가치 또는 주가 상승보다 지배주주에 대한 충성을 더 중시하는 것처럼 보이는 사례가 종종 관찰된다. 이러한 점을 고려할 때, 전문경영자가 (소수)지배주주의 이익만이 아니라, 전체 주주의 이익을 위하여 행동하도록 유도하는 인센티브 구조를 설계할 필요성은 우리나라에서도 인정할 수 있다. 주가 등 성과와 연계된 주식연계보상은 이러한 인센티브 부여에 유용한 수단이다. 또한, 해임이라는 수단은 저성과 내지 경영실패에 대한 패널티로 기능할 수는 있으나, 도전적인 성과 달성에 대한 적극적인 인센티브로는 한계가 있다는 점에서도, 주식연계보상을 활용할 필요성이 있다.

3. 경영진 보수통제 장치의 미비

경영자의 보수는 회사와 경영자 간의 계약으로 결정되는 것으로

---

532 김건식(2010), 237면
533 제2장 제2절 5.항 참조; 문병순/권재현(2019)

원칙적으로 사적 자치의 영역이지만, 경영자의 인센티브에 영향을 미치므로 회사 및 주주에 미치는 영향이 크다는 점, 그리고 경영자 보수 결정에는 자기거래적 성격이 있는 점에서 일정 수준 법이 개입할 필요가 있다. 경영진이 보수를 스스로 결정하거나 그 결정 과정에 영향력을 행사할 수 있는 구조라면, 경영진으로서는 보수의 규모 측면에서는 가능한 많은 규모를, 보수의 수단 측면에서는 성과와 무관하게 수령이 보장되는 고정급 형태를 선호할 유인이 존재한다.

이와 관련하여 경영진 권력이론에서는 미국에서 경영진이 이사회의 경영진 보수 결정에 영향을 미치기 때문에 경영진 보수계약이 최적계약에서 벗어나 경영진에게 유리하게 결정된다고 설명하고 있는데(제2장 제2절 2.), 이러한 관점은 우리나라의 상황에도 적용될 수 있다. 따라서 이를 감독하고 통제할 장치가 필요한데, 현재 경영진 보수에 대한 통제장치는 경영진이 기회주의적인 행동을 하는 것을 감독하고 통제하기에 부족하다. 이하에서 현행 절차규제, 공시규제 및 기업지배구조 모범규준의 문제점에 대해 검토한다.

(1) 절차규제

가. 이사의 자기 보수 결정

현재 우리나라 상장회사 이사의 보수는, 전체 이사 보수의 한도에 대해서는 주주총회의 승인을 받지만, 그 한도 내에서 이사들이 자신의 보수 구조 및 규모를 결정할 수 있다. 따라서 총액 한도 내에서 경영진이 기회주의적인 방식으로 보수를 결정하더라도 이를 효과적으로 통제하기 어렵다.

즉, 상법 제388조는 이사의 보수는 정관에 그 액을 정하지 아니한 때에는 주주총회의 결의로 이를 정한다고 규정하고 있다. 여기서 '보수'에는 연봉, 수당, 상여금 등 명칭을 불문하고 이사의 직무수행에 대한 보상으로 지급되는 모든 대가가 포함된다.534 주식연계보상 역시 보상의 일종이므로 정관으로 정하지 아니한 경우 주주총회의 승인이 필요하다.

이사회가 그 구성원의 보수를 스스로 정하는 것은 이사와 회사 사이에 이익충돌의 위험을 초래할 수 있기 때문에 상법은 이사의 보수를 정관 또는 주주총회 결의사항으로 정하였다.535 우리나라는 이와 같이 법으로 이사 보수에 대한 정관의 근거 또는 주주 승인을 요구하고 있고, 이를 결한 때에는 이사의 보수청구권이 인정되지 않기 때문에,536 외형적으로는 해외 주요국과 비교할 때 이사 보수에 대해 가장 엄격한 규제체계를 갖춘 것으로 볼 수 있다.

그러나 실질적으로는 대부분의 기업들이 매년 정기주주총회에서 그 해의 이사 전원의 보수 총액 내지 한도액만을 정하고, 개별 이사의 구체적인 보수는 그 범위 내에서 이사회에서 정하고 있다.537 이사의 보수를 정관이나 주주총회에서 결정하도록 한 것은 과도한 보수지급을 억제하기 위한 것이므로, 이러한 실무 관행도 적법한 것으로 받아들여지고 있다. 대법원도 정관 또는 주주총회에서 임원의 보수 총액 또는 한도액만을 정하고 개별 이사에 대한 지급액 등 구체적인 사항을 이사회에 위임하는 것은 가능하다고 판시한바 있다.538 주주총회가 보수의 총액이나 상한액을 정한 이상 이사 및 주주의 이익을 해할 우려가 없고, 회사 및 주주들은 개별 이사의 업무, 능력, 기여도 등을 알기 어려우므로 이사회에서 이를 정하는 것이라고 보

---

534 대법원 2012. 3. 29. 선고 2012다1993 판결; 대법원 2020. 4. 9. 선고 2018다290436 판결 등
535 권순일(편)(2021), 270면
536 김건식 외(2022), 470면
537 김건식 외(2022), 469면
538 대법원 2020. 6. 4. 선고 2016다241515, 241522 판결

기도 한다.539

　이사 보수와 관련하여, 회사에서 유출되는 총 금액을 통제하기만 하면 된다는 관점을 취할 경우, 주주총회에서 이사 보수의 총액 또는 한도에 대한 승인만 받아도 충분하다고 볼 수 있다. 그러나 이사 보수의 기능적 측면을 함께 고려하면 이러한 접근은 타당하지 않다. 특히 소유구조가 분산되어 있는 상장회사의 경우, 이사 보수는 이사들과 주주 간 이해관계를 정렬시키는 핵심적인 수단으로 작용한다. 단순히 이사 전체의 보수 총액 내지 한도를 통제하는 것만으로는 그러한 기능을 충분히 수행할 수 있는 보상 구조의 설계를 기대하기 어렵다.

　앞서 살펴본 해외 주요국에서의 규제 강화 과정에서 제기된 문제의식 역시 이와 유사하다. 즉, (i) 미국의 경우, 경영진 보수를 이사회가 결정할 수 있었으나, 성과와 무관한 과도한 보상이 지급되는 사례가 증가하면서 문제가 제기되었다. 이러한 현상의 주요 원인으로, 이사회가 경영진의 영향력 하에 있어 경영진이 기회주의적인 행동을 하는 것을 막기 어렵다는 지적이 있었으며, 이에 따라 주주 권한 강화 및 독립적인 보수위원회의 설치 필요성이 대두되었다(제2장 제2절 2.(2)). (ii) 영국은 과거 대부분의 회사들이 정관에 따라 이사의 보수를 이사회에서 결정하되, 해당 이사는 자신의 보수 안건에 대해 의결권을 행사하지 못하도록 하고 있었다. 그러나 이러한 방식 역시 상호 봐주기의 전형적인 위험을 내포하고 있다는 비판이 제기되었다(제3장 제2절 3.(2)가.). (iii) 일본의 경우, 우리나라와 유사하게 회사법에서 이사의 보수를 정관 또는 주주총회에서 정하도록 규정하고 있었으나, 실무상 주주총회에서 전체 이사의 보수 한도를 정하고 개별 이사의 보수는 이사회에서 정하고 있어 이사 보수에 대한 감독이 제

---

539 권순일(편)(2021), 273면

대로 이루어지지 않는다는 문제가 지적되었다(제3장 제4절 3.(2)가.).

나. 주주 승인의 형해화

전체 이사 보수의 총액 내지 한도에 대한 주주총회 승인과 관련하여, 주주들이 충분한 정보에 입각한 결정(즉, informed decision)을 하고 있다고 보기도 어렵다.

상법은 주주총회 소집통지서에 회의의 목적사항을 기재하도록 하고 있다(상법 제363조 제2항). 상법은 일부 사항들에 대해서는 소집통지서에 포함되어야 하는 사항들을 보다 상세히 정하고 있으나,540 이사 보수 안건에 대해서는 구체적으로 정하고 있지 않다. 이에 대부분의 회사들은 이사 보수 안건에 대하여 주주총회 소집통지 및 공고에 ① 이사의 총 인원 수와 ② 전체 보수총액 또는 최고한도액만을 기재하고 있다.541 주식연계보상을 부여하는 경우에도, 별도의 정보 제공 없이 보수총액 또는 최고한도액으로 승인받은 범위 내에서 지급하는 것으로 처리하는 경우가 대부분이다. 주주총회 소집통지서에 전체 이사 보수한도액을 기재하고, 이와 별도로 "총 [X]주 이내의 주식연계보상을 지급"하겠다는 취지를 부기하는 사례도 일부 발견되나,542 대부분의 회사들은 주식연계보상에 대해 별도의 기재를 하

---

540 예를 들면 그 의안이 정관의 변경일 때에는 의안의 요령도 통지에 기재하도록 하고 있고(상법 제433조 제2항), 상장회사의 경우 주주총회의 의안이 이사, 감사의 선임인 경우에는 그 후보자의 성명, 약력, 추천인 등을 기재하도록 하고 있다(상법 제542조의4 제2항, 상법 시행령 제31조 제3항).
541 삼성전자, "주주총회 소집공고", 2024. 2. 20.; SK, "주주총회 소집공고", 2024. 3. 4.; 포스코홀딩스, "주주총회 소집공고", 2024. 2. 21.
542 예를 들면, 한화의 경우 주주총회 소집통지서에 전체 이사에 대한 보수총액 또는 최고한도액을 기재하고 그 하단에 "기타 참고사항: 이와 별도로 양도제한조건부주식(Restricted Stock Units)으로서 이사들에게 총 342,224주의 범위 내에서 171,112주의 주식과 171,112주의 주식가치에 상응하는 현금(주식가치연계현금)으로 구분하여 장래에 지급받을 권리를 부여하게겠

지 않고 있다.543

그와 더불어 현재 상장회사 주주총회에서 승인한 이사 보수 한도 대비 실지급률은 평균 46%에 불과하다.544 이러한 실태는, 실무상 이사회는 주주총회에 이사 보수 한도 승인의 건을 상정할 때 향후 부족하지 않도록 넉넉한 금액을 상정하는 경향이 있다는 점을 시사한다. 주주들은 그와 같이 상정된 액수가 어떠한 기준에서 산정된 것이고 어떠한 방식으로 회사와 주주의 가치상승에 기여할 것인지에 대한 정보를 제공받지 못한 채로 승인을 하게 된다. 대체로 전년 대비 같은 금액 혹은 소폭 증액된 금액이 상정되고, 주주들로서는 해당 금액의 적정성을 판단할 수 있는 정보를 제공받지 못했기 때문에, 실질적인 반대 의견을 제시하기도 어렵다. 이러한 상황에서는 주주총회 승인이 이사 보수에 대한 제대로 된 통제장치로 기능하기 어렵다.

다. 지배주주 보수 규제의 맹점

우리나라에서 특히 문제가 되는 것은, 지배주주가 보수를 통해 사익을 추구할 가능성에 대한 우려이다. 주식형 보상과 관련하여 제기되는 가장 큰 우려 역시, 지배주주에 대한 주식형 보상 부여 문제이다.

그런데 주주총회에 상정되는 전체 이사 보수의 총한도액은 상법상 이사, 즉 사내이사, 사외이사, 기타비상무이사에게 적용되는 것이다. 실제로는 지배주주가 미등기임원직에 있으면서 고액의 보수를

음"이라는 내용을 기재하였다(한화, ""주주총회 소집공고", 2024. 8. 13.).
543 SK, "주주총회 소집공고", 2024. 3. 4.; 두산, "주주총회 소집공고", 2024. 3. 6.; 네이버, "주주총회 소집공고", 2022. 2. 11; 웅진, "주주총회 소집공고", 2024. 3. 14.; 웅진, "주주총회 소집공고", 2023. 3. 9.; 두산밥캣, ""주주총회 소집공고", 2023. 3. 3.
544 한국기업지배구조원 보도자료, "국내 상장기업의 대표이사 보수 실태 분석" (2016. 2. 26), 2면

받는 경우가 있는데, 미등기임원의 보수는 상법 제388조에 따른 통제 범위의 밖에 있어, 법적 규율의 공백이 존재한다. 지배주주가 사내이사의 지위에 있는 경우에는 상법 제388조의 적용을 받아 일정 수준의 통제가 이루어진다고 볼 수 있으나, 이 경우에도 전항에서 언급한 바와 같이 주주총회에서 승인받는 총한도액 자체가 실지급액에 비해 과도하게 높게 설정되는 경향이 있으며, 그 한도 내에서 사내이사 개별보수가 차지하는 비중에 대한 정보도 의사결정 시점에 제공되지 않기 때문에, 제388조에 근거한 통제가 실효적으로 작동한다고 보기 어렵다.

(2) 공시규제

공시는 (i) 주주들이 이사 보수 안건을 승인할 때 충분한 정보를 바탕으로 판단을 내릴 수 있도록 하는 기능과 (ii) 주주들에게 보수 관련 정보를 투명하게 공개함으로써 부적절한 보수 결정을 간접적으로 통제하는 기능을 한다. 경영진 권력 이론에 따르면, 주주들이 경영진 보수약정을 더 명확히 이해할 수록 외부의 분노에 따른 제약(outrage constraint)이 더 효과적으로 작동할 수 있다(제2장 제2절 2.). 따라서 경영진의 기회주의적 보수 결정은 적절한 공시를 통해서도 통제될 수 있다. 그러나 현재의 공시제도는 이러한 두 가지 기능을 충분히 수행하지 못하고 있다.

가. 이사 보수 승인시 주주에게 제공되는 정보

우선, 현재의 공시제도는 주주총회에서 이사 보수를 승인할 때 주주들에게 충분한 정보가 제공되고 있지 않다는 문제가 있다. 해외 주요국에서는 Say-on-Pay를 도입하면서 주주들이 투표시 충분한 정보를 토대로 판단을 내릴 수 있도록 공시의무를 강화하였다(제3장 제1절 4.(2)나, 제2절 4.(2)나, 제3절 4.(2)나). 그런데 우리나라의 경우 주주총회에서 이사 보수에 대한 승인을 받고 있지만, 그 승인에 앞서 주주들에게 그 보수의 적정성과 정당성을 판단할 수 있는 정보는 제공되지 않고 있다(주주총회 소집 통지 및 공고 내용의 부족한 면에 대한 구체적인 내용은 위 (1)나.항 주주 승인의 형해화에 관한 부분에서 함께 검토하였다).

나. 지급된 보수에 대한 정보

또한, 현재의 공시제도는 경영진에게 실제 지급된 보수에 관한 공시 내용을 보더라도 (a) 주식연계보상의 가치 및 (b) 보수와 성과와의 연계성을 파악하기 어렵다는 문제가 있다. 현행 사업보고서상 임원 보수에 관한 공시 항목은 다음과 같다. ① 전체 이사·감사에 대한 보수현황으로서 주주총회 승인금액, 보수지급금액 및 보수 지급기준을 공시하여야 하고, ② 개인별 보수가 5억원 이상인 이사·감사의 보수현황으로서, 개인별 보수지급금액(보수총액과 보수총액에 포함되지 않는 보수 구분), 보수의 종류별 총액 및 산정기준을 공시하여야 한다. ③ 개인별 보수 5억원 이상 중 상위 5인에 대해서는 위 ②와 동일한 내용을 공시하여야 한다.545 추가로 ④ 주식매수선택권 등의 부

---

545 우리나라는 2013년부터 연간 5억원 이상의 보수를 수령하는 임원의 개인별 보수와 개별 항목, 산정기준 및 방법을 사업보고서에 공시하도록 하였다(자본시장법 제159조 제2항 제3호). 이후 일부 지배주주 일가의 경우 보수에 대한 정보공개를 회피하기 위해 미등기임원으로 전환하는 사례가 나타나자 2016년 자본시장법을 개정하여 등기여부와 무관하게 보수 지급액이 5억원 이상인 상위 5명에 대한 개인별 보수를 공개하도록 하였다(자본시장법 제159조 제2항 제3의2호). 이는 과거에 비해 진전된 것으로 평가할 수 있다(국회의원 김현 보도자료, "국내 굴지의 대기업 보수공시 피하려 미등기임원으로 전환문제, 등기임원은 물론 미등기임원의 보수공시 시급"

여 및 행사현황 등의 항목에 주식연계보상에 관한 현황을 기재하여야 한다.546 과거에는 경영진의 주식연계보상에 대한 공시 기준이 더욱 불명확하였으나, 금융감독원은 2023년 12월 공시서식을 개정하여 (a) 주식기준보상 운영 현황 및 (b) 대주주에게 지급한 경우 대주주별 거래내역을 공시하도록 개선하였다.547 그럼에도 불구하고 해외 주요국의 공시 강화 사례들과 비교해 보면(제3장 제1절 4.(2)나, 제2절 4.(2)나, 제3절 4.(2)나), 여전히 다음과 같은 미비점이 존재한다.

첫째, 부여된 주식연계보상의 가치에 대한 정보가 제공되지 않는다. 현행 사업보고서상 이사의 개인별 보수 현황 항목에는 '개인별 보수지급금액'에 '보수총액'과 '보수총액에 포함되지 않는 보수'를 구분하여 기재하도록 하고 있고, 주식연계보상이 부여된 경우 후자의 항목에 해당 내용을 기재하게 된다. 그런데 대부분의 기업들은 '사후교부 제한주식 [XX]주를 부여하였으며 지급 시점의 시가에 따라 최종 지급금이 확정될 예정임'548 정도의 문구만을 기재하고 있다. 개인별 보수지급금액 5억원 이상 상위 5인의 보수 현황 기재 양식 역시 마찬가지이다. 즉, 주식연계보상은 부여 후 수 년이 지나 가득되어 실제 지급되는 해에 이르러서야 당시 시가로 환산한 금액이 기재되고, 그 이전까지는 부여되어 있는 주식연계보상이 어느 정도의 가치를 갖는 것인지에 대한 정보가 공시되지 않는다. 이로 인해

(2015. 9. 14), 1~2면 참조).
546 자본시장법 제159조 제2항 제2호, 제3호 및 제3의2호, 자본시장법 시행령 제168조 제1항 및 제2항, 발행공시규정 제4-3조, 제9항, 기업공시서식 작성기준 제9-2-1조, 제9-2-2조
547 금융감독원, 보도자료 "기업이 임직원 보상으로 주식을 활용(주식기준보상)하는 경우 사업보고서에 관련 현황을 기재해야 합니다", 2023. 12. 20.
548 한화, "사업보고서", (2024. 4. 30.), 네이버, "사업보고서", (2024. 3. 18) 등 대부분의 사업보고서가 유사한 취지로 기재하고 있다.

주주들은 경영진에게 부여된 주식연계보상의 실질적 규모나 그 상당성을 파악하기 어렵다.

둘째, 현재 공시되는 정보만으로는 지급된 보수가 회사의 실적 내지 성과와 실제로 어떻게 연계되는지를 명확히 알기 어렵다. 이와 같이 모호한 공시는 실제로 경영진이 충분한 성과 없이 보수를 받더라도 주주들이 이를 인식하기 어렵게 만든다. 경영진 권력 이론의 관점에서 보면, 현재의 공시는 은폐 내지 위장이 용이한 구조라고 볼 수 있다.

(3) 기업지배구조 모범규준

영국, 독일, 일본의 경우, 기업지배구조 모범규준에서 경영진에 대한 주식연계보상을 장려하고 있고(제3장 제2절 4.(1), 제3절 4.(1), 제4절 4.(1)), 그것이 경영진의 보상 구조 개선에 일정한 기여를 한 것으로 보인다.

우리나라 또한 기업지배구조 모범규준이 제정되어 있고,[549] 기업지배구조보고서 공시도 시행되고 있으나, 경영진 보상 구조의 실질적 개선을 유도하는 데에는 아직 미흡한 측면이 있다. 한국거래소는 2017년 기업지배구조보고서 공시를 제도화하여, 모범규준 중 최소 핵심항목 10개를 선정하여 원칙준수-예외설명 방식(Comply or Explain, CoE)으로 공시하도록 하고 있으며,[550] 초기 자율공시 방식에서 단계적으로 의무공시 대상을 확대하고 있다.[551]

---

[549] 1999년 정부 주도 하에 학계, 기업, 전문가 등으로 구성된 기업지배구조개선위원회가 기업지배구조 모범규준을 제정하였고, 이는 2003년 개정되었다. 이후 한국ESG기준원(구 한국기업지배구조원)이 2016년 위 모범규준을 승계하여 모범규준을 개정하였고, 2021년에는 ESG 모범규준개정안에 기업지배구조에 관한 원칙을 포함한 일부 개정이 이루어졌다.

[550] 한국거래소(2017), 8면-11면

그런데 한국거래소의 기업지배구조보고서 가이드라인을 보면, 경영진의 보수에 대해서는 핵심원칙 4 이사회 구성의 세부원칙 7-1 '이사회는 원칙적으로 정기적으로 개최되어야 하며, 이사회의 권한과 책임, 운영절차 등을 구체적으로 규정한 이사회 운영규정을 마련하여야 한다' 하에 (i) '각 임원의 성과 평가와 연계된 보수 정책의 수립 및 공개 여부' (ii) '회사의 지속적인 성장과 중장기적 이익에 영향을 주는 이해관계자들의 이익을 고려하였는지 여부'에 대한 간략한 항목만을 두고 있다.552 이러한 내용만으로 경영진 보수 제도에 대한 실효성 있는 개선을 유도하기 어렵다. 실제 기업지배구조보고서 기재 사례들을 보면, '임원보수 정책수립여부', '보수정책 공개여부'에 O 또는 X로만 표시하고, 그에 대한 설명도 사업보고서에 기재된 수준 또는 그보다도 간략한 수준에 그치는 경우가 많다.553 결과적으로 기존 공시의 단순 반복에 머무를 뿐, 기업지배구조 모범규준 및 지배구조보고서를 통해 경영진 보수 구조에 실질적 변화를 기대하기는 어려운 실정이다.

---

551 2019년 자산총액 2조원 이상인 유가증권시장 상장회사, 2022년부터 자산총액 1조원 이상인 유가증권시장 상장회사, 2024년부터 자산총액 5천억 이상인 유가증권시장 상장회사에 대하여 공시가 의무화되었고, 2026년에는 모든 유가증권시장 상장회사에 대하여 의무화될 예정이다.
552 한국거래소(2024), 2면
553 예를 들어 삼성전자의 경우, "당사는 각 개별 사내이사의 성과를 평가하고 그 평가에 근거하여 보수가 산정되는 보상 정책을 수립하고 있으며, 등기임원의 보수 체계와 개별 보수에 대해서는 전원 사외이사로 구성된 보수위원회의 심의를 통해 공정성과 객관성을 확보하고 있습니다. 아울러, 당사의 보수정책에 대해서는 사업보고서상 임원의 보수 현황으로 공시하고 있습니다"라고 기재하고 있다(삼성전자, "기업지배구조공시", 2024. 5. 31.)

4. 스톡옵션에 대한 경직된 규제

제2장 제2절 3.에서 살펴본 바와 같이, 2008년 금융위기를 전후하여 미국을 중심으로 스톡옵션에 대한 비판론이 제기되고, 그 대안으로 주식형 보상의 활용이 장려되기 시작하였으나, 당시 논의에서도 스톡옵션이 모든 경우에 부적합하다고 본 것은 아니었다. 기업의 성장단계나 경영진에게 요구되는 과업의 성격에 따라 적절히 설계될 경우 스톡옵션이 적합한 보상 수단이 되는 상황도 존재한다. 따라서 회사법적으로는 스톡옵션을 포함한 다양한 주식연계보상의 유형 중에서 각 회사가 처한 상황에 맞는 유형을 선택하여 유연하게 활용할 수 있는 제도적 기반을 마련할 필요가 있다. 그러나 현재 우리나라의 스톡옵션 규제는 일부 과도한 측면이 있어, 실무상 스톡옵션의 활용이 위축되고 있는 실정이다.

(1) 부여대상자의 제한

가. 계열회사 임직원

상법은 주식매수선택권의 부여대상자를 '회사의 설립·경영 및 기술혁신 등에 기여하거나 기여할 수 있는 회사의 이사, 집행임원, 감사 또는 피용자'로 한정하고 있다(상법 제340조의2 제1항). 상장회사의 경우 부여대상자가 '대통령령으로 정하는 관계 회사'의 이사, 집행임원, 감사 또는 피용자까지 확대된다(상법 제542조의3 제1항). 그런데 상법 시행령 제30조 제1항은 위 관계회사를 일정한 범위의 해외 현지법인과 금융지주회사의 비상장 자회사·손자회사로 한정하고 있다.[554] 따라서 국내 계열회사의 임직원에게는 주식매수선택권을

---

[554] (i) 해당 회사가 총출자액의 100분의 30 이상을 출자하고 최대출자자로 있

부여할 수 없다.

해외 현지법인 임직원에 대한 주식매수선택권 부여를 허용한 것은 국내 상장회사의 해외 현지법인 임직원도 부여주체인 상장회사의 실적에 영향을 미친다는 점을 감안한 것이라고 하는데, 그 부여 대상을 외국법인에 한정할 필요성에 대해서는 의문이 제기되고 있으며,555 타당한 지적이라고 생각한다.

한편, 관계회사에 금융지주회사의 증손회사는 포함되어 있지 않은데, 이는 연혁적으로 상법으로 상장회사에 대한 주식매수선택권 규정이 이관된 이후 2009년 금융지주회사법 개정으로 증손회사 개념이 도입되었는데,556 상법 시행령에 반영되지 않았기 때문이라고 한다.557 관계회사에 금융지주회사의 비상장 자회사와 손자회사까지만 포함시키고 증손회사만을 제외할 이유는 없으므로, 이 점도 불합리한 부분이다.

나. 지배주주 등

상법은 주식매수선택권을 부여할 수 없는 자에 대해 규정하고 있다. 즉, (i) 의결권 없는 주식을 제외한 발행주식총수의 100분의 10 이상의 주식을 가진 주주, (ii) 이사·집행임원·감사의 선임과 해임 등

는 외국법인(제1호), (ii) 제1호의 외국법인이 총출자액의 100분의 30 이상을 출자하고 최대출자자로 있는 외국법인과 그 법인이 총출자액의 100분의 30 이상을 출자하고 최대출자자로 있는 외국법인(제2호), (iii) 해당 회사가 금융지주회사법에서 정하는 금융지주회사인 경우 그 자회사 또는 손자회사 가운데 상장회사가 아닌 법인(제3호), 위 (i) 및 (ii)의 법인은 주식매수선택권을 부여하는 회사의 수출실적에 영향을 미치는 생산 또는 판매 업무를 영위하거나 그 회사의 기술혁신을 위한 연구개발활동을 수행하는 경우로 제한됨.

555 임재연(2020), 522면
556 법률 제9788호, 2009. 7. 31., 일부개정, 시행 2009. 12. 1.
557 권순일(편)(2021), 730면

회사의 주요 경영사항에 대하여 사실상 영향력을 행사하는 자, 그리고 (iii) 위 (i) 및 (ii)에 규정된 자의 배우자와 직계존비속에게는 주식매수선택권을 부여할 수 없다(상법 제340조의2 제2항). 또한, 상장회사의 부여대상자에는 추가적인 제한이 있다. 즉, 상장회사는 (iv) 상법 제542조의8 제2항 제5호에 따른 최대주주[558] 및 특수관계인과 (v) 상법 제542조의8 제2항 제6호에 따른 주요주주[559] 및 그 특수관계인에게는 주식매수선택권을 부여할 수 없다(상법 제542조의3 제1항, 상법 시행령 제30조 제2항) (이하 위 스톡옵션 부여 제한대상을 총칭하여 "지배주주 등").[560]

이와 같이 지배주주 등에 대한 주식매수선택권 부여를 금지한 이유는 지배주주 등이 이 제도를 남용할 가능성을 방지하기 위함이라고 한다.[561] 이에 대해서는 경영자에게 주주가치를 존중할 인센티브를 준다는 주식매수선택권의 취지에 비추어 지배주주 등을 배제하는 것이 옳은 것인지 의문을 제기하는 견해도 있다.[562]

---

[558] 상장회사의 주주로서 의결권 없는 주식을 제외한 발행주식총수를 기준으로 본인 및 그와 대통령령으로 정하는 특수한 관계에 있는 자(이하 "특수관계인"이라 한다)가 소유하는 주식의 수가 가장 많은 경우 그 본인(이하 "최대주주"라 한다) 및 그의 특수관계인

[559] 누구의 명의로 하든지 자기의 계산으로 의결권 없는 주식을 제외한 발행주식총수의 100분의 10 이상의 주식을 소유하거나 이사·집행임원·감사의 선임과 해임 등 상장회사의 주요 경영사항에 대하여 사실상의 영향력을 행사하는 주주(이하 "주요주주"라 한다) 및 그 배우자와 직계 존속·비속

[560] 다만, 해당 회사의 임원이 됨으로써 특수관계인에 해당하게 된 자(그 임원이 계열회사의 상무에 종사하지 아니하는 이사·감사인 경우를 포함)는 제외된다(상법 시행령 제30조 제2항 단서).

[561] 조정찬(2000), 51면; 지배주주가 주식매수선택권을 사익추구의 방법으로 사용할 수 있기 때문이라는 견해로 송옥렬(2022), 1006면; 권순일(편)(2021), 541면

[562] 김건식 외(2022), 475면; 지배주주가 주식을 보유하고 있다고 하더라도 스톡옵션을 부여받으면 주가 상승시 자신의 부가 더욱 증가하기 때문에 여전히 인센티브 효과가 있다는 견해로 문병순/권재현(2019), 308-309면; 지

(2) 행사가액의 경직성

상법은 주식매수선택권의 행사가액을 부여일 기준 주식의 실질가액 이상으로 제한하고 있다(상법 제340조의2 제1항, 제340조의2 제4항).563 즉, (i) 신주발행형은 '부여일을 기준으로 한 주식의 실질가액과 주식의 권면액564 중 높은 금액 이상'으로, (ii) 자사주교부형은 '부여일을 기준으로 한 주식의 실질가액 이상'으로 행사가액을 제한하고 있고, (iii) 차익지급형은 실질가액을 주식매수선택권 행사일을 기준으로 평가하도록 하고 있다. 이하에서는 이와 같이 행사가액을 제한한 이유를 살펴 보고, 이를 반드시 법으로 일률적으로 제한할 필요는 없다는 점에 대하여 논증한다.

일반적으로 주식의 발행가액 규제의 필요성은 자본충실 및 주주보호의 측면에서 인정되고 있다.565 상법은 자본충실을 위해 주식의 액면미달 발행은 회사 성립 후 2년이 경과하고, 주주총회의 특별결의 및 법원인가를 받은 경우에 한하여 제한적으로 허용하고 있다(상법 제417조). 액면가 이상으로 발행하는 경우라 하더라도 그 발행가액이 공정가액에 미달한다면, 주주 배정이 아닌 이상 기존 주주의 지분가치가 희석될 수 있다. 이에 과거에는 상장회사의 경우 시가발행을 의무화하기도 하였다. 현재는 시가보다 낮은 가격으로 제3자에게 신주를 발행하는 것도 가능하나, 자본시장법에서 주주배정 외의

배주주는 신주인수권부사채를 취득하는 우회적인 방법으로도 주식을 취득할 수 있기에 스톡옵션을 배제하는 정책이 실효성이 없다는 견해로 안수현 (2006), 30면.
563 구체적으로는, 신주발행형의 경우 부여일을 기준으로 한 주식의 실질가액과 주식의 권면액 중 높은 금액 이상, 자사주교부형의 경우 부여일을 기준으로 한 주식의 실질가액 이상
564 단, 무액면주식의 경우 자본으로 계상되는 금액 중 1주에 해당하는 금액을 권면액으로 본다.
565 송옥렬(2022), 1154면

경우 일반공모증자는 30%, 제3자배정은 10% 이내의 범위로 할인률을 제한하고 있다(자본시장법 제165조의6, 동법 시행령 제176조의8, 증권의 발행 및 공시 등에 관한 규정(이하 "발행공시규정") 제5-18조 제1항).566 비상장회사의 경우 시가발행이 법적으로 의무화되어 있지는 않지만, 제3자 배정 방식으로 저가에 신주를 발행할 경우 이사의 배임 문제가 발생할 수 있다.

위 논의를 배경으로, 주식매수선택권의 행사가액 문제를 살펴보면, 상법이 주식매수선택권의 행사가액을 제한하고 있는 것은 일응 '부여일'을 기준으로 하여 저가발행이 되지 않도록 하기 위한 취지로 이해된다.567 그러나 이 역시 '행사시점'을 기준으로 보면 신주의 저가발행이 되는 셈이다. 다만 이는 법적으로 명시적으로 허용된 것이므로 상법 제424조의2 또는 이사의 책임 등의 문제로 이어지지 않는다.568 결국 '저가발행' 자체는 절대적으로 금지되어야 하는 것은 아니며, 회사의 임직원에 대한 보상 수단으로서의 정당성과 필요성이 인정되는 범위 내에서 제도적으로 허용 여부 내지 허용 범위를 결정할 수 있는 것이다.

한편, 부여일 기준으로 행사가액이 실질가액에 미달하는 경우 이른바 내가격옵션(in the money option)이 되어, 부여대상자에게 '과도하게 유리'하고 주주에게는 불리하다는 판단에 따라 이를 제한하는 것으로 설명되기도 한다. 그러나 이에 대해서는, 내가격옵션 부여가 주식 부여와 마찬가지로 경영자에 대한 일정한 인센티브로 기능할 가능성도 있기 때문에, 행사가액을 법률로 일률적으로 제한하는 것은 입법론상 의문이라는 견해도 있다.569

---

566 송옥렬(2022), 1154면
567 송옥렬(2022), 1007면
568 송옥렬(2022), 1008면
569 김건식 외(2022), 478면

이상과 같이, 행사가액을 실질가액 이상으로 제한해야 한다는 입장의 핵심적인 우려는, 그렇게 하지 않으면 주주들에게 해가 된다는 데 있다. 그러나 스톡옵션의 부여가 주주에게 이익이 되는지 또는 해가 되는지는 행사가액 뿐 아니라 부여 대상자, 부여 규모, 행사기간 등 여러 조건을 종합적으로 고려하여 판단할 사안이며, 행사가액의 일률적 규제만으로 그 목적을 달성할 수 있는 것은 아닙니다.

이해를 돕기 위하여, 부여 시점 주식의 실질가액이 100원이고 행사시점(가령 5년 뒤) 주가가 110원인 가상의 사례를 상정해 보자.570 경영자 갑에게 행사가격 100원에 스톡옵션 10주를 부여하는 경우(사례 1), 행사가격 90원에 스톡옵션 5주를 부여하는 경우(사례 2), 5년 뒤 갑이 실질적으로 얻을 수 있는 이익은 100원으로 모두 동일하다. 물론 회사에 납입되는 자금은 각각 1000원, 450원으로 차이가 있다. 그렇다면 반드시 사례1이 언제나 주주에게 이익이 되는 것이고 사례2는 해가 되는 것인가? 사례2는 회사로 유입되는 자본금의 액수는 적지만 발행되는 주식 수가 적어 기존 주주의 지분이 희석되는 정도도 적다. 물론 행사가액을 어떻게 설정하는지에 따라 인센티브의 작동에도 차이가 있다.571 즉 주가가 120원이 되었을 때 사례1의 경우

---

570 논의를 단순화하기 위해 모두 신주발행형이라고 가정한다. 사안을 표로 정리하면 아래와 같다.

구분	부여시점			행사시점			
	주가	행사가격 (A)	부여 수량(B)	주가(C)	납입금 (A×B)	주식가치 (D)	이익 (D−A×B)
사례1	100	100	10	110	1000	1100	100
사례2	100	90	5	110	450	550	100

571 논의를 단순화하기 위해 위해 갑에게 귀속되는 이익이 동일한 금액이 되는 것을 가정했지만, 사례1이 사례2보다 주가 변화로 인한 이익의 변동성이 더 크다.

이익이 200원이 되지만 사례2는 150원이 된다. 이와 같은 차이는 경영진의 위험추구 성향 등에 영향을 미칠 것이다. 요점은, 행사가액을 얼마로 설정하는 것이 바람직한지는 해당 부여대상자에게 어떠한 인센티브를 부여하는 것이 적절한지를 종합적으로 고려하여 판단해야 한다는 점이다. 관점에 따라, 어느 회사의 주주들은 사례1보다 사례2가 더 효과적인 인센티브라고 판단할 수도 있다.

해외 논의나 해외 주요국의 입법례를 보더라도 일반적으로 행사가액을 법률로 실질가액 이상으로 제한하고 있지는 않다.

2000년대 초반 스톡옵션에 대해 비판적 입장을 취한 Bebchuk 등의 학자들조차도, 경영진 스톡옵션의 최적 행사가격에 대해서는 다양한 견해가 존재하며, 모든 회사와 모든 경영진에게 단일한 설계가 최적이라고 보기는 어렵다는 점을 강조하였다. 이들은 주식의 변동성, 기업의 성장 가능성, 부여대상자의 주식 보유수준 및 위험회피 성향 등에 따라, 동일한 회사 내에서도 부여대상자 간에 최적의 행사가격이 다를 수 있음을 지적하였다.[572]

일본의 경우 실무상 1엔 스톡옵션이 고안되어 널리 활용되어 왔고, 2019년 상법 개정으로 스톡옵션의 무상행사(즉 행사가액이 0엔)도 허용되었다. 일본에서도 그 경우 유리발행(우리나라의 저가발행)이 아닌지, 주주에게 불리한 것이 아닌지, 자본충실에 문제가 있는 것은 아닌지에 대한 논의가 있었으나, 스톡옵션이 임직원의 직무집행의 대가가 되는 이상 그 대가로 적절한 업무 제공을 받는 것이라면 정당화될 수 있다고 보았다.[573]

구분	부여시점			행사시점			
	주가	행사가격(A)	부여수량(B)	주가(C)	납입금(AxB)	주식가치(D)	이익(D-AxB)
사례1	100	100	10	120	1000	1200	200
사례2	100	90	5	120	450	600	150

[572] Bebchuk et al.(2002), 818면

한편, 독일의 경우 주식법의 스톡옵션에 관한 규정에서 행사가격 자체를 제한하고 있지는 않고(독일 주식법 제193조 제2항), 행사가격이 부당하게 낮아서는 안 된다고 하며(독일 주식법 제255조 제2항) 시가 보다 낮은 행사가격은 회사에 부여되는 이익에 근거하여 정당성을 입증하도록 하고 있다.

스톡옵션의 행사가액이 부여 시점의 실질가액 이상이든 미만이든, 그러한 보상을 통해 회사가 얻을 수 있는 이익에 대한 합리적인 근거가 존재해야 한다는 점은 전제되어야 한다. 행사가액이 부여시점의 실질가액 이상이라 하더라도 부여 수량이 과도하면 회사와 주주에게 불리한 결과를 초래할 수 있고, 반대로 행사가액이 부여시점의 실질가액 미만이라 하더라도 부여대상자에게 효과적인 인센티브를 제공함으로써 회사와 주주 모두에게 이익을 가져올 수 있다면 정당한 부여로 평가될 수 있다. 따라서 행사가액을 일률적으로 법으로 제한하기보다는, 각 회사가 사업의 특성, 주가의 변동성, 자본시장 환경, 부여대상자의 역할 및 위험회피 성향 등을 종합적으로 고려하여 최적의 인센티브를 설계할 수 있도록 유연성을 보장하는 것이 바람직하다.[574,575]

---

[573] 제3장 제4절 2.(1) 라.항 참조
[574] 가령 주식시장이라는 외부 환경의 특수성으로 특정 시점에 주가가 지나치게 높은 시점인데 임직원에 대해 스톡옵션이라는 보상수단을 활용할 필요성은 있는 경우도 있을 수 있다.
[575] 한편, 벤처기업법은 원칙적으로 주식매수선택권의 행사가격은 부여일을 기준으로 한 주식의 시가 이상이어야 한다고 규정하고 있으면서도, 일정한 경우 시가보다 낮은 가격으로 정할 수 있도록 이미 허용하고 있다. 즉, 주식매수선택권을 부여받는 자가 부여일을 기준으로 한 주식의 시가보다 낮은 행사가격으로 부여받았거나 부여받을 각 주식매수선택권에 대하여 다음 계산식에 따라 계산한 금액의 합계가 5억원 이하인 경우 시가보다 낮은 가격(단, 권면액 이상이어야 함)으로 행사가격을 정할 수 있도록 하였다(벤처기업법 제162조의3 제3항, 동법 시행령 제11조의5 제5항).

(3) 부여 절차의 엄격성

주식매수선택권을 부여하려면 정관에 그 근거 규정을 두고, 주주총회의 특별결의를 거쳐야 한다. 상법은 주식매수선택권 부여에 대하여 상당히 엄격한 절차를 규정하고 있는 셈이다. 주식매수선택권이 기존 주주의 이해관계 미치는 영향을 고려할 때, 그 부여에 주주총회 특별결의를 요구하는 것 자체는 타당하다고 생각한다.576 다만, 현재의 규제는 지나치게 세부적인 사항까지 주주총회 승인을 받도록 하고 있어, 일정 부분 완화가 필요하다.

우선, 상법상 주식매수선택권을 부여하기 위해서는 정관에 근거를 두어야 한다(상법 제340조의3 제1항).577 정관에는 (i) 일정한 경우 주식매수선택권을 부여할 수 있다는 뜻, (ii) 주식매수선택권의 행사로 발행하거나 양도할 주식의 종류와 수, (iii) 주식매수선택권을 부여받을 자의 자격요건, (iv) 주식매수선택권의 행사기간, (v) 일정한 경우 이사회결의로 주식매수선택권의 부여를 취소할 수 있다는 뜻을 기재하여야 한다(상법 제340조의3 제1항). 상장회사의 경우 추가적으로 상법 시행령 제30조 제6항에서 취소할 수 있는 일정한 사유에 해당하는 경우는 정관에서 정하는 바에 따라 이사회 결의에 의하여 주식매수선택권의 부여를 취소할 수 있다고 규정하고 있다. 그 사유는 (i) 주식매수선택권을 부여받은 자가 본인의 의사에 따라 사

---

576 [(부여일 기준 주식의 시가-행사가격)×주식매수선택권 행사 대상 주식 쉬 권순일(편)(2021), 547면
577 정관에 다음 각 호의 사항을 기재하여야 한다.
   1. 일정한 경우 주식매수선택권을 부여할 수 있다는 뜻
   2. 주식매수선택권의 행사로 발행하거나 양도할 주식의 종류와 수
   3. 주식매수선택권을 부여받을 자의 자격요건
   4. 주식매수선택권의 행사기간
   5. 일정한 경우 이사회결의로 주식매수선택권의 부여를 취소할 수 있다는 뜻

임하거나 사직한 경우, (ii) 주식매수선택권을 부여받은 자가 고의 또는 과실로 회사에 중대한 손해를 입힌 경우, (iii) 해당 회사의 파산 등으로 주식매수선택권 행사에 응할 수 없는 경우, (iv) 그 밖에 주식매수선택권을 부여받은 자와 체결한 주식매수선택권 부여계약에서 정한 취소사유가 발생한 경우이다. 또한 그 정관 규정은 등기하여야 한다(상법 제317조 제2항 제3호의3).

    그리고 회사가 주식매수선택권을 부여하려면 주주총회 특별결의로 (i) 주식매수선택권을 부여받을 자의 성명, (ii) 주식매수선택권의 부여방법, (iii) 주식매수선택권의 행사가액과 그 조정에 관한 사항, (iv) 주식매수선택권의 행사기간, (v) 주식매수선택권을 부여받을 자 각각에 대하여 주식매수선택권의 행사로 발행하거나 양도할 주식의 종류와 수를 정하여야 한다(상법 제340조의3 제2항).[578] 이는 이해관계를 가지는 기존 주주들로 하여금 회사의 의사결정 단계에서 중요 내용을 정하도록 함으로써 주식매수선택권의 행사에 관한 예측가능성을 도모하기 위한 것이라고 한다.[579] 다만, 상장회사의 경우 정관으로 정하는 바에 따라 일정한 한도(즉, 자본금 3천억 이상인 법인은 발행주식총수의 1%, 자본금 3천억원 미만인 법인은 발행주식총수의 3%)까지 이사회 결의로 주식매수선택권을 부여하고, 이후 처음으로 소집되는 주주총회의 승인을 받는 방식으로 처리할 수 있다(상법 제542조의3 제3항, 상법 시행령 제30조 제4항).[580,581]

---

[578] 주주총회 결의에서는 다음 각 호의 사항을 정하여야 한다.
   1. 주식매수선택권을 부여받을 자의 성명
   2. 주식매수선택권의 부여방법
   3. 주식매수선택권의 행사가액과 그 조정에 관한 사항
   4. 주식매수선택권의 행사기간
   5. 주식매수선택권을 부여받을 자 각각에 대하여 주식매수선택권의 행사로 발행하거나 양도할 주식의 종류와 수

[579] 대법원 2018. 6. 26. 선고 2016다237714 판결

주주총회 특별결의로 위 사항들을 정하도록 한 것은, 주주들로 하여금 중요 내용을 정하도록 함으로써 주식매수선택권의 행사에 관한 예측가능성을 도모하기 위한 것이라고 한다.582 스톡옵션 행사로 신주가 발행되면 기존 주주의 지분이 희석되므로, 그 주요 내용에 주주 승인을 받도록 할 필요성은 인정된다. 그러나 주식매수선택권 부여대상자의 성명과 개별 부여대상자별로 부여할 주식의 종류와 수량까지 주주총회에서 일일이 결정하도록 하는 것은 비효율적이다. 기존 주주의 이해관계는 본질적으로 지분 희석 문제인데, 이는 일정 기간 내에 부여 가능한 수량의 한도, 행사가액 산정 및 조정 기준, 행사기간의 범위 등에 대하여 주주 승인을 받는 것으로도 충분히 보호될 수 있다. 그 범위 내에서 각 임직원에게 얼마만큼의 주식매수선택권을 부여할지는 회사에 대한 기여도, 성과 기대치 등 복합적인 요소를 고려한 고도의 경영판단 사항에 해당하며, 주주들이 각 개별 부여대상자에 대한 부여의 적정성을 판단하기는 어렵다. 이러한 사항까지 주주들이 결정하도록 하는 것은 정보비용 및 조정비용 측면에서 비효율적일 뿐만 아니라, 실효성 있는 통제 수단으로 기능하기도 어렵다.583

---

580 그러나 '해당 회사의 이사'에게 주식매수선택권을 부여하는 결의는 상장회사의 이사회에서 할 수 없다(상법 제542조의3 제3항). 이는 이사들이 이사 자신에게 주식매수선택권을 부여하는 결의를 하지 못하도록 한 것으로서 그 타당성을 인정할 수 있다.
581 이사회 결의 후 주주총회의 승인을 받을 때에는 통상의 부여결의와 마찬가지로 특별결의에 의하여야 한다는 견해(김건식 외(2022), 476면)와 보통결의에 의하면 된다는 견해가 있다(한국상사법학회(2022), 766면). 또한, 이사회 결의에 의한 주식매수선택권 부여대상에서 이사는 제외되어 있어 남용의 폐해가 크지 않으므로 주주총회에 보고하는 것으로 변경하는 것이 타당하다는 견해도 있다(임재연(2020), 567면; 최준선(2011), 311면).
582 대법원 2018. 6. 26. 선고 2016다237714 판결
583 이 부분은 일반적인 주식매수선택권(즉, 임직원을 포괄하는 주식매수선택권 제도)에 대한 규제 측면에서 개별 임직원의 성명 및 그 각 부여수량을

5. 새로운 주식연계보상 제도 설계상의 제약

(1) 주식형보상 관련 제도의 미비

가. 자기주식 교부형에 대한 규제

현재 주식형 보상은 상법 및 자본시장법상 자기주식의 취득 및 처분에 관한 규제 범위 내에서 활용되고 있다. 이로 인해 스톡옵션에 비해서는 상대적으로 자유롭게 운영할 수 있는 측면이 있다. 다만 자기주식을 활용하는 이상 자기주식에 대하여 적용되는 규제가 그대로 적용되는데, (a) 자기주식의 취득 및 처분에 대한 규제는 자본충실 및 주주보호 등의 목적에서 비롯된 것이고 (b) 주식형 보상은 부여대상자에게 적절한 인센티브를 부여하기 위한 제도로서 규제의 필요성도 있으나 촉진이 필요한 측면도 있다. 이러한 점을 고려할 때 주식형 보상에 대해 일반적인 자기주식 규제를 그대로 적용하는 것이 타당한지에 대해서는 생각해 볼 필요가 있다.

1) 자기주식 취득 재원규제

자기주식 취득은 배당가능이익의 한도 내에서만 가능하다(상법 제341조 제1항). 아래 나.항에서 검토하는 바와 같이 현재 신주발행 방식의 주식형 보상은 활용할 수 없기 때문에, 배당가능재원이 없는 회사는 임직원에 대한 주식형 보상의 필요성이 있더라도 이를 활용할 수 없는 상황이다.[584]

주주들이 판단하기 어렵다는 측면에서 제기하는 문제이다. 이사 보수 결정 절차 관점에서 개별 이사 보수 결정 절차에 규제 개선이 필요한 부분에 대해서는 제5장 제2절 1.항에서 검토하는 바와 같다.

[584] 2024년 개정된 벤처기업법에 따라 벤처기업의 경우 배당가능이익이 없더라도 주식형 보상을 활용할 수 있다(제5장 제3절 1.(2)나.2)(가) 참조).

2) 자기주식 취득 및 처분기간 규제

상장회사의 경우 자기주식 처분(신탁계약의 해지 포함) 후 3개월간 또는 자기주식 취득(신탁계약의 체결 포함) 후 6개월간의 기간 동안에는 자기주식의 취득 또는 처분 및 신탁계약의 체결 또는 해지를 할 수 없다(자본시장법 시행령 제176조의2 제2항 제6호). 이는 빈번한 자기주식의 취득·처분으로 인한 인위적인 시장가격 왜곡이나 미공개정보를 이용한 불공정거래가 발생하지 않도록 하기 위한 것이다.[585]

다만, 임직원에 대한 상여금으로 자기주식을 교부하는 경우에 대해서는 예외를 두고 있다(같은 호 가목). 그런데 계열회사 임직원에게 주식형 보상을 부여하는 경우에는 이러한 예외규정이 적용되지 않아 자기주식 취득 및 처분기간의 규제 적용을 받는다. 앞서 살펴본 것처럼 주식형 보상은 스톡옵션과 달리 계열회사 임직원에게도 부여 가능하기 때문에 현재 상장회사들이 계열회사 임직원에 대한 주식연계보상이 필요할 때 활용할 수 있는 유일한 수단인데, 이러한 규제는 주식형 보상 활용에 제약이 된다.

나. 신주발행형의 활용 불가

제3장에서 살펴본 바와 같이 해외 주요국에서는 신주 발행방식의 주식형 보상이 널리 활용되고 있다. 그러나 우리나라의 현행 법제하에서는 신주발행 방식의 주식형 보상은 허용된다고 보기 어렵다. 상법상 원칙적으로 신주발행시 금전 납입이나 현물 출자가 필요하고, 노무의 출자는 허용되지 않기 때문이다.[586] 또한, 상법상 제3자 배정

---

[585] 한국상장회사협의회 기업법제팀, "2022 상장회사 자기주식 취득, 처분 및 소각 실무해설", (2022), 15-16면
[586] 同旨, 안태준(2024), 19-20면

신주발행을 하려면 정관상 근거, 경영상 목적, 발행가액의 공정성 등의 요건과 절차를 준수하여야 한다.587 상장회사의 경우 신주발행 시 발행가액 규제가 적용되고(발행공시규정 제5-18조), 비상장회사라고 하더라도 신주의 저가발행시 이사의 선관주의의무 위반 문제 등588 다양한 문제가 제기될 수 있다. 이와 관련하여 실무상으로는 임직원의 노무를 현물출자하는 것으로 논리 구성을 해보고자 하는 의견도 있었으나, 이 역시 법원의 인가를 받기는 현실적으로 불가능할 것이다.

(2) 주식연계보상 부여계약상 조건 설정의 한계

주식연계보상이 경영진에게 효과적인 보상수단이 되기 위해서는, 각 회사의 상황에 맞게 양도제한 내지 장기 보유 의무, 환수 등 적절한 제한 내지 조건을 설정하는 것이 중요하다. 이에, 앞서 살펴본 바와 같이 해외 주요국에서는 주식연계보상의 조건을 어떻게 설계하는 것이 바람직한지에 대해서도 다양한 논의와 연구가 이루어졌다.

그러나 우리나라에서는 아직 주식연계보상의 설계나 조건 설정에 관한 충분한 논의와 검토가 이루어지지 않은 상태이다. 양도제한이나 환수 등 기본적인 조건의 실효성에 불명확한 점도 있다(아래 가. 및 나.에서 후술). 주식연계보상의 핵심 요소가 주식을 부여한 이후에도 경영진으로 하여금 중장기적으로 주식을 보유하도록 함으로써 경영진의 부와 주주의 부를 연동시키는 것인데, 이와 연계된 주요 조건의 실효성이 명확하지 않다는 점은 회사 입장에서 유연한 제도 설계를 어렵게 할 뿐만 아니라 주주 입장에서 주식연계보상 도입을

---

587 안태준(2024), 29면
588 권용수(2022), 62-63쪽

망설이게 하는 요인이 될 수 있다.

가. 양도제한 약정

제2장과 제3장에서 살펴본 이론적 논의 및 해외 주요국에서의 논의에서 공통적으로 중시된 점은, 경영진에게 회사의 주식을 부여하는 것 못지 않게 경영진으로 하여금 부여 받은 주식을 중장기적으로 보유하도록 하는 것이다. 그것이 경영진의 이해관계를 주주와 일치시킬 수 있는 주된 방편이기 때문이다. 이를 위해 해외 주요국에서는 주식연계보상을 통해 경영진에게 교부된 주식의 양도를 일정 기간 제한하는 방안이 널리 활용되고 있다.

우리나라에서도 최근 실무상 주식형 보상을 도입하면서 일정 기간 양도를 제한하는 사례들이 나타나고 있다. 그런데 이러한 약정의 법률상 효력이 문제된다. 상법상 주식은 자유롭게 양도할 수 있고, 다만 회사는 정관으로 정하는 바에 따라 주식 양도에 관하여 이사회의 승인을 받도록 하는 방식으로 주식의 양도를 제한할 수 있을 뿐이다(상법 제335조 제1항). 이와 달리 주식양도제한 약정을 한 경우 그 약정의 효력이 문제되는데, 주주간계약으로 주식양도제한 약정을 한 경우라면 그 약정은 적어도 당사자들 사이에서는 유효하다고 볼 수 있으나,[589] 회사와 주주 사이의 주식양도제한약정을 한 경우라면 회사는 주식양도제한약정의 효력을 주장할 수 없다고 보는 것이 다수 학자들의 견해이다.[590] 따라서 주식보상을 하면서 회사와 해당 임직원 사이에 처분금지약정을 하더라도 해당 임직원이 그 약정에 위반하여 주식을 양도하면 그 주식 양도는 유효하게 이루어진다고 보아야 한다.

---

[589] 대법원 2008. 7. 10. 선고 2007다14193 판결
[590] 김건식 외(2022), 204면; 한국상사법학회(2022), 867면; 안태준(2023), 402-403면; 이태종(2022), 15면

결국 현재 이 부분은 회사와 해당 임직원 간에 양도제한약정 위반 시 위약벌 약정을 하는 등 간접적으로 이행을 강제할 수 있는 수단을 마련하거나, 회사와 해당 임직원 사이에 위임 내지 고용관계가 지속되는 한 해당 임직원이 실제로 회사와의 약정에 위반하여 주식을 처분할 현실적인 가능성은 희박할 것이라는 사실상의 강제력에 의존할 수밖에 없다.

나. 환수

경영진 보수와 관련하여, 과도한 보수의 지급, 성과와의 연계성 미비 외에도 지급된 보수의 환수 여부가 중요한 쟁점이 되어 왔다. 금융위기 이후 해외 주요국에서 이사 보수의 환수에 대한 논의가 있었다. 제4장에서 살펴본 바와 같이 미국의 경우 도드-프랭크법에 따라 상장회사들은 회계오류가 있어 이를 정정한 경우 그와 관련된 보수를 환수하여야 하고, 영국은 기업지배구조 모범규준에서 주식보상을 회수하거나 보류할 수 있는 환수 조항을 포함하도록 하는 등 국가마다 그 의무화 여부 및 구체적인 환수사유는 다르지만 대체로 보수 환수를 도입하는 회사들이 늘어나고 있다.

국내에서도 이사의 보수 환수제 도입에 대한 논의가 있다. 이사 보수의 환수를 일률적으로 법으로 강제하는 것은 바람직하지 않다고 생각하지만,[591] 적어도 각 회사들이 판단하기에 보수 환수 필요성이 생겼다고 판단할 경우(가령 그 성과측정의 기반이 된 정보가 사후 허위로 밝혀지는 등) 이를 환수하는 것은 가능해야 할 것이다.

이와 관련하여, 주식이 이미 경영진에게 교부된 이후에 회사가 이를 환수할 수 있는지가 쟁점이 된다. 회사가 주식을 환수하는 것은

---

[591] 이사 보수 환수제의 도입과 관련한 국내 선행연구로는 정우영(2018), 김희철(2015c), 최문희(2016)

회사가 다시금 자기주식을 취득하는 것인데, 상법 제341조는 자기주식 취득은 배당가능이익의 범위 안에서 (i) 거래소에서 시세 있는 주식의 경우에는 거래소에서 취득하는 방법, (ii) 상환주식을 제외하고 대통령령이 정하는 바에 따라 각 주주가 가진 주식 수에 따라 균등한 조건으로 취득하는 방법으로만 가능하도록 하고 있다. 경영진에게 교부한 주식을 환수하는 것은 특정 주주로부터 취득하는 것이기 때문에 상법 제341조에 따르면 허용되지 않는 것처럼 보인다.

그러나 해석론으로, 주식연계보상의 환수는 회사가 무상으로 주식을 취득하는 것이기 때문에 가능하다고 생각한다. 상법상 자기주식 취득을 제한하는 이유는 자기주식 취득이 주주에 대한 출자의 환급과 유사하므로 채권자를 해칠 위험이 있다는 점, 일부 주주로부터만 주식을 매수하면 주주 사이에 불평등이 생긴다는 점, 그 밖에 회사의 자기주식 매입으로 인한 시세조종 등 불공정거래 우려 등이 있다는 것인데,592 무상취득의 경우 채권자를 해칠 위험이나 주주 사이의 불평등 우려가 없고, 불공정거래 우려도 없다. 대법원도 회사가 무상으로 자기주식을 취득하는 때와 같이 회사의 자본적 기초를 위태롭게 하거나 회사 채권자와 주주의 이익을 해한다고 할 수 없는 경우에는 예외적으로 자기주식의 취득을 허용할 수 있다고 판시한 바 있다(대법원 1996. 6. 25. 선고 96다12726 판결).593

또한 환수사유가 발생하였는데 회사의 배당가능이익이 없는 경우가 있을 수 있다. 앞서 검토한 자기주식 취득 규제의 취지를 생각해 보면, 배당가능이익이 없더라도 무상취득은 가능하다는 해석도 가능할 것이다.

---

592 김건식 등(2022), 670-671면
593 다만 판결의 결론에는 동의하나, 해당 사안은 회사채무자로부터 자기주식을 취득한 것이라서 무상취득이 아니라 회사의 권리실행을 위한 것으로 보아야 한다는 견해도 있다(최기원(1997), 14-15면).

이상의 해석론이 타당하다고 하더라도 주식의 환수에 관한 사항은 주식연계보상의 설계에서 중요한 사항인 바, 이에 대하여 상법이 명확히 규정하고 있지 않은 점은 입법적 보완이 필요한 부분이다.

제5장
경영진 주식연계보상 관련 개선방안

제1절 개관

연구배경에서 살펴본 바와 같이, 해외 주요국에서는 투자자나 정부가 주식연계보상의 적극적인 활용을 기업에 요구하거나 이를 촉진하고 있는 반면, 우리나라에서는 아직 주식연계보상의 도입 수준이 낮은 단계임에도 불구하고 오히려 규제 강화에 대한 논의가 선행되고 있다. 이는 주식연계보상 자체가 우리나라 기업에만 특별히 부적합하기 때문이라기보다는, 그것이 지배주주의 사익추구 수단으로 악용될 수 있다는 우려에 기인한 것으로 보인다. 이에 본 장에서는 앞서 살펴본 이론적 논의, 해외 주요국의 입법례, 그리고 우리나라 상장회사 경영진에 대한 주식연계보상 현황 및 그 문제점을 토대로, 주식연계보상의 바람직한 활용 가능성을 열어 주는 동시에 경영진, 특히 지배주주인 경영진에 의한 남용을 효과적으로 통제할 수 있는 개선 방안을 제안하고자 한다.

먼저 입법적 개선방안으로 경영진 보상 규제에 대한 개선 방안(제2절) 및 상법상 주식연계보상 규율의 재정비 방안을 제안한다(제3절 및 제4절).[594] 다음으로 입법적 조치 외에 주식연계보상의 바람직한 활용을 촉진할 수 있는 방안으로, 주식연계보상 부여계약과 연성규범으로서의 기업지배구조 모범규준의 개선방안을 모색한다(제5절). 마지막으로 세제 정비 방안에 대하여 검토한다(제6절).

---

[594] 본 장의 제2절, 제3절 및 제4절의 개선방안과 관련하여서는 윤소연(2025), 29-50면 참조

제2절 경영진 보상 규제 일반

1. 승인

 상법은 이사의 보수를 정관 또는 주주총회 결의로 정하도록 규정함으로써(제388조), 형식상으로는 비교법적으로 가장 엄격한 수준의 규제를 하고 있다. 그러나 제4장 제2절 2.에서 지적한 바와 같이 실질적으로는 이사의 보수에 대한 감시와 통제가 제대로 이루어지지 않고 있다. 즉, 실무상 정기주주총회에서 연간 이사 전체 보수의 총액 내지 한도를 정하고, 개별 이사의 보수는 이사회에서 정하는 경우가 대부분이기 때문에 이사의 보수가 중장기적인 기업가치 상승에 대한 적절한 인센티브를 부여하고 있는지에 대한 감시나 통제가 이루어지기 어려운 구조이다. 더욱이 지배주주 등이 미등기임원의 지위에서 수령하는 보수에 대해서는 상법상 사전적 통제 수단이 없다. 이에 다음과 같은 개선 방안을 제안한다.

(1) 주주 승인에 대한 상법 제388조 개정

가. 승인 대상 보수의 유형화

 상법 제388조는 이사의 보수는 정관에 그 '액'을 정하지 아니한 때에는 주주총회 결의로 이를 정하도록 하고 있다. 과거에는 보수가 주로 고정된 현금으로 정해졌기 때문에 이러한 규정으로도 문제가 없었다. 그러나 주식연계보상을 포함한 다양한 형태의 보수 수단이 등장하면서, 어떠한 방식으로 주주총회 승인을 받아야 하는지가 해석상 불명확한 부분들이 생겨나고 있다. 실무상으로는 대부분의 회사들이 주식연계보상도 정기주주총회에서 승인받은 전체 이사의 보수 총액 내지 한도액의 범위 내에서 이사회의 결의로 결정하고 있다. 이러한 구조하에서는 주식연계보상에 대한 적절한 통제가 이루어지기 어렵다(상세한 내용은 제4장 제2절 2.(1)나.). 따라서 주주들이 이사의 보수에 대해 유형별로 승인을 하도록 상법 제388조를 개정할 필요가 있다.[595]

이와 관련하여 이사 보수 승인에 대한 법체계가 우리나라와 유사한 일본을 참고할 수 있다. 즉, 일본 회사법 제361조 제1항은 이사의 보수 등은 정관 또는 주주총회 결의로 정하도록 하면서, 보수 등의 유형을 세분하여 (i) 금액이 확정된 것은 그 금액, (ii) 금액이 확정되어 있지 않은 것은 그 구체적인 산정방법, (iii) 주식은 주식의 수의 상한, 양도제한 약정이 있는 경우 그 개요, 환수 약정이 있는 경우 그 개요, 그 외 주요 조건의 개요, (iv) 그 외 금전이 아닌 것은 그 구체적인 내용을 정하도록 하고 있다.[596] 또한 해당보수 등과 관련된 의안을 주주총회에 제출한 이사에게 주주총회에서 해당 보수 등을 상당하게 하는 이유를 설명하도록 하고 있다(제361조 제4항).

우리나라 상법 제388조도 정관의 규정 또는 주주총회의 결의로 승인할 이사의 보수를 유형화하여 (i) 금액이 확정된 경우 그 금액, (ii) 금액이 확정되어 있지 않은 경우 그 산정방법, (iii) 주식의 경우

---

[595] 성과연동보수의 경우 그 산정방법을 결의하도록 상법을 개정하거나 장기 성과보수활성화를 위해 주주승인권의 범위를 장기적 성과에 대한 보수체계를 포함하는 보수정책으로 확대해야 한다는 취지의 견해로 송화윤(2016), 136면; 상법 제388조에서 보수의 '액'을 정하도록 하고 있는 것에서 벗어나 액수가 변동되거나 액수를 평가하기 어려운 보수를 규율하기 쉽게 개정할 필요가 있다는 견해로 윤영신(2014), 59면 참조.
[596] 일본 회사법 제361조 중 우리나라에 적용되지 않는 항목들에 대한 설명은 본 항에서는 생략하였다. 일본 회사법 제361조의 상세한 내용은 제3장 제4절 4.(2)가 참조.

주식의 수의 상한, 양도제한 약정이 있는 경우 그 개요, 환수 약정이 있는 경우 그 개요, 그 외 주요 조건의 개요, (iv) 기타 금전이 아닌 것은 그 구체적인 내용을 정하도록 하는 것이 바람직하다.

나. 개별 이사의 보수 승인 문제

현재 주주총회에서 전체 이사의 보수 총액 내지 한도액에 대한 승인을 받고 있는 것을 문제로 지적하며, 개별 이사의 보수에 대해 주주 승인을 받도록 해야 한다는 견해도 있다.[597] 그러나 그에 대해서는 찬성하지 않는다. 상장회사의 분산되고 이질적인 주주들이 각 이사의 성과를 정확히 평가하고, 그에 따라 구체적인 개별 보수의 적정성을 판단하여 승인할 수 있을 만큼 충분한 정보를 보유하고 있다고 기대하기는 어렵다. 더욱이 최근에는 이사의 보수가 단순한 정액의 현금보상만으로 구성되는 것이 아니라, 장·단기 성과급을 구분하고 주식연계보상 등 다양한 유형으로 구성되고 있는 점을 감안할 때, 개별 이사 보수에 대해 구속력 있는 주주 승인을 의무화하는 것은 정보비용(information cost) 및 조정비용(coordination cost)을 고려할 때 비효율적이다.

해외 입법례를 보더라도 개별 이사의 보수에 대해 구속력 있는 주주 승인을 의무화하고 있지는 않다. 미국이나 영국의 Say-on-Pay는 구속력 없는 승인이다. 일본의 경우 우리나라의 상법 제388조와 유사한 회사법 제361조를 두고 있고, 실무상 우리나라 실무와 유사하게 이사 전원의 보수 총액 내지 한도액 승인만을 받고 있다. 일본에서도 2019년 회사법 개정 당시 관련 논의가 있었으나, 결과적으로 반드시 개별 이사의 보수에 대하여 주주 승인을 받도록 개정하지는 않았고, 다만 정관 또는 주주총회에서 개별 이사의 구체적인 보수를

---

[597] 문상일(2014), 261-284면

정하지 않는 경우 이사회의 결의로 구체적인 결정방침을 수립하도록 하였다.

우리나라의 경우도 개별 이사의 구체적인 보수에 대하여 구속력 있는 주주 승인을 의무화하는 것보다는, 독립적인 보수위원회를 두도록 하고 구체적인 보상정책을 수립하도록 하는 것이 합리적이다. 이에 대해서는 다음 항에서 검토한다.

(2) 임원보수정책에 대한 주주의 권고적 승인

주주총회에서 전체 이사의 보수 총액 내지 한도액 승인만을 받고 있는 것에 대한 보완책으로, 상장회사의 경우 임원보수정책을 수립하도록 하고 그에 대해 주주의 권고적 승인을 받도록 하는 것을 제안한다. 현재 대부분의 상장회사들은 매년 정기주주총회에서 그 해에 지급할 이사 보수에 대해 승인을 받고 있다. 그러나 이와 같은 단기적(1년 단위) 보수 승인 구조는, 기업의 지속 가능성과 중장기적 성과를 반영한 보수 체계를 설계하는 데 구조적으로 한계가 있다. 따라서 상장회사로 하여금 장기적인 관점에서 임원보상에 대한 정책을 수립하도록 할 필요가 있다. 특히 주식연계보상의 경우, 장기적인 관점에서 회사의 철학과 원칙, 회사의 장기적인 전략 및 성과와 보상과의 연계 방안, 임원 보상의 주된 요소 및 지급기준 등을 수립할 필요성이 크다.

해외 주요국들도 임원보수정책 수립을 의무화하고 있다. 영국의 경우, 상장회사는 이사보수정책에 대해 최소 3년마다 구속력 있는 주주 승인을 받도록 하고 있다(제3장 제2절 4(2)가.). 독일의 경우, 상장회사는 감독이사회에서 이사보수정책을 수립하고, 이에 대해 적어도 4년마다 주주의 권고적 승인을 받도록 하고 있다(제3장 제3절 4(2)가.). 일본은 주주총회에서 개별 이사의 보수 등 내용을 구체적으로 정하지 않은 경우 이사회 결의로 보수에 대한 결정방침을 정하도록 하고 있다(제3장 제4절 4(2)가.)).

가. 임원보수정책의 내용

임원보수정책에 포함할 내용과 관련하여, 해외 주요국의 입법례를 참고하는 것이 도움이 될 수 있다. 영국, 독일, 일본의 임원보수정책의 내용은 제3장 제2절 3.(1), 제3절 3.(1), 제4절 3.(1)에서 상세히 검토하였고, 추가로 영국과 독일 임원보수정책 수립의 토대가 된 EU의 제2차 주주권지침598을 살펴 보면, ① 보상정책은 회사의 사업전략과 장기적인 이익 및 지속가능성에 기여해야 하며, 어떻게 보상정책이 그에 기여할 수 있는지 설명해야 한다는 점, ② 모든 보수의 다양한 구성요소(고정보수, 변동보수, 상여금 및 기타 혜택을 포함) 명확하고 이해하기 쉽게 설명하고 그 상대적 비율을 명시해야 한다는 점, ③ 보수 정책을 수립할 때 회사 직원의 임금 및 고용 조건이 어떻게 고려되었는지 설명해야 한다는 점, ④ 변동보수를 지급하는 경우, 변동보수의 지급에 대한 명확하고 종합적이며 다양한 기준을 설정해야 하는데, (a) 재무적 및 비재무적 성과기준(기업의 사회적 책임과 관련된 기준을 포함)을 명시하고, 해당 기준이 회사의 보상정책 목표에 어떻게 기여하는지 설명하여야 하고, (b) 성과기준이 어느 정도 달성되었는지 판단하는 데 적용될 방법을 설명하여야 하며, (c) 이연기간과 회사가 변동보수를 회수할 수 있는 가능성에 대한 정보를 명시해야 한다는 점, ⑤ 주식연계보상을 부여하는 경우, 가득기간과 (해당되는 경우) 가득 후 주식 보유 기간을 명시하고, 주식연계보상이 회사의 보상정책 목표에 어떻게 기여하는지 설명하여야 한다는 점, ⑥ 이사와의 위임계약의 기간과 (해당되는 경우) 해임 통지 기간,

---

598 제2차 주주권지침 Article 9a 6

퇴직연금 또는 조기 퇴직 제도의 주요 특징, 해임 및 해임과 관련된 보상지급 조건이 명시되어야 한다는 점, ⑦ 보상정책의 결정, 검토 및 실행을 위한 의사결정 절차(이해상충을 피하거나 관리하기 위한 조치 및 해당되는 경우 보수 위원회 또는 기타 관련 위원회의 역할을 포함)을 설명해야 한다는 점, ⑧ 보상정책을 개정하는 경우, 모든 중요한 변경 사항과 가장 최근 주주총회에서의 보상정책에 대한 의결 이후 주주의 투표와 의견을 어떻게 고려했는지를 설명해야 한다는 점을 명시하고 있다.

이상을 토대로 우리나라의 임원보수정책에 포함할 항목들을 다음과 같이 제안한다. 즉, ① 회사의 장기적인 가치상승을 위한 사업전략 및 목표를 명시할 것, ② 보상에 포함되는 모든 구성요소 및 그 상대적 비율(개별 임원별로 비율이 달라지는 경우 그 비율 산정 방식)을 명시할 것, ③ 성과와 연계되는 보상의 경우, 그 성과지표 및 그 선정근거, 성과목표 혹은 목표 설정 기준을 정하고, 해당 성과보상이 위 ①에 어떻게 기여하는지에 대한 설명을 포함할 것, ④ 주식연계보상의 경우 주식연계보상의 유형, 각 유형별 가득기간, 성과조건, 양도제한에 관한 사항, 취소 및 환수조건 등 주요 조건(혹은 그 결정 기준), ⑤ 주식보유요건, ⑦ 개인별 보수 결정 절차(보수위원회, 외부전문가 의견 청취 등) 및 성과와 연계된 보상의 경우 그 성과 달성 여부에 관한 평가 절차, ⑧ 보수 환수와 관련하여 환수사유 및 그 결정 절차 등이 포함되어야 할 것이다.

나. 임원보수정책의 적용대상

우리나라의 경우 상법상 이사 외에도 사실상의 영향력을 행사하며 고액의 보상을 받는 미등기임원들이 존재하며, 이들은 상법 제388조의 이사 보수 승인의 대상에도 포함되지 않는다(관련 문제점에 대해서는 제4장 제2절 2.(1)다. 참조). 회사의 장기적인 성과와 연계된 합리적이고 투명한 보상지급기준은 이들에게도 동일하게 적용될 필요가 있으므로, 이들 역시 임원보수정책의 적용 대상에 포함되어야 한다.

다. 임원보수정책의 승인기관

다음 항에서 기술하는 바와 같이 상장회사의 경우 독립적인 보수위원회를 두도록 하고, 임원보수정책은 보수위원회에서 수립하도록 하되, 주주총회에서 권고적 승인을 받도록 하는 것이 바람직하다. 임원보수정책의 주요 내용이 변경될 경우에도 마찬가지이다.

(3) 보수위원회의 의무적 설치

현재 대부분의 상장회사는 주주총회에서 전체 이사의 보수 총액 내지 한도액만 승인하고 이사회에서 개별 이사의 보수를 결정하고 있다는 점은 앞서 살펴보았다. 이 때 개별 이사에 대한 구체적인 보수를 정하는 이사회 결의에서 당해 이사는 특별이해관계인에 해당하지 않는 것으로 해석되고 있다. 그 이유는 이미 보수총액에 대해 주주총회 승인을 받은 상황에서 그 범위 내에서 보수액을 정하는 결정은 회사의 이익을 해할 위험이 적을 뿐 아니라 각 이사의 의결권을 제한하더라도 그 효과는 현실적으로 별로 없을 것이기 때문이라고 한다.[599] 과거와 같이 이사 보수 규제의 목적을 과도한 보수지급 억제로만 본다면 이러한 해석도 가능하다.

그러나 제4장 제2절에서 지적한 바와 같이 이러한 구조는 이사들의 기회주의적인 행동을 통제하고 회사 및 주주의 이해관계와 일치

---

[599] 김건식 외(2022), 386면

되는 보상구조를 설계하도록 하기에는 부족하다. 또한 경영자 권력 이론에서 경영진이 이사회에 영향력을 행사하는 점을 지적하며 독립적인 보수위원회의 필요성을 주장하였던 점, 그리고 이러한 문제에 대응하기 위하여 미국과 영국은 상장회사에 독립적인 보수위원회를 두도록 한 점에 대해서도 제2장과 제3장에서 살펴보았다.

이러한 점을 고려할 때, 우리나라도 상장회사에 대해 보수위원회 설치를 의무화할 필요가 있다. 현재 금융회사에 한하여 보수위원회 설치가 의무화되어 있으나,[600] 비금융회사라 하더라도 일정 범위의 대규모 상장회사에 보수위원회 설치를 강제하자는 견해가 제기되고 있다.[601] 기업지배구조보고서 가이드라인에서도 전원 사외이사로 구성된 보수위원회 설치를 원칙으로 제시하고 있고(세부원칙 8-1), 일부 상장회사는 자율적으로 사외이사 과반수로 구성된 보수위원회를 운영하고 있다.

경영진 보수는 그 구체적 내용을 법률로 정하는 것이 적절하지 않고, 각 이사의 보수의 구체적인 조건을 주주총회에서 일일이 결정하는 방식은 비효율적일 수밖에 없다. 따라서 경영진 보수에 대해서는 절차적 통제를 강화하는 접근이 중요하다. 이를 위해 독립적인 보수위원회를 설치하고 전문가의 조력을 받아 회사의 중장기적인 가치 상승을 유도할 수 있는 효과적인 경영진 보상 체계를 수립하도록 해야 한다.

특히 우리나라는 지배구조상 지배주주가 존재하는 상장회사들이 많다는 특징이 있고, 지배주주가 직접 경영을 하는 경우이든 전문경영자를 고용하든 이사회에 미치는 영향력이 상당한 경우가 많기 때문에, 독립적인 보수위원회의 필요성이 다른 나라들보다 더욱 크다.

---

[600] 금융회사의 지배구조에 관한 법률 제22조 제1항. 금융회사 임원보수 규제에 관한 상세한 국내 선행연구로는 최문희(2016).
[601] 남윤경(2018), 171~202면

2. 공시

제4장 제2절 2.에서 지적한 사항들의 개선을 위해, 이사 보수에 대한 주주 승인에 앞서 주주들이 이사의 보수에 대한 보다 구체적인 정보를 알 수 있도록 하고, 임원보수정책을 공개하도록 하며, 사업보고서상 임원 보수 공시의 내용을 보완하는 방안을 제안한다.

(1) 이사 보수 승인을 위한 정보 제공

제4장 제2절 2.가.에서 지적한 바와 같이, 현재 주주총회에서 이사 보수에 대한 승인을 받고 있지만, 주주총회 소집통지 및 공고 단계에서 주주들에게 제공되는 정보는 전체 이사들에게 그 해에 지급될 보수의 총액 또는 한도액뿐이다. 주식연계보상이 지급되는 경우에도 위 총 한도액에 포함하여 승인을 받는 경우가 많다. 이러한 정보만으로는 주주들이 그 보수 총액 내지 한도액의 적절성을 제대로 판단할 수 없다.

이사 보수에 대한 주주총회 승인시 주주들이 충분한 정보에 입각한 결정을 할 수 있도록 하기 위한 개선방안은 위 1.(1)에서 제안한 상법 제388조의 개정과 함께 이루어져야 할 것이다. 즉, 이사 보수를 유형화하여 유형별 주요 조건을 기재하되, 그와 더불어 그 보수 산정 근거를 주주들에게 함께 제공하도록 하여, 주주들이 이를 토대로 승인 여부를 판단할 수 있도록 하여야 한다.

나아가 위와 같이 보수를 정한 이유 내지 근거를 주주들에게 함께 제공하도록 하여, 주주들이 충분한 정보를 토대로 승인 여부를 판단할 수 있도록 하여야 한다.[602] 또한 주식의 경우 주식 수의 상한과

---

[602] 참고로, 일본 회사법도 보수 관련 의안을 주주총회에 제출한 이사에게 주주총회에서 해당 보수 등을 상당하게 하는 이유를 설명하도록 하고 있다

더불어 그 시장가치가 얼마인지에 대한 정보도 함께 제공하여, 주주들이 그 가치에 대하여 쉽고 정확하게 파악할 수 있도록 해야 한다. 마지막으로, 위와 같은 내용은 주주들이 사전에 충분히 검토할 수 있도록 주주총회 소집 통지에 기재하도록 해야 한다.

(2) 임원보수정책의 공개

위 1.(2)에서 '임원보수정책'을 수립하고 그에 대한 주주의 권고적 승인을 받도록 할 것을 제안하였는데, 그와 더불어 주주들이 해당 정책을 충분히 검토하고 찬성 여부를 판단할 수 있도록 해야 한다. 이를 위해 임원보수정책은 그 승인을 위한 주주총회 소집통지시 함께 제공되어야 하고, 주주들이 필요할 때마다 이를 확인할 수 있도록 회사의 홈페이지에 공개하도록 하여야 한다.

(3) 사업보고서상 임원 보수 공시 보완

가. 내용

1) 주식연계보상의 가치 등 주요 조건

공시의 목적은 주주들로 하여금 경영진에게 부여된 보상의 적절성을 판단할 수 있도록 하는 것이다. 그런데 제4장 제2절 2.나.에서 지적한 바와 같이, 현재는 주식연계보상이 부여된 경우 '보수총액에 포함되지 않는 보수'란에 '주식연계보상 [X]주가 지급되었음'과 같은 개략적인 설명이 기재될 뿐이다. 이러한 수준의 공시만으로는 그 주식연계보상의 적절성을 평가하기에 부족하다. 따라서 주식연계보상에서 핵심적인 조건들, 즉 부여일, 가득기간, 성과조건, 양도제한 여

(일본 회사법 제361조 제4항).

부와 더불어 그 경제적 가치를 함께 공시하도록 하여야 한다. 물론 상장회사 주식인 이상, 주주들이 부여된 주식 수에 시장가격을 곱하여 가치를 추정하는 것이 불가능한 것은 아니다. 그러나 공시는 그 목적상 주주들이 공시자료를 통해 판단에 필요한 정보를 명확하고 쉽게 파악할 수 있도록 하는 것이 바람직하다. 그렇지 않으면 공시내용만 보아서는 주주들이 이를 쉽게 파악할 수 없게 되고, 결과적으로 기업이 경영진의 보수를 위장(camouflages)하기 쉬운 구조가 될 수 있다(경영진 권력 이론에 관한 제2장 제2절 2.나. 참조).

이와 관련, 미국의 경우 보상 부여에 관한 표에 주식연계보상의 정량적 요소들을 표로 기재하되, 가득일의 예상 부여수량과 함께 부여일의 공정가치를 기재하도록 하고 있다(상세한 내용은 제3장 제1절 4.(2)나.2)).[603] 물론 주식연계보상의 경우 가득 후 실제 주식이 부여될 때의 시장가치로 그 가치가 확정되는 것이고 부여 시점에는 이를 정확히 예측할 수 없다. 그렇다 하더라도 적어도 경영진에게 부여된 주식이 부여 시점 기준으로 어느 정도의 가치를 갖는 것인지, 부여 시점의 시가를 기준으로 환산된 금액을 기재하도록 하여 주주들이 그 적정성을 보다 쉽게 판단할 수 있도록 함이 바람직하다.

2) 성과 연계성에 대한 정보

경영진에게 지급된 보상이 실제 해당 회사의 실적 내지 성과와 어떻게 연계되는지에 대한 정보 제공도 필요하다.

미국의 경우 도드-프랭크법에 따라 2022. 8.부터 공시사항에 경영진에게 실제로 지급된 보수와 회사의 최근 5년 간의 재무적 성과 사이의 관계에 관한 정보를 공시하도록 하는 "Pay vs Pefromance Rule(PVP Rule)"이 추가되었다(Reg S-K Item402(v), 구체적인 내용은 제

---

[603] Reg S-K Item 402(d)

3장 제1절 3.(2)나.). 경영진에게 지급된 보수와 회사 및 비교그룹의 TSR, 회사의 순이익 등을 비교하기 쉽게 표로 기재하도록 하고 이를 통해 주주들이 경영진에게 지급된 보상이 성과와 어떻게 연계되는지 판단할 수 있도록 한 것이다.

영국의 경우 이사의 보수보고서에는 경영진에게 지급된 보수에 관한내용에 총 보수 뿐만 아니라 주식연계보상의 경우 수령할 수 있었던 최대 주식 수 대비 실제 가득된 주식 수를 명시하고, 더불어 반드시 성과그래프와 표를 포함하도록 하고 있다. 성과그래프에는 과거 10년 동안 각 회계연도에 회사의 주식 및 더 광범위한 주식시장 인덱스를 기준으로 하여 가상으로 주식을 보유하였을 때의 총 주주수익률을 그래프로 나타내고, 선정한 인덱스 및 해당 인덱스를 선정한 이유를 설명하여야 한다(제3장 제2절 3.(2)나).

이와 같이 회사의 성과, 주주의 수익률과 경영진의 보상과의 관계를, 주주들이 쉽게 인식할 수 있도록, 실제 과거 5년 내지 10년 간의 회사의 주요 성과지표(TSR, 순이익 등)를 실제 지급된 성과연계보상의 지급 근거 및 지급액(주식의 경우 주식 가치)과 함께 비교하여 공시하도록 하는 것이 바람직하다.

나. 규정 방식

현재 사업보고서상 임원의 보수 등에 관한 사항은 자본시장법에서 임원보수 및 임원 개인별 보수와 그 구체적인 산정기준 및 방법, 보수총액 기준 상위 5명의 개인별 보수와 그 구체적인 산정기준 및 방법을 기재하도록 규정하고 있고(자본시장법 제159조 제2항 제2호, 제3호, 제3의2호), 그 구체적인 서식 및 작성방법 등에 관하여 필요한 사항은 금융감독원장이 정하도록 하고 있다(자본시장법 시행령 제168조 제3항 제9호, 발행공시규정 제4-3조 제9항). 앞서 설명한 주식기준보상 운영 현황 등에 관한 사항도 금융감독원의 기업공시서식 및 공시서식 작성기준의 개정을 통해 추가된 것이다(제4장 제2절 2.(2)나.). 기업공시서식은 금융감독원의 재량으로 수시로 변경이 이루어지는바, 주식기준보상에 관한 사항 및 (1)항에서 제안한 임원 보수 공시 개정사항은 사업보고서 기재사항에 관한 발행공시규정 제4-3조 개정을 통해 의무사항으로 반영하여야 한다.

(4) 공시체계 정비

주식연계보상을 도입하는 회사들이 생겨나면서 금융감독원과 공정거래위원회가 공시서식을 개정하여 주식연계보상 관련 공시의무들을 추가하면서 결과적으로 주식연계보상과 관련한 공시의무가 늘어나게 되었다. 그 중에는 중복적으로 기재하여야 하는 사항들도 있고, 공시대상에 해당하는 주식연계보상의 범위에 차이가 있기도 하다. 공시의 목적은 투자자들에게 중요한 정보를 알려주는 것인데, 현재의 공시사항들은 위 2.항에서 지적한 바와 같이 정작 중요한 정보들은 누락이 되어 있으면서도 대동소이한 정보들을 여러 차례 다른 양식으로 기재하도록 되어 있는바, 이는 기업에 불필요한 중복 공시의 부담을 초래할 뿐만 아니라, 투자자 입장에서도 중요한 정보를 일목요연하게 파악하기 어렵게 만든다. 따라서 공시체계를 정비하여 필요한 정보가 명확히 전달될 수 있도록 하되, 중복적인 공시 부담은 줄일 필요가 있다.

가. 사업보고서상의 공시와 기업집단 현황 공시

현재 주식연계보상과 관련된 공시의무는 다음과 같다.[604]

---

[604] 그 외 이를 취득한 임원 관점에서 주식 대량보유 등의 보고의무(자본시장

먼저, 사업보고서의 '임원의 보수 등' 항목 중 임원 개인별 보수 현황에 주식연계보상에 관한 내용이 포함되어야 한다. 즉, 사업보고서상 '임원의 보수 등' 항목에는 '이사 및 감사' 또는 '개인별 보수가 5억원 이상인 임직원 중 상위 5명'의 개인별 보수 지급금액과 그 구체적인 산정기준 및 방법을 기재하여야 하는데, 이들에게 주식연계보상이 부여되었다면, '보수총액에 포함되지 않는 보수'에 그에 관한 내용을 기재하여야 한다.605

그리고 사업보고서의 '임원의 보수 등' 항목에 주식기준보상 제도별 운영현황을 기재하여야 한다. 여기에는 각 개인별 부여 내역을 기재하는 것은 아니며, 회사가 운영하는 주식기준보상 제도별로 각각의 명칭, 부여근거 및 절차, 주요 내용, 부여한 인원 수, 부여한 주식 등의 총수, 당기중 지급 주식 등의 총수, 누적 지급 주식 등의 총수, 미지급 주식 등의 총수를 기재하여야 한다.606 이와 관련하여, 금융감독원의 기업공시서식은 '주식기준보상'에 대해 명확히 정의를 내리지는 않고, '주식매수선택권을 제외한 성과조건부주식, 양도제한조건부 주식, 스톡그랜트 등의 주식기준보상 제도'라고 하며 주식기준보상에 포함될 수 있는 사항들을 예시적으로 열거하고 있다. 이 공시 항목은 2023년 12월 금융감독원이 기업공시서식 작성기준을 개정하여 신설한 것인데, 당시 금융감독원 보도자료의 작성 예시에

법 제147조 제1항), 임원, 주요주주 특정증권 등 소유상황보고서(자본시장법 제173조 제1항) 등 공시의무도 있으나 본 항에서는 주식연계보상을 부여한 것에 대한 공시와 관련하여 체계 정비가 필요한 사항을 중심으로 다룬다.

605 자본시장법 제159조 제2항 제3의2호, 자본시장법 시행령 제168조 제2항, 기업공시서식 작성기준 제9-2-1조 제3항

606 자본시장법 제159조 제2항 제3의2호, 자본시장법 시행령 제168조 제2항, 금융감독원 기업공시서식 작성기준 제9-2-2조 제2항, 사업보고서와 반기보고서에는 반드시 기재, 분기보고서에는 생략 가능

는 주가연계 현금보상(Phantom Stock)도 열거하고 있어, 실제 주식이 지급되지 않고 주가와 연계하여 현금으로 지급되는 보상도 주식기준보상에 포함되는 것으로 보고 있다.607 다만, 금융감독원은 이 공시를 추가한 목적에 대해 '대주주의 지분 확대에 악용될 수 있다는 지적'이 제기되고 있는 가운데 투자자가 내용을 파악하기 어려운 문제가 있어서 주식기준보상 관련 정보가 충분히 공시되도록 공시서식을 개정하였다고 설명하고 있는데,608 이러한 목적에 비추어 보면 주가연계 현금보상은 포함될 필요가 없어 보인다.

또한, 대주주 등(특수관계인 포함)에게 주식기준보상을 부여한 경우에는 사업보고서의 '대주주별 거래내역'에 각 개인별로 ① 이름 및 회사와의 관계, ② 주식기준보상 제도의 명칭, ③ 부여근거 및 절차, ④ 주요내용, ⑤ 거래일자, ⑥ 부여한 주식 등의 수, ⑦ 당기 중 지급 주식 등의 수, ⑧ 누적지급 주식 등의 수, ⑨ 미지급 주식 등의 수를 기재하여야 한다.609

한편, 대규모기업집단 소속회사는 기업집단 현황공시를 하여야 하는데, 특수관계인(동일인 일가 및 임원)과 '주식지급거래 약정'을 체결한 경우, 연 1회(매년 5월 31일까지) '특수관계인에 대한 유가증권거래 현황'에 ① 거래상대방 및 관계, ② 부여일, ③ 약정의 유형, ④ 주식의 종류, ⑤ 수량, ⑥ 지급조건(가득조건), ⑦ 지급시기 및 ⑧

---

607 금융감독원 보도자료, "기업이 임직원 보상으로 주식을 활용(주식기준보상)하는 경우 사업보고서에 관련 현황을 기재하여야 합니다", 2023. 12. 20., 7-8면
608 금융감독원 보도자료, "기업이 임직원 보상으로 주식을 활용(주식기준보상)하는 경우 사업보고서에 관련 현황을 기재하여야 합니다", 2023. 12. 20., 1면
609 자본시장법 제159조 제2항 제3의2호, 자본시장법 시행령 제168조 제2항, 금융감독원 기업공시서식 작성기준 제10-1-4조, 사업보고서와 반기보고서에는 반드시 기재, 분기보고서에는 변동사항이 있는 경우에만 기재

기타 주요 약정 내용 등을 내용을 기재하여야 한다.610 이 공시는 2024년 4월 공정거래위원회가 대규모기업집단 공시매뉴얼 개정을 통해 추가한 것인데, 공정거래위원회는 '주식지급거래 약정'을 스톡 그랜트(Stock Grant), 양도제한조건부 주식지급(Restricted Stock Unit, RSU), 양도제한조건부 주식보상(Restricted Stock Awards) 등 명칭과 관계없이 성과 보상 등을 목적으로 주식을 지급하기로 하는 약정을 말하는 것이라고 보고 있고,611 실제 주식 지급 없이 현금만 지급되는 약정은 공시대상에서 제외된다고 설명하면서 가상주식(phantom stock), SARs를 예로 들고 있다.612

위 내용을 종합하여 보면, 금융감독원은 사업보고서 제출대상 법인의 경우 주식연계보상 제도에 대한 내용 및 임원·대주주(특수관계인 포함)에게 부여한 경우 그 개별 부여 내역을 공시하도록 하고 있고, 공정거래위원회는 대규모기업집단 소속회사의 경우 임원·대주주(특수관계인 포함)에게 부여한 주식연계보상의 개별 부여 내역을 공시하도록 하고 있다. 그런데 금융감독원의 '주식기준보상'의 범위와 공정거래위원회의 '주식지급거래 약정'의 범위에 차이가 있고, 개별 부여 내역의 상세 항목에도 차이가 있다. 이로 인해 기업에는 불필요한 공시 부담이 가중되고, 관련 공시들을 일일이 확인해야 하는 투자자들에게는 정보의 명확한 파악에 혼란이 초래될 수 있다. 공시의 본래 목적을 달성하면서도 불합리함을 최소화하기 위하여, 관련 공시에 사용하는 용어들은 모두 동일하게 통일하여 사용할 것(제2장 제1절 제2.에서 제안한 용어 참조), 공시 범위는 (주가와 연계하여 현금을 지급하는 유형은 제외하고) 실제 주식이 지급되는 주식연계보

---

610 공정거래법 제28조 제1항, 공정거래법 시행령 제35조, 공시대상기업집단 소속회사 등의 중요사항 공시에 관한 규정 제4조 제1항 제4호 라목
611 공정위 보도자료, "대규모기업집단 공시매뉴얼 개정", 2024. 4. 16., 2면
612 공정위 보도자료, "대규모기업집단 공시매뉴얼 개정", 2024. 4. 16., 71면

상으로 일관되게 설정할 것, 사업보고서와 기업집단 현황공시에 기재하여야 하는 세부 항목들도 동일하게 규정할 것, 그리고 사업보고서에 기재된 내용과 중복되는 회사들의 경우 기업집단 현황공시는 사업보고서 기재 내용으로 갈음할 수 있도록 할 것을 제안한다.

나. 자기주식 처분 주요사항보고서와 자기주식 처분 결과보고서

한편, 현재 사업보고서 제출대상법인은 자기주식 취득·처분에 관한 이사회 결의시 주요사항보고서를 제출하여야 하고(자본시장법 제161조 제1항 제8호)[613], 자기주식의 취득·처분이 완료되거나 취득·처분 기간이 만료된 때에는 5일 이내에 자기주식 취득·처분 결과보고서를 금융위원회에 제출하여야 한다(발행공시규정 제5-8조, 제5-9조). 단, 주식매수선택권 행사에 따라 자기주식을 교부하는 경우, 주요사항보고서를 제출하면 자기주식 처분결과보고서는 생략할 수 있다(발행공시규정 제5-9조 제1항 단서). 주식형 보상을 지급하는 경우에도 마찬가지로, 주요사항보고서를 제출하면 자기주식 처분결과보고서를 생략할 수 있도록 할 것을 제안한다.[614]

---

[613] 금융위원회에 이사회 결의일 익일, 거래소에 이사회 결의일 당일까지 신고하여야 하나 실무상 이사회 당일에 금융위원회에 통합서식으로 제출하는 방식으로 거래소 신고 의무까지 동시에 이행하게 된다.
[614] 윤소연(2023), 78-79면

제3절 주식연계보상 규율의 기본구조

상법은 주식매수선택권에 대해서만 규정하고 있고, 그 외 주식연계보상에 대해서는 별도의 규제가 없다. 이에 대해 일각에서는 주식형 보상에 대해서도 주식매수선택권과 같은 규제를 신설해야 한다는 주장도 제기되고 있다. 그러나 기업들이 다양한 주식연계보상을 도입하기 시작하는 초기 단계에 있는 현 시점은 섣부른 규제 강화에 앞서 상법상 주식연계보상 규율의 기본구조는 어떠해야 하는지, 우리나라 기업 현실에 맞는 바람직한 접근방식은 어떠한 것인지에 대한 심도 깊은 논의가 선행되어야 할 시기로 보인다.

국내 기업 환경에 맞게 주식연계보상이 활용될 경우 경영진 보수와 성과와의 낮은 연계성 문제를 해소하는 수단이자, 기업의 중장기적 성장을 촉진하는 수단이 될 수 있다. 또한, 주식연계보상 제도에 대한 규율은 경영진, 지배주주뿐만 아니라 그 외 임직원, 그리고 상장회사뿐 아니라 스타트업을 포함한 비상장회사에까지 적용되는 사항이므로, 다양한 맥락에서의 활용 가능성을 고려하여 규제 필요성과 촉진 필요성 사이에 균형 잡힌 규율을 하는 것이 중요하다. 그럼에도 불구하고 도입 초기 단계에서 엄격한 규제부터 부가된다면, 국내 기업가치 상승을 위한 주식연계보상이 제대로 발전·성숙되지 못한 채로 기업들이 주식연계보상의 도입을 꺼리게 되는 부작용이 초래될 수 있다.

제3장에서 살펴본 바와 같이 주식연계보상에 대해서는 나라마다 회사법적 접근방식에 차이가 있다.[615] 본 절에서는 이러한 다양한 접

---

615 즉, 회사법적으로 무상 신주 발행이나 자기주식의 활용이 비교적 자유롭고 임직원에 대한 주식연계보상에 대해 별도로 규제를 하지 않는 입법례도 있고(미국), 회사법상 신주 발행이나 자기주식 규제가 있더라도 임직원에

근방식을 참고하여, 다양한 유형의 주식연계보상을 상법상 어떠한 구조로 재정비하는 것이 바람직한지에 대하여 고찰한다. 먼저 일원적 설계 방식과 이원적 설계 방식을 비교·검토하고(아래 1.항), 제한주식에 스톡옵션 규제를 동일하게 적용하자는 주장의 부당성을 논증한다(아래 2.항). 나아가 다음 절에서 그 외 주식연계보상 규율에 대한 구체적 쟁점에 대하여 논점별로 검토함으로써 우리나라의 현실에 맞는 합리적인 개선 방안을 제안한다.

1. 일원적 설계 vs 이원적 설계

(1) 일원적 설계 도입방안 검토

가. 일원적 설계의 유용성

입법례에 따라 스톡옵션, 자기주식 부여, 신주발행 등 다양한 주식연계보상 수단을 회사법의 개별 조항으로 규정하는 경우도 있고(일본, 독일), 회사법으로 유형을 특정하지 않고 '임직원에 대한 보상 수단으로서 주식을 발행 또는 자기주식을 교부하는 경우'에 대한 포괄적인 규제를 하면서 그 범위 안에서 회사들이 다양한 유형의 주식연계보상을 설계하도록 하는 경우가 있다(영국). 더 나아가 '임직원에 대한 주식보상'을 별도의 제도로 규율하지 않고, 비교적 자유롭게

대한 보상 목적으로 주식을 발행하거나 자기주식을 교부하는 경우에는 규제를 완화해 주는 방식의 입법례도 있다(영국). 우리나라와 유사하게 회사법상 스톡옵션 제도를 두고 엄격한 절차를 요구하는 입법례도 있으나, 이러한 나라들에서는 다양한 주식연계보상의 활용을 촉진하고자 입법적·정책적 변화의 흐름이 나타나고 있다는 점도 제3장에서 상세히 살펴보았다(일본, 독일).

신주 발행이나 자기주식 활용을 허용해 두어 회사들이 자율적으로 다양한 주식연계보상을 설계하여 활용하고 있는 나라도 있다(미국).616

이 중 어느 방식이 더 우월하다고 단정할 수는 없다. 일본이나 독일의 경우, 연혁적으로 회사법에 스톡옵션을 먼저 도입한 상태에서 이후 미국 등에서 활용되고 있는 다양한 주식연계보상 수단의 활용 필요성을 인식하고 기존 법제에 추가적인 예외를 인정하는 방식으로 발전해 와 현재의 모습을 갖추게 된 것으로 보인다. 우리나라의 경우도 과거 일본이나 독일과 마찬가지로 현재 상법에 주식매수선택권 제도를 두고 있기 때문에 이를 토대로 주식형 보상을 위해 필요한 규정들을 정비하는 방식이 간이할 것이다. 다만, 미국이나 영국처럼 다양한 유형의 주식연계보상을 포괄하는 일원적 주식연계보상 제도에도 유용한 면이 있기 때문에, 이하에서 일원적 제도를 도입하는 방안에 대해서도 검토한다.

우리나라보다 앞서 논의가 이루어진 미국, 영국 등에서의 관련 제도 전개 과정을 보면, 과거에는 전형적인 조건의 (정형화된) 스톡옵션이 폭넓게 활용되어 오다가, 그러한 수단의 실효성에 대한 의문들이 제기되면서, 점차 각 회사, 각 부여대상자별로 적합한 주식연계보상의 유형이 다르고, 같은 유형 안에서도 구체적인 조건 설계가 달라져야 한다는 인식이 확산되었다. 이에 과거에는 한 회사에 정형화된 하나의 스톡옵션 계획만 존재하는 경우가 많았으나, 현재는 한 회사 안에서도 부여대상자에 따라 다른 유형의 주식연계보상을 활용하는 경우가 늘어나고 있다. 즉, 부여대상자에 따라 스톡옵션과 제한주식을 각각 혹은 일정 비율씩 부여하는 경우도 있고, 기간조건부 사전교부 제한주식과 성과조건부 사후교부 제한주식을 각각, 혹은 둘 다 부여하되 부여대상자에 따라 그 비율을 달리 설정하기도 한다.

---

616 나라별 구체적인 입법례는 제3장 참조

이에 실무상 미국 및 영국의 회사들은 대부분 계열사를 포함한 전체 임직원을 부여대상으로 하는 하나의 '주식연계보상계획', 이른바 옴니버스형 주식연계보상계획을 수립하는 경우가 많다. 그 내용으로, 총 발행가능한 주식 수, 부여할 수 있는 유형들 및 각 유형별 주요 조건을 정하고, 구체적인 사항은 이사회 또는 보수위원회가 결정할 수 있도록 위임한다는 취지의 규정을 포함하는 경우가 많다. 이에 대해 통상 10년을 유효기간으로 하여 주주승인을 받은 다음, 주식연계보상계획에서 정한 범위 안에서 이사회 또는 보수위원회에서 개별 부여에 관한 사항을 유연하게 설계하고 있다(구체적인 내용은 제3장 제1절 3.(1), 제2절 3.(1)). 주주의 이해관계에 직접적으로 영향을 미치는 사항은 전체 발행규모이고, 개별 부여대상자에 대한 구체적인 유형 및 조건 설계에 관한 사항은 고도의 경영판단이 필요한 사항이므로, 주주총회의 승인을 받는 주식연계보상계획에는 세부적인 부여 내역까지 정하지는 않으며, 이사회 및 보수위원회에 상당한 재량을 부여하고 있다.617

한 회사 안에서도 다양한 유형의 주식연계보상을 유연하게 활용할 필요가 있는 점을 고려하면, 위와 같이 임직원에 대한 보상으로 주식을 교부하는 것에 대하여 주주들에게 직접 이해를 미치는 주요 사항에 대해서는 유형을 불문하고 통합하여 승인을 받도록 하고, 그 범위 안에서 임직원에 대한 다양한 주식연계보상을 활용할 수 있도록 하는 방식이 절차나 운영상 효율적인 면이 있다고 생각한다.

---

617 이와 병행하여, 영국은 경영진 보상 관점에서 남용방지를 위해 필요한 규제는 이사보수정책에 대한 승인을 받도록 하고 있다. 이사보수정책은 주식연계보상만을 위한 것은 아니지만, 주식연계보상 부여정책에 관한 내용이 주요 내용으로 포함된다(이사보수정책에 관한 구체적인 내용은 제3장 제2절 4.(2)).

나. 일원적 설계시 규제사항

　일원적 제도로 정비할 경우, 영국 CA 2006에서 종업원주식보상제도를 정의하고 그에 해당하는 경우 신주발행 및 자기주식 활용에 대한 예외들을 허용해 주는 방식을 참고할 수 있다. 즉, 상법에 '주식연계보상제도'를 '회사가 임직원에 대한 인센티브 부여 수단으로 회사의 주식을 교부하는 것'으로 정의하고, 그에 대하여 필요한 사항을 규정하는 것이다. 주식연계보상제도에 해당되는 경우 일정 범위 내에서 임직원에 대한 보상 목적의 신주 발행이나 자기주식 처분을 허용해 주되, 총 발행한도에 대해 주주 승인을 받도록 하는 방식으로 규정할 수 있을 것이다. 발행한도에 대해서는, 임직원에 대한 보상으로 신주를 발행하는 경우, 발행주식 총수의 10%의 한도 내에서 회사의 정관으로 근거 규정을 두도록 하고, 정관의 근거를 토대로 임직원에 대한 '주식연계보상계획'을 수립하되 그에 대하여 주주총회 승인을 받도록 하는 방식을 고려해 볼 수 있다. 그리고 부여대상자에는 회사의 임직원뿐만 아니라 계열회사의 임직원도 포함할 수 있어야 할 것이다.

　이 경우 각 회사의 주식연계보상계획에는, 해당 계획 하에서 발행가능한 주식의 총 한도, 활용가능한 유형(예를 들면, 주식매수선택권, 스톡그랜트, 사전교부 제한주식, 사후교부 제한주식), 각 유형별로 부여대상자의 범위, 주요 조건을 정하고, 구체적인 부여 결정 및 변경 결정 기관(이사회 내지 보수위원회 등) 및 그 절차에 관한 사항, 및 그 유효기간에 관한 사항이 포함되어야 할 것이다.

(2) 이원적 설계 유지시 개선사항 검토

　앞서 살펴본 바와 같이 주식연계보상 제도의 일원적 설계는 여러 측면에서 유용할 수 있으나, 우리 상법이 이미 주식매수선택권 제도를 별도로 규정하고 있다는 점을 고려할 때, 현 시점에서의 현실적 대안은 기존 법의 체계를 유지한 상태에서 주식형 보상에 관하여 필요한 사항을 추가하는 방식, 즉 이원적 설계일 것이다.

다만, 궁극적으로 일원적 설계와 이원적 설계는 입법기술적 접근 방식의 차이에 불과하며, 본질적으로 중요한 것은 규제가 담고 있는 실질적인 내용이다. 앞서 검토한 바와 같이 현행 스톡옵션 규제에도 개선이 필요한 사항들이 있기 때문에, 기존 법의 '체계'는 유지하더라도 기존 스톡옵션 제도를 그대로 둔 채 주식형 보상에 대한 규제만을 추가할 것이 아니라, 스톡옵션 제도 자체도 함께 정비할 필요가 있다. 이하에서 규제 내용에 대한 개선사항을 스톡옵션과 주식형 보상으로 나누어 살펴본다.

가. 스톡옵션

앞서 스톡옵션에 대한 부여대상자의 제한, 행사가액의 경직성, 절차의 엄격성 측면에서의 문제를 검토하였다. 이에 대하여 다음과 같은 개선방안을 제안한다.

1) 부여대상자

현재 주식매수선택권은 국내 계열회사 임직원에게는 부여할 수 없는데, 이러한 규제는 완화할 필요가 있다(제4장 제2절 2.(2)가. 1) 참조). 비상장회사의 주식은 (근시일 내에 상장이 예정되어 있지 않은 이상) 충분한 인센티브 수단이 되기 어렵다. 모회사만 상장이 되어 있고 자회사 등 계열회사는 비상장회사인 경우, 상장회사인 모회사 주식을 임직원에 대한 보상 수단으로 활용할 필요성이 있다. 미국, 영국 등 해외 입법례를 살펴보더라도 계열회사의 임직원에 대한 주식연계보상 부여에 특별한 제한을 두고 있지 않다. 더욱이 상장회사가 자회사를 중복 상장하는 것에 대한 비판이 심화되고 있는 상황을 감안하면 상장회사가 비상장 자회사의 임직원에게 상장회사인 모회사 주식을 보상으로 제공할 필요성은 더욱 늘어날 것으로 예상된다. 따라서 국내 계열회사의 임직원에게도 스톡옵션을 부여할 수 있도록 허용하여야 한다.

2) 행사가액

주식매수선택권의 행사가액을 일률적으로 부여일 기준 주식의 실질가액 이상으로 제한하는 접근 보다는, 각 회사가 사업의 특성, 주가의 변동성, 주식시장의 상황, 부여대상자의 역할, 위험회피 성향 등을 종합적으로 고려하여 최적의 인센티브를 설계할 수 있도록 가능성을 열어 주는 접근이 바람직하다(제4장 제2절 2.(2)가. 2) 참조). 따라서 실질가액보다 낮은 행사가액(가령 시가의 10% 이내의 할인 허용 등)도 허용하되, 기존 주주들을 보호하기 위해서는 행사가액만이 아니라 부여 수량, 부여 근거, 부여를 통해 기대되는 효과 등을 종합적으로 판단하여 부당하게 스톡옵션이 부여되지 않도록 하여야 한다. 이를 위해 충분한 정보 공시를 토대로 주주 승인을 받도록 하여야 한다(주주 승인의 내용에 관한 사항은 다음 항에서 추가로 검토한다).

3) 주주 승인

상법은 개별 임직원의 성명 및 그 각각에 대한 부여 수량에 대해서까지 주주총회 특별결의로 승인을 받도록 하고 있으나(제4장 제2절 2.(2)가. 3) 참조), 주주들이 그 각 개인에 대한 부여수량의 적절성을 판단할 수 없기 때문에 이러한 규제는 실효성을 기대하기 어렵다.

오히려 주주들에게 제공되어야 하는 정보는 스톡옵션의 총 발행한도와 더불어 부여대상자의 범주별로 어떠한 기준에서, 어떠한 근거에 기반하여 스톡옵션을 부여할 것인지에 대한 설명이다. 이 때 전 항에서 검토한 바와 같이 행사가액은 어떠한 기준으로 설정하였는지, 가령 실질가액보다 낮은 가액으로 설정되었다면 그 근거에 대한 합리적인 설명이 포함되어야 할 것이다.

따라서 상법 제340조의3 제2항을 개정하여, (i) 주식매수선택권의 부여 목적, (ii) 주식매수선택권의 행사로 발행하거나 양도할 주식의 종류와 그 총 한도, (iii) 주식매수선택권의 부여대상자의 범위, (iv) 주식매수선택권의 부여 기준, (v) 주식매수선택권의 부여 방법, (vi) 주식매수선택권의 행사가액(조정에 관한 사항 포함) 산정 방법 및 그 근거를 명시하여 그에 대한 주주 승인을 받도록 하고, 이를 토대로 구체적인 부여에 관한 사항은 이사회에서 결정할 수 있도록 하는 것이 합리적이다.[618]

나. 주식형 보상

주식형 보상의 입법적 개선사항에 대해서는 자기주식 교부형과 신주발행형을 구분하여 검토한다.

1) 신주발행형

(가) 신주발행형 허용 여부

현재 우리나라에서 신주발행 방식의 주식형 보상은 활용할 수 없다(제4장 제2절 4.(1)나. 참조). 그러나 신주발행 방식의 주식형 보상 부여도 허용하되 발행한도 및 승인 규제 등의 통제장치를 두는 것이

---

[618] 이사에게 부여하는 경우에는 제2절에서 검토한 경영진 보상 규제가 추가로 적용될 것이다.

바람직하다. 스톡옵션의 경우 신주 발행형과 자기주식 교부형이 모두 가능한데, 주식형 보상에 대해서만 이를 금지해야 할 특별한 이유는 없다. 앞서 살펴본 해외 주요국들도 임직원에 대한 적절한 인센티브 부여를 위하여 임직원에 대해 무상으로 신주를 부여하는 방식의 주식연계보상을 금지하고 있지 않다.

이와 관련하여, 스톡옵션의 경우 행사시점 시가 보다 낮은 가액이라 하더라도 일정 금액의 행사가액을 납입하지만, 주식형 보상은 무상 발행이기 때문에 허용하기 더 어려운 것이 아닌지 의문이 제기될 수 있다.

이와 관련하여, 우리나라 상법과 체계가 유사한 일본에서의 논의를 참고해 볼 수 있다. 일본의 경우, 신주발행에 대한 규제로 인해 임직원에 대한 유연한 주식보상 부여가 어려운 상황이었고, 이러한 법제가 일본 기업들의 경쟁력 저해 요인이 된다는 문제 의식 하에, 해석론으로 금전보수채권을 현물출자하거나 상계하는 방식을 고안하여 신주발행 방식의 주식형 보상을 부여하기 시작했다. 이에 대해, 외관상 유상발행이지만 주식의 무상교부와 경제적 실질이 동일함에도 불구하고 제도의 미비로 이와 같은 방식을 취하는 것은 지나치게 기교적이므로 제도 개선이 필요하다는 지적이 제기되었다. 또한 당시 일본에서는 이미 스톡옵션의 행사가액을 1엔으로 하는 소위 1엔 스톡옵션이 널리 활용되고 있었는데, 이 역시 실질적으로 신주를 무상으로 발행하여 주는 것과 다름없는 것이었다.[619] 이에 일본은 2019년에 회사법을 개정하여 상장회사 이사에 대한 무상 신주 발행을 명시적으로 허용하였다.[620] 그 과정에서 주식의 무상발행 허용 여부에

---

[619] 상세한 내용은 제3장 제4절 2.참조.
[620] 현재는 상장회사의 이사 아닌 직원, 비상장회사의 경우에는 무상 신주 발행이 허용되지 않아, 그 범위를 더 넓혀야 한다는 주장도 제기되고 있다 (日本経済団体連合会 提言(2024)).

대한 논의가 있었는데, (i) 직접적으로 현금을 납입하지 않는다는 점에서 '무상' 발행이라 하더라도, 그에 상응하는 임직원의 업무 제공이 전제되기 때문에 유리발행이나 불공정발행이 아니며, 기업가치 제고를 위한 것으로서 주주 이익을 해치는 것이 아니라는 점, (ii) 자본충실의 원칙은 회사의 기업가치 상승을 위해 필요한 범위 내에서 완화될 수 있는 개념이라는 점, (iii) 주식 발행대가의 종류에 제한이 없고 미래의 역무제공을 발행대가로 하고 금전의 납입을 하지 않을 수 있도록 하는 미국 등 해외 입법례들이 있는 상황에서 일본 기업의 경쟁력 강화 방안이 필요하다는 점 등이 논의되었고,621 결국 신주발행형의 주식형 보상이 입법적으로 받아들여졌다.

즉, 주식을 무상으로 발행한다고 하면 일견 주주에게 해로운 것이 아닌지 의문이 제기될 수 있으나, 신주인수대금 납입이 없다는 점에서 '무상' 발행이라고 할 뿐, 임직원에 대한 보상 수단으로서 발행되는 것이기 때문에 실질적으로 회사가 아무런 대가 없이 주식을 발행해 주는 것은 아니다. 주주에게 불이익이 발생하는 경우는, 주식형 보상을 통해 회사가 기대할 수 있는 가치에 비해 과도한 주식이 부여되는 경우일 것이다. 그런데 이는 그 주식형 보상이 자기주식 교부 방식인 경우에도 발생할 수 있는 문제이며 신주발행 방식 특유의 문제는 아니다. 이러한 문제는 보상 부여 절차에 대한 통제로 해결할 사안이지, 신주 발행 방식 자체를 금지할 근거는 되지 않는다. 따라서 남용 방지를 위한 적절한 통제 장치 마련(다음 항에서 검토함)을 전제로, 신주 발행 방식의 주식형 보상의 활용도 허용할 필요가 있다.

---

621 伊藤靖史(上)(2017), 7-9면

(나) 신주발행형 허용시 통제장치

임직원에 대한 보상으로 신주를 발행하는 것을 허용한다면, 기존 주주의 이해관계에 미치는 영향을 고려할 때 그 발행한도에 대하여 주주총회 특별결의를 통한 승인을 받도록 하는 것이 타당하다. 현재 스톡옵션의 발행한도 제한을 참고하여, 주식연계보상의 발행한도는, 제도를 일원적으로 설계하든 구분된 제도를 두든, 전체 주식연계보상(즉 스톡옵션, 제한주식 등을 포함)을 기준으로 발행주식 총수의 10%를 초과하지 않는 범위 내에서 회사의 정관 또는 주주총회 특별결의로 한도를 정하도록 하는 방식을 고려해 볼 수 있다.

2) 자기주식 교부형

현행 법제상 스톡옵션 외의 주식형 보상은 자기주식을 활용하는 방식으로만 가능하기 때문에, 자기주식에 대하여 적용되는 각종 제한과 규제가 그대로 적용된다. 그러나 임직원에 대한 인센티브 부여를 목적으로 자기주식을 활용하는 경우에는 일반적인 자기주식 취득 및 처분과는 그 목적과 성격이 다르므로, 차별화된 접근이 필요하다.

(가) 재원규제 완화 여부

임직원에 대한 인센티브 부여 수단으로서의 주식연계보상의 기능에 주목하여, 배당가능재원이 없는 회사들도 주식형 보상을 활용할 수 있도록 허용해야 한다는 주장이 있다. 특히 미국의 실리콘밸리 등의 스타트업들은 신주 발행 방식으로 RSA를 적극 활용하고 있으나, 우리나라의 초기 단계의 기업들은 현금 보상으로는 대기업에 비해 보상경쟁력을 확보하기 어렵고, 신주 발행 방식의 주식형 보상을 활용할 수 없으며, 배당가능이익이 없는 경우가 대부분이어서 자기주식 교부 방식의 주식형 보상의 활용도 제한된다.

이러한 문제 제기에 대응하여, 2024. 7. 시행된 개정 벤처기업법은 벤처기업이 성과조건부 주식을 활용하는 경우 배당가능이익 요건을 완화하여, '자본잠식이 일어나지 않는 범위 내'에서 자기주식을 취득할 수 있도록 함으로써 입법적 개선이 이루어졌다(벤처기업법 제16조의18).[622]

본 글의 초점인 상장회사의 경영진 보상에 국한하여 생각해 보면, 벤처기업의 경우보다는 이러한 예외의 필요성이 상대적으로 적은 것이 사실이다. 다만, 근본적으로 '자기주식 취득 및 처분'과 '임직원에 대한 주식형 보상'은 각각의 규제 필요성 및 촉진 필요성이 있는 별개의 제도이다. 즉, (a) 자기주식의 취득 및 처분에 대한 규제는 자본충실 및 주주보호 등의 목적에서 비롯된 것이고 (b) 주식형 보상은 부여대상자에게 적절한 인센티브를 부여하기 위한 제도로서 규제의 필요성도 있으나 촉진이 필요한 측면도 있다. 그런데 현재 별도의 제도가 없이 자기주식 취득 및 처분의 범위 내에서 주식형 보상을 활용할 수밖에 없는 상황이라 임직원에 대한 주식형 보상 재원과 배당가능이익 재원이 결부되어 있는 상황으로, 궁극적으로는 해소가 필요하다고 생각한다.

다만 현 상황에서 상장회사에게까지 벤처기업과 동일한 범위로 재원규제를 완화하자는 것은 아니며, 앞서 검토한 신주 발행형 허용을 포함하여 전반적인 주식형 보상의 발행 한도 등에 대해 별도의 제도 및 그에 필요한 절차를 마련하는 것이 바람직하다고 생각한다. 만약, 재원규제를 완화하여 배당가능이익 범위를 벗어나 자기주식을 보상으로 활용하는 경우라면, 절차상 주주총회에서 그 한도를 정하도록 하는 통제 장치를 함께 마련할 필요가 있다.

---

[622] 벤처기업법은 배당가능이익 통제 완화와 더불어 성과조건부 주식 부여에 대하여 정관상 근거 및 주주총회 특별결의에 따른 승인을 받도록 하였다(벤처기업법 제16조의17).

(나) 자기주식 처분 기간 규제

상장회사의 경우 자기주식 처분 후 3개월간 또는 자기주식 취득 후 6개월간의 기간 동안에는 자기주식의 취득 또는 처분을 할 수 없는데{제4장 제2절 2.(2)나.1)(다)}, 임직원에 대한 상여금으로 자기주식을 교부하는 경우에 예외를 인정해 주고 있는 것의 범위를 당해 회사의 임직원뿐만 아니라 계열사 임직원에게 부여하는 경우까지 포함되도록 해야 한다. 빈번한 자기주식의 취득·처분으로 인한 인위적인 시장가격 왜곡이나 미공개정보를 이용한 불공정거래를 방지하고자 하는 규제의 취지상 임직원에 대한 자기주식 교부의 경우 위와 같은 우려가 없으므로 예외를 허용해 주고 있는 것인데, 규제의 취지 및 그에 대한 예외 인정 취지를 고려할 때 계열사 임직원에 대한 교부라고 해서 달리 취급할 이유는 없다.

2. 스톡옵션 규제의 준용 여부

현재 제한주식이 스톡옵션에 대한 규제 회피 수단 혹은 경영권승계 수단으로 악용되고 있다고 지적하며, 제한주식에 대해서도 스톡옵션 규제를 준용해야 한다는 주장(이하 "스톡옵션 준용안") 및 그와 유사한 규제 방안들이 제기되고 있다. 그러나 제한주식은 스톡옵션과 다양한 측면에서 차이가 있기 때문에 현재의 스톡옵션 규제를 준용하는 것은 타당하지 않다. 이하에서 상세히 검토한다.

(1) 규제 방안

가. 규제 방안의 주요 내용

스톡옵션 준용안은 구체적인 개정안이 발표되어 있지는 않으나, 그 주장의 문언 그대로 상법에 "주식매수선택권에 대한 상법 제340조의2, 제340조의3, 제340조의4, 제340조의5를 준용한다"라는 조항을 신설하는 방식의 규제를 염두에 두고 있는 것으로 보인다.

이와 유사한 관점에서, 국회에 발의되어 있는 상법 개정안[623]은 제한주식[624]이 경영세습 수단으로 악용될 우려가 있으므로 이에 대한 법적 근거를 마련해야 한다고 하며, (i) 제한주식의 부여대상을 스톡옵션과 동일하게 제한하고, (ii) 부여할 자기주식의 수를 회사의 발행주식 총수의 10%로 제한하며, (iii) 제한주식의 부여에 관하여 정관의 규정을 두고 주주총회 승인을 받도록 하고 있다(이하 "상법 개정안"). 상법 개정안은 스톡옵션 규제와 세부 사항에 일부 차이가 있을 뿐, 근본적으로는 제한주식이 스톡옵션과 동일하다는 인식 하에 제한주식을 스톡옵션과 유사하게 규제하고자 하는 것으로, 스톡옵션 규제 준용 방안과 궤를 같이 하고 있다(이하 스톡옵션 준용안과 상법 개정안을 총칭하여 "규제 방안").

나. 규제대상

스톡옵션 준용안은 구체적인 내용이 발표되어 있지 않아 규제대상이 명확히 표명되지는 않았으나, 제한주식 전반을 규제하고자 하는 것으로 보인다. 현재까지 제기된 각종 규제 강화 주장들은 성과

---

[623] 의안번호 2200289 상법 일부개정 법률안(2024. 6. 11. 정준호의원 대표발의)
[624] 해당 개정안은 규제대상을 '양도제한조건부주식'이라고 지칭하고 있는데, 본 연구에서는 혼동을 피하기 위해 제2장에서 정의한 '제한주식'이라는 용어를 사용한다. 이와 관련한 상세한 설명은 아래 나.항 참조.

조건부 주식, 양도제한부 주식, RSU 등의 용어를 혼용하여 사용하고 있는데, 이는 제2장에서 지적한 바와 같이 주식연계보상과 관련된 개념과 용어들이 제대로 정립되지 않은 데에서 기인한 것이다. 이러한 용어의 혼용은 규제의 범위를 불분명하게 만들고 있으나, 그 취지가 제한주식 중 특정 유형만을 규제하려는 것으로 보이지는 않으며, 제한주식 전반에 대한 규제 신설을 염두에 두고 있는 것으로 보인다.

상법 개정안은 '제한주식'을 규제대상으로 하고 있다. 구체적으로, 상법 개정안은'양도제한조건부주식'이라는 용어를 사용하고 있지만, 그 개념을 '회사의 이사, 집행임원, 감사 또는 피용자에게 무상으로 근속, 성과 달성 등 장래의 일정한 요건의 충족을 조건으로 하여, 일정기간 동안 양도를 금지하는 조건이 붙은 주식 또는 정해진 수의 주식을 받을 수 있는 권리'로 정의하고 있다. 제2장에서 정의한 용어에 따르면, 일정한 요건의 충족을 조건으로 교부하는 주식은 제한주식에 해당한다. 그 중 일정한 요건의 충족을 조건으로 하여 일정기간 동안 양도를 금지하는 조건이 붙은 주식은 사전교부 제한주식, 일정한 요건의 충족을 조건으로 정해진 수의 주식을 받을 수 있는 권리는 사후교부 제한주식에 해당한다.

따라서 이하에서는 규제 방안이 공통적으로 '제한주식'을 규제대상으로 삼고 있음을 전제로 검토한다.

다. 쟁점의 정리

스톡옵션 준용안과 상법 개정안은 세부 사항에 일부 차이는 있으나, 근본적으로 스톡옵션과 제한주식이 동일하다는 관점에서, (i) 그 부여대상자를 스톡옵션과 동일하게 제한하는 것, 특히, 지배주주 등에 대한 부여를 제한하는 것을 핵심으로 하고, (ii) 부여 절차상 주주총회 승인을 받도록 하며625 (iii) 부여 규모를 제한하고자 한다는 점에 공통점이 있다.

이에, 아래 (2)항에서 규제 방안들의 공통된 전제, 즉, 제한주식은 스톡옵션과 동일하다는 점에 대한 반론으로 제한주식과 스톡옵션의 다양한 측면에서의 차이를 분석함으로써 이 둘을 동일하게 규제하려는 접근의 부당성을 논증한다. 규제 방안과 관련된 구체적 쟁점에 대해서는 다음 제4절에서 검토한다.

(2) 제한주식과 스톡옵션의 차이

제한주식과 스톡옵션은 모두 임직원에 대한 보상의 일환으로 회사의 주식을 교부한다는 점에서 공통점을 가지나, 부여되는 가치, 위험감수에 대한 인센티브, 성과 연계성, 단기주의의 우려, 기회주의적 활용, 지분 희석 효과, 의결권, 세무 효과 등 여러 측면에서 차이점이 존재한다. 따라서 주식과 연계된 보상이라는 공통점에만 초점을 두어 제한주식에 스톡옵션 규제와 동일한 규제를 신설하여야 한다는 논리는 수용하기 어렵다.

가. 부여되는 가치

스톡옵션은 통상 부여 시점의 시가로 행사가격이 정해지고, 이후 행사기간 중 주가가 상승하였을 때 경영진이 스톡옵션을 행사하면, 경영진은 주식을 받게 된다. 결국 스톡옵션으로 부여받는 가치는 행사 시점의 주가와 행사가격의 차액, 즉 주가상승분이다. 반면, 제한주식은 가득시 교부되는 주식 전체의 가치가 부여된다.

---

625 다만 상법 개정안은 특별결의가 아닌 보통결의를 요하고 있고, 스톡옵션 준용안에 따르면 주주총회 특별결의를 요하게 된다는 점에 차이가 있다.

이와 관련하여, 일응 제한주식이 스톡옵션보다 더 많은 가치를 부여하는 것이 아닌지 의문이 제기될 수 있다. 그러나 스톡옵션 1주가 제한주식 1주와 대응되는 것은 아니다. 양자는 각기 상이한 상황과 시점, 그리고 상이한 조건에서 활용되는 것이기 때문에, 그리고 장래 행사시점 내지 가득시점에 주가가 어떻게 변동할 지는 부여 시점에 예측 불가하기 때문에 부여 시점을 기준으로 어느 유형이 더 많은 가치를 제공하는 것인지 단정할 수 없다. 참고로 미국에서 초기 단계 스타트업들이 초기에는 스톡옵션을 부여하다가 이후 제한주식으로 제도를 전환하는 경우가 많은데,626 일반적으로 스톡옵션 제도를 제한주식 제도로 전환할 경우 동일한 가치의 보상에 대하여 부여되는 주식의 수는 감소하게 되어, 제한주식 제도 전환 후에는 부여 수량이 종전 스톡옵션 제도에 비해 줄어들게 된다.627

나. 위험감수에 대한 인센티브

스톡옵션은 주가 상승으로 인한 가치변동의 민감도가 큰 대신 주가 하락시 보상의 가치가 0이 된다. 제한주식은 가치변동의 민감도는 작지만 주가하락시 보상의 가치도 함께 하락한다. 이러한 특성으로 인해 스톡옵션은 과도한 위험감수 우려가 있는 반면, 제한주식은 위험감수에 대한 인센티브가 상대적으로 낮다.

이에 대해 가상의 사례를 통해 살펴본다. A사의 현재 주가는 주당 900원이다. 장래의 주가를 정확히 예측할 수는 없지만, 기업은 보수

---

626 미국에서 스톡옵션은 상대적으로 초기 단계의 스타트업에서 스톡옵션이 적극 활용되고, 기업 규모가 커지면 스톡옵션을 RSU로 전환하는 회사들이 많다. 평균적으로 미국 회사들은 설립 후 5.5년 지난 후, 기업가치가 $1.05billion 일 때 스톡옵션에서 RSU로 전환하고 있다{Thomas, Jared, "RSU vs. stock options", Carta, (2023. 12. 8.)}

627 Walker(2011), 651면

를 결정하는 시점에 그 보수를 통해 달성하고자 하는 바와 예상 보수규모에 대한 계획을 세워야 한다. 이러한 관점에서 (i) A사는 경영자인 B가 3년 간 회사의 사업을 잘 운영할 경우 3년 뒤 주가는 주당 1,000원이 될 수 있을 것으로 예상하고 있고, (ii) 3년 동안 사업을 잘 운영한다면 B에 대하여 1억원 상당의 보상을 제공하고자 하는 상황이라고 가정한다. 이 때 스톡옵션을 부여하는 경우와 사후교부 제한주식을 부여하는 경우를 비교한다. 성과조건부 사후교부 제한주식의 경우 성과조건에 따라 가득 여부나 규모가 달라지게 되나, 본 논의에서는 단순화를 위해 기간조건부 사후교부 제한주식을 전제로 살펴본다.

스톡옵션을 부여하는 경우, 3년 뒤 주가가 주당 1,000원이 되었을 때 1억원 상당의 보상을 부여하고자 한다면, 부여 후 3년이 경과한 시점부터 행사 가능한 스톡옵션 10,000주를 부여하게 된다.

반면, 사후교부 제한주식을 부여하는 경우, 3년 뒤 주가가 주당 1,000원이 되었을 때 1억원 상당의 보상을 부여하고자 한다면, 가득기간을 3년으로 하는 사후교부 제한주식 100주를 부여하게 된다.

실제로 3년 경과 후 회사의 주가는 1,000원이 될 수도 있고, 그보다 낮을 수도 있으며, 높을 수도 있다. 그 각 경우 스톡옵션과 제한주식의 가치는 아래와 같이 달라진다.

3년 뒤 주가(원)	스톡옵션의 가치(원)	제한주식의 가치(원)
800	0	800,000
900	0	900,000
1,000	1,000,000	1,000,000
1,100	2,000,000	1,100,000
1,200	3,000,000	1,200,000
1,300	4,000,000	1,300,000

스톡옵션의 경우 행사가격이 주가보다 아주 높으면(out-of-money option) 스톡옵션의 가치는 0이고, 그 상태에서 주가가 일부 증가하거나 감소하더라도 스톡옵션의 가치에 영향을 미치지 않는다. 반면 행사가격이 주가보다 낮으면(in-the-money), 그 상태에서는 주가가 조금만 변화해도 스톡옵션의 가치가 민감하게 변동된다. 이와 같이 옵션은 기초자산의 가치와 옵션의 가격 사이에 비직선적인 관계(non-linear relationship)를 가지며, 이러한 특성을 옵션의 볼록성(convexity)이라고 한다. 즉, 위 표에서 행가가격 900원인 스톡옵션의 경우 주가가 1,000원에서 1,100원으로 상승하면 스톡옵션의 가치는 2배 증가한다.

반면 제한주식의 가치는 주가와 직선적으로(linear) 연동된다. 즉 주가가 10%하락하면 그 가치도 10% 만큼 하락하고 주가가 10% 증가하면 그 가치도 10%만큼 증가한다.

이러한 스톡옵션의 특성은 미국에서 초기에는 경영자의 과도한 위험회피에 대응하기 위한 수단으로 각광받았으나, 이로 인해 과도한 위험감수를 유발하는 부작용이 나타났다. 즉, 주가가 오르면 스톡옵션을 통해 상한이 없는 무제한의 이익을 얻을 수 있는 반면, 반대의 경우 스톡옵션을 통해 아무것도 얻지 못하는 것 외에 추가적인 손실을 부담하지 않기 때문에 주가를 끌어올리지 못했을 때의 영향은 제한적이다.[628] 따라서 스톡옵션의 행사기간이 임박하였을 때 그 회사의 주가가 행사가액 미만이라면 경영진으로서는 위험한 사업기회에 도전할 가능성이 있다. 실패하더라도 잃을 것은 없으며 성공할 경우 엄청난 이득을 볼 수 있기 때문이다. 예컨대 위 가상의 사례에서 부여 후 2년 6개월이 경과한 시점에 회사의 주가가 890원이라면 경영자는 성공 가능성이 낮더라도 성공할 경우 큰 수익을 기대할 수

---

[628] Fisher(2017), 616면 각주10

있는 프로젝트에 도전할 수 있다. 실패하여 회사의 주가가 500원이 되더라도 경영자가 추가로 잃을 것은 없기 때문이다.

이에 비해, 제한주식을 부여한 경우라면, 지나치게 위험한 프로젝트에 시도했다가 그 프로젝트가 실패할 경우에는 그 시도를 하지 않았더라면 받을 수 있었던 것보다도 보상의 가치가 하락하게 되므로, 경영자가 지나치게 위험한 프로젝트를 시도할 가능성은 줄어든다.[629]

이러한 차이가 있기 때문에 기업과 주주 입장에서 스톡옵션이 더 좋은지, 제한주식이 더 좋은지, 그리고 경영자 입장에서 스톡옵션을 받는 것이 더 좋은지, 제한주식을 받는 것이 더 좋은지를 일률적으로 말할 수는 없다. 각 기업 및 경영자의 특성에 따라 스톡옵션이 더 바람직한 수단이 될 수도 있고 제한주식이 더 바람직한 수단이 될 수도 있다. 그렇기 때문에 미국의 회사들은 스톡옵션과 제한주식을 서로 다른 목적으로 사용하는 것으로 보인다. 예를 들면, 스톡옵션은 상당한 위험을 수반하는 실질적인 투자기회가 있는 회사에서 사용되는 경향이 있다.[630] 상대적으로 초기 단계의 스타트업에서 스톡옵션이 적극 활용되고, 일정 규모 이상이 되면 스톡옵션을 사후교부 제한주식으로 전환하는 회사들이 많다.[631] 한편, 연구개발 또는 기술책임자에게는 위험 감수를 장려하기 위해 상대적으로 스톡옵션을 많이 부여하고, 최고운영책임자에게는 상대적으로 제한주식이 적합할 수 있다고 보기도 한다.[632]

한편, 경영자 입장에서 제한주식의 경우 주가가 부여 시점 보다 더 하락하더라도 일부 가치가 지급된다는 점에서, 제한주식이 경영자에게 더 유리한 것이 아니냐는 주장이 제기될 수 있다. 그러나 이

---

[629] Fisher(2017), 616면 각주11
[630] Larcker/Tayan(2016), Chapter 8
[631] Thomas, Jared, "RSU vs. stock options", Carta, (2023. 12. 8.)
[632] Walker(2011), 658면

역시 일률적으로 말할 수는 없다. 위험을 감수하더라도 보상의 가치가 급격하게 상승할 수 있는 보수를 더 높게 평가하는 사람이 있는 반면, 보상의 가치가 크게 상승하지 않더라도 일정 수준의 가치가 안정적으로 확보되는 보수를 더 높게 평가하는 사람도 있을 수 있다.[633] 또한, 회사가 제한주식을 활용하면서도 주가 하락시 보상이 전혀 제공되지 않도록 하는 것이 타당한 상황이라고 판단한다면, 성과조건 내지 최소요건(underpin)을 활용하여 주가 하락시 보상이 전혀 제공되지 않거나 대폭 감소되도록 설계하면 된다. 본 항에서 논증하고자 하는 바는 어느 보상 유형이 더 바람직한지에 관한 것이 아니라, 위험 감수에 대한 인센티브 측면에서 스톡옵션과 제한주식 간에 차이가 존재한다는 점이기 때문에, 성과조건을 활용한 다양한 설계 방식에 대한 구체적인 검토는 다음 다.항에서 한다.

다. 성과 연계성

스톡옵션은 단순히 주가 상승에 바탕을 둔 보수로, 개인의 성과에 대한 보수라기 보다 일종의 보너스로 받아들여지는 경향이 있다.[634] 스톡옵션에도 성과조건을 부여하는 것이 이론적으로 불가능한 것은 아니지만, 국내뿐만 아니라 미국 등 해외에서도 성과조건부 스톡옵션이 활용되는 사례는 거의 찾아보기 어렵고, 스톡옵션은 통상적으로 단순히 몇 년 이상의 재직기간만 채우면 행사가능한 수단이 되었다.

---

[633] 경영자의 위험추구 성향 등 각 경영자의 개인 성향에 따라, 주식연계보상의 미래 수익에 대한 심리적 할인율이 달라지며, 이에 따라 보상에 대한 주관적 가치가 달라지게 되므로, 보상 설계시 경영자 개인의 특징을 고려하여야 한다는 견해로 Fisher(2017), 600면, 624면.
[634] 고재종(2021), 36면. "주식매수선택권 제도는 도입취지인 성과보상이 아닌 2년 이상의 재임 내지 재직기간 만료 후에 자신의 노력과는 무관하게 받을 수 있는 보너스의 성격으로 바뀌었다고 할 수 있다."

그 원인이 실증적으로 명확히 밝혀진바는 없으나, 어떠한 보수이든인재 유인 내지 인센티브 수단으로 기능하려면 부여대상자에게 일정 수준의 가치를 부여하는 매력적인 수단이어야 하는데, 스톡옵션을 성과조건부로 설계한다면 보수으로서의 가치가 지나치게 낮아지기 때문이라고 생각한다. 즉, 스톡옵션은 부여시점 대비 주가의 상승 여부에 따라 가치 변동성이 크다는 점에서 이미 불확실성이 매우 높은 유형의 보수이다. 심리적으로, 사람들은 불확실성이 높은 보수의 가치를 낮게 평가하는 경향이 있다.[635] 그런데 여기에 성과조건까지 추가되면 불확실성이 더욱 증가하여, 보수로서의 가치와 유용성이 현저히 감소한다.

반면, 제한주식은 성과와 보다 긴밀히 연계되어 있다.[636] 성과조건부 사후교부 제한주식의 경우 이러한 특성이 가장 명확히 드러나는 유형이다. 기간조건부 사후교부 제한주식의 경우 성과와의 연계성에 대한 논란이 있기는 하나, 우리나라에서는 기존에 현금으로 제공하던 성과급의 대체 수단으로 기간조건부 사후교부 제한주식을 부여하기도 하는데, 이러한 경우에는 이미 과거 성과에 대한 평가를 거쳐 부여 규모를 결정하게 된다는 측면에서 성과연계성이 있다. 성과와의 연계 정도에 대해서도 다양한 설계가 가능하다는 점 자체가 제한주식의 특징이자 장점이기도 하다.

---

[635] 사람들은 확실성이 있는 결과에 비해 단순히 가능성만 있는 결과(즉 불확실성이 있는 결과)를 과소평가한다. 이러한 경향을 확실성 효과(certainty effect)라고 한다(Kahneman/Tversky(1979)).

[636] 미국에서도 대다수의 개인은 스톡옵션을 선물로 여겨, 스톡옵션을 보상계획의 필수요소가 아니라 있으면 좋은 것으로 여기고, 반면 주식형 보상은 성공에 대한 보상으로 자리잡고 있다고 한다(Gordon/Ringe(2018), 356면; Walker(2011), 650-651면; 이나래(2024), 54면

라. 단기주의 우려

스톡옵션의 경우 행사시점에 차익을 누리고 단기간 내 매각하는 경우가 대부분이기 때문에 단기주의의 우려가 크고 경영진으로 하여금 주식을 장기적으로 보유하도록 하는 효과를 기대하기 어렵다. 즉, 제2장 제2절 3.항에서 살펴본 바와 같이, 스톡옵션도 처음에는 경영진에게 회사의 가치상승에 대한 인센티브를 부여하고자 하는 목적에서 도입된 것이었지만, 실제로는 경영진이 스톡옵션 행사 시점에 맞추어 단기실적을 통해 행사차익을 얻고 거두고 주식을 매각해 버리는 사례들이 다수 나타났다(제2장 제2절 3.(2)가, 4.(3)나. 참조).[637]

그러나 제한주식은 가득기간을 장기간으로 설정하되 단계적으로 가득이 이루어지도록 하고, 가득 이후에도 양도를 제한하되 양도제한의 해제도 단계적으로 이루어지도록 하는 등의 설계를 통해 단기주의의 우려를 줄일 수 있다. 이러한 특성이 미국, 영국 등에서 2000년대 이후 스톡옵션의 대안으로 제한주식이 부상하게 된 요인이기도 하다(제2장 제2절 3.(2)항 참조).

이에 대하여 스톡옵션도 이론적으로는 행사 이후 양도를 제한하고 매각을 단계적으로만 허용하는 등의 설계가 불가능한 것은 아니기 때문에 마찬가지라는 반론을 생각해 볼 수 있다. 그러나 스톡옵션을 이와 같이 설계한 사례는 국내외를 불문하고 찾아보기 어렵다. 그 이유는 무엇일까? 위 다.항에서도 검토한 바와 유사하게, 스톡옵션을 이렇게 설계한다면 보수로서의 가치 내지 유용성이 현저히 떨어지기 때문일 것이다. 스톡옵션과 제한주식의 핵심적인 차이 중 하나는, 제한주식과 달리 스톡옵션은 부여대상자가 행사대금을 납부해야 한다는 점이다.[638] 부여대상자 입장에서 실제 자신의 자금이 투

---

[637] "주식 먹튀 논란 카카오, 경영진 대폭 물갈이", 동아일보 (2022. 1. 21.); "스톡옵션, 상장 1년 내 '먹튀 매각' 무려 15%", 민들레뉴스 (2023. 11. 14.)
[638] 상법상 주식매수선택권에는 차액보상형도 있지만, 대부분은 행사대금을

입되는지 여부는 매우 중요하다. 이는 일종의 투자원금으로 볼 수 있다. 따라서 스톡옵션 행사로 수령한 주식의 주가가 하락하는 것은 부여대상자 입장에서 일종의 투자원금의 손실로 인식된다. 이를 행동경제학 및 심리학에서 널리 알려진 편향인 손실회피(loss aversion) 개념으로 설명할 수 있다. 사람들은 손실을 같은 크기의 이익보다 더 크게 평가하기 때문에 1달러의 이득으로 인한 즐거움의 크기보다 1달러의 손실로 인한 고통의 크기를 더 크게 평가한다는 것이다.[639] 즉, 투자원금의 손실에 대한 고통을 크게 평가하기 때문에 사람은 손실을 회피하고자 하는 강한 동기를 갖게 된다. 반면 제한주식의 경우 투자원금이 투입된 것이 아니므로, 그 주식을 제공받은 이후 주가가 하락한다고 하더라도, 이는 손실이라기 보다는 이득의 감소로 인식될 것이기 때문에 심리적 저항이 덜할 것이다. 그런데 스톡옵션 행사 이후 주가가 상승할지 하락할지를 정확히 예측하는 것은 실제로는 거의 불가능하다. 따라서 부여대상자 입장에서는 손실을 회피하기 위하여 주식을 단기간 내 매각하는 결정을 할 가능성이 크다. 스톡옵션 행사를 결정한 시점은 당연히 행사가액이 시가보다 낮은 상황일 것이므로, 시가가 행사가액보다 낮아지는 상황으로 바뀌기 전에 매각을 하는 것이 합리적인 선택이 될 것이기 때문이다. 그런데 만약 스톡옵션에 대하여 행사 이후 일정 기간(가령 5년) 매각을 제한한다면, 행사 당시에는 행사가액이 시가보다 낮더라도, 5년 뒤까지 시가가 행사가액보다 낮아지지 않는다는(즉 원금손실이 없다는) 보장은 없기 때문에, 스톡옵션을 행사하는 것 자체가 무척 어려운 선택이 될 것이다. 보수의 일환으로 받은 수단으로 인해 본인이

납부하고 주식을 교부 방식이다. 즉, 2015~2021년 공시된 상장회사 스톡옵션 기준 신주발행형이 80.4%, 자기주식교부형이 7.1%, 차액보상형이 12.5%를 차지한다(김민기(2022), 11면).
[639] Kahneman/Tversky(1979), 259면

투입한 원금까지 손실을 입을 수 있는 위험은, 사적인 투자로 인한 원금 손실 위험보다도 더 감내하기 어려운 성격을 갖는다. 결국 이러한 구조로 설계된 스톡옵션은 보수로서의 실질적 가치나 유용성이 매우 낮게 평가될 수밖에 없다.

요컨대 매각 제한 등의 방식으로 단기주의를 완화하고자 하는 스톡옵션 설계는 현실적으로 그 활용 가능성을 기대하기 어렵다. 결과적으로 스톡옵션의 경우 단기주의의 부작용이 발생할 가능성이 높은 구조로 설계될 수밖에 없는 것이다. 그에 비해 제한주식은 단기주의를 완화할 수 있는 설계가 가능하고 실제로 그러한 구조의 제한주식이 해외 주요국에서 이미 널리 활용되고 있다.

마. 기회주의적 활용

스톡옵션의 경우 경영진에게 그 행사 여부 및 행사 시점에 대한 선택권이 있기 때문에, 기회주의적으로 이용될 여지가 더 크다. 즉, 스톡옵션은 부여 후 2년이 경과한 후부터 행사가능하고,[640] 행사기간은 회사마다 각기 다르지만 5년 혹은 10년으로 정하는 경우가 다수 존재한다.[641] 선행연구들에서 스톡옵션을 부여받은 경영자가 우월한 정보능력에 기반하여 스톡옵션 행사시점을 전략적으로 선택하거나, 스톡옵션 행사 전 자발적 이익공시를 낙관적으로 하는 등의 경향이 보고된바 있는데(제2장 제2절 4.(3)나. 참조), 스톡옵션을 부여받은 경영자는 5년에서 10년이라는 상당히 긴 기간 중 자신에게 가

---

[640] 2015~2021년 부여된 상장회사 스톡옵션 중 62.8%(부여 건수 기준)의 행사 가능시점이 부여 이후 2년이다(김민기(2022), 6면).
[641] 상법상 스톡옵션의 행사는 주주총회 결의일로부터 후 최소 2년이 지난 후부터 가능하고(상법 제340조의4 제1항, 제542조의3 제4항), 행사기간의 종기는 상법상 제한이 없으며 정관과 주주총회 결의로 정하게 된다(상법 제340조의3 제1항, 제2항).

장 유리한 시점을 선택할 수 있기 때문에 이러한 기회주의적인 행동을 하기 쉽고, 이를 통제하기도 어려운 것이다.

반면, 제한주식은 부여 당시 가득기간이 미리 정해지며 양도제한 조건도 미리 정해진다.642 성과를 일시적으로 좋게 보이도록 하거나 공시를 한두번 낙관적으로 하는 것은 가능할 지 몰라도 이를 장기간 반복적으로 지속하는 것은 외부 통제 장치로 인해 현실적으로 어렵다. 따라서 제한주식을 부여하면서 중장기적인 가득기간의 설정, 단계적인 가득, 양도제한 및 양도제한의 단계적 해제와 같은 조건을 활용한다면, 경영진이 그 각 가득시점 혹은 양도제한 해제 시점마다 이익조정이나 내부정보 이용을 하기는 쉽지 않을 것이다.

바. 기존 주주 지분 희석 효과

스톡옵션 행사로 신주를 발행하면 그만큼 기존 주주들의 지분율이 희석된다. 스톡옵션 행사시 자기주식을 교부하는 것도 가능하지만 현재 스톡옵션은 대부분 신주 발행 방식이 활용되고 있다.643 반면, 제한주식은 자기주식 교부 방식만 가능하다.

이에 대해, 자기주식 처분도 신주 발행과 마찬가지라는 반론이 있을 수 있다. 즉, 자기주식을 제3자에게 처분하는 것은 그 자기주식을 소각하고 다시 신주를 제3자에게 발행하는 것과 동일한 거래로 볼

---

642 이와 관련하여 경영진 권력 이론의 관점에서 경영진이 부여 당시의 조건 결정에 대해 영향을 미칠 수 있다면, 주식형 보상 역시 경영진이 기회주의적으로 악용할 수 있는 것 아니냐는 반론을 생각해 볼 수 있다. 그러나 부여 시점의 조건 결정에 대한 통제 필요성은 보상의 유형을 불문하고 이사 보상 결정 절차에 대한 통제 강화로 접근이 필요한 부분이다. 본 항에서는 스톡옵션과 주식형 보상의 각 구조적 특성에 기인한 것에 초점을 두어 논한다.
643 2015~2021년 공시된 상장회사 스톡옵션 기준 신주발행형이 80.4%, 자기주식교부형이 7.1%, 차액보상형이 12.5%를 차지한다(김민기(2022), 11면).

수 있다는 것이다.644 만약 자기주식을 소각할 목적으로 취득하였다가 임직원에게 교부한다면 위 설명에도 일리가 있다. 그러나 실무상으로는 가득시점 전에 임직원에 보상으로 부여하기 위해, 그 부여 수량에 해당하는 자기주식을 취득하는 경우가 늘어나고 있다.645 즉, 임직원에게 제한주식을 부여하지 않았더라면 그만큼의 자기주식을 취득하지도 않았을 것이다. 따라서 이러한 경우라면 더욱 기존 주주의 지분이 제한주식 때문에 희석된다고 보기 어렵다.646

참고로, 미국의 경우 제한주식도 신주발행 방식이 주로 활용되는데, 스톡옵션에서 제한주식으로 전환할 경우 경제적으로 같은 가치의 보상에 대하여 부여되는 주식 수가 줄어들게 되므로, 주식연계보상 제도를 스톡옵션에서 제한주식으로 전환하는 회사들은 그 전환의 이유 중 하나로 주주 지분율 희석이 덜 된다는 점을 제시하기도 한다.647

사. 의결권

스톡옵션 행사로 의결권 있는 주식을 취득하게 되면, 그 취득하는 주식의 수만큼 의결권을 확보하게 되고, 제한주식도 의결권 있는 주

---

644 송옥렬(2022), 1147면
645 하이브, "주요사항보고서(자기주식 취득결정)", (2024. 8. 27); SK아이이테크놀로지, "주요사항보고서(자기주식 취득결정)", (2024. 6. 26.); 한화손해보험, "주요사항보고서(자기주식 취득결정)", (2024. 4. 18); SK아이이테크놀로지, "주요사항보고서(자기주식 취득결정)", (2024. 2. 2.); 아모레퍼시픽, "주요사항보고서(자기주식 취득결정)", (2023. 10. 31.); SK아이이테크놀로지, "주요사항보고서(자기주식 취득결정)", (2023. 5. 2.) 등
646 이와 같은 취지로 김홍기(2021), 72면. "신주 발행 대신에 자기주식을 활용하는 것은 이미 발행되었지만 미발행주식으로 취급되어 회사에 보관되던 자기주식(금고주)을 부여하는 것이므로 형식적이지만 기존 주주들의 지분을 희석화하지 않는다는 장점도 가진다."
647 Walker(2011), 652면

식을 부여받으면 그 주식의 수만큼 의결권을 확보하게 된다.648 다만, 전항에서 설명한 바와 같이 동일 가치의 보상을 제공한다고 했을 때 제한주식으로 부여되는 주식의 수가 스톡옵션으로 부여되는 주식의 수보다 적으므로, 결과적으로 경영진은 제한주식을 부여받은 경우 보다 스톡옵션을 부여받은 경우 더 많은 의결권을 확보하게 되는 경우가 많을 것이다.

아. 세무효과

스톡옵션은 행사시점에 행사이익에 대하여 과세된다. 사전교부 제한주식의 경우 부여 시점에 전체 주식 가치에 대하여 과세되고, 사후교부 제한주식의 경우 가득시점에 전체 주식 가치에 대하여 과세된다.649

세금의 규모 측면에서, 스톡옵션의 경우 주가가 크게 상승하면 납부할 세금의 규모도 커지게 되지만, 주가가 하락하여 행사를 하지 않으면 납부할 세금은 0이다. 반면, 제한주식은 부여된 주식 전체 가치에 대하여 과세된다. 따라서 납부할 세금의 규모에 있어서 어느 유형이 항상 더 유리하다고 보기는 어렵다.

세금 납부 시기 측면에서 사전교부 제한주식의 경우 세금 납부 시기가 가장 빠르다는 점에서 불리한 것으로 볼 수도 있으나, 향후 주식 가치가 오르게 된다면 부여 시점(즉, 가치가 상대적으로 낮은 시점)에 세금을 납부하는 것이 유리한 측면이 있다. 스톡옵션과 사후교부 제한주식의 경우 그 각 행사기간이나 가득기간에 따라 일종의 과세이연 효과가 발생한다고 볼 여지도 있으나, 그 기간은 구체적 사안에 따라 달리 정하게 되는 것이므로 납부 시기 면에서도 어느 유

---

648 스톡옵션 및 주식형 보상에서 부여하는 주식이 의결권 있는 보통주임을 전제한다.
649 상세한 내용은 제5절 참조

형이 항상 세무상 더 유리하다고 볼 수는 없다.

본 항의 목표는 스톡옵션과 제한주식의 다양한 측면에서의 차이점을 분석하는 것이므로 세무적으로도 이와 같은 차이가 있다는 점을 밝히는 것으로 본 항의 설명을 마치고, 관련 세제 정비에 관하여는 제6절에서 검토한다.

제4절 주식연계보상 규율의 구체적 쟁점

본 절에서는 주식연계보상 규율과 관련된 구체적 쟁점들을 논점별로 검토한다.

1. 부여대상자: 지배주주 등

(1) 규제 방안의 내용

스톡옵션 준용안에 따르면 상법 제340조의2 제2항이 지배주주 등에 대한 스톡옵션을 금지하고 있는 것과 마찬가지로 지배주주 등에게 제한주식을 부여하는 것도 금지된다. 상법 개정안도 지배주주 등에 대한 제한주식 부여를 금지하고 있다.[650]

---

[650] 상법 개정안 제342조의4(양도제한조건부주식) ② 다음 각 호의 어느 하나에 해당하는 자에게는 양도제한조건부주식을 부여할 수 없다.
   1. 의결권 없는 주식을 제외한 발행주식총수의 100분의 10 이상의 주식을 가진 주주
   2. 이사·집행임원·감사의 선임과 해임 등 회사의 주요 경영사항에 대하

(2) 지배주주 등에 대한 부여 허용 여부

지배주주 등에 대한 제한주식 부여를 금지하여야 한다는 주장에서 제시하는 이유는 지배주주 등이 이를 남용하여 경영권 승계 등의 수단으로 악용할 수 있다는 점, 지배주주는 이미 회사의 주식을 상당 부분 보유하고 있기 때문에 보상으로 주식을 부여할 실익이 없다는 점, 스톡옵션과 차이가 없는데 규제 차익이 발생하는 것은 타당하지 않다는 점이다.[651]

그러나 실제로 지배주주 등이 이를 경영권 승계 수단으로 사용하고 있는지는 반드시 명확하지는 않아 보이는 점, 현금 보상과 비교했을 때 지배주주 등에게 제한주식을 부여하는 것이 회사와 주주의 이익에 오히려 도움이 될 수도 있다는 점, 지배주주의 남용 우려 측면에서 제한주식은 스톡옵션과 차이가 있는 점, 지배주주 등에 대한 제한주식 부여를 통해 기대할 수 있는 긍정적 효과도 있는 점, 반면 이를 금지할 경우 역효과가 우려되는 점, 그리고 지배주주 등에 대한 주식연계보상 부여를 금지하는 입법례는 찾아보기 어려운 점 등을 종합하여 볼 때 지배주주 등에게 제한주식 부여를 금지하는 것은 타당하지 않다. 이하에서 지배주주 등에게 제한주식 부여를 일률적으로 금지하는 것은 타당하지 않다는 점을 논증하고, 절충안으로 소수주주 다수결에 의한 승인을 받도록 하는 방안을 제안한다.

　　여 사실상 영향력을 행사하는 자
　3. 제1호와 제2호에 규정된 자의 배우자와 직계존비속
[651] 기업 승계에 사후교부 제한주식이 악용될 수 있다는 우려를 종식시키기 위해서라도 지배주주 등을 부여대상에서 제외하도록 규제하는 것은 필요하고, 소유와 경영이 분리된 회사의 전문경영인은 주식연계보상을 통해 강력한 동기 부여를 할 수 있으나 지배주주 등의 경우 그 효익이 크다고 보기 어렵다는 견해로 김정은(2024), 161면.

가. 지배주주 등에 대한 부여 현황

지배주주 등에 대한 제한주식 부여 현황을 살펴볼 때, 현재 제한주식이 경영권 승계 수단으로 활용되고 있는 것인지는 명확하지 않다. 이하에서 공정위가 2024년 5월 공시된 공시대상기업집단의 '주식지급거래 약정체결 현황'을 분석한 자료(이하 "공정위 분석")를 토대로 현황을 살펴본다.[652]

1) '지배주주 등'에 대한 부여

공정위 분석에 따르면 전체 공시대상기업집단 88개 중 '동일인, 친족 및 임원'에게 주식을 지급하기로 약정한 기업집단은 총 16개[653]인데, 그 중 '동일인 및 친족'에게 주식을 지급하기로 약정한 기업집단은 6개이고,[654] 주식 지급 약정을 체결한 동일인 및 친족은 총 17명이다.[655]

일각에서 제기되고 있는 경영권 승계수단으로의 악용 가능성을 확인해 보기 위해서는 동일인의 자녀에게 부여된 현황을 확인해 볼 필요가 있는데, 공정위 분석자료에서 기업집단들 중 동일인의 자녀에게 주식을 지급하기로 약정한 기업집단은 한화와 에코프로 2곳에 불과하였다.[656],[657]

---

[652] 공정거래위원회, "2024년 공시대상기업집단 주식소유현황 분석공개", 2024. 9. 1.
[653] SK, 현대자동차, 포스코, 한화, 신세계, KT, 카카오, 두산, 네이버, 세아, 에코프로, 두나무, 아모레퍼시픽, 크래프톤, 대신증권, 한솔 (LS도 주식지급거래 약정을 체결하였으나, 이후 제도를 폐지하고 주가연동현금부여 계약으로 변경하여 현금으로 지급예정이므로, LS는 제외하였다.)
[654] 한화, 두산, 에코프로, 아모레퍼시픽, 대신증권, 한솔
[655] 공정거래위원회, "2024년 공시대상기업집단 주식소유현황 분석공개", 2024. 9. 1., 13-14면
[656] 나머지 기업집단은 동일인 혹은 경영에 참여하고 있는 동일인의 혈족 2촌 내지 3촌에게 부여하였다.

그런데 에코프로의 경우 전직원에게 연봉의 15~20% 수준의 기간조건부 사후교부 제한주식을 교부하면서 임직원인 동일인의 2세에게도 같은 기준으로 부여된 것으로, 그 부여 규모가 1인당 지분율 0.0001~0.0002%,[658] 그 부여 가치가 2,000만원~6000만원 수준[659]으로, 지배주주 등에 의한 남용이나 경영권 승계 수단과는 거리가 있어 보인다.

한화의 경우, 그 목적에 대해 단정적으로 판단하기는 어렵다. 다만, 공시된 바에 따르면 2020년 사후교부 제한주식 제도를 도입하면서 기존에 경영진에게 현금으로 지급되던 상여 제도를 폐지하고, 소유경영자와 전문경영자에 대하여 같은 기준으로 기본급과 사후교부 제한주식만을 보상으로 지급하고 있다.[660] 현금 상여 대신 주식을 부여하는 것이 어떠한 차이를 가져오는지에 대해서는 아래 나.항에서 검토한다.

2) 지분율 증가 정도

동일인 및 친족과 주식지급약정을 체결한 6개 기업집단의 경우, 그 동일인 및 친족들이 주식지급약정을 통해 확보할 수 있는 지분율은 최소 0.0001%에서 최대 0.82%인 것으로 파악된다.[661] 확보 가능한 지분율만 보아서는 지배력 강화나 경영권 승계에 큰 실효성을 갖는

---

[657] 공정거래위원회, "2024년 공시대상기업집단 주식소유현황 분석공개", 2024. 9. 1., (붙임10) 2024년 주식지급 약정체결 현황
[658] 공정거래위원회, "2024년 공시대상기업집단 주식소유현황 분석공개", 2024. 9. 1., 붙임1) 2024년 공시대상기업집단 주식소유현황 보고서, 20면
[659] 부여 가치는 부여일 종가 기준으로 계산한 수치이다.
[660] 한화, "사업보고서", (2024. 4. 30.)
[661] 2024. 5. 기준 발행주식(보통주) 총수 대비 비중으로 계산한 것이다(공정거래위원회, "2024년 공시대상기업집단 주식소유현황 분석공개", 2024. 9. 1., 붙임1) 2024년 공시대상기업집단 주식소유현황 보고서, 20면

다고 보기는 어려운 수준이다.

3) 소유경영자에 대한 부여와의 비교

현재 소유경영자에게 부여된 제한주식과 전문경영자에게 부여된 제한주식의 주요 조건에는 차이가 없는 것으로 파악된다. 다만, 그 부여규모에는 차이가 있다. 경제개혁연구소에서 2023년 5월 지정 대규모기업집단 소속 상장회사 335개사의 사업보고서를 조사한 보고서에 따르면,[662] 대규모기업집단 소속 상장회사 중 6개 기업집단 12개사에서 소유경영자[663] 14명에게 주식보상을 부여하였고,[664] 소유경영자와 전문경영자 간의 "연봉 격차"와 "주식보상 격차"를 산정하여 비교해 본 결과, 연봉 격차와 유사한 수준으로 주식보상 격차가 벌어진 것으로 나타났다.[665] 즉, 소유경영자가 전문경영자에 비해 높은 연봉을 받는 경향이 있고, 그와 유사한 수준으로 주식보상도 더 많은 수량을 부여받는 경향이 있어서 이미 격차가 벌어져 있는 기존 보수체계가 그대로 이어지고 있는 것으로 분석되었다.[666]

4) 소결

이상의 현황을 살펴볼 때, 현재까지 제한주식이 지배력 강화나 경영권 승계 수단으로 실효성 있게 활용되고 있다고 단정하기는 어려워 보인다. 소유경영자에 대한 부여 규모가 전문경영자에 대한 부여

---

[662] 경제개혁연구소(2024).
[663] 동 보고서에서는 '지배주주인 임원'으로 분류하였다.
[664] 동 보고서는 '주식'을 보상으로 지급하는 경우 외에도 현금으로 지급되는 주가차익보상권 및 가상주식까지 주식기반보상으로 분류하여 분석하여, 공정위의 수치와 일부 차이가 있다. 이에 동 보고서에서 사용한 '주식보상'이라는 표현을 사용한다.
[665] 경제개혁연구소(2024), 27면.
[666] 경제개혁연구소(2024), 27면.

규모보다 상대적으로 많은 경향이 있으나, 이는 기존 현금 보상에 대해서도 동일하게 나타나고 있던 경향성이 유지되고 있는 것일뿐, 제한주식 특유의 문제로 보기는 어렵다. 따라서 제한주식 자체에 대한 부여를 금지할 것이 아니라, 소유경영자에 대한 '보상' 결정 절차에 대한 규제 개선이 필요하다.

나. 규모의 적정성과 수단의 적정성 문제의 구분

지배주주 등에 대한 제한주식 부여를 금지해야 하는지에 대하여 논할 때에는, 1) 그 보상 규모의 적정성 문제와 2) 보상 수단의 적정성 문제는 구분해서 보아야 한다.

1) 규모의 적정성

우선, 지배주주 등에게 '과도하게 많은' 제한주식이 지급될 우려는 제한주식 특유의 문제가 아니다. 지배주주 등에게 과도한 보수가 지급될 우려는 현금보수의 경우도 마찬가지이다. 위 가.3)에서 살펴본 바와 같이, 과거부터 소유경영자와 전문경영자 사이에 연봉 격차가 존재해 왔고, 많은 회사들이 현금 성과급의 경우도 '연봉의 [X] 배수'와 같은 기준을 적용하고 있었다. 이러한 기업들이 제한주식 제도를 도입하면서, 제한주식의 부여기준을 현금 성과급과 동일하거나 유사한 방식(즉, 연봉을 기준으로 산정하는 방식)으로 설정하였기 때문에, 결과적으로 제한주식의 부여 규모 또한 기존 소유경영자와 전문경영자 사이의 연봉 격차와 같은 수준의 격차를 보이게 된 것으로 파악된다. 이와 같은 '규모의 적정성' 문제는 본 장 제2절에서 제안한 바와 같이 경영진 보상 규제 강화를 통해 접근할 문제이지, 제한주식 자체를 금지하는 것으로 해결할 사안은 아니다.

2) 수단의 적정성

규모의 적정성을 전제로, 만약 동일한 가치의 보상을 부여할 때 지배주주 등에 대한 주식 부여를 금지하고 현금으로만 보수를 지급하도록 하는 것이 회사와 주주들에게 더 유리한 결과를 가져온다면, 이는 규제방안에 대한 타당한 논거가 될 수 있다. 그러나 지배주주 등에 대한 제한주식 부여를 금지하고 현금 보수만 허용하는 방안이 회사 및 주주들에게 더 유익한 측면은 없어 보인다.667 아래의 가상의 사례를 통해 살펴본다.

부여 시점 기준 회사의 주가가 1주당 10만원인 회사가 지배주주인 경영자에게 10억원 상당의 보상을 지급하는 경우를 가정한다. [A] 10억원의 현금을 지급하는 경우, [B] 1만주의 사후교부 제한주식을 지급하는 경우로 구분하고, 사후교부 제한주식의 경우 [B-1] 기간조건부 사후교부 제한주식을 교부하는 경우와 [B-2] 성과조건부 사후교부 제한주식을 교부하는 경우로 세분한다. 편의상 가득기간 4년, 일시지급형, 주식교부형으로 전제한다. 위 각 수단이 회사 및 주주, 그리고 경영자에게 어떠한 효과 내지 영향이 있는지 살펴본다.

먼저, [A]의 경우, 현금을 받은 경영자는 부여 시점에 10억원을 즉시 수령할 수 있다. 소득세도 부여 시점에 10억원에 대하여 과세된다. 경영자는 10억원에서 세금을 제외한 금액을 자유롭게 사용할 수 있다. 즉, 그 자금으로 회사의 주식을 매수할 수도 있지만, 매수하지 않을 수도 있고, 매수 시기 및 매수 이후 매각 시기도 경영자가 자유롭게 선택 가능하다.

[B-1]의 경우, 기간조건부 사후교부 제한주식을 받은 경영자는 4년 뒤에 주식 1만주를 수령하게 된다. 경영자가 4년 동안 회사를 어떻

---

667 유사한 취지의 견해로 이나래(2024), 52면. "지배주주 일가에 대해 양도제한조건부 주식으로 보수를 지급하는 것은 성과에 연동되지 않는 고정급을 과다지급하는 경우와 비교했을 때 지배구조의 측면에서 긍정적인 면이 있다."

게 경영하는지에 따라 4년 뒤 1만주의 가치는 10억원 이상이 될 수도 있고 10억원 미만이 될 수도 있다. 소득세도 4년 뒤 주식을 수령하는 시점에 그 수령 당시의 시가에 대하여 과세된다.

[B-2]의 경우, 성과조건부 사후교부 제한주식을 받은 경영자는 4년 뒤, 일정한 성과조건을 달성하는 경우에만 주식을 수령할 수 있다. 성과조건을 달성하지 못하면, 보상은 0이 된다. 성과조건을 달성할 경우 주식 1만주를 수령하게 되는데, 그 가치는 기업가치에 따라 10억원 이상이 될 수도 있고 미만이 될 수도 있다. 성과조건 미달성시에는 수령하는 주식이 없으므로 세금도 0이 되고, 성과조건 달성으로 주식을 수령하게 되면 소득세는 주식 수령 당시의 시가에 대하여 과세된다.

회사의 입장에서 [A]의 경우, 부여 시점에 현금 10억원이 유출된다. 다만 주주 지분이 희석되지는 않는다. [B-1]과 [B-2]의 경우, 가득조건이 달성되면 자기주식을 교부해야 하는데 회사는 부여 후 가득 전까지의 기간 중에 자기주식 취득 시점을 선택할 수 있고, 그 취득 시점의 주가에 따라 자기주식 취득 가액은 달라질 수 있다. 회사는 주가가 비교적 낮게 평가되고 있다고 판단되는 시기에 자기주식을 취득해 둘 수도 있다. 자기주식 교부로 주주 지분이 희석된다는 관점이 있을 수 있으나, 위 제3절 2.(2)바.항에서 검토한 바와 같이 자기주식을 임직원에게 보수로 지급하기 위한 목적에서 취득하여 교부하는 경우라면, 주식연계보상 제도를 활용하지 않는 경우와 비교하여 기존 주주의 지분이 주식연계보상 때문에 희석된다고 보기는 어렵다. 그 외, 지배주주 등에게 현금 대신 주식을 보수로 지급한다고 해서 회사나 주주에게 특별히 더 불이익한 점이 있다고 보기도 어렵다.

오히려 [B-1]과 [B-2]를 활용하면, 해당 경영자에게 4년 동안 회사의 주가를 상승시키고자 하는 인센티브를 부여하게 된다는 점에서, 그에 더하여 [B-2]의 경우에는 설정한 성과조건 충족에 대한 인센티브를 부여하게 된다는 점에서 회사 및 주주에게 이익이 되는 측면이 있다. 만약 가득 후 일정 기간 양도제한 의무를 부가한다면, 더 장기적인 주가 상승에 대한 인센티브를 부여할 수도 있다.

반면, 경영자 입장에서는 [A]를 가장 선호할 것이다. 경영자는 수령한 현금을 자유롭게 사용할 수 있으므로, 회사의 주식을 보유하고자 한다면 수령한 현금으로 주식을 매수할 수도 있고, 이 때 주식의 매수시기, 매수 비율이나 이후 매각 시기도 자신에게 가장 유리하게 선택할 수 있다. [A] 방안이 [B-1]과 [B-2]에 비해 과세 시기가 빠르다는 차이가 있으나, [A]의 경우 수령한 현금에서 세금을 납부하면 되는 것이고, [B-1]이나 [B-2]의 경우 과세 시기 전까지 경영자가 수령하는 것이 없기 때문에 [A]가 특별히 세무상 불리하다거나 [B-1] 혹은 [B-2]가 [A]에 비해 세무상 혜택을 누린다고 보기는 어렵다.

추가로, 현금을 지급수단으로 하면서 [B-1], [B-2]와 유사한 효과를 갖도록 설계하는 방안도 생각해 볼 수 있다. 예를 들면, [A-1] 부여 시점에 10억원을 바로 지급하지 않고 4년 뒤 이연지급하기로 하는 방안이다. 또는, [A-2] 추가로 성과조건을 부여하여 성과조건 달성시 10억원을 부여하기로 할 수도 있다. 그러나 [A-1]의 경우 4년의 재직 의무를 부과하는 효과 외에 주주의 이익과 경영자의 이익을 연동시키는 효과는 없다. [A-2]의 경우 특정한 성과조건 달성을 통해 회사와 주주가 누릴 수 있는 이익은 있지만, [B-2]와 비교해 볼 때 주가 상승에 대한 직접적인 인센티브 효과는 없다.

더 나아가, 주가연계현금을 지급하는 방안도 생각해 볼 수 있다. 즉, [C-1] 부여 시점 1만주의 주식의 가치를 기초로 하여 4년 뒤 그 주가가 상승한 가치만큼의 현금을 지급하거나, [C-2] 4년 뒤 성과조건 달성을 조건으로, 1만주의 주식 가치에 상응하는 현금을 지급하는 것이다. 그러나 경영자 입장에서는 현금을 수령하여 주식을 매수할 수도 있고 자유롭게 사용할 수도 있으므로 [B-1], [B-2]보다는 여전히 [C-1], [C-2] 가 더 유리한 측면이 있다. 회사와 주주 입장에서는 [B-1], [B-2]와 유사한 인센티브 부여 효과를 기대할 수 있다는 점에서는 [B-1], [B-2]와 동일하나, 추가로 양도제한 의무를 부여하는 등 장기적으로 인센티브 정렬을 위한 추가적인 조치 활용이 불가능하다는 단점이 있다.

다. 지배주주의 남용 우려

지배주주의 남용 가능성은 모든 유형의 보상에서 문제될 수 있다는 점과 이에 대해서는 제2절의 경영진 보상 규제로 접근해야 한다는 점에 대해서는 앞서 검토하였다. 본 항에서는 추가로, 스톡옵션의 경우 지배주주의 남용 우려를 이유로 상법상 지배주주 등에 대한 부여를 금지하고 있는 점을 근거로, 제한주식 역시 동일한 규제를 신설하여야 한다는 주장에 대하여 반론한다.

이와 관련하여, 스톡옵션과 제한주식의 상이한 특성에 대해서는 위 제3절 2.(2)항에서 상세히 검토한 바 있다. 그 중에서도 특히 지배주주의 남용 우려 측면에서 의미 있는 스톡옵션 특유의 구조적 특징은, (i) 기회주의적 행동을 할 여지가 많다는 점과 (ii) 주가 상승에 대한 민감도가 높다는 점이다(상세한 내용은 제3절 2.(2)나. 및 마.항). 위 두 가지 특징이 결합되어, 스톡옵션의 경우 회사 내부정보 및 의사결정 권한을 가진 지배주주에게 부여될 경우 차익 극대화를 위한 악용 우려가 커진다.

즉, 부여대상자가 행사 여부 및 행사시점을 선택할 수 있다는 스톡옵션의 구조적 특성은, 지배주주의 운신의 폭을 넓혀준다. 그런데 지배주주는 회사의 내부 정보를 주주는 물론 전문경영자보다 더 먼저, 더 많이 알고 있고, 단순히 정보를 아는 것을 넘어 의사결정을 통해 그 정보 자체의 생성·변경을 통제할 수 있으며, 긍정적인 정보

혹은 부정적인 정보의 외부 공개 시점 조정을 통해 주가에 영향을 미칠 수도 있는 실질적인 영향력이 있다. 지배주주는 이러한 점을 활용하여 스톡옵션의 행사시기를 조정하거나 스톡옵션의 행사시점에 맞추어 정보 공개를 조정할 수 있다. 스톡옵션은 주가상승에 대한 민감도가 높기 때문에 이러한 조정 등의 행위를 통해 행사차익이 '급증'할 수 있다.

반면, 제한주식은 미리 정해진 일정에 따라 부여되고, 단계적 가득, 양도제한의 단계적 해제 등을 통해 특정 시점의 주가에 영향을 미치는 것을 분산시킬 수 있고, 주가 변동으로 인한 민감도도 스톡옵션보다 낮다.

제한주식의 경우에도 그 부여 시기나 조건에 대해 지배주주 등이 영향력을 행사할 수 있다는 지적이 제기될 수 있으나, 이는 보상 부여 절차 통제 강화를 통해 대응할 수 있는 부분이다. 그러나 스톡옵션의 경우 아무리 부여 절차에 대한 통제를 강화하더라도, 행사자가 행사기간 내 행사시점을 선택하는 것을 통제할 수 없다는 점에서 제한주식과 근본적 차이가 있다. 따라서 상법이 지배주주에 대한 스톡옵션 부여를 금지하고 있다는 이유로, 스톡옵션에 비해 지배주주의 남용 우려가 적은 제한주식 부여까지도 반드시 금지해야 하는 것은 아니다.

라. 지배주주 등에 대한 제한주식 부여의 긍정적 효과

지배주주는 이미 회사의 주식을 상당 부분 보유하고 있기 때문에 보수로 주식을 활용할 실익이 없다고 보는 견해가 있다. 그러나 지배주주라고 해서 주식연계보상 활용을 통해 회사와 주주가 얻을 수 있는 이익이 없어지는 것은 아니다. 이미 주식을 보유하고 있다 하더라도 추가로 주식을 부여받을 수 있다면, 주가 상승시 지배주주의 부가 더욱 증가하기 때문에 (지분율에 따라 그 효과의 정도에 차이가 있다 하더라도) 인센티브 효과는 존재한다.668,669

또한, 성과와의 연계성이 강한 제한주식을 지배주주에게 부여하는 것은 지배주주가 자신의 사적이익 추구보다 회사 전체를 위한 성과목표에 집중하도록 하는 효과도 있다.670

특히 우리나라 상장회사의 지배주주 중에는 적은 지분율로 경영권을 가진 소수지배주주가 많다. 그 경우 지배주주의 이해관계는 주주 전체의 이익과 일치되지 않는다. 소수지배주주는 회사로부터 고액의 고정적인 현금 보수를 수령하는 방식으로 사익추구를 하고자 할 유인이 있고, 그에 대한 적절한 대응 방안은 주식연계보상 수단을 막는 것이 아니다. 오히려 성과와 무관한 현금 고정급의 비중을 낮추고 성과와 보다 긴밀히 연계된 제한주식의 비중을 높이는 방안이 지배주주의 부와 회사 전체의 부와의 연계성 강화에 도움이 될 수 있다.671

---

668 같은 취지로, 경영진과 주주의 이해관계를 일치시키고자 하는 주식연계보상의 의의는 지배주주 등의 경우에도 동일하게 적용될 수 있다는 견해로 안태준(2024), 31-32면
669 스톡옵션에 대해서도 위와 유사한 관점에서 지배주주가 주식을 보유하고 있다고 하더라도 스톡옵션을 부여받으면 주가 상승시 자신의 부가 더욱 증가하기 때문에 여전히 인센티브 효과가 있다는 견해들이 제기된바 있다 {문병순/권재현(2019), 308-309면}; 같은 취지로 김건식 외(2022), 475면. "경영자에게 주주가치를 존중할 인센티브를 준다는 주식매수선택권의 취지에 비추어 이들을 배제하는 것이 반드시 옳은 것인지는 의문이다."; 지배주주는 신주인수권부사채를 취득하는 우회적인 방법으로도 주식을 취득할 수 있기에 스톡옵션을 배제하는 정책이 실효성이 없다는 지적도 있다 {안수현 (2006), 30면}
670 성과 달성 정도와 연동시켜 RS 등 주식보수를 지배주주인 경영자에게 지급하는 것은 과도한 주식보수 지급이 문제될 가능성은 크지 않은 한편, 주주 경영자 간의 대리문제를 경감시키고 경영자가 특정 목표를 위해 행동하도록 하는 효과는 인정된다는 견해로 권용수(2022), 68면
671 제한주식을 활용할 경우 지배주주 일가와 일반주주의 이해관계를 일치시

제한주식을 통해 얻을 수 있는 효과는 각 회사의 지배구조에 따라 다르고, 실익이 있는 회사도 있는 반면 실제로 실익이 없는 회사도 있을 것이다. 그러나 그것이 모든 회사의 지배주주 등에 대한 주식형 보상을 법으로 일괄적으로 '금지'해야 한다는 결론으로 이어지는 것은 아니다. 실익이 없는 경우까지 제한주식이 부여되는 것을 방지하는 문제는, 경영진 보상 결정 절차에 대한 통제 강화로 대응하는 것이 바람직하다(경영진 보상 규제 문제는 위 제2절 참조).

마. 지배주주 등에 대한 제한주식 부여 금지의 역효과

만약 지배주주 등에 대한 제한주식 부여를 일률적으로 금지한다면, 회사는 전문경영자에게는 제한주식을 부여하더라도 지배주주 등에 해당하는 소유경영자에게는 같은 가치의 현금을 지급할 수밖에 없게 된다. 그 경우 전문경영자는 가득기간 및 가득조건의 제한, 그리고 경우에 따라 중장기적인 양도제한이라는 제약을 받는 제한

켜 지배주주가 기업가치를 높이고 주가 상승에 대한 인센티브를 부여할 수 있다는 견해로 이나래(2024), 57면; 스톡옵션에 대한 유사한 논의로, "소수지배주주 입장에서는 기업의 주가가 상승하더라도 자신의 부가 크게 증가하지 않기 때문에 주가보다 경영권에 관심을 기울인다는 비판을 받고 있는바, 소수지배주주에게 스톡옵션을 부여할 수 있다면 오히려 지배주주가 주가에 악영향을 줄 수 있는 투자를 많이 하거나 배당을 적게 하는 등의 행위를 할 유인을 줄일 수 있고 주가 상승을 위해 노력할 것"이라고 보기도 한다(문병순/권재현(2019), 309면; 같은 취지로 안수현(2006), 30면. "더우기 상장회사라 하더라도 대주주의 지분보유율이 높을 뿐 아니라 이들 주주가 직접 경영에 참여하는 기업이 다수이고 이들이 이사로서 참가하지 않고도 경영을 좌우할 수 있는 현실을 고려한다면 지배주주를 제외하는 것은 설득력이 없으며 오히려 이들이 주식매수선택권을 부여받음으로써 적극적으로 경영에 참가하 게 할 수 있게 하여 이들에게도 소액의 자금투입으로 회사의 잠재적인 성과에 지 분율 이상으로 수익을 얻을 수 있게 하는 것이 지배주주에 의한 책임 있는 경영을 유도할 수 있는 점에서 바람직하다."

주식을 수령하고, 소유경영자는 언제든 자유롭게 처분할 수 있고 사용처에 제한이 없는 현금을 수령하게 된다(위 나. 2)에서 검토한 가상의 사례 참조). 이는 오히려 소유경영자에게만 더 혜택을 주는 결과를 초래한다.672

혹은 지배주주 등에 대한 제한주식 부여가 금지되면, 제한주식 제도 자체를 도입하지 않는 회사들도 많을 것이다.673 회사의 가치 상승과 주주 이익제고, 유능한 인재의 유치 및 유지에 도움이 되는 유용한 보상제도의 활용이 억제되는 것은 궁극적으로 우리나라의 기업들과 주주들에게 도움이 된다고 보기 어렵다.

바. 해외 주요국에서의 접근방식

미국, 일본, 독일, 영국의 경우 지배주주 등에 대한 주식연계보상의 부여를 금지하고 있지 않고, 그 외에도 지배주주 등에 대한 주식연계보상을 법으로 금지하는 입법례는 찾아보기 어렵다.

미국의 경우를 구체적으로 살펴보면, 주식연계보상의 부여 대상을 법으로 제한하고 있지 않고, 각 기업의 자율적인 판단에 맡기고 있다. 이에 따라 기업들은 각자의 상황에 따라 지배주주에 대한 주식연계보상이 유용하다고 판단하는 경우 이를 활용하고 있고, 필요하지 않다고 판단하는 경우 이를 부여하지 않고 있다.

잘 알려진 사례로 Tesla, Inc.의 창업자이자 21.9% 지분을 보유한 최대주주이고 CEO인 Elon Musk는 2018년 약 $55.8billion의 가치로 추

---

672 사후교부 제한주식이 보수의 일종인 상여의 성격인 점을 감안하면 지배주주 등인지 여부에 따라 급여에 차별을 두는 것과 같아 균형에 맞지 않는다는 견해로 이철송(2024), 216면.
673 같은 취지로, 지배주주를 원천적으로 제외할 경우 지배주주가 자신의 지분비율 희석 등을 우려하여 전문경영자에 대한 주식연계보상에도 인색하게 될 수 있어 주식연계보상 전반의 활용이 위축된다는 점을 지적한 견해로 안태준(2024), 31-33면.

정되는 성과기반 스톡옵션을 부여받았다. 이에 대하여 Tesla의 한 주주가 위 보상 부여가 이사들의 신인의무 위반에 해당한다고 주장하며 델라웨어 법원에 소를 제기하였다. 델라웨어주 형평법원은, 델라웨어주에서 주식보상을 제공할 수 있는 대상을 제한하고 있는 것은 아니기 때문에 머스크가 테슬라의 대주주라고 해서 해당 주식보상이 무효가 되는 것은 아니지만, 해당 보상계획에 대해서는 이사들이 완전한 공정성 기준에 따라 절차의 공정성과 가격의 공정성을 입증하여야 하는데,674 이사들이 '해당 보상계획이 테슬라가 머스크를 회사에 유지시키고 목표를 달성하도록 하는 데 꼭 필요한 것이었는가?'라는 가장 핵심적인 질문을 검토하지 않았다고 지적하면서 전체 보상계획의 취소를 명령하였다.675 그러나 이후 Elon Musk는 2024. 6. 14. 보상안에 대한 주주총회의 재투표를 진행하였고, 주주들은 이를 승인하였다. 이를 지지한 주주들은 자신들의 지분이 희석되더라도 Musk가 테슬라의 성공을 위해 중요한 역할을 할 것으로 보고 그에게 적절한 인센티브를 제공하는 것이 중요하다는 의견을 밝힌 것으로 알려졌다.676 즉, Tesla의 주주들은 Musk가 이미 최대주주지만, 그에게 더 많은 주식보상을 부여하는 것이 회사와 주주들 위해 도움이 되는 방안이라고 판단한 것이다.

반면, Meta Platforms, Inc.(이하 "Meta")의 창업자이자 최대주주이고 CEO인 Mark Zuckerberg는 958,000주의 class A 주식과 344,515,496주의 class B 주식을 보유하고 있고, 61%이상의 의결권을 보유하고 있

---

674 보상 부여 절차상 Elon Musk가 보수위원회에도 영향력을 행사하여 독립적인 보수위원회에 의한 절차가 이루어지지 못했고, 주주 승인도 받았지만 주주에 대한 정보공개에 중대한 흠이 있다고 보았기에, 경영판단의 원칙의 적용을 받지 못했다.
675 Tornetta v. Musk, No. 2018-0408-KSJM (Jan. 30, 2024).
676 CNN, "Elon Musk's multi-billion paycheck just got approved by stockholders. That could be a fraction of what's coming", (2024. 6. 17.)

다. Meta는 주식연계보상 제도를 운영하고 있지만 Mark Zuckerberg에게는 주식연계보상을 지급하지 않았다. 그와 함께 고려해야 할 사실은 Mark Zuckerberg에 대한 현금보상도 1$에 불과하다는 점이다.[677] 사실상 무보수인 것이다. 즉, Meta 사례에서 지배주주에게 주식연계보상을 지급하지 않은 것은 지배주주에게 '주식연계보상'을 부여해서는 안 된다는 고려 때문이라기 보다는, Mark Zuckerberg가 회사의 창업자이자 최대주주로서 (현금이든 주식이든) 실질적인 보수를 수령하지 않고도 회사를 위해 일하기로 했다는 특수한 사정 때문인 것으로 보인다.

지배주주에 대한 주식연계보상 부여는 회사의 지배구조나 주주 구성, 해당 지배주주의 회사에서의 역할에 따라 유용한 보상수단이 되기도 하고, 필요하지 않은 경우도 있을 수 있다. 그렇기 때문에 해외 주요국에서는 지배주주에 대한 주식연계보상 부여 여부에 대해서는 회사들이 자율적으로 결정할 수 있도록 하고 있는 것으로 보인다. 해외 주요국에서 남용 방지에 대한 우려는 경영진 보상의 절차 및 공시 규제로 대응하고 있다는 점에 대해서는 제3장에서 검토한 바와 같다.

(3) 절충안 제안: 소수주주의 다수결 도입

가. 절충안 입법의 필요성

지배주주에 의한 제한주식의 남용 가능성에 대하여 근본적으로는 경영진 보수에 대한 규제 강화로 접근해야 한다는 점에 대해서는 앞서 상세히 검토하였다. 즉, 이사 보수에 대한 주주 승인시 보수의 유형별 승인을 받도록 하고, 미등기임원의 보수에 관한 사항도 임원보

---

[677] Meta Platforms, Inc., "Notice of Annual Meeting and Proxy Statement", (2024)

수정책에 포함하여 이에 대한 주주 승인을 받도록 하는 것, 관련된 공시 규제를 정비하는 것을 골자로 한다(제3절 참조).

다만, 이와 같이 관련 절차 및 공시 규제를 강화하더라도 우리나라 지배구조의 특성상 여전히 어떠한 방식으로든 지배주주가 이를 악용할 여지가 있을 것이라는 의구심이 남을 수 있다. 그러나 그 우려로 인하여 제안된 현재의 규제 방안은 지배주주 등에 대한 제한주식의 긍정적 활용까지도 일괄 금지하고, 지배주주 외 다른 임직원에 대한 제한주식의 활용까지 억제하게 되어 과잉규제의 우려가 있다.

이를 종합적으로 고려한 절충안으로 지배주주 등에게 주식형 보상을 부여하고자 하는 경우, 이른바 '소수주주의 다수결(majority of minority, MOM)'에 의한 주주총회 승인을 받도록 의무화하는 방안을 제안한다. 즉, 주주들이 보기에 회사 및 전체 주주의 이익을 위하여 필요하다고 판단할 경우 지배주주 등에 대한 주식형 보상 수단도 활용할 수 있도록 하되, 지배주주 등에 의한 남용 방지 장치를 두자는 것이다. 주주 승인 시 지배주주 등의 의결권은 제한하고, 이해관계 없는 주주들의 승인을 받도록 함으로써 지배주주 등의 주주총회에 대한 영향력을 제한할 수 있다.

이와 관련하여, 이사에게 주식형 보상을 부여하는 것은 현재의 상법 하에서도 주주총회 승인이 필요하고, 지배주주가 부여대상자가 되는 경우 현행 상법 하에서도 그 부여대상자 본인의 의결권이 제한되는 것으로 해석할 수 있으므로 추가적인 조치는 필요하지 않다는 견해가 제기될 수 있다. 상법은 주주총회의 결의에 관하여 특별한 이해관계가 있는 자에 대한 의결권 행사를 금지하고 있다(상법 제368조 제3항). 이 때 '특별이해관계자'는 주주가 주주의 지위와 관계없이 개인적으로 갖는 이해관계를 의미한다고 하는 개인법설이 통설[678]과 판례[679]이다. 개인법설의 설명 역시 구체적인 사안에서 불명확한 경우들이 있지만,[680] 적어도 이사 보수 결의에서 해당 이사가

주주인 경우 그 주주는 특별이해관계자에 해당되는 대표적인 사례로 보고 있다.681

다만, 개별 이사에 대한 보수 결의가 아닌, 이사 전원의 보수한도를 승인하는 주주총회 결의에 관하여는 이사인 주주의 의결권을 배제하면 소수주주의 의사에 의해 결의가 이루어질 수 있다는 등의 이유로 특별이해관계인에 해당하지 않는다고 보는 견해도 존재한다.682 최근 서울중앙지방법원은 이사 전원의 보수한도를 승인하는 주주총회 결의에서 이사인 주주는 특별이해관계자로서 의결권이 제한된다고 판단하였으나,683 이에 대해서는 현재 항소심 진행 중이며,684 이사 전원의 보수한도 승인시 이사인 주주가 특별이해관계자에 해당하는지 여부에 대하여 직접적으로 판단한 대법원 판례는 존재하지 않는다. 그리고 현재 대부분 회사들은 실무상 이사 전원의 보수한도 승인시 이사인 주주의 의결권을 배제하고 있지 않다.685

나아가, 만약 이사 전원의 보수한도 승인 안건에서 이사인 주주의 의결권이 제한된다는 견해를 취하더라도, 미등기임원의 지위에 있는 지배주주에 대한 보수 부여의 경우 현행 상법상 주주총회의 승인 대상에 포함되지 않아 사전적 통제가 어렵다. 또한 현재 제기되고 있는 우려는 지배주주 본인뿐만이 아니라 지배주주의 일가(특히 자녀)에 대한 주식형 보상 부여가 부당한 승계 수단으로 악용될 가능

---

678 김건식 외(2022), 312-303면; 권기범(2015), 677면; 정동윤(2012), 522면
679 대법원 2007. 9. 6. 선고 2007다40000판결
680 천경훈(2018), 15면
681 김건식 외(2022), 313면; 천경훈(2018), 16면; 하급심 판결 중 임원퇴직금지급규정을 승인하는 결의에서 그 대표이사인 주주를 특별이해관계인으로 본 사례로는 서울중앙지방법원 2008. 9. 4. 선고 2008가합47806판결.
682 이철송(2023), 544면
683 서울중앙지방법원 2024. 5. 31. 선고 2023가합66328 판결
684 서울고등법원 2024나2027590
685 정지영(2024), 84면

성을 포함한 것인데, 현행 상법 하에서 부여대상자 본인 외에 그의 특수관계인[686]의 의결권 행사까지 제한된다고 해석하기는 어렵다. 따라서 이를 통제하기 위해서는 입법적 조치가 필요하다.

나. 의무적 소수주주 다수결 vs 자발적 소수주주 다수결

위 조치와 관련하여, 지배주주 등에게 주식형 보상을 부여하는 경우 (i) 주주총회 결의에서 부여대상자 뿐 아니라 그 특수관계인의 의결권을 입법을 통해 명시적으로 배제하는 방안(의무적 소수주주 다수결, 제1안), 또는 (ii) 자발적으로 특수관계인을 제외한 나머지 주주들의 승인을 받을 경우 일정한 보호를 제공하는 방안(자발적 소수주주 다수결, 제2안)을 생각해 볼 수 있다.

위 두 방안에 대한 구체적 검토에 앞서, 우선 상법 제368조 제3항 개정을 둘러싼 소수주주의 다수결 법리 도입에 관한 기존 논의[687]를 간략히 살펴본 다음, 이를 바탕으로 주식형 보상에 관하여 위 두 방안 중 어느 방안이 더 바람직한지 검토하고자 한다.

이와 관련하여, 미국 델라웨어 주의 판례법은 지배주주와 다른 주주들의 이익충돌이 문제되는 거래에서 독립적인 특별위원회 및 지배주주와 그 특수관계인을 제외한 나머지 주주들의 승인, 즉, 소수주주의 다수결의 승인을 받은 경우 입증책임을 전환해 주거나 사법심사기준을 완화하여 주는 방식으로 해당 거래를 보호해 주고 있다.[688]

---

[686] 현재 상법 제542조의3 제1항 상장회사의 스톡옵션 부여 제한대상의 정의에서 쓰이는 특수관계인의 정의에 따른다.
[687] 상법 제368조 제3항의 개정과 관련한 소수주주의 다수결 법리에 대한 연구로는, 천경훈(2018), 장호준(2022).
[688] Weinberger v. UOP Inc., 457 A.2d 701 (Del. 1983); Kahn v. Lynch Communications, 638 A.2d 1110 (Del. 1994); In re MFW Shareholders Litigation, 67 A.3d 496 (Del. Ch. 2013); Kahn v. M&F Worldwide Corp., 88 A.3d 635 (Del. 2014).

우리나라에서는 상법 제368조 제3항에 따른 특별이해관계자 의결권 제한 방식이 현재의 통설에 따르면 실제 지배주주의 이익충돌이 있는 상황에서 그 적용 여부가 불분명하다는 점, 그렇다고 특별이해관계를 너무 넓게 확장하면 소수주주들에게 불비례적으로 큰 권한을 주게 되어 부당한 결과가 초래될 우려가 있다는 점에 대한 문제의식 하에, 상법 제368조 제3항에 대한 개정 의견들이 제시되고 있다. 구체적으로, 실질적으로 지배주주의 이익충돌이 우려되는 경우에 회사가 자발적으로 비지배주주의 승인을 받는다면 거래의 공정성 또는 적법성에 관한 입증책임의 전환 등의 일정한 보호를 제공해주자는 견해,[689] 개별 회사별로 정관에 의하여 상법이 열거적으로 허용하는 일정 범위 내에서 옵트인(opt-in) 방식으로 이해관계 있는 주주의 의결권 행사를 제한하자는 견해 등이 있다.[690]

주주총회에 상정되는 다양한 맥락의 안건과 얽혀 있는 이해관계를 생각할 때, 모든 사안에 대하여 의무적 소수주주 다수결을 도입할 경우 소수주주들에게 불비례적으로 큰 권한을 주게 되어 부당한 결과가 초래될 수 있다는 지적은 타당하다고 생각한다. 이러한 측면에서 회사의 자발적 소수주주 다수결을 유도하도록 하는 견해가 일반론적인 대안으로서는 합리적이라고 생각한다.

다만, 주주총회의 모든 안건에 대한 것이 아니라, '지배주주 등에 대한 주식형 보상 부여'라는 특정 사안에만 국한하여 본다면, 자발적 소수주주 다수결(제2안)보다 의무적 소수주주 다수결(제1안) 도입이 실효적이라고 생각한다.[691] 즉, 상장회사의 경우 입법적으로 의결권

---

[689] 천경훈(2018), 29-31면
[690] 장호준(2022), 253-263면
[691] 유사한 방안으로 상장회사가 지배주주 일가인 이사나 경영진에게 양도제한조건부 주식을 부여하는 경우 다른 이사에 대한 보수 지급의 건과 분리하여 주주총회에서 개별 의결을 하도록 하고, 해당 안건에 대하여 소수주주의 다수결이 이루어지도록 하자는 견해도 있다(이나래(2024), 75면). 본

이 제한되는 범위를 넓혀 (현재의 주식매수선택권 부여제한대상에 해당하는) 지배주주 등에 대한 주식형 보상 부여시 부여대상자 및 그 특수관계인의 의결권을 배제하는 방안이다. 그 이유는, (a) 이익충돌이 우려되는 사안들 중에서도 보상 부여에 관한 사안은 그 이해당사자 및 이해상충 관계가 비교적 명확하고 직접적이며, (b) 회사의 자율에 맡길 경우 자발적 소수주주 다수결 도입 여부가 지배주주의 직간접적 영향력 하에 결정될 것이므로, 지배주주가 이를 도입하지 않으면, 결국 소수주주들은 자신들의 의견을 반영할 기회를 갖지 못하게 될 것이기 때문이다. 의무적 소수주주 다수결 도입을 통하여 지배주주 등에 대한 주식형 보상 부여 가능성은 열어 주되, 이해관계 없는 주주들이 보더라도 그것을 통한 인센티브 효과가 회사 및 전체 주주들에게 이익이 된다고 판단될 경우에만 부여되도록 할 수 있다.

의무적 소수주주 다수결이 도입될 경우, 이해관계 없는 주주들을 설득하기 위하여 주식형 보상의 가득조건, 성과지표, 양도제한 의무 등 관련 조건의 합리적인 개선도 자발적으로 이루어질 수 있을 것이다. 공시 역시, 단순히 공시의무의 형식적 이행이 아니라 실제로 이해관계 없는 주주들의 지지를 이끌어 내기 위하여 주식형 보상의 부여 필요성과 그 조건의 합리성에 대한 충실한 설명이 이루어질 것으로 기대할 수 있다.

연구에서 제안하는 방안은 직위를 불문하고 지배주주 일가에 대한 부여시 소수주주 다수결에 의한 승인을 받도록 한다는 점에 차이가 있다. 대부분의 경우 지배주주 등은 등기이사는 아니더라도 적어도 미등기임원의 지위에 있을 것이기에 실질적인 적용 범위에 있어서는 큰 차이는 없을 것이다. 다만, 경영권 승계를 위한 악용 우려를 불식시키기 위해서는 지배주주의 자녀 중 아직 미등기 임원의 직위에 오르지 않은 경우까지 포섭되도록 할 필요는 있다.

2. 부여대상자: 계열회사 임직원

(1) 규제 방안의 내용

스톡옵션 준용안에 따르면 제한주식의 부여대상자는 스톡옵션의 경우와 같이 '회사의 이사, 집행임원, 감사, 피용자'가 되고, 상법 개정안도 제한주식의 부여대상자를 이와 동일하게 규정하고 있어, 계열회사 임직원은 부여대상자에 포함되지 않는다.[692]

(2) 계열회사 임직원에 대한 부여 허용 여부

스톡옵션 부여대상이 제한된 현 상황에서 현재 제한주식은 계열회사 임직원에게 주식연계보상을 제공할 수 있는 유일한 수단이다(스톡옵션의 경우도 계열회사 임직원에 대한 부여를 허용할 필요가 있다는 점에 대해서는 위 제4장 제2절 3.(1)가. 및 본 장 제3절 1.(2)가. 참조). 그런데 스톡옵션에 대한 규제를 유지한 채로 제한주식의 부여대상까지 제한한다면, 상장을 계획하지 않고 있는 비상장회사 계열회사 직원들에 대해서는 주식연계보상의 활용 자체가 어려워진다. 환금성 없는 비상장주식 부여는 유용한 보상이 되기 어렵기 때문이다. 상장회사의 자회사의 중복 상장을 부정적으로 보고 있는 현재의 흐름을 감안하면, 비상장 자회사의 경우 상장을 추진할 수도 없고, 임직원들에게 상장회사인 모회사 주식을 보상으로 지급할 수도 없

---

[692] 상법 개정안 제342조의4(양도제한조건부주식) ① 회사는 정관으로 정하는 바에 따라 주주총회 결의로 회사의 이사, 집행임원, 감사 또는 피용자(被用者)에게 무상으로 근속, 성과 달성 등 장래의 일정한 요건의 충족을 조건으로 하여, 일정기간 동안 양도를 금지하는 조건이 붙은 주식 또는 정해진 수의 주식을 받을 수 있는 권리(이하 "양도제한조건부주식"이라 한다)를 부여할 수 있다.

게 되는 셈이다. 이는 국내 기업 전반의 가치상승 및 유능한 인재 영입 및 유지에도 걸림돌이 될 수 있다.

3. 부여절차

(1) 규제 방안의 내용

가. 정관의 근거

스톡옵션 준용안의 경우, 만약 문언 그대로 주식매수선택권에 대한 상법 제340조의2 제1항,[693] 제340조의3 제1항[694]을 준용한다면, 제한주식에 대해서도 '정관으로 정하는 바에 따라 부여대상자에게 신주를 교부하거나 자기주식을 교부할 수 있다'고 보게되고, 정관에도

---

[693] 상법 제340조의2(주식매수선택권) ① 회사는 정관으로 정하는 바에 따라 제434조의 주주총회의 결의로 회사의 설립·경영 및 기술혁신 등에 기여하거나 기여할 수 있는 회사의 이사, 집행임원, 감사 또는 피용자(被用者)에게 미리 정한 가액(이하 "주식매수선택권의 행사가액"이라 한다)으로 신주를 인수하거나 자기의 주식을 매수할 수 있는 권리(이하 "주식매수선택권"이라 한다)를 부여할 수 있다. 다만, 주식매수선택권의 행사가액이 주식의 실질가액보다 낮은 경우에 회사는 그 차액을 금전으로 지급하거나 그 차액에 상당하는 자기의 주식을 양도할 수 있다. 이 경우 주식의 실질가액은 주식매수선택권의 행사일을 기준으로 평가한다.

[694] 상법 제340조의3(주식매수선택권의 부여) ①제340조의2제1항의 주식매수선택권에 관한 정관의 규정에는 다음 각호의 사항을 기재하여야 한다.
  1. 일정한 경우 주식매수선택권을 부여할 수 있다는 뜻
  2. 주식매수선택권의 행사로 발행하거나 양도할 주식의 종류와 수
  3. 주식매수선택권을 부여받을 자의 자격요건
  4. 주식매수선택권의 행사기간
  5. 일정한 경우 이사회결의로 주식매수선택권의 부여를 취소할 수 있다는 뜻

'제한주식으로 발행하거나 양도할 주식의 종류와 수'를 정하게 되어, 결과적으로 신주발행형의 제한주식이 허용되는 것처럼 보인다. 그러나 스톡옵션 준용안의 내용이 구체적으로 공개된 바는 없어 그 의도를 명확히 알 수는 없지만, (본 글에서 신주발행형 허용 필요성에 대해 논한 것은 별론으로 하고) 현재까지 제기된 규제 강화안의 동향을 보았을 때 신주발행형을 허용하고자 하는 의도는 없는 것으로 추측된다. 그렇다면 구체적인 준용 규정을 만들면서 신주 발행에 관한 문구들은 수정할 것으로 예상된다.

상법 개정안은 회사는 정관으로 정하는 바에 따라 제한주식을 부여할 수 있도록 하며, 정관에 ① 일정한 경우 제한주식을 부여할 수 있다는 뜻(제1호), ② 제한주식의 부여를 위한 주식의 종류와 수(제2호), ③ 제한주식을 부여받을 자의 자격요건(제3호), ④ 제한주식의 양도제한 기간(제4호), ⑤ 일정한 경우 이사회결의로 제한주식의 부여를 취소할 수 있다는 뜻(제5호)을 정하도록 하고 있다. 이를 스톡옵션에 관한 상법 제340조의3 제1항 각호와 비교해 보면, 제2호에서 '주식매수선택권의 행사로 발행하거나 양도할 주식의 종류와 수', 제4호에서 '주식매수선택권의 행사기간'을 정하도록 한 것 외에는 동일하다. 제2호는 스톡옵션의 경우 신주발행형이 가능하나 상법 개정안은 자기주식 교부형만을 전제하고 있기 때문에 차이가 있는 것이고, 제4호는 스톡옵션과 제한주식의 각 특성을 반영한 것일 뿐, 상법 개정안도 기본적으로 제한주식에 대하여 현재의 스톡옵션에 대한 내용을 적용하고 있다.

부여절차와 관련하여서는, 신주발행형의 허용 여부에 따라 관련 절차가 달라져야 하는데, 이상의 이유로 본 항에서는 규제 방안이 자기주식교부형만을 허용하려는 것으로 전제하고 검토한다(신주발행형의 허용에 대한 사항은 위 2.가.항 참조).

나. 주주총회 결의

스톡옵션 준용안에 의하면 주주총회 결의로 정할 사항은 스톡옵션에 관한 상법 제340조의3 제2항을 준용하게 될 것이고, 다만 제한주식의 특성상 맞지 않는 내용만 변경될 것이다. 상법 개정안도 동일하다. 즉, 제한주식에 관한 주주총회 결의에서 스톡옵션에 대한 상법 제340조의3 제2항과 동일한 수준의 세부적인 사항을 정하도록 하고 있다. 구체적으로, ① 제한주식을 부여받을 자의 성명, ② 제한주식의 부여방법, ③ 제한주식을 부여받을 자 각각에 대하여 부여할 주식의 종류와 수, ④ 제한주식의 양도제한 기간을 정하도록 하고 있다(상법 개정안 제342조의5 제2항). 스톡옵션 대비 차이점은 스톡옵션의 경우 행사가액과 그 조정에 관한 사항, 행사기간도 정하여야 하나, 제한주식의 경우 그 특정상 위 사항은 해당사항이 없어서 항목에서 제외된 것일 뿐이다.

다만, 스톡옵션 준용안에 따르면 주주총회 특별결의를 요하게 될 것이나, 상법 개정안은 주주총회 보통결의를 요한다는 차이가 있다.[695]

(2) 주주 승인 필요 여부

규제 방안은 임직원에 대한 제한주식 부여시 정관의 근거와 주주총회 결의를 요하고 있는데, 정관에 근거를 두기 위해서도 주주총회 특별결의가 필요하므로, 결국 '주주 승인'을 받도록 해야 하는지가 쟁점이 된다. 결론적으로, 현재와 같이 자기주식 교부방식만이 허용되는 상황에서는 제한주식 부여에 주주 승인을 요구하는 것은 타당하지 않다(스톡옵션과 같이 신주발행 방식을 허용한다면 주주 승인

---

[695] 다만, 정관에 근거 규정을 두기 위해서는 주주총회 특별결의를 통한 정관 개정이 필요하기 때문에 상법 개정안에 따르더라도 한 번의 주주총회 특별결의는 요구된다.

이 필요하다는 점, 경영진에 대한 보상으로 부여되는 경우에는 경영진 보상 승인 차원에서 주주 승인 절차를 거쳐야 한다는 점에 대해서는 위 2.가.항 및 제3절 1.항에서 각 검토하였다). 이하에서, 경영진 보수에 관한 주주총회 승인과 별도로, 모든 임직원에 대한 제한주식 부여에 관하여 주주 승인을 요구하는 규제 방안은 불합리하다는 점에 대하여 논증한다.

임직원에 대한 인센티브 부여 목적으로 자기주식을 활용하는 것을 어떻게 규제할지는 현행 상법이 자기주식에 대해 어떻게 규제하고 있는지와 결부된 문제이다. 물론 현재의 자기주식 규제 자체에 대해서도 비판적인 견해는 존재하고, 자기주식 처분을 신주발행 규정과 같게 취급하는 등 규제 변경이 필요하다는 주장도 있다.[696] 자기주식에 대한 규제 자체가 변경될 경우 이를 임직원에게 부여하는 것에 대한 규제에도 일부 변경이 필요할 수 있다. 그러나 현행 자기주식 규제 전반의 타당성이나 입법론적 개선 방안에 관한 논의는 본 글의 범위를 벗어나므로, 여기서는 현행 자기주식 규제를 전제로 하여, 이를 임직원에게 인센티브 수단으로 교부할 때 주주 승인이라는 추가적인 절차를 요하는 것이 타당한지에 대하여 논한다.

먼저, 제한주식 부여에 주주 승인을 받도록 해야 한다는 견해는, 현재 스톡옵션의 경우 주주 승인을 받도록 규정되어 있는 반면, 제한주식에 대해서는 규제의 공백이 있다는 점을 그 근거로 든다. 그러나 스톡옵션과 달리 제한주식은 신주발행 방식이 불가능하다는 핵심적인 차이가 있다(이에 대해서는 위 제3절 2.(2)바.항에서 상세히 검토하였다).

자기주식의 처분이 그 효과 면에서 신주 발행과 유사한 측면이 있는 것은 사실이다. 자기주식을 제3자에게 처분하는 것은 그 자기주

---

[696] 정준혁(2024), 49-50면

식을 소각하고 다시 신주를 제3자에게 발행하는 것과 유사하고, 따라서 자기주식의 처분에도 주주의 신주인수권이 인정되는 것이 옳다는 견해도 있다.697 그러한 측면에 주목하여 신주 발행과 자기주식의 처분에 대하여 동일한 규제를 적용하는 법제도 존재한다.

그러나 동시에 자기주식의 활용 필요성 또한 존재하기 때문에, 자기주식을 어떻게 규제할 지는 이로 인하여 영향을 받는 주주 등 이해관계자와 회사가 얻을 수 있는 재무적 유용성 등을 종합적으로 고려하여 정책적으로 결정할 사항이다. 우리나라의 자기주식 규제도 몇 차례 변경되어왔는데,698 현재 우리나라는 배당가능이익의 한도 내에서 자기주식 취득을 허용하고, 그 처분에 대해서도 이사회가 결정할 수 있도록 하는 정책을 선택하고 있다.699 한편, 자기주식 처분

---

697 송옥렬(2022), 1147면
698 과거에는 상장회사와 비상장회사 모두 자기주식 취득이 원칙적으로 금지되었으나, 상장법인의 경우 기업매수에 대처하고, 임직원에게 지급하는 우리사주, 공로주로도 이용할 수 있도록 1994. 4. 1. 구 증권거래법(1994. 1. 5. 법률 제4701호로 일부개정된 증권거래법) 개정을 통해 일정 범위 내에서의 자기주식 취득이 허용되었다. 상법은 2011년 상법 개정(2011. 4. 14. 법률 제10600호로 개정된 상법) 전까지 원칙적으로 자기주식 취득을 금지하고 예외적인 경우에 한하여 취득을 허용하였으며, 허용하는 경우에도 지체 없이 또는 상당한 시기에 자기주식을 처분하도록 하여(구 상법 제341조, 제342조) 비상장회사의 경우 자기주식 취득이 원칙적으로 허용되지 않았다. 이후 2011년 상법 개정을 통하여 배당가능이익의 한도 내에서 자기주식 취득을 허용하였다.
699 2011년 상법 개정을 통해 자기주식의 취득을 허용하고 이를 소각할 의무를 삭제할 당시 법무부에서 발간한 개정 상법에 대한 해설을 보면, 자기주식 취득 부정설에서 주장하는 자본충실 저해, 불공정한 회사지배 등의 우려는 재원 규제나 취득절차와 방법의 규제, 그리고 처분의 공정성 확보, 경영진의 책임강화 등을 통하여 해결하여야 할 것이며, 자기주식의 취득과 보유를 인정함으로써 기업들이 얻을 수 있는 장점을 감안하여 자기주식을 자유롭게 취득할 수 있도록 허용함이 타당하기 때문에 자기주식취득을 전면적으로 허용하되 이를 재원규제로 전환한 것이라고 설명하고 있다

에 대해서도 주주의 자기주식인수권을 인정하여야 하는 것이 아닌지에 대한 논의도 있으나,700 현행 법제 하에서는 자기주식 처분에 신주발행의 법리는 유추할 수 없다고 보는 것이 통설이다.701

이와 관련, 이사회가 자기주식 처분을 결정할 수 있다고 해서 아무런 제약이 없는 것은 아니다. 이사는 회사의 주식을 적정한 가격에 처분하여야 할 주의의무가 있으므로 이사가 고의 또는 과실로 정당한 사유 없이 시가보다 낮은 가격으로 자기주식을 처분하는 경우에는 회사에 대해 상법 제399조에 따른 손해배상책임을 지게 될 수 있다.702 그렇다면 회사가 임직원에게 자기주식을 무상으로 부여하는 결정은 어떠한가? 일응 회사로 유입되는 현금이 없으므로 저가매각이 아닌지 의문이 제기될 수 있으나, 주식보상은 임직원의 직무집행 및 성과의 대가로 지급되는 것이므로, 해당 임직원의 업무성과가 해당 자기주식 부여의 규모에 대한 적절한 대가가 되는 이상 저가매각이라고 볼 수는 없다. 일본에서 임직원의 보상으로 제공되는 신주예약권이나 주식의 무상발행이 그 자체로 당연히 유리발행에 해당하는 것은 아니라고 보는 것과 같은 논리로 볼 수 있다(제3장 제4절 2. (1)다.항, (3)가.3)항 및 나.항 참조). 물론 임직원의 업무성과에 비해 과도한 규모의 자기주식이 보상으로 지급된다면 이에 대해서는 이

(법무부(2012), 106-107면).
700 한국상사법학회(2022), 1022면 참조.
701 권기범(2015), 585면; 김건식 등(2022), 앞의 책, 678면; 자기주식의 처분이 신주발행과 유사하다고 보아 신주발행 무효의 법리에 따라 자기주식처분을 무효로 판단한 일부 하급심 판례도 존재하지만(서울서부지방법원 2006. 3. 24.자 2006카합393결정; 서울서부지방법원2006. 6. 29. 선고2005가합8262 판결), 자기주식의 처분에 신주발행의 법리를 유추할 수 없다고 보는 사례가 더 많다(서울고등법원2015. 7. 16. 선고2015라20503 판결; 서울북부지방법원2007. 10. 25.자2007카합1082 결정; 수원지방법원 성남지원2007. 1. 20. 2007카합393 결정).
702 한국상사법학회(2022), 1022면

사의 책임을 물을 수 있을 것이다.

결론적으로 현재 자기주식에 대한 이와 같은 정책적 판단과 법리를 전제하는 한, 일반적인 제3자에 대한 자기주식 처분의 경우보다 임직원에 대한 보수로 이를 활용하는 것에 대하여 주주 승인과 같이 더 엄격한 절차를 요구하는 것은 합리적이지 않다고 본다. 이는 이 사회에서 회사의 중장기적 이익을 위하여 필요하고 적절하다는 판단 하에 결정할 수 있는 사안이다.703

(3) 주주 승인 항목

전 항에서 검토한 바와 같이 제한주식에 대하여 주주 승인을 받도록 하는 것은 타당하지 않다고 생각하나, 만약 주주 승인을 받도록 할 경우 그 승인 항목에도 문제가 있다는 점에 대해서도 짚고 넘어갈 필요가 있다.

앞서 검토한 바와 같이 현재 스톡옵션 부여에 대한 주주총회 특별결의시 개별 임직원의 성명 및 그 각각에 대한 부여 수량에 대해서까지 승인을 받도록 하는 현행 스톡옵션 규제도 완화가 필요하다(제3절 1.(2)가.3)항 참조). 그런데 규제 방안은 이러한 스톡옵션 규제를 그대로 적용하여, 제한주식에 대해서도 그 부여대상자의 성명, 각각에 대하여 부여받을 주식의 종류와 수까지 주주 승인 대상에 포함시키고 있다. 제한주식은 유능한 인재를 영입하기 위한 리크루팅 과정에서 보상 패키지의 일종으로 제안하게 되는 등 수시로 부여 필요성

---

703 같은 취지로, 이철송(2024), 216면. "상법에서는 기본적으로 배당가능이익에 의한 자기주식의 취득에 양적 제한을 두지 않고, 자기주식의 용도를 다양하게 정하며, 나아가 자기주식의 처분을 일반적으로 이사회의 경영판단에 맡기고 있는 터인데, 유독 양도제한조건부 주식의 부여에 관해서만 정과의 규정으로 통제할 필요가 있는지 의문이다."

이 발생할 수 있는데, 이러한 경우를 미리 예상하여 주주총회 승인을 받는 것은 불가능하며 개별 임직원에 대한 보상이 필요할 때마다 주주총회를 개최할 수도 없기 때문에 결국 제한주식을 적시에 활용하기 어려워진다. 주주들이 그 각 개인에 대한 부여수량의 적절성을 판단할 수도 없기 때문에 주주 보호 관점에서 실효성이 있다고 보기도 어려운 규제이다.

미국이나 영국과 같이 신주 발행 방식의 제한주식 부여가 가능하되 상장회사에 한하여 주식연계보상계획에 대하여 주주 승인을 받도록 하고 있는 나라들의 경우에도, 주주 승인을 받는 주식연계보상계획에는 신주 발행이 허용되는 총 수량 및 부여대상자의 범위(예를 들면 임직원 내지 계열사 임직원에게 부여할 수 있다는 내용)를 정할 뿐 개별 부여대상자의 이름과 그 개별 부여 수량까지 특정하여 주주 승인을 받을 것이 요구되지는 않는다. 개별 부여대상자 및 그에 대한 구체적인 부여 수량 및 조건은 이사회나 보수위원회가 정하도록 하는 경우가 대부분이다(제3장 제1절 3.항, 제2절 3.항 참조).

따라서 제한주식의 경우 (주주 승인이 요구된다면) 부여할 수 있는 대상의 범위 및 그 각 한도에 대해 주주 승인을 받으면 족하고, 그 범위 내에서 개별 보상은 이사회 또는 보수위원회가 정할 수 있도록 하는 것이 바람직하다.

4. 부여한도

(1) 규제 방안의 내용

상법은 스톡옵션에 대하여 '발행할 신주 또는 양도할 자기주식은 발행주식 총수의 10%를 초과할 수 없다'고 규정하고 있으므로(상법

제340조의2 제3항), 스톡옵션 준용안에 따르면 제한주식의 부여한도도 발행주식 총수의 10%를 초과할 수 없을 것으로 보인다.704 상법 개정안도 제한주식으로 부여할 자기주식은 회사의 발행주식 총수의 10%를 초과할 수 없다고 규정하고 있다(제342조의4 제3항).

(2) 부여한도 제한의 필요 여부

상법은 스톡옵션에 대하여 발행주식 총수의 10%라는 부여한도 제한을 두고 있다. 반면, 미국이나 영국은 법으로 주식연계보상의 부여한도를 정하고 있지는 않다. 다만, 상장회사들은 주식연계보상계획을 세워 주주 승인을 받아야 하는데, 주식연계보상계획에 주식연계보상으로 발행할 수 있는 주식의 한도를 정하고 있고, 의결권 자문사나 기관투자자들의 권고에 따라 발행주식총수의 10%로 정하는 경우가 많다(제3장 제2절 3.(1) 참조). 즉, 주식연계보상에 있어 발행주식 총수의 10%라는 기준 자체는 대체로 통용되고 있는 기준으로 보인다.

다만, 현재 제한주식의 경우 자기주식 교부 방식만 허용되고 있기 때문에, 부여수량에 대한 규제를 추가하지 않더라도 특별히 우려되는 상황은 아니라고 생각한다. 이미 '배당가능이익의 한도' 내라는 재원규제가 적용되고 있고, 이것이 일응의 한도로 작용하기 때문이다. 회사에 따라 배당가능이익 한도 내에서 부여 가능한 자기주식은 발행주식 총수의 10% 미만일 수도 있고 이상일 수도 있으나, 현행 법제는 배당가능이익의 범위 내에서는 자기주식을 취득하여 이사회가 필요하다고 판단하는 제3자에게 자유롭게 처분할 수 있도록 하고 있으므로, 이 범위 내에서 이루어지는 자기주식 처분이 임직원에 대

---

704 스톡옵션 준용안의 경우 분명치 않지만 신주발행형을 허용하지는 않을 것으로 생각된다는 점과 관련해서는 위 3.(1)가.항 참조.

한 인센티브로서 처분된다는 이유만으로 이중적 한도 규제를 추가할 필요는 없다고 생각한다.

다만, 향후 신주발행 방식의 제한주식 부여를 허용하게 된다면, 규제 방안에서 정하는 바와 같은 부여한도 제한도 필요할 것이다.

5. 재직요건

스톡옵션은 주주총회 결의일부터 2년 이상 재임 또는 재직하여야 이를 행사할 수 있다(상법 제340조의4 제1항). 스톡옵션 준용안에서 이 조항도 준용한다면, 사전교부 제한주식의 경우 부여 후 2년 이상 재임 또는 재직하여야 양도제한이 해제되고, 사후교부 제한주식의 경우 부여 후 2년 이상 재임 또는 재직하여야 가득되도록 규제될 수 있을 것이다.[705]

회사의 중장기적 가치 상승에 대한 인센티브를 부여한다는 관점에서는 최소 2년 이상의 기간을 두는 것은 권장할만한 사항이나, 이러한 조건은 법으로 일률적으로 정할 사항은 아니다. 해외 입법례를 보더라도 임직원에 대한 주식연계보상과 관련한 재직기간 등 일정한 조건을 법으로 규제하고 있지는 않다.[706] 따라서 재직요건에 대한 스톡옵션 규제도 준용하는 것은 바람직하지 않다.

---

[705] 상법 개정안은 재직요건에 대해서는 규정하고 있지 않아 문제되지 않는다.
[706] 상장회사 경영진 보상의 관점에서 의결권 자문사나 기관투자자들이 최소 3년 이상의 가득기간을 권장하거나 기업지배구조 모범규준으로 가득기간과 양도제한기간을 포함하여 5년을 권장하는 경우들이 있을 뿐, 경영진 보상에 대해서도 법으로 재직기간이나 가득기간 등을 규제하고 있지는 않다.

6. 양도제한

　상법 제340조의4는 스톡옵션은 이를 양도할 수 없다고 규정하고 있다. 스톡옵션 준용안에 따르면 상법 제340조의4도 제한주식에 준용될 가능성이 있다.[707]
　경영진에 대한 주식연계보상이 회사의 중장기적 성장과 주주이익 제고를 촉진하는 수단으로 활용되기 위해서는 경영진이 주식을 장기적으로 보유하도록 하는 것이 중요한데, 이를 위해서는 주식양도제한 약정의 실효성 확보가 필요하다(제4장 제2절 2.(2)다.1. 참조). 따라서 회사가 경영진에게 주식을 부여하면서 양도제한 조건을 부가하는 경우 회사가 그 양도제한의 효력을 주장할 수 있도록 입법적으로 명확히 하는 것이 바람직하다.
　참고로, 일본에서도 이와 유사한 쟁점이 논의된 바 있다. 즉, 일본 회사법상으로도 우리나라와 유사하게 주식은 자유롭게 양도할 수 있고, 다만 정관에 의한 양도 제한이 인정되는데, 정관에 의하지 않고 계약으로 주식양도제한을 하는 경우 그 계약의 효력이 문제되었다. 양도제한계약의 효력에 대하여 일본의 전통적인 다수설은 주주 상호 간 또는 주주와 제3자 간의 계약으로 체결된 경우에 이는 유효하나, 회사가 계약 당사자인 경우에는 원칙적으로 무효로 본다. 다만 그 계약 내용이 주주의 투하자본 회수를 부당하게 방해하지 않는 합리적인 것인 때에 한하여 예외적으로 유효하다고 보고 있다.[708] 이러한 견해를 전제로, 일본에서는 임직원에게 주식을 보유하도록 하여 직무에 힘쓰게 하는 것은 합리성이 인정되는 경우에 해당하므로, 회사와 임직원 간 합의로 양도제한조건을 정한다면 이는 유효하다고 해석되고 있다.[709]

---

[707] 상법 개정안은 양도제한에 대해서는 규정하고 있지 않다.
[708] 高橋美加 外 (2020), 85면.

그러나 우리나라의 경우에는 현재 임직원과 회사와의 양도제한 약정은 유효하다고 해석하기 어렵다. 따라서 주식연계보상으로 부여한 주식에 대한 양도제한 약정의 유효성 확보를 위해서는 입법적 조치가 필요하다.

다만, 그 입법적 조치로서 단순히 제한주식에 대하여 '주식매수선택권은 이를 양도할 수 없다'고 규정하고 있는 상법 제349조의4를 준용하게 되면 '제한주식은 이를 양도할 수 없다'는 취지가 되어 해석상 불명확한 부분이 생긴다. 따라서 제한주식의 양도제한과 관련하여서는, 아래와 같이 유형별·시점별로 세분하여 생각해 보아야 한다.

우선, (i) 사전교부 제한주식의 경우, (a) 그 본질적인 특징이 부여시점에 실제 주식을 교부하되 가득기간 동안 양도를 제한하는 것이다. 따라서 사전교부 제한주식의 경우 가득시점까지 이를 양도할 수 없도록 하는 취지가 입법안에 반영될 필요가 있다. (b) 사전교부 제한주식이 가득된 이후에는 자유롭게 양도할 수 있는 것이 원칙이고, 다만 필요에 따라 이후에도 일정 기간 가득된 주식의 일부 또는 전부의 양도를 제한하는 조건을 추가할 경우, 그러한 양도제한조건 내지 양도제한약정의 유효성이 인정되도록 할 필요가 있다.

한편, (ii) 사후교부 제한주식의 경우, (a) 부여 후 가득 전까지의 기간 동안 부여대상자가 보유하는 것은 (주식 자체가 아닌) '주식을 부여받을 권리'이며, 이 권리를 양도할 수 없도록 설정되어야 한다. 이는 주식의 양도제한에 대한 법리와는 구분되는, 계약상 권리 이전에

---

709 石綿学 外 (2016), 15면; 추가로, 일본의 경우 계약에 의해 양도제한을 부과하는 방식 외에, 보상으로 신주를 발행하면서 종류주식으로서 양도제한주식을 발행하는 방식도 가능하다(일본 회사법 제108조 제1항 제4호, コーポレート·ガバナンス·システムの在り方に関する研究会 解釈指針(2015), 15면). 그러나 우리나라는 현재 신주발행 방식으로 주식형 보상을 부여할 수 없고, 신주발행이 가능하다 하더라도 종류주식으로 양도제한을 하는 방식도 불가하다.

관한 것이다. 현재도 실무상 사후교부 제한주식 부여계약에 해당 권리를 양도할 수 없다는 취지를 규정하는 경우가 많고, 이러한 취지의 약정은 입법적 조치가 없더라도 그 유효성을 인정할 수 있다. 이후 (b) 사후교부 제한주식의 가득조건이 충족되어 주식을 수령하게 되면, 위 (i)(b)와 동일한 상황이 된다.

정리하면, 제한주식의 양도제한에 관한 입법적 조치에는, 사전교부 제한주식의 가득 전 양도제한이 금지된다는 점, 그리고 (사전교부 및 사후교부를 불문하고) 제한주식의 가득 이후 양도제한조건을 부여하거나 양도제한약정을 체결한 경우 회사가 그 효력을 주장할 수 있다는 점이 명확히 반영되어야 한다.

7. 환수

경영진에 대한 주식연계보상으로 실제 주식을 교부한 이후, 중도 퇴임 혹은 의무 위반 등의 사유로 이를 환수하여야 할 사정이 발생하였을 때 이를 유효하게 환수할 수 있는지에 대해서는, 제4장 제2절 2.(2)다.2)에서 검토한 바와 같이, 해석상 가능하다고 볼 수 있다. 상법상 특정 주주로부터 자기주식을 취득하는 것을 제한하는 취지는 주주평등원칙 때문인데, 무상 환수의 경우 주주평등의 관점에서 문제된다고 보기 어렵기 때문이다. 배당가능이익이 없는 경우도 환수를 위한 자기주식 취득은 가능하다고 해석하는 것이 타당하다. 다만 환수에 대해서도 입법적으로 명확성을 확보하는 것이 바람직한데, 규제 방안은 이에 대해서는 다루고 있지 않다.

일본의 경우 자기주식 취득에 대하여 원칙적으로 주주총회 결의가 필요하나(일본 회사법 제156조 제2항), 주식을 무상으로 취득하는 경우는 예외적으로 주주총회 결의 없이 취득할 수 있는 사유 중 하나로 명시하고 있다(일본 회사법 제155조 제13호, 일본 회사법 시행규칙 제27조 제1호). 독일 주식법도 무상취득을 자기주식 취득이 가능한 예외적인 경우 중 하나로 명시하고 있다(독일 주식법 제71조 제1항 제4호).

구체적인 개정안으로, 상법 제341조는 배당가능이익의 범위 내에서 자기주식을 취득하는 경우에 대하여 규정하고 있고, 상법 제341조의2는 특정목적으로 취득하는 경우 제341조에도 불구하고 배당가능이익과 무관하게 자기주식을 취득할 수 있도록 규정하고 있는데, 동 조항에 환수의 경우도 포함되도록 개정하는 방안을 제안한다. 즉, 현재 상법 제341조의2 제1호 내지 제4호에서 자기주식 취득이 가능한 경우들을 열거하고 있는데, 제5호로 '임직원에 대하여 부여한 주식을 환수하기 위하여 필요한 경우' 또는 '무상으로 취득하는 경우'를 추가하면 명확할 것이다.

8. 규제대상의 문제

규제 방안은 '제한주식'을 규제 대상으로 삼고 있고, 그 외 다양한 규제 강화에 대한 주장들도 양도제한부 주식, 성과조건부 주식, RSU 등 사용하는 용어는 다르지만 기본적으로 '제한주식'에 대한 규제를 전제하고 있는 것으로 보인다.

그런데 이러한 주장대로 상법을 개정하면, 아무런 제한이 없는 자기주식의 교부, 즉 스톡그랜트는 어떻게 취급되는가? 상법 개정안은 회사는 제한주식을 부여할 수 있다고 규정하면서 그 경우에 적용되는 절차, 부여대상자, 부여한도 등을 규정하고 있다.710 스톡그랜트

---
710 상법 개정안 제342조의4(양도제한조건부주식) ① 회사는 정관으로 정하는 바에 따라 주주총회 결의로 회사의 이사, 집행임원, 감사 또는 피용자(被用

는 개념상 위 규제 범위에 속하지 않는다. 그렇다고 이를 명시적으로 금지하고 있지도 않기에, '제한주식'에 해당하지 않는 자기주식 부여는 기존과 동일하게 자기주식 처분 절차에 따라 이사회 결의로 제3자에게 처분할 수 있는 것이고 그 제3자가 임직원, 경영진, 지배주주가 되더라도 이를 금지할 근거는 없게 된다.

만약 규제 방안대로 상법이 개정된다면, 기업들은 지배주주 등에게는 제한주식 대신 스톡그랜트를 부여하는 방식을 택하거나, 지배주주 등이 아닌 일반 임직원에게도 (제한주식 부여 절차 제약으로 인해) 제한주식 제도 도입 대신 스톡그랜트 제도를 도입하게 될 수 있다. 즉, 회사 및 주주를 위한 중장기적 인센티브 부여 효과나 성과와 보상의 연계 효과, 인재 유지 효과 등 다양한 장점이 있는 제한주식의 활용은 저해되고, 오히려 아무런 제한이 없는 주식 부여가 더 많아질 수 있다.[711] 결과적으로 현재의 규제 방안으로는 당초 규제를 통해 달성하고자 하는 목적이 달성되지 않을 것으로 예상된다.

그렇다면 규제대상을 넓혀 스톡그랜트의 부여까지 규제할 것인가? 자기주식에 대한 규제는 나라마다 다르고 우리나라보다 더 엄격한 규제를 하는 나라도 있다. 그럼에도 불구하고 해외 주요국은 해당 국가의 자기주식 취득 및 처분 규제 하에서, 임직원에 대한 보상 수단으로 자기주식을 활용하는 경우에는 적어도 그 외 제3자에 대한 처분의 경우에 비해 규제를 완화해 줌으로써 회사들이 주식을 임직

者)에게 무상으로 근속, 성과 달성 등 장래의 일정한 요건의 충족을 조건으로 하여, 일정기간 동안 양도를 금지하는 조건이 붙은 주식 또는 정해진 수의 주식을 받을 수 있는 권리(이하 "양도제한조건부주식"이라 한다)를 부여할 수 있다.

[711] 지배주주 일가에게 성과 달성을 조건으로 한 제한주식 부여를 금지하면 지배주주 등에게 스톡그랜트는 부여 가능하지만 성과에 연동된 주식 보상을 부여할 수 없어 형평에 맞지 않고, 오히려 일반 주주의 이해관계에 부합하지 않는 결과를 초래할 수 있다는 견해로 이나래(2024), 58면

원에 대한 인센티브 수단으로 활용하는 것을 돕고 있다(제3장 참조). (우리나라의 현행 자기주식에 대한 규제의 타당성이나 향후 개정 방향에 대한 논의는 별론으로 하고) 현행 자기주식 규제를 전제로, 이를 임직원에 대한 보상수단으로 활용하는 경우를 일반적인 경우보다 더 엄격하게 규제하는 것은, 기업 가치제고 수단으로 해외 주요국에서 확산되고 진화되어 온 주식연계보상 활성화의 흐름에 역행하는 것으로, 우리나라 기업 환경 전반에 미칠 부정적인 영향이 더 크다고 생각한다.

9. 과잉규제의 문제

규제 방안을 주장하는 측의 주된 우려는, 지배주주 등이 제한주식을 경영권 승계 수단으로 악용하거나 과도한 제한주식을 부여받는 등 제도를 남용할 가능성에 대한 것이다. 그러나 규제 방안에 따르면, 지배주주만이 아니라 전문경영인을 포함한 임직원(계열사 임직원 포함)에 대한 주식연계보상 전반이 억제되는 결과를 초래할 수 있다. 따라서 현재의 규제 방안은 그 목적을 초과하는 과잉규제라고 볼 수 있다. 지배주주 등에 의한 제한주식 남용 우려는 제2절에서 검토한 바와 같이 미등기임원을 포함한 경영진 보상 규제 일반에 대한 개선과 본 절 1.(3) 소수주주의 다수결 도입 방안을 통한 규제로 대응하는 것이 적절하며, 상법상 주식연계보상 제도 전반에 대한 규제를 강화하는 접근은 신중할 필요가 있다.

제5절 부여계약 및 연성규범의 개선

제2장의 이론적 논의 및 제3장의 입법례에서 살펴본 것과 같이, 기업 가치 상승 및 주주 이익 증대라는 주식연계보상의 기능을 극대화하기 위해서는, 그 구조와 조건의 적절한 설계가 중요하다. 그러나 이러한 내용적 측면은 기업의 특성과 상황에 따라 달라지므로 일률적으로 규율하는 것은 적절하지 않으며, 실제로 해외 주요국에서도 이에 대해서는 자율규제 방식으로 접근하고 있다.

이에 본 절에서는 주식연계보상계약 및 기업지배구조 모범규준을 통하여 기업들이 자율적으로 주식연계보상의 구조와 조건을 적절히 설계할 수 있도록 하는 방안을 검토한다.

1. 주식연계보상 부여계약의 합리적 개선

주식연계보상의 핵심은 각 기업 및 경영자의 특성에 부합하는 구조와 조건을 설계하는 데에 있음에도 불구하고 이에 대한 국내의 연구 및 논의는 아직 충분히 축적되지 않은 실정이다. 주식연계보상 부여계약의 합리적 개선 방안을 제시하는 것은, 기업에 바람직한 보수 구조 설계에 대한 가이드를 제공함과 동시에, 주식연계보상에 대한 주주들의 정당한 지지를 이끌어내는데 도움이 될 수 있고, 궁극적으로 주식연계보상의 제도적 정착과 활성화에도 기여할 수 있을 것이다.

다만, 주식연계보상의 설계는 고도의 경영판단 사항이므로, 그 조건을 일률적으로 제시할 수 있는 것은 아니라는 점에 유의하여야 한다. 본 항에서는 각 회사가 주식연계보상 부여계약을 보다 합리적으로 설계할 수 있도록 함과 동시에, 주주들이 그 조건을 평가하는 데 도움이 될 수 있도록, 주식연계보상 부여계약의 주요 조건별로 회사와 주주 관점에서 고려해야 할 사항들을 제시하고자 한다.

덧붙이자면, 아래 내용은 기업들이 경영자와 개별적으로 주식연계보상계약을 체결하는 경우 그 계약 조건을 정할 때에 고려할 수 있을 뿐만 아니라, 미국이나 영국처럼 기업별로 주식연계보상부여계획 내지 임원보수정책으로 주식연계보상의 주요 조건을 정한 다음 그에 기반하여 개별 주식연계보상 계약을 체결할 경우 주식연계보상 부여계획 내지 임원보수정책 수립시에도 참고할 수 있을 것이다.

(1) 가득기간

가득기간은 해당 회사의 사업주기를 고려하여 설정해야 한다. 따라서 일률적인 기준을 제시할 수는 없지만, 중·장기적인 주주 이익 제고를 위한 인센티브를 부여한다는 측면에서 일반적으로 3년 이상이 바람직하다. 만약 가득기간을 그보다 짧게 설정한다면, 주주들에게 그 합리적인 이유를 설명할 수 있어야 할 것이다.

참고로, ISS는 1년의 최소가득기간(minimum vesting period)이 없는 경우 성과에 대한 인센티브가 부여되지 못한다고 보고 부정적으로 평가하고 있고, 3년 이상의 가득기간은 긍정적으로 평가하고 있다.712 영국 기업지배구조 모범규준은 가득기간 및 보유기간을 합하여 총 5년 이상을 권장하고 있고, 노르웨이 국부펀드의 경우 5년에서 10년의 가득기간이 바람직하다고 보고 있다.713

---

712 ISS, "United States Equity Compensation Plans Frequently Asked Questions", (2022. 12. 16.), 15-16면
713 Norges Bank Investment Management, "Position Paper on CEO remuneration",

한편, 전체 가득기간 내에서 가득되는 비율 역시 회사가 달성하고자 하는 목적에 따라 다양하게 설계가 가능하다. 즉, (i) 가득기간 만료시 전부 가득되도록 정할 수도 있고 있고(일시지급형, cliff schedule), (ii) 매년 혹은 매 분기마다 단계적으로 가득되도록 정할 수도 있다(단계적 지급형, graded schedule). 일시지급형의 경우, 경영진이 가득기간 만료 직전의 주가에만 집중하는 부작용이 나타날 수 있다는 점을 고려하여, 단계적 지급형을 적절히 활용할 필요가 있다. 나아가, 단계적 지급형은 매년, 매분기마다 같은 비율씩 가득되도록 정하는 방식도 있고, 가득되는 비율을 다르게 설정할 수도 있다. 예를 들면, 4년의 가득기간 동안 1년 뒤에는 1/4, 그 이후 3년 간은 매 분기 1/16씩 지급하기로 정하는 등의 방식이다.

(2) 성과조건

가. 성과지표의 선정

성과지표의 경우, 회사 전체의 성과를 지표로 활용할 수도 있고, 소속 부서 혹은 개인의 성과를 지표로 활용할 수도 있다. 경영진은 회사 전체를 총괄하는 지위에 있으므로 일반적으로 회사 차원의 성과지표를 활용하여야 할 것이다. 주로 활용되고 있는 회사 차원의 성과지표로는, 총 주주 수익률(TSR), 주당 순이익, EBITDA, 매출, 현금 흐름, 자기자본 수익률, 자본 수익률, 주가 등이 있다.

어떤 성과지표를 적정한지는 회사마다 다르기에 일률적으로 제시할 수는 없지만, 회사가 영위하는 특정 비즈니스/산업, 특히 회사 사업의 핵심 가치 동인(動因)과 관련이 있어야 한다는 의결권 자문사들의 평가기준을 참고하여 결정 및 평가할 수 있을 것이다.[714]

(2017. 4. 7.)

나. 성과지표의 수

하나의 성과지표만 설정할 경우, 그 특정 목표에만 경영진의 관심이 집중될 수 있고, 조작에 더 취약할 수 있다는 점에서, 일반적으로 복수의 성과지표가 권장된다. 참고로, 의결권 자문사인 Glass Lewis도 복수의 지표를 사용하여 회사의 성과를 측정하는 것이 단일 지표보다 회사의 성과를 더 완벽하게 파악하는 데 도움이 된다고 보고 있다.[715] 따라서 일반적으로는 복수의 성과지표를 활용하는 것이 보다 바람직한 경우가 많다. 다만, 특정 사업영역의 특정상 하나의 지표가 특히 중요한 의미를 갖는 경우에는 단일 성과지표의 활용도 정당화될 수 있으므로, 모든 기업에 대하여 일률적으로 복수의 성과지표를 요구하는 것이 반드시 바람직한 것은 아니다. 어떠한 경우이든, 선택한 성과지표에 대해 주주가 그 타당성을 이해할 수 있도록 합리적인 설명과 근거가 제시되어야 한다.

다. 성과 측정의 기준

성과지표는 절대적인 성과지표를 활용할 수도 있고, 경쟁사 또는 피어(peer)그룹과의 상대적인 성과지표를 활용할 수도 있다. 상대적 성과지표를 활용하면, 전반적인 시장 상승기에 경영진이 정당한 기여 없이 과도한 보상을 받는 문제를 방지하는 동시에 시장 하락기에도 경영진의 인센티브가 과도하게 약화되지 않도록 조정함으로써 효과적인 인센티브를 유지할 수 있는 장점이 있다(관련 해외 선행연구는 제2장 제2절 3.나.2) 참조). 다만, 상대적 성과지표를 활용하는 경우에는 비교대상이 되는 피어그룹이나 지수(index) 선정 기준에 대해서도 면밀한 검토가 선행되어야 하며, 그 선정 근거가 주주들에게

---

[714] Glass Lewis US Policy Guidelines(2024), 57면
[715] Glass Lewis US Policy Guidelines(2024), 57면

도 설명되어야 한다.

라. 성과 목표의 수준

성과목표는 도전적이지만 달성 가능한 수준으로 설정하여야 한다. 지나치게 낮은 성과목표는 경영실패에 대해서도 보상을 지급하게 된다는 점에서, 반대로 지나치게 높아 달성 불가능한 목표는 경영진에게 현실적으로 인센티브를 부여하는 효과를 기대하기 어렵다는 점에서 권장되지 않는다.

이와 관련하여, 성과달성에 따른 가득구조를 (i) 단일 성과기준을 설정하고 그 성과기준을 달성하지 못하면 주식이 전혀 가득되지 않고, 그 성과기준을 달성하면 전량 가득되도록 하는 이분형(All-or-Nothing)으로 설계할 수도 있고, (ii) 성과기준을 단계별로 설정하여, 일정 수준 이상의 성과를 달성한 때부터 성과 달성 수준이 높아질수록 가득되는 주식 수가 증가하도록 하는 누적형(Accumulated)으로 설계할 수도 있다. 구체적으로, (a) 특정 성과 임계치(threshold) 이하에서는 가득되는 주식 수가 0이고, (b) 성과 임계치를 달성한 이후부터는 가득되는 주식 수가 점차 증가하되, (c) 최대 성과수준을 초과하면 부여되는 주식 수가 더 이상 증가하지 않게 되는 구조이다. 위 (b)와 (c) 사이의 구간을 인센티브 구간이라고 하는데, 인센티브 구간 내에서 부여되는 주식 수가 선형으로(linear) 증가되도록 설계할 수도 있고, 단계적으로(stepwise) 증가하도록 하는 설계할 수도 있다(제2장 제2절 3.나.1) 참조).

누적형 가득구조를 활용할 경우, 예를 들면, 경영자에게 요구되는 최소한의 사업목표를 설정하여 그 이하일 경우에는 주식연계보상이 전량 미가득되도록 하며, 평균적인 수준의 사업목표를 달성하였을 경우 50% 가득, 평균 이상의 도전적인 목표를 달성하였을 경우 100%

가득되도록 하는 방식으로 인센티브 효과를 정교하게 조정할 수 있다.

마. 성과기간

성과를 측정하는 기간은 해당 회사의 사업 주기를 고려하여 설정해야 한다. 참고로, 미국 대부분의 상장기업은 3년을 기준으로 성과를 측정하고 있고, Glass Lewis도 대부분의 잘 구성된 장기인센티브의 성과기간은 최소 3년이라고 보고 있다.[716] 다만, 3년이 절대적인 수치는 아니다. 예컨대 회사의 사업특성상 단기적으로 사업 추진의 성과가 나타나는 사업인 경우 3년 보다 짧은 기간으로 설정하는 것이 합리적일 것이다. 반면, 장기적인 투자를 통해 5년 후 내지 10년 후 그 결과가 나타나는 유형의 사업이라면 그에 따라 성과측정 기간도 더 길게 설정되어야 한다. 어떠한 경우라도 그 기간 설정에 대해 객관적으로 합리적인 근거가 뒷받침되어야 하며, 그와 같이 기간을 설정한 것에 대하여 주주들에게 충분한 설명이 제공되어야 한다.

바. 성과목표의 조정

성과목표는 경영진의 재량으로 조정할 수 없도록 해야 한다. 사전에 예측하지 못한 사정의 발생으로 성과지표 또는 목표의 조정이 필요한 경우가 발생할 수 있는데, 이 대비하여 그 판단 주체(가령 독립적인 보수위원회), 절차 및 근거에 대해서도 부여계약에 명시하되, 그 판단 과정에 경영진 스스로가 영향을 미치지 못하도록 하여야 한다. 나아가, 성과목표 조정이 필요한 경우 어떠한 절차를 거칠 것인지에 대한 회사의 내부 규정 및 절차도 사전에 정비해 둘 필요가 있다.

---

[716] Glass Lewis US Policy Guidelines(2024), 57면

(3) 최소요건(underpin)

기간조건부 사후교부 제한주식을 부여하는 경우에는 최소요건(underpin)을 설정하는 것을 고려할 수 있다. 제2장 제2절 3.(4)에서 상세히 검토한 바와 같이, 최근 기간조건부 사후교부 제한주식의 활용을 지지하는 견해들도 등장하였으나, 이와 같은 유형을 활용할 때 주된 우려 사항으로 지적되는 점은, 명백한 경영 실패나 당연히 달성하여야 할 기본적인 목표 수준에도 미달한 경우에도 일정 수량의 주식이 제공되는 구조라는 점이다. 물론, 그러한 상황이라면 일반적으로 주가도 하락하였을 것이기 때문에 결과적으로 보수가 감액되는 효과가 있기는 하지만, 낮은 가액이라도 주식을 제공하는 것 자체가 정당화되기 어려운 사례가 발생할 수 있다. 이에 대한 해결책으로 영국에서 주로 사용되는 방식이 기간조건부 사후교부 제한주식에 'underpin', 즉, 최소한의 요건을 설정하는 것이다. 성과조건부 사후교부 제한주식에서는 성과 목표를 도전적이지만 달성 가능한 수준으로 설정하게 되지만, 기간조건부 사후교부 제한주식에서의 최소요건(underpin)은 표현 그대로 최소한의 수준을 설정하고 이에 미달할 경우 부여 수량을 축소할 수 있도록 하는 것이다(제3장 제2절 4.항의 영국 사례들 참조). 이와 같은 최소요건은 기간조건부 사후교부 제한주식의 최소한의 안전장치로 기능할 수 있다.

(4) 재직요건

가. 원칙

주식연계보상은 가득시점까지 재직할 것을 조건으로 하는 것이 통상적이다. 주식연계보상의 목적에는 일반적으로 회사의 중장기적 가치 상승에 대한 인센티브를 부여 목적과 유능한 인재의 유지

(retention) 목적이 있기 때문이다. 따라서 일반적으로 주식연계보상 부여계약에, 가득 전 퇴직하는 경우에는 그 시점까지 가득되지 않은 주식연계보상은 소멸된다고 정하게 된다.

나. 예외

다만, 정당한 사유로 인한 퇴직 등과 같이 퇴직 시점에 미가득된 주식연계보상을 소멸시키는 것이 부당한 상황도 상정할 수 있다. 그러한 예외사유 및 그에 해당하는 경우의 처리방안에 대해 어떻게 규정하는 것이 합리적인지 이하에서 검토한다.

1) 예외 해당 사유

부여대상자의 사망, 부여대상자의 귀책사유 없는 회사의 일방적 해고 등이 대표적인 예외사유, 즉 정당한 사유로 인한 퇴직에 해당한다. 회사가 흡수합병되는 등 기업구조개편으로 인한 해고 역시 부여대상자의 귀책사유 없는 회사의 일방적 해고의 일종으로 볼 수 있다(이에 대해서는 아래 (9)항 참조).

앞서 살펴본 해외 주요국의 기업들도 유사한 예외사유를 규정하고 있다. 미국의 경우 정당한 사유 없이 해고가 이루어지거나 부여대상자의 사망 등 일정한 경우 조기 가득되도록 하는 조항(accelerated vest provision)을 두는 경우가 많다(구체적인 내용은 제3장 제1절 3. (2)). 영국도 퇴직 사유에 따라 정당한 사유가 있는 퇴직자(good leaver)와 정당한 사유가 없는 퇴직자(bad leaver)를 구분하고, 사망, 장애, 건강이상, 경영권 변동 등 정당한 사유가 있는 경우에는 미가득된 주식연계보상이 소멸되지 않도록 하고 있다(구체적인 내용은 제3장 제2절 3.(2)다.). 일본 경제산업성의 모델 주식보수규정도 정당한 사유로 퇴임한 경우(가령 임기 만료로 퇴임한 경우)에는 미가

득된 주식연계보상이 소멸되지 않도록 하고 있다(구체적인 내용은 제3장 제4절 3.(2)다).717

2) 처리 방안

위 예외사유에 해당할 경우, 퇴임 시점에 미가득된 주식연계보상이 자동 소멸되지 않도록 규정하게 되는데, 구체적으로 이를 어떻게 처리할 것인지가 문제된다. 아래에서 주식연계보상의 유형별로 검토한다.

(가) 기간조건부 사후교부 제한주식

가득기간 만료 전에 퇴사하더라도 정당한 사유가 있는 경우의 처리방안으로는, (A) 퇴직 시점에 주식을 지급하되, 그 수량은 약정 주식 수를 가득기간에 대한 재직기간의 비율에 따라 조정하여 지급하는 방안, (B) 퇴직 시점에 주식을 지급하되, 약정 주식 수 전부를 지급하는 방안, (C) 가득기간 만료 시점에 주식을 지급하되, 그 수량은 약정 주식 수를 가득기간에 대한 재직기간의 비율에 따라 조정하여 지급하는 방안, (D) 가득기간 만료 시점에 주식을 지급하되, 약정 주식 수 전부를 지급하는 방안을 생각해 볼 수 있다(아래 표 참조).

지급 시기 \ 주식 수	약정주식 수 × (재직기간/가득기간)	약정 주식 수 전부
퇴직 시점	(A)	(B)
가득기간 만료 시점	(C)	(D)

해외 사례들 중에는 사망으로 인한 경우 위 B의 방안으로, 사망 외의 경우는 위 A의 방안으로 규정하는 사례들이 다수 발견된다(제3

---

717 経済産業省(2023), 148면

장 제1절 3.(2)다., 제4절 3.(2)다. 참조). 중도 퇴직의 경우, 가득시점까지 지급을 유예할 필요는 없으므로 위 (C) 및 (D) 방안은 고려 대상에서 제외한다.

이 때 약정 주식 수를 전부 부여하는 것이 타당한지, 기간에 비례하여 축소 지급하는 것이 타당한지는, 구체적인 사안에 따라, 해당 주식연계보상의 부여 취지 내지 목적에 따라 달라질 수 있다. 즉, 부여 시점을 기준으로 장래 업무 수행에 있어서 회사와 주주를 위하여 일할 인센티브를 부여하기 위한 목적에 부여한 경우라면, 중도 퇴직할 경우 약정 주식 수 전량을 부여하는 것은 부당하고, 일한 기간만큼 보상을 한다는 측면에서 (A) 방안이 타당하다. 그런데 국내 사례들 중에는 과거 성과에 대한 성과급의 이연지급 개념으로 사후교부 제한주식을 교부하는 경우도 있다. 이러한 경우라면 중도 퇴직하더라도 약정 주식 수 전부를 부여하는 (B) 방안이 타당할 수 있다.

(나) 성과조건부 사후교부 제한주식

성과조건부 사후교부 제한주식의 경우, 성과목표 달성 여부 및 그 정도에 따라 주식 부여 여부 및 수량이 달라진다. 따라서 기간조건부 사후교부 제한주식처럼 단순하게 약정 주식 수 전부를 부여하거나 경과한 기간에 비례하여 부여하는 것은 그 부여 취지에 맞지 않으며, 재직기간 중의 성과를 어떻게 반영할 것인지에 대한 추가적인 평가 및 고려가 필요하다.

또한 성과달성에 따른 가득구조를 이분형(All-or-Nothing)으로 설계하는 경우와 누적형(Accumulated)으로 설계하는 경우가 있고, 누적형의 경우도 성과 달성 수준에 따라 주식 수가 선형으로(linear) 또는 단계적으로(stepwise) 증가하도록 정할 수도 있기 때문에 중도 퇴직 시 부여할 수량을 미리 일률적으로 정하기는 쉽지 않다.

따라서 일률적인 방안을 제시하기는 어려우나, 이론적으로 몇 가지 방식을 생각해 볼 수 있다. 즉, (A) 퇴직 시점을 기준으로 성과지표 달성 여부를 평가하여, 그 성과지표가 달성되었다면 퇴직 시점에 바로 주식을 지급하고 성과지표가 달성되지 않았다면 지급하지 않는 방안, (C) 퇴직 시점을 기준으로 성과지표 달성 여부를 평가하되, 그 성과지표가 달성되었다 하더라도 해당 주식의 지급은 기존 가득기간 만료 시점까지 유예하는 방안, (D) 기존 가득기간 만료 시점에 성과지표 달성 여부를 평가하고, 그 성과지표가 달성된 경우 가득기간 만료 시점에 주식을 지급하는 방안이다(아래 표 참조).718

지급 시기 \ 성과 평가	퇴직 시점 기준	가득기간 만료 시점
퇴직 시점	(A)	(B)
가득기간 만료 시점	(C)	(D)

성과 평가를 퇴직 시점에 하면서, 주식의 지급만을 유예할 특별한 이유는 없어 보이므로, (C) 방안은 고려 대상에서 제외한다.

퇴직 시점 기준으로 성과조건 충족 여부를 판단하는 (A) 방식도 경우에 따라 고려 가능할 것이다. 가령 3년의 가득기간 중 1년을 채우고 퇴직하는 경우, 퇴직 시점의 성과지표를 기준으로 주식지급 수량을 결정하여 지급하는 것이다. 다만, 통상적으로 경영자의 성과가 단기간 내에 곧바로 나타나기는 어렵기 때문에, 이러한 방식으로는 경영자가 1년 간 실제 기여한 것에 대해 제대로 인정받기 어려운 측면이 있다. 한편, 이 경우 주식 수의 산정 방식에 대해서도 추가적인 고려가 필요하다. 약정 주식 수를 가득기간에 대한 재직기간의 비율에 따라 조정하여 지급해야 한다는 주장도 생각해 볼 수 있으나, 만약 3년 내에 달성하기로 한 목표를 1년 내에 이미 달성하였다면 약

---

718 (B) 가득기간 만료 시점에 성과 평가를 하되 지급을 퇴직 시점에 하는 방안은 이론상 성립할 수 없으므로 설명에서 제외한다.

정 주식 수를 모두 지급해야 할 것이다.

앞서 살펴본 영국의 "wait and see" 방식은 위 (D) 방식에 해당한다 (제3장 제2절 3.(2)다. 참조). 가령 3년의 가득기간 중 1년을 채우고 퇴직한 경우, 3년 뒤에 성과조건 달성 여부를 평가하는 방식이다. 위 (A)의 단점, 즉 통상적으로 경영자의 성과가 단기간 내에 나타나기는 어렵다는 점을 보완할 수 있는 방안으로, 경영자가 재직하는 동안 기여한 업적이 3년 뒤 회사의 성과로 나타날 수 있다는 점을 고려한 방안이다. 다만, 이 경우 해당 경영자의 퇴직 이후 후임자의 영향으로 3년 뒤 성과지표 달성 여부가 달라질 수 있다는 점에서 이 방안도 완벽하다고 보기는 어렵다. 영국의 wait and see 방식은 성과지표 달성 여부를 판단한 다음, 부여 수량을 결정함에 있어서, 약정 주식 수를 가득기간에 대한 재직기간의 비율에 따라 조정함으로써 이 점을 보완하고 있는 것으로 보인다. 즉, 3년 뒤에 나타난 성과의 전부가 해당 퇴직 경영자의 성과라고 보기는 어려우므로 1/3에 해당하는 수량만 지급하는 것으로 이해할 수 있다. 다만, 퇴직한 경영자의 업적에도 불구하고 후임자의 경영실패로 3년 뒤 성과지표가 달성되지 못할 경우 퇴직한 경영자의 성과가 제대로 인정받지 못하는 측면이 여전히 존재한다.

이와 같이 사전에 정해둔 성과기간이 만료되기 전 예기치 못한 사정의 발생으로 퇴직하는 상황이 발생하는 경우, 재임기간 동안의 성과를 완전하게 평가하여 반영할 수 있는 일률적인 방식을 사전에 정해 두는 것에는 본질적인 한계가 있다. 이에, 부여계약 체결 시점에 해당 기업의 성과목표의 특성 및 보상정책의 취지를 고려할 때 위 (A) 방안 또는 (D) 방안 중 어느 방안이 보다 적절한지를 정해 두되, 실제 퇴임 시점에 독립적인 보상위원회나 외부 위원회가 평가를 통해 구체적인 수량을 결정할 수 있도록 하는 절차적 장치를 함께 마련해 두는 것이 현실적인 대안일 것이다.

(5) 정산 수단

정산 수단의 측면에서, 중도 퇴직하는 경우 회사의 선택에 따라 주식 대신 현금으로 부여할 수 있도록 정해두는 것이 바람직하다. 퇴직한 경영진은 더 이상 주식 보유를 통한 회사와의 인센티브 정렬에 대한 필요가 없기 때문에, 반드시 주식을 정산할 필요는 없다. 오히려 주주 구성이나 이후의 기업지배구조 변동 상황에 따라, 회사 또는 후임 경영진 입장에서 전임 경영진이 회사의 주주로 남아 있는 것이 바람직하지 않다고 판단될 수 있다. 다만, 이와 반대로 회사 입장에서 즉각적인 현금 유출보다 보유 중인 자기주식을 활용하는 것이 재무적으로 유리하다고 판단되는 상황도 존재할 수 있다.

따라서 이러한 점을 종합적으로 고려하여, 주식연계보상 부여계약에는 회사의 재량에 따라 주식 또는 그에 상응하는 가치의 현금으로 정산할 수 있도록 규정해 두는 것이 바람직하다.

(6) 양도제한

가. 양도제한 약정의 실효성 확보 방안

경영진에게 주식연계보상을 부여하더라도, 경영진이 가득 이후 해당주식을 즉시 매각해 버리면, 그 시점 이후에는 주주와의 이해관계 정렬이 유지되지 않는 문제가 발생할 수 있다. 이에 따라 경영진의 부와 전체 주주의 부를 장기적으로 연계시키는 방편으로, 가득 이후에도 일정 기간 동안 해당 주식의 양도를 제한하는 방식이 활용된다. 이를 위해서는 주식연계보상 부여계약에 양도제한 약정을 추가하여야 하는데, 현행 법제 하에서는 회사와 체결한 양도제한 약정의 유효성이 문제될 수 있다(제4장 제2절 4.(2)가. 참조). 따라서 부여계약에 양도제한 약정 위반시 상당한 금액의 위약벌을 규정하는 등

간접적으로라도 그 실효성을 확보할 수 있는 조항을 추가할 필요가 있다.

한편, 자기주식에 질권을 설정하는 방식도 고려할 수 있는데, 이 경우 자기주식 질취 한도의 제한이 있음에 유의하여야 한다.[719] (이와 관련한 입법적 개선방안에 대해서는 제4절 6. 참조)

나. 양도제한 기간

양도제한 기간은 각 기업의 사업 주기나 해당 경영자의 임기, 퇴직 시기 등을 고려하여 결정하여야 한다. 이와 관련하여, 제2장 제2절 3.(3)에서 검토한 바와 같이, 미국에서는 경영진의 퇴직시까지 매각을 제한하는 방안이 제시되기도 하였고, 그 경우 퇴직 시점이 가까워질수록 경영진이 이익조정을 하는 등 기회주의적인 행동을 할 우려가 있으므로 퇴직 이후 최소 2년 내지 4년 동안 주식을 매각할 수 없도록 해야 한다는 주장도 있었다.[720] 한편, 주식 양도와 퇴직을 결부시키면 유능한 경영진이 조기에 퇴직하는 것을 유도할 수도 있으므로, 장기 보유를 원칙으로 하되 일정 기간 이후 단계적으로 일부씩 매각 가능하도록 하는 방안도 제안되었다.[721] 영국 기업지배구조 모범규준은 장기적인 주주 이익과 일치하도록, 장기적인 주식 보유를 촉진해야 한다는 원칙하에 일반적으로 이러한 목적에서 부여되는 주식 보상은 단계적으로 매각할 수 있도록 하여야 하고, 가득기간 및 보유기간을 합하여 총 5년 이상이어야 한다고 규정하고 있다.[722]

생각건대 최고경영자의 경우 대체로 부여되는 주식의 규모가 상

---

[719] 회사는 발행주식총수의 20분의 1을 초과하여 자기주식을 질권의 목적으로 받지 못한다(상법 제341조의3).
[720] Bhagat/Romano(2009), 362면
[721] Bebchuk/Fried(2010), 1919, 1926-1927면
[722] UK Corporate Governance Code Section 5 Provisions 36

당한 점, 그리고 매각 시점에 이익조정, 정보공개 조정 등 기회주의적인 행동을 억제할 필요가 있는 점을 고려하면, 단계적으로 매각하도록 하고(가령 1년이 지날 때마다 일정 비율씩), 재직 기간 중에는 그 매각시점을 자의적으로 결정하지 못하도록 할 필요가 있다. 단, 주식형 보상 지급시 부여대상자의 납세의무를 고려하여 적어도 세금 납부를 위하여 필요한 재원 마련을 위한 한도 내에서는 처분을 허용할 필요가 있다(세무상 쟁점에 대해서는 제6절 참조). 또는 미리 이를 감안하여 일부를 현금과 혼합하여 교부하는 방안도 대안이 될 수 있다.

(7) 주식보유의무

유럽에서는 일정 수준 이상의 회사 주식을 보유하도록 요구하는 주식보유가이드라인이 널리 도입되어 있고, 미국의 상장회사들 중에도 이러한 주식보유가이드라인을 도입하는 회사들이 늘어나고 있다(제3장의 각 나라별 사례 참조). 이는 주식의 양도제한 조건 부여와 마찬가지로, 경영진으로 하여금 회사의 주식의 상당 부분을 장기간 보유하도록 함으로써 경영진과 주주 간 이해관계의 일치를 도모하려는 데 목적이 있다.

해외 사례를 보면, 일반적으로 경영진에게 기본급의 일정 배수에 해당하는 규모의 주식을 보유할 의무를 부과하고 있으며, 그 보유기간은 임기 만료 시까지로 정하거나, 임기 만료 이후 일정기간까지로 정하고 있다. 임기 만료 후에는 경과 기간에 비례하여 보유 의무 비율을 점진적으로 완화하는 방식도 활용되고 있다.[723] 우리나라의 경우도, 특히 경영자의 지분율이 낮은 기업들의 경우 주식연계보상

---

[723] 제3장 제1절 5.항, 제2절 5.항의 각 사례들 참조

제도의 도입과 더불어 주식보유의무를 부과하는 것이 주주와 경영자의 이해관계를 일치시키는 데에 도움이 될 수 있다.

(8) 조정 및 환수

가. 개념

조정(malus)이란, 주식연계보상 부여 이후 가득 전까지의 기간 동안 일정한 사유(성과가 부진하거나 위법행위가 발생하는 등) 발생시 아직 가득되지 않은 수량 등을 하향 조정하는 것을 의미하고, 환수(clawback)란 주식연계보상이 가득되어 이미 수령한 주식을 일정 사유 발생시 회사가 회수하는 것을 의미한다.

나. 조정 또는 환수 사유

미국은 도드-프랭크법에 따라 상장회사들이 재무정보 보고에 중대한 오류가 있어 사후적으로 이를 수정하는 경우, 경영진이 수정 전 3년의 기간 동안 잘못된 재무제표에 따라 지급받은 성과보수를 반환하도록 의무화하고 있고(제3장 제1절 4.(2)다. 참조),[724] 영국은 기업지배구조 모범규준을 통해 이사의 보수와 관련된 계약에 조정 및 환수 조항을 포함하도록 하고 있다(제3장 제2절 4.(2)다. 참조). 또한 영미권에서는 의결권 자문사의 가이드라인이나 투자협회 등의 요구사항에 따라 조정 및 환수사유를 법적으로 의무화된 범위보다 더 넓게 규정하는 회사들도 늘어나고 있다. 가령, 경업금지, 유인금지, 비밀유지의무 등 회사에 대한 의무 위반시 부여하였던 주식보상의 일부 내지 전부를 취소할 수 있도록 규정하기도 한다. 일본의 경제산업성의 모델 주식교부규정과 모델 주식부여계약은 부대상자가

---

[724] 도드-프랭크법 제954조, 17 C.F.R. § 240.10D-1

금고 이상의 형을 받거나, 법령, 회사 내부규정 또는 부여계약을 중요한 점에서 위반한 경우 등을 가득 전 권리상실사유와 가득 후 환수사유로 규정하고 있다(구체적인 사유는 제3장 제4절 3.(2)마. 참조).725

조정 및 환수를 법적 의무로 강제하는 것에 대해서는 신중한 접근이 필요하다고 본다. 그러나 각 기업들은 주식연계보상 부여계획이나 부여계약을 체결할 때, 주식연계보상 제도의 도입 취지 및 경영진에게 요구되는 역할 등을 고려하여 적절한 조정 및 환수 사유에 대해서도 검토하고 이를 해당 계약에 명시하여 두는 것이 바람직할 것이다. 예를 들면, 성과조건부 사후교부 제한주식과 같이 성과지표와 연계하여 주식을 부여하는 경우, 그 성과 산정 근거가 된 정보에 오류가 있거나 경영실패가 사후적으로 밝혀진 경우에는 사후적인 조정이나 환수가 가능하도록 계약상 근거를 둘 필요가 있을 것이다. 성과조건부인지 여부를 불문하고, 법령이나 회사와의 계약의 중대한 위반과 같은 사유는 조정 및 환수사유로 정할 수 있을 것이다.

다. 유형별 검토

주식보상 부여계약에 조정 내지 환수 조항을 둘 경우 그 실효성을 확보하는 것이 중요하다.726 사전교부 제한주식의 경우, 경영진에게 이미 교부한 자기주식을 회사가 환수하는 것이 가능한지 의문이 제기될 수 있으나, 해석상 자기주식의 무상취득은 가능하다고 보아야 할 것이다(관련 내용은 제4장 제2절 2.(2)다., 입법적으로 명확히 하는 것이 바람직하다는 점에 대해서는 제4절 7. 참조).

---

725 経済産業省(2023), 132-133면
726 국내 선행연구로는 비금융 상장회사에도 의무적 환수제도를 도입할 것인지에 대한 논의가 있는데(김희철(2015c), 임정하(2016), 정우영(2018), 권종호(2023)) 본 항에서는 현재의 법제를 전제로 조정 및 환수조항을 도입할 때 고려해야 하는 쟁점에 대해 검토한다.

사후교부 제한주식의 경우, 가득 전과 후를 구분하여 보면, 가득 조건이 달성되기 전에는 해당 경영진에게 주식이 교부된 상태가 아니다. 이 때는 일정한 사유 발생시에는 부여하였던 주식연계보상의 전부 또는 일부를 취소할 수 있도록 하는 조정 조항이 적용될 것이다.727 가득조건이 달성되어 주식이 교부되고 난 이후에는 위 사전교부 제한주식의 경우와 동일하다.

(9) 구조개편시 처리

사후교부 제한주식의 경우, 자본변동이나 합병, 분할 등 구조개편이 이루어지는 경우 미가득된 사후교부 제한주식을 어떻게 처리해야 할 지가 문제된다. 따라서 그러한 경우의 처리 방안 내지 기준과 그 절차에 대하여 주식연계보상 부여계약에 규정해 둘 필요가 있다.

가. 주식의 분할·병합, 무상 증자·감자

사후교부 제한주식 부여 후 가득 전에 주식분할, 주식병합, 자본감소, 무상증자 등의 사유가 발생하는 경우, 그 비율을 반영하여 가득 후 교부할 주식의 수를 조정할 필요가 있다. 즉, 주식분할의 경우는 교부할 주식의 수가 분할비율에 따라 증가하고, 주식병합의 경우는 교부할 주식의 수가 병합비율에 따라 감소하도록 정하여야 할 것이다. 자본감소나 무상증자의 경우 역시 당해 사유 발생 전에 가득되었더라면 취득할 수 있었던 주식 수를 기준으로 가득 후 교부할

---

727 절차상으로는, 현재의 실무가 주주총회에서 전체 이사 보수의 총액, 한도 등에 대한 승인을 받고 구체적인 주식연계보상의 조건은 이사회에서 결정하고 있는 상황에서 위와 같은 조항을 둔다면, 부여계약 체결 당시 이러한 조항을 주요 조건으로 포함하여 이사회 승인을 받고, 사유 해당 여부에 대한 판단 및 실행 시에도 이사회 승인을 받을 필요가 있을 것이다.

주식의 수를 조정한다고 규정할 수 있다.

나. 회사의 합병·분할, 포괄적 주식교환·주식이전

사후교부 제한주식 부여 후 가득 전에 회사의 합병, 분할, 포괄적 주식교환·주식이전이 이루어지는 경우의 처리방안에 대해서도 주식부여계약에 규정할 필요가 있다.

1) 해외 사례

회사마다 일부 차이는 있으나, 앞서 살펴본 해외 주요국의 회사들은 기업구조개편과 관련한 주식연계보상의 처리방안과 관련하여 다음과 같이 정하고 있다.

미국의 경우, 합병 등의 경우 합병 전후로 주식연계보상의 경제적 가치가 유지되도록 조정하여야 한다는 기본적인 원칙을 정해두고, 구체적인 조정에 관한 사항은 보수위원회에 위임하는 경우가 많다. 구체적인 예를 들면, 회사의 합병으로 주주들이 존속회사의 주식을 대가로 받는 경우, 보수위원회가 주식연계보상을 적절히 조정(appropriately adjust)하여 해당 주식연계보상의 대상이 되는 주식에 대해서도 그것이 가득되었더라면 합병으로 받았을 주식이 부여된다고 규정하고, 회사가 관여된 합병 또는 유사한 거래에서 회사의 주주들이 존속회사의 주식 외에 다른 증권 또는 다른 자산(현금 포함)을 수령하는 경우, 주식연계보상의 대상이 되는 주식이 가득되었더라면 해당 거래에서 부여되었을 증권, 자산 등을 보수위원회가 결정하는 바에 따라 공평하게 조정(equitable adjustment)하여 제공할 수 있다고 정하는 방식이다(제3장 제1절 3.(2)사. 참조).

영국도 미국과 유사하게 규정하는 경우가 많다. 즉, 합병, 분할 등 주식연계보상의 가치에 영향을 미치는 사건이 발생하는 경우 보수위원회는 공정하고 합리적으로 행동하여(acting fairly and reasonably) 가득 여부, 가득 범위, 가득되는 비율 등을 결정하도록 하고 있다(제3장 제2절 3.(2)사. 참조).

일본의 표준모델계약은 당해 회사가 소멸회사가 되는 합병, 분할, 완전자회사가 되는 주식교환·주식이전시 그 효력발생일을 기준으로 잔여 가득기간에 비례하여 단위(unit) 수를 산정한 후 그에 상응하는 금전을 교부하도록 하고 있다(제3장 제4절 3.(2)바. 참조).[728]

2) 처리방안

회사가 다른 회사에 흡수합병되거나, 인적분할을 하는 경우, 또는 포괄적 주식교환·이전으로 완전자회사가 되는 경우, 기존에 부여하였으나 가득되지 않은 사후교부 제한주식의 처리방안으로는, 아래와 같이 세 가지 방안을 생각해 볼 수 있다. 이하에서 각 방안을 검토한다.

(가) 기존 조건의 실질적 유지, 대상주식 및 수량 조정

합병, 분할, 포괄적 주식교환·이전이 있더라도 기존 부여계약상의 조건을 유지하는 것을 원칙으로 하되 기업의 구조변경에 따라 부여 대상주식 및 그 수량을 조정하는 방안을 생각해 볼 수 있다. 구체적으로, ①회사가 소멸회사가 되는 흡수합병의 경우, 사후교부 제한주식 교부계약상의 회사의 의무를 존속회사가 승계하고, 향후 주식을 부여받을 수 있는 권리인 단위(unit)도 존속회사의 주식을 받을 수 있는 권리로 변경하며, 합병비율에 따라 부여되는 주식 수를 조정하는 방안, ② 인적분할의 경우, 주주들에게 분할 신설회사의 주식이 부여되는 것과 마찬가지로 향후 주식을 부여받을 수 있는 권리인 단위

---

[728] 経済産業省(2023), 151-152

(unit)도 분할 신설회사의 주식을 받을 수 있는 권리로 조정하는 방안, ③ 부여회사가 완전자회사가 되는 포괄적 주식교환·이전의 경우, 교환·이전비율에 따라 완전모회사가 되는 회사의 주식을 받을 수 있는 권리로 조정하는 방안이다.

이 방안은 부여대상자에게 부여한 가치가 유지되도록 한다는 점에서 공정하고 합리적인 측면이 있다. 특히, 경영진이 아닌 임직원에게 부여된 기간조건부 사후교부 제한주식의 경우에는 이와 같은 방식을 적용하는 것이 타당할 수 있다. 그러나 경영진에 대한 보상으로 활용되는 경우, 그리고 성과조건부 사후교부 제한주식인 경우에는, 일률적으로 이러한 방식으로 처리하도록 할 경우 그 부여 취지에 맞지 않는 상황이 발생할 수 있다.

먼저 경영진에 대한 사후교부 제한주식의 경우를 살펴 본다. ① 실무상 흡수합병되는 회사의 경영진은 합병시 퇴임하는 경우가 많다. 이러한 경우는 정당한 사유로 인한 중도 퇴임으로 볼 수 있고, 결국 위 ⑷나.2)항에 따라 처리되어야 할 것이다. 계열회사간 흡수합병이라면, 소멸회사 경영진이 퇴임하지는 않을 수 있으나 경영진이 아닌 임원 등으로 직위나 역할이 변경되는 등 기존의 직위나 역할이 변경되는 경우가 대부분이다. 경영진에 대한 주식연계보상은 부여 당시 회사의 사업목표, 해당 경영자의 직위 및 역할을 고려하여 조건을 설정한 것인데, 그에 대한 근본적 변경이 발생한다면, 기존 부여계약상의 조건을 유지하며 합병비율에 따라 주식 수만 조정하는 것은 더 이상 회사 및 주주의 이익에 적합한 인센티브 수단이라고 보기 어려울 것이다. ② 인적분할의 경우, 분할 신설회사의 경영진이 그대로 유지되는 것이 아닌 한, 분할 전 회사 경영진에게 분할 신설회사 회사의 주식을 부여하는 것은 합목적적이지 않을 것이다.[729] ③

---
[729] 그 경우 분할되는 회사의 주식연계보상은 그대로 두고, 분할 신설회사의 주식을 받을 수 있는 권리는 주식 대신 그에 상응하는 현금을 부여하도록

다만, 포괄적 주식교환·이전의 경우에는, 완전자회사가 되는 경영진이 유지된다면, 기존 사후교부 제한주식의 부여 대상 주식을 교환·이전 비율에 따라 완전모회사의 주식으로 부여하기로 하는 방안도 채택할 수 있다. 비상장회사인 자회사의 경영진에게 모회사인 상장회사의 주식을 보상으로 교부하는 것은 일반적으로도 널리 활용된다. 상장회사 경영진이 소속 회사의 주식을 보상으로 받기로 했다가, 그 회사가 포괄적 주식교환·이전으로 비상장회사가 되는 상황이라면, 상장회사인 완전모회사의 주식을 교부하기로 하는 것이 경영진에 대한 인센티브 관점에서 바람직하다. 그와 달리, 기존 주식연계보상 제도를 그대로 유지한다면, 가득 이후 경영진에게 완전자회사의 주식을 교부하여야 하며, 이는 완전모자회사 관계를 해소시키는 결과를 초래하므로 회사 입장에서도 바람직하지 않다. 한편, 포괄적 주식교환·이전으로 경영진이 퇴임하는 경우라면 ⑷나.2)항에 따라 처리될 것이다.

한편, 성과조건부 사후교부 제한주식의 경우, ① 회사가 합병으로 소멸하는 경우 소멸회사의 성과조건을 그대로 적용하는 것은 현실적으로 불가능하거나, 형식상 가능하다 하더라도 더 이상 적합한 성과조건이 아닌 경우가 대부분일 것이다. 즉, 합병으로 소멸회사의 기존 조직이 그대로 유지되며 존속회사의 하나의 사업부문이 되는 경우, 소멸회사의 임직원의 성과목표를 합병 이후에도 그대로 유지할 수 있는 경우도 있겠지만, 합병으로 소멸회사와 존속회사의 조직이 통합되는 경우 기존 성과지표의 적용이 불가능할 것이다. 특히 소멸회사의 경영진이었던 경우 소멸회사 전사적 차원의 성과지표가 설정되었을 것인데, 합병 이후에도 동일한 성과지표를 적용할 수 있는 경우는 드물 것이다. ② 인적분할의 경우, 분할 신설회사에 대하여

하는 대안을 생각해 볼 수 있다.

성과목표를 그대로 적용할 수 없음은 물론, 기존 분할되는 회사의 성과목표도 인적분할 이후 그대로 유지하는 것이 적절하지 않은 경우가 많을 것이다. ③ 포괄적 주식교환·이전으로 완전자회사가 되는 경우는 합병이나 분할에 비해서는 성과목표가 그대로 유지될 수 있는 경우가 많을 것으로 예상되나, 이 경우에도 구조개편으로 인해 회사 차원의 성과목표 조정이 필요한 경우가 있을 것이다.

(나) 미가득분 취소

경영진에 대한 주식연계보상의 경우 전 항에서 검토한 바와 같이 중대한 기업구조개편 이후에도 이를 유지하는 것이 적합하지 않은 경우가 많다는 점에서, 합병, 분할 또는 포괄적 주식교환·이전 시점까지 가득되지 않은 주식연계보상은 취소할 수 있도록 하거나 소멸되도록 정하는 방안도 고려해 볼 수 있다. 그러나 이 방안은 해당 부여대상자의 귀책 없이 약정한 보상이 줄어드는 것은 불합리하고, 합병, 분할 또는 포괄적 주식교환·이전이 경영상 필요한 경우임에도 불구하고 경영진이 그 결정을 꺼리게 되는 유인을 제공할 수 있다는 우려가 있다는 점에서 적절하지 않다.

물론 이러한 경우 취소되거나 소멸되는 분량에 대하여 일정한 현금 보상을 지급하는 방안도 함께 고려할 수 있을 것이다. 그러나 아직 가득되지 않은 주식연계보상의 적절한 가액을 산정하는 기준을 미리 설정하기는 어렵다는 난점이 있다.

(다) 비례적 가득

앞서 검토한 방안의 각 우려 사항을 고려할 때, 경영진에 대해 부여된 기간조건부 사후교부 제한주식은 합병 또는 분할시점을 기준으로 부여시점으로부터 경과한 기간에 비례하는 수량만큼 조기가득되도록 하고 잔여 수량은 소멸하도록 하는 방안이 대안이 될 수 있다(일본의 표준모델계약과 유사. 위 가.항 참조).

다만, 성과조건부 사후교부 제한주식의 경우는 성과에 따라 부여 수량이 달라져야 하기 때문에 조기가득 수량에 대한 판단 내지 평가가 간단하지 않다. 위 (4)나.2)의 중도퇴직 시의 처리방안에 대한 검토와 유사한 고려가 필요한데, 차이점은 합병이나 분할이라는 사건이 발생하지 않은 경우에는 "wait and see" 방식에 따라 기존 성과기간 경과시까지 기다려보고 성과목표 달성 여부를 평가하는 방안도 가능하나, 합병이나 분할과 같은 중대한 기업구조개편이 발생한 경우 그 이후에 과거에 정한 성과기간까지 기다려 성과목표 달성 여부를 평가하는 것이 불가능하거나 성과목표 자체가 더 이상 유의미하지 않게 된다는 점이다. 따라서 이 경우는 단기간에 성과를 평가하는 것에 일부 제약이 있더라도 부득이하게 합병 또는 분할 시점을 기준으로 그 때까지의 성과를 평가하여 성과달성 비율을 정할 수밖에 없을 것이다.

(라) 소결

앞서 검토한 세 가지 방안들 중에서, 합병, 분할의 경우는 (다)의 비례적 가득 방안이, 포괄적 주식교환·이전의 경우는 (가)의 기존 조건의 실질적 유지, 대상주식 및 수량 조정 방안이 상대적으로 합리적인 방안으로 생각된다. 다만 성과조건의 평가 및 조정, 부여수단(주식 또는 현금)의 결정 등 구체적인 사정에 따라 조정이 필요한 사항들이 있기 때문에, 부여계약 체결 시점에 장래의 기업구조개편에 관한 구체적인 조정 방안을 미리 정해두는 것은 쉽지 않고, 미리 정해 둘 경우 향후에 그러한 기준을 기계적으로 적용할 경우 부당한 결과가 초래되는 상황도 발생할 수 있다.

미국이나 영국 기업들이 경우, 기업구조개편시 주식연계보상의 처리 방안에 대해서는 주식연계보상계획이나 주식연계보상 부여계약에 기업개편이전과 동등한 가치가 부여되도록 하여야 한다는 취지의 기본적인 원칙을 규정해 두고, 구체적인 처리방안은 보수위원회가 적절히, 공정하고 합리적으로 정하도록 상당한 재량을 부여하고 있다(구체적인 내용은 제3장 제1절 3.(2)사., 제2절 3.(2)사. 참조).

　중대한 기업구조개편이 발생한 경우, 경영진에 대한 주식연계보상을 어떻게 처리하는 것이 바람직한지는 상대회사의 규모, 변경되는 사업 목표, 변경되는 부여대상자의 지위, 역할 등에 따라 달라지기 때문에 주식연계보상 부여 시점에 구체적인 방안을 확정해 두기보다는, 위 미국이나 영국의 사례들처럼 기본 원칙을 정해 두되, 독립성과 객관성을 인정할 수 있는 기관에 그 당시의 구체적 사정을 고려하여 공정하고 합리적인 방안을 정하도록 재량권을 부여해 두는 것이 합리적인 대안으로 생각된다.

2. 기업지배구조 모범규준의 개선

(1) 접근방식: 연성규범을 통한 접근[730]

가. 경성규범과 연성규범

　이사들이 자신의 보수 결정에 영향을 미칠 경우 회사 및 전체 주주의 이해관계와 다르게 사적이익을 추구할 유인이 있기 때문에, 이사의 보수에 대한 일정 수준의 규제 개입이 필요하다. 그 규제 방식은 법률과 같은 경성규범(hard law)을 활용할 수도 있고, 기업지배구

---

[730] 연성규범이 가지는 사실상의 구속력을 고려할 때 입법적 조치와 유사한 것으로 분류하는 관점도 있을 수 있지만, 입법절차를 거치지 않고 법적 구속력을 가지지 않으며 기업의 자율성을 존중하는 방식이라는 점에서 입법적 개선방안과 별도로 분류한다.

조 모범규준 같은 연성규범(soft law)을 활용할 수도 있다.

경성규범이란 국가나 국가에 의하여 입법권한이 위임된 기관에 의하여 정식으로 제정 및 공포 절차를 밟은 법률이나 법규명령 기타 규범을 의미하며 일반적으로 법적 구속력을 가진다.[731]

연성규범의 개념에 관하여 명확한 정의는 존재하지 않지만, 자주 인용되는 정의는 "정당한 입법권한에 근거하여 제정된 규범이 아니며, 원칙적으로 법적 구속력은 가지지 않지만, 당사자의 행동 및 실천에 커다란 영향을 미치는 규범" 또는 "사적 기관이 선언한 기준(standards), 원칙(principles), 또는 규정(rules)의 집합체로서, 일종의 구속력이 있지만 그 구속력이 국가의 제재로 뒷받침되는 것이 아닌 것"이다.[732]

나. 경영진 보수에 관한 규제수단으로서의 연성규범

경영진 보수의 결정 절차와 공시에 관해서는, 제2절에서 살펴본 바와 같이 입법적 개선, 즉 경성규범을 통한 규제가 필요하다. 반면, 경영진의 보수의 내용적 측면은 기업의 특성과 상황에 따라 고도의 경영판단이 필요한 사안이므로, 연성규범을 통하여 시장의 자율적 규율이 작동하도록 유도하는 것이 보다 적절하다.

앞서 살펴본 해외의 주요 국가들도 경영진 보수 규제는 절차 및 공시 강화 측면으로 접근하고 있고, 보수의 구성이나 내용에 대한 직접적인 규제는 최소화하고 있다. 미국, 영국, 일본 등에서는 실제로 경영진 보수에서 주식연계보상이 차지하는 비중이 상당히 높은데(제3장 제1절 1.항, 제2절 1.항, 제4절 1.항), 이는 자율규제나 기업지배구조 모범규준과 같은 연성규범을 통해 경영진의 보수가 유인

---

[731] 최난설헌(2013), 93면
[732] 정재규(2018), 5-6면

부합적인 방향으로 개선되도록 유도한 것이 어느 정도 실효성이 있었음을 시사한다.

구체적으로, 미국은 기관투자자들의 지분율이 높아 이들의 영향력이 크다. 또한 Say-On-Pay의 도입으로, 경영진 보수에 미치는 이들의 영향력이 더욱 강화되었다(구체적인 내용은 제3장 제1절 3.(1)). 이에 따라, 기관투자자의 의견이나 의결권 자문사의 가이드라인의 영향으로, 경영진에 대한 주식연계보상의 활용 유형 및 조건이 진화해 왔다(예를 들면, 스톡옵션보다는 주식형 보상, 특히 성과조건부 주식형 보상의 활용 비중이 늘어나는 등).

영국의 경우, 기업지배구조 모범규준 및 기업지배구조보고서 공시가 일정한 역할을 한 것으로 보인다. 그와 더불어 Say-On-Pay도 도입되었기에, 기업지배구조보고서를 통해 공개되는 기업지배구조 모범규준 상의 요구사항(즉, 이사의 장기적 주식 보유를 촉진하는지, 주식 보상을 단계적으로 매각할 수 있도록 하였는지, 가득기간 및 보유기간이 총 5년 이상인지 등) 준수 여부가 더욱 중요해진 것으로 보인다(구체적인 내용은 제3장 제2절 3.(1)).

일본의 경우, 영미권과 달리 주식형 보상의 유연한 활용에 제약이 있었다. 이에 일본 정부는 다양한 유형의 주식연계보상의 활용이 용이하도록 회사법 및 세법 개정 등 관련 법제를 개선하였다. 경영진 보수의 내용에 대해서는 기업지배구조코드 및 기업지배구조보고서를 통하여 회사들로 하여금 중장기적 실적과 연동하는 보수의 비율이나 현금과 주식 보수의 비율을 적절히 설정하도록 하였다(구체적인 내용은 제3장 제4절 3.(1)).

우리나라의 경우 과거에 비해 기관투자자의 의견이 중요해지고 있기는 하지만, 지배주주가 존재하는 상장회사가 많아 여전히 미국에 비해서는 기관투자자나 의결권 자문사의 가이드라인의 영향력에 한계가 있다. 따라서 우리나라의 경우 영국이나 일본과 같이 기업지배구조 모범규준과 같은 연성규범을 통한 개선이 필요하다.

(2) 기업지배구조 모범규준의 내용 보완

우리나라에서는 1999년에 기업지배구조 모범규준이 제정되었고, 2017년부터 기업지배구조보고서 공시가 시행되었으나 경영진의 보수에 관한 사항은 충분하지 않다(제4장 제2절 2.(1) 참조). 즉, 한국거래소의 기업지배구조보고서 가이드라인에 따르면 경영진 보수의 내용과 관련하여서는 핵심원칙 4 이사회 구성의 세부원칙 7-1 '이사회는 원칙적으로 정기적으로 개최되어야 하며, 이사회의 권한과 책임, 운영절차 등을 구체적으로 규정한 이사회 운영규정을 마련하여야 한다' 하에 (i)'각 임원의 성과 평가와 연계된 보수 정책의 수립 및 공개 여부' (ii)'회사의 지속적인 성장과 중장기적 이익에 영향을 주는 이해관계자들의 이익을 고려하였는지 여부'에 대한 간략한 항목만을 두고 있다.[733]

따라서 기업지배구조 모범규준에 경영진 보수에 관하여 다음과 같은 사항을 추가할 것을 제안한다. 첫째, 회사의 지속적이고 장기적인 발전을 촉진할 수 있는 경영진 보수체계를 수립하고, 이에 따라 각 경영진의 실제 보수가 결정되어야 한다. 둘째, 경영진의 총 보수에서 성과와 연계된 보수의 비율이 적절히 설정되어야 하며, 성과와 연계된 변동보수의 상당 부분은 회사의 주식과 연계되어야 한다. 셋째, 경영진의 보수는 장기적인 주주 이익과 일치하여야 하고, 경영진의 장기적인 주식보유를 촉진하여야 한다. 이에 부합하도록 주식연계보상의 가득기간을 설정(최소 3년)하여야 하며, 주식연계보상으로 수령한 주식의 양도제한 및 매각에 관한 정책을 수립하여야 한다.

---

[733] 한국거래소(2024), 2면

넷째, 경영진의 보수와 관련된 계약 및 기타 약정에는 회사가 보상을 보류하거나 회수할 수 있는 조항이 포함되어야 한다. 추가로, 주식에 대한 양도제한 조치를 보완하거나 그 대안으로, 경영진에게 일정 수준 및 일정 기간 이상의 주식보유의무를 부과하여 장기간 회사의 주식을 보유하도록 하는 방안도 권장할만하다. 해외 주요국에서는 이미 널리 활용되고 있으나,734 우리나라는 일부 회사에서 책임경영을 강화하는 차원에서 CEO가 자율적으로 일정 금액의 회사 주식을 매입하는 사례가 있을 뿐이다.735 주식연계보상의 주된 목적이 경영진으로 하여금 일정 비율 이상 회사의 주식을 보유하도록 함으로써 이사와 전체 주주의 이익을 일치시키고자 하는 것이므로, 기업지배구조 모범규준을 통해 경영진에 대한 주식보유의무를 정하는 방안도 바람직해 보인다.

(3) 기업지배구조 모범규준의 실효성 제고

영국, 독일, 일본 및 우리나라의 기업지배구조 모범규준은 규정중심방식(rule-based approach)가 아닌 원칙중심방식(principle-based approach)을 취하고 있고, 그 집행에 있어 '원칙준수 예외설명(comply

---

734 미국의 주요 연기금과 자산운용사, 기관투자자협의회(CII)는 2020년 3월 회사들로 하여금 이사들이 이사회에서 은퇴할 때까지 주식보상의 상당 부분(80% 정도)을 보유하고 있도록 하는 정책을 발표하였다(CII, "Policies on Corporate Governance", (2020) Section 6.4c). 영국 상장회사들은 통상 주식보유 가이드라인에서 연봉(salary)의 350% 이상(중간값 기준)을 보유할 것을 요구하고 있고, 실제 CEO들은 연봉의 665%의 주식을 보유하고 있다(Deloitte 2023 Report, 6면). 또한 퇴직 후에도 일정 기간주식보유 의무를 유지하도록 요구하고 있는 회사들도 있다(Deloitte 2023 Report, 41면). 보다 구체적인 내용은 제3장의 사례들 참조.
735 "정신아 카카오 대표, 첫 주주 서한 '매년 2억원 주식 매입'", 조선비즈, (2024. 5. 17.)

or explain, CoE)' 원칙에 따라 기업지배구조 모범규준의 원칙을 준수하거나, 준수하지 않는 경우 그 이유를 설명하도록 하고 있다. 경영진 보수에 대해서는 상장회사들에 공통적으로 적용될 수 있는 일반적인 원칙을 수립할 수 있고, 특별한 사정이 없는 한 이러한 원칙을 준수하도록 하는 것이 바람직하다. 그러나 회사의 사업 특성이나 지배구조, 특수한 경영환경 등에 따라 그 원칙을 준수하는 것이 오히려 회사의 장기적인 성장과 주주이익 제고에 바람직하지 않은 경우도 있을 수 있다. 그렇기 때문에 원칙 준수를 일률적으로 강제하는 것 보다, 이유를 설명하고 원칙을 준수하지 않을 수 있도록 하는 방식이 적절하다.

다만, 이러한 방식이 실효성을 거두려면, 준수하지 않는 경우 그 이유에 대한 설명이 구체적으로 제시되어야 한다. 그렇지 않으면 회사들이 실제로는 합리적인 이유가 없는 상황에서도 쉽게 원칙을 미준수하는 경우가 발생할 수 있고 기관투자자나 소액주주 등은 이러한 예외에 대해 합리적인 평가를 할 수 없게 된다. 그러나, 현재 공시되고 있는 기업지배구조보고서의 사례들을 살펴보면, 원칙 미준수 사유에 대한 설명이 아예 기재되어 있지 않거나, 기재된 경우에도 지나치게 형식적이고 피상적인 수준에 그치고 있어, '원칙준수 예외설명' 방식의 본래 취지를 제대로 구현하지 못하고 있는 것으로 보인다.[736]

설명의 질적 개선 필요성은 다른 국가들에서도 공통적으로 제기되어 왔으며, 이에 대한 개선 노력도 이루어지고 있다. 이러한 측면에서 참고할만한 해외 사례는 아래와 같다.

영국의 경우, FRC는 원칙준수 예외설명의 질적 향상을 위한 보고서(Improving the quality of 'comply or explain' report)에서 좋은 설명

---

[736] 정재규(2018), 24-25면

에 대한 가이드를 제시하고 있다.737 FRC는 좋은 설명은 회사의 특수한 상황을 고려할 때 미준수가 정당하다는 점을 입증할 수 있어야 한다고 한다. 구체적으로, (i) 준수하지 않은 조항을 명시하고, 그와 관련하여 회사가 처한 상황을 설명하고, 준수할 수 없는 이유를 설명하여야 한다. 그리고 (ii) 회사가 취한 대안적인 접근 방안을 제시하고, 그에 대하여 설득력 있는 근거를 제시하여야 한다. (iii) 회사는 원칙을 미준수하고 다른 접근방식을 취한 것과 관련하여, 만약 다른 접근방식에 실제로 리스크가 있다면 그에 대하여 명시하여야 하며, 장래에 발생할 수도 있는 잠재적인 리스크에 대해서도 명시하여야 한다. 그런 다음 그러한 위험을 완화하기 위하여 취하였거나 취할 조치를 설명하여야 한다. (iv) 미준수에 기간 제한이 있는지, 혹은 영구적인지 여부를 명시하여야 한다. 만약 일정 기간 동안만 미준수하는 것이라면, 준수할 예정인 시기와 그 준수를 확실히 하기 위하여 취하고 있는 조치에 대하여 설명하는 것이 좋다. 만약 미준수가 무기한이라면, 회사는 이 점을 명시하고 향후 대안적인 접근 방식을 검토하거나 변경해야 할 만한 이유가 될 만한 요인이나 상황이 있는지 설명해야 한다. 마지막으로, (v) 위 항목들과 관련된 설명은 이해하기 쉽고 해석의 여지가 없는 쉬운 용어로 설명되어야 한다. 투자자와 이해관계자가 해당 조항을 준수하지 않은 이유와 대안에 수반되는 것들에 대해 충분히 이해하고 평가할 수 있도록 충분한 세부정보를 제공하여야 한다.

구체적인 사례로, 영국 Kingfisher PLC는 2020-2021년도 보고서에서, 주식연계보상의 가득이 단계적으로 이루어져야 한다는 영국 기업지배구조 모범규준 제36조를 준수하지 않고, 일시에 가득되도록 하고 있다는 점을 밝히면서, 이는 2019년 주주총회에서 투표한 주주

---

737 FRC, "Impoving the quality of 'comply or explain' report", (February 2021), 6-7면

의 97%가 승인한 이사보수정책에 따른 것이라는 점, 이사보수정책 검토 과정에서 주요 주주들과 신중한 고려와 협의를 거친 결과, 당시 회사의 5개년 전략계획과의 연계성을 고려할 때 이러한 방식을 유지하는 것이 여전히 적절하다고 판단하였다는 점, 보수위원회는 지속적으로 보상정책을 검토하고 주요 주주들과의 협의를 진행할 것이라는 점을 설명하였다.738 다음 해 보고서에 Kingfisher PLC는 여전히 영국 기업지배구조 모범규준 제36조를 준수하지 않고 있다는 점을 밝히면서, 보수위원회가 기존 이사보수정책과 구조를 계속 검토하고 연중 내내 주요 주주들과 협의하였으며, 동 규준 제36조를 준수하는 새로운 성과주식계획이 2022년 주주총회에 제안되었다고 설명하며 새로운 성과주식계획의 내용에 대하여 설명하였다.739 그 다음 해에 Kingfisher PLC는 2022년 주주총회 승인을 받은 이사보수정책은 영국 기업지배구조 모범규준 제36조를 준수한다고 설명하였다.740

독일의 경우 DCGK의 권고사항 준수 여부 및 준수하지 않은 경우 그 이유를 공표하여야 한다(독일 주식법 제161조, 상세한 내용은 제3장 제3절 4.(1)나. 참조). 이와 관련, 독일 Bayer AG는 성과목표 또는 비교 매개변수(parameter)를 소급하여 변경하지 않도록 규정하고 있는 당시 독일 기업지배구조 모범규준 제4.2.3.조를 준수하지 않았음을 공표하면서 다음과 같이 그 이유를 설명하고 있다. 즉, 2018년 이사의 단기변동보수에 대한 성과목표는 감독이사회가 2018년 예산을 기준으로 2018년 초에 설정하였던 점, 그런데 Monsanto Company 인수의 거래종결이 임박함에 따라 회사의 원래 예산에서 상당한 편차가 발생한 점, 이는 이사의 단기변동보수와 관련된 매개변수 및 구

---

738 Kingfisher PLC, "2020/21 Annual Report and Account", 62면
739 Kingfisher PLC, "2021/22 Annual Report and Account", 59면
740 Kingfisher PLC, "2022/23 Annual Report and Account", 63면

조적 측면과 관련이 있는 점, Monsanto Company 인수가 완료된 후에도 경영진의 단기변동보수의 요소들이 적절하고 도전적인 성과 목표에 기반할 수 있도록, 단기변동보수의 성과목표 및 구조를 조정할 예정인 점, 감독이사회는 이러한 변경이 단기 변동 보수의 적절성을 보장하기 위해 필요하다고 판단하고 있다는 점을 설명하고 있다.741

제6절 세제 정비

1. 미국

(1) 소득세법상의 취급

경영자의 소득세 관점에서, 주식연계보상은 용역 수행에 대한 경상소득(ordinary income)으로서 연방 소득세의 과세 대상이 되어 일반적으로 Internal Revenue Code (이하 "Code") Section 83의 적용을 받는다.742 Code Section 83에 따라 부여대상자는 '주식연계보상이 최초로 (i) 양도 가능해지거나 (ii) 더 이상 몰수될 실질적인 위험이 없어지는 때'의 해당 주식의 공정시장가액(Fair Market Value, 이하 "FMV")

---

741 Bayer AG, "Amendment to the declaration by the Board of Management and Supervisory Board of Bayer AG concerning the German Corporate Governance Code as amended on February 7, 2017, pursuant to Section 161 of the German Stock Corporation Act (AktG)", (2017. 12.), 1-2면

742 해당되는 경우 주(state) 소득세가 추가로 부과될 수 있다. 소득세 외에도 연방 보험 기부금법(Federal Insurance Contributions Act, FICA)에 따른 세금, 연방 실업세법(Federal Unemployment Tax Act, FUTA)에 따른 세금 부과대상이 되는데, 소득세에 초점을 두어 검토한다.

(주식보상에 대해 부여대상자가 지급한 금액이 있는 경우, 공정시장가액에서 지급한 금액을 차감한 금액)을 경상소득으로 인식한다.743

이 원칙을 각 유형별로 적용하면, 스톡옵션은 행사 전까지는 양도 가능하지 않으므로, 부여시점에는 세금이 부과되지 않고, 행사 시점에 해당 주식의 공정시장가액과 행사가액의 차액에 대하여 과세된다.744 단, Code Section 422에 따른 일정한 요건을 충족하면,745 인센티브 스톡옵션(Incentive Stock Option, ISO)으로서 세금 혜택을 받을 수 있다(Code Section 422). 인센티브 스톡옵션은 이러한 요건을 충족하지 못한 스톡옵션(비적격 스톡옵션)과 달리 행사시점에 경상소득으로 과세되지 않는다.746 다만 행사시점의 FMV와 행사가액의 차액은 대체최저세(alternative minimum tax, "AMT")747로 과세대상이 된다.

SAR도 행사시점에, 현금으로 정산되는 경우 그 현금의 가액, 주식으로 정산되는 경우 주식의 FMV에 대하여 과세된다.

RSA는 일반적으로 가득(vest) 시점부터 양도 가능해지고 몰수 위험이 없어지므로, 가득일에 경상소득으로 인식하게 되며, 세금은 가득일의 해당 주식의 FMV에 대하여 부과된다.748 단, 부여대상자는

---

743 Call(2024), 899-900면
744 Edwards/Sharara(2019); Loop/Kohn (2017)
745 행사가격이 부여일 기준 FMV 이상이어야 하고, 서면 스톡옵션계획에 따라 부여되어야 하며, 일반적으로 스톡옵션계획 채택 전후 12개월 이내에 주주로부터 승인을 받아야 하며, 해당 임직원은 행사로 취득한 주식을 부여일로부터 최소 2년, 행사일로부터 1년 동안 보유하여야 하는 등
746 Edwards/Sharara(2019); Loop/Kohn (2017)
747 AMT는 미국에서 고소득 납세의무자가 각종 세금 공제, 과세 특례 등을 통해 법정세율로 기대되는 세액에 훨씬 못 미치는 세금만을 부담하는 경우들이 생기자, 기존 세제혜택은 유지하면서도 최저세 제도를 마련하여 고소득자가 최소한의 세액을 부담하도록 하기 위하여 마련된 제도이다(김갑래(2016), 32-33면).
748 만약 부여대상자가 해당 보상에 대하여 지급한 금액이 있다면, 가득일의 공정시장가액에서 부여대상자가 지급한 금액을 초과하는 금액에 대하여

Code Section 83(b)를 선택하여, 부여 시점의 FMV에 대해 과세하도록 선택할 수 있다. 회사의 주식 가치가 상승할 것으로 예상된다면, 부여대상자로서는 Code Section 83(b)를 선택하는 것이 세무상 유리하다. 가령 부여 시점의 RS의 가치가 0에 가까운 초기 단계의 스타트업의 경우 Code Section 83(b)를 선택하는 것이 명확히 유리할 것이다. 그러나 Code Section 83(b)가 불리한 경우도 있다. 즉, Code Section 83(b)를 선택할 경우 해당 임원은 그 주식을 매각할 수 없는 시점에 미리 세금을 지급해야 하고, 만약 Code Section 83(b) 선택을 한 이후에 그 보상이 몰수되더라도, 이미 납부한 세금을 공제받거나 다른 방법으로 회수할 수 없다.[749]

RSU, PSU, Phantom Stock의 경우 부여(grant) 후 가득(vest)되고, 통상적으로 가득 직후 정산(settle) 이 이루어지게 되는데, 정산(settle) 시점에, 정산되는 주식의 FMV에 대하여 과세된다.[750],[751]

이후 주식연계보상으로 부여받은 주식을 양도할 경우, 자본이득

부과될 것이나 일반적으로는 지급한 금액은 0이다(Call(2024), 899-901면).
[749] Call(2024), 900-902면
[750] Loop/Kohn (2017)
[751] 한편, Code Section 409A는 비적격 이연보상(어느 사업연도에 발생(earned) 되었으나 다른 사업연도에 지급되는 보상)의 과세에 관하여 규정하고 있다. 비적격 이연보상에 해당하는 경우 Code Section 409A를 준수하거나 면제받을 수 있도록 구성되어야 하며, 그렇지 않을 경우 가산세 등 세무상의 패널티(이연된 금액이 소득에 즉시 포함되며 이연된 금액에 대한 소득세와 더불어 20%의 가산세가 부과되고 이자에 대한 벌금이 부과될 수 있음)를 받게 된다. Code Section 409A는 "비적격 이연보상"을 포괄적으로 정의하고 있어, RSU, PSU, Phantom Stock은 Code Section 409A의 대상이 될 수 있다. 다만 대부분의 RSU, PSU, Phantom Stock은 가득된 과세연도 말로부터 2달 반 이내에 정산되는 구조인데, 이 경우 Code Section 409A의 면제 요건 중 하나인 'short-term deferral exception'의 요건을 충족시킬 수 있다. 따라서 가득 후 과세연도 말로부터 2달 반 이내에 정산이 이루어지도록 구성할 필요가 있다(Skadden Compensation Committee Handbook(2024), 79-83면).

또는 자본손식을 인식하여야 하는데, 그 금액은 원칙적으로 양도가액과 위 각 소득세 부여 시점의 FMV의 차액이다.752

(2) 법인세법상의 취급

회사의 법인세 관점에서, 일반적으로 회사는 부여대상자가 경상소득을 인식하는 시점에 그에 상응하는 금액을 손금으로 산입할 수 있다.753 다만, Code Section 162(m)는 상장회사가 일정 범위의 임원에게 지급하는 보상에서 연간 1백만 달러를 초과하여 손금 처리하는 것을 금지하고 있다. 즉, 상장회사가 CEO, CFO 및 그 다음으로 가장 높은 보상을 받는 임원 3명에게 지급한 보상의 경우, 인당 1백만 달러의 제한이 적용된다. 이와 관련하여, 2017년 12월 Tax Cuts and Jobs Act 제정 전에는 성과기반보상에 대하여는 1백만달러 제한의 예외가 적용되었으나, Tax Cuts and Jobs Act 제정으로 그 예외가 없어지게 되었다. 따라서 이제는 경영진에 대한 성과기반보상이라 하더라도 1백만 달러를 초과하는 보상에 대하여 손금처리를 할 수 없게 되었다.754 이 제한은 모든 유형의 주식연계보상에 대하여 공통적으로 적용된다.

---

752 단, 인센티브 스톡옵션의 경우 Code Section 422에 따른 보유요건 충족여부에 따라 달라진다. 보유요건 충족을 위해서는 행사로 취득한 주식을 부여일로부터 최소 2년, 행사일로부터 1년 동안 보유해야 한다. 이를 충족한 경우 매각대금과 행사대금의 차액에 대하여 자본손익을 인식하면 된다. 그러나 이를 충족하지 못한 경우 비적격 스톡옵션으로 취급되어, '행사일 FMV'에서 '행사대금'을 차감한 금액을 경상소득으로 인식하고, 매각대금과 행사대금의 차액에 대하여 자본손익을 인식하여야 한다. 단, 매각대금이 행사일 FMV보다 적은 경우, 경상소득은 '매각대금'에서 '행사대금'을 차감한 금액으로 인식한다.
753 단, 인센티브 스톡옵션의 경우 회사는 손금 산입을 할 수 없다.
754 Bachelder(2018)

2. 일본

일본의 경우, 제3장 제4절에서 살펴본 바와 같이, 2015년부터 추진된 재흥전략을 통해, 경영진이 중장기적인 기업가치 창출을 도모하도록 유도하기 위한 인센티브로서 주식 보수 및 실적 연동 보수의 활용 확대를 정책적으로 추진하였으며, 이를 촉진하기 위한 세제 개정도 병행하였다.

즉, 2016년에 미국식의 제한주식 활용을 촉진하기 위하여, 소득세법에 '특정양도제한부 주식'의 개념을 정의하고 그 교부를 받은 경우에는 양도제한이 해제된 날이 속하는 해의 소득으로서 양도제한이 해제된 날의 가액에 따라 과세하도록 소득세법에 관련 내용을 명시하였으며(소득세법 시행령 제84조 제1항, 시행규칙 19조의4), 법인세법상 일정한 요건 하에 손금산입 대상이 되도록 하였다(법인세법 제34조 제1항 제2호, 제54조 제1항, 법인세법 시행령 제111조의2 제1항).[755]

2017년에는 여러 유형의 주식연계보상에 대하여 전체적으로 정합적인 세제가 되도록 법제를 정비하였다. 이를 통해 RSU, PS, PSU도 일정 요건 하에 손금산입의 대상이 되었다.[756] 그 외 관련 과세특례 대상을 비거주자 임원이나 완전자회사 이외의 자회사 임원에게도 확대하였다. 2019년에는 기업지배구조의 진전을 바탕으로 보수위원회 등의 구성요건 등을 재검토하였고, 2020년에는 상속시 세무상 취급에 대한 제도 정비, 주식 등의 무상발행제도 창설에 따른 정비를 하였다.[757]

위와 같은 일련의 세제 개정을 통한 구체적인 소득세법 및 법인세법상의 처리 방식에 대해 아래에서 검토한다.

---

[755] 澁谷展由/阿部直彦(2017), 94면
[756] 経済産業省(2023), 41면
[757] 経済産業省(2023), 11면

(1) 소득세법상의 취급

가. 스톡옵션

스톡옵션의 경우, 세제적격 여부에 따라 일본 소득세법(이하 본 항에서 "소득세법")상 취급이 다르다.

세제적격 스톡옵션[758]의 경우, 부여 시나 행사 시 개인에게 급여소득이 과세되지 않는다. 행사 후 그 행사로 취득한 주식을 양도한 때 양도대가금액에서 행사가액을 공제한 금액이 주식의 양도소득으로서 소득세의 과세대상이 된다(일본 조세특별조치법 제29조의2).[759]

세제비적격 스톡옵션의 경우, 재임시 행사하는 경우 권리행사로 취득하는 주식의 권리행사시 시가에서 권리행사가액을 차감한 차액을 수입금액으로 하여 급여소득으로 과세된다(일본 소득세법 시행령 제84조 제2항).[760]

나. RSA

일본 소득세법은 양도제한부 주식을 정의하고, 양도제한부 주식 중 일정 요건을 충족하는 것을 특정양도제한부 주식으로 정의하고 있다. 즉, '양도제한부 주식'이란, (i) 일정 기간의 양도 제한이 설정되어 있는 주식일 것, 그리고 (ii) 법인에 의해 무상취득되는 사유가

---

[758] 세제적격 스톡옵션은, (a) 스톡옵션 결의 후 2년 간은 행사할 수 없도록 되어 있고, (b) 행사가액의 연간 합계액이 1,000만엔을 넘지 않는 범위에서 이 시점의 취득주식을 급여소득으로 과세하지 않고 비과세하고 있다. 단 (c) 취득 주식의 취득가액을 인계받아 주식 양도시까지 스톡옵션의 과세를 이연하기로 하고 있는 것으로(일본 조세특별조치법 제29조의2), 이 적격요건을 충족하지 않고 스톡옵션을 행사하여 신주를 취득한 경우에는 급여소득으로 과세된다(水野忠恒(2023), 240면).
[759] 田崎伸治 外(2018), 20면
[760] 蝦名和博(2018), 30면

정해져 있는 주식일 것761이라는 요건을 충족하는 주식을 의미하고 (일본 소득세법 시행령 제84 제2항 제2호), '특정양도제한부 주식'은 (a) 양도제한부 주식이 역무 제공의 대가로서 해당 개인에게 발생하는 채권의 급부와 교환하여 교부되는 것일 것 또는 (b) 양도제한부 주식이 실질적으로 역무 제공의 대가로 인정되는 것일 것(즉, 보수채권 상계형, 현물출자형, 무상 발행형이 모두 포함됨)762을 의미한다 (소득세법 시행령 제84조 제1항).

특정양도제한부 주식에 대한 소득세는 그 양도제한이 해제된 날의 가액이 소득세법상 수입금액763이 되고 그 양도제한이 해제된 날이 소득일이 된다(소득세법 시행령 제84조 제1항). 양도제한부 주식의 교부에 먼저 부여되는 보수채권은 과세되지 않는다.

다. RSU/PSU

일본 소득세법 제36조 제2항은 수입 금액과 관련하여, 금전 이외의 물건 또는 권리, 그 밖에 경제적인 이익의 가액은 해당 물건 또는 권리를 취득하거나 해당 이익을 향유할 때의 가액으로 하도록 규정하고 있다. RSU와 PSU는 일본 소득세법 제36조 제2조에 따라 권리확정시점이 소득일이 되고 그 시점의 주가가 수입금액이 된다. 권리확정시점은 RSU의 경우 가득기간이 만료된 날이고, PSU의 경우 정해진

---

761 특정 양도제한부 주식으로 인정받기 위하여 필요한 무상취득 사유는 (i) 임원 등의 근무상황에 따른 사유(양도제한기간 내 소정의 기간 동안 근무를 계속하지 아니할 것, 근무실적이 양호하지 아니할 것 등)와 (ii) 법인의 실적 등 지표상황에 따른 사유(실적이 미리 정한 기준에 미달하는 것 등)에 한하도록 되어 있다(일본 법인세법 시행령 제111조의2 제1항 제2호, 소득세법 시행령 제84조 제2항 제2호).
762 蝦名和博(2018), 31면; 経済産業省(2023), 59면.
763 따라서 법인의 손금산입액과 그 임원 등의 소득세의 과세대상이 되는 금액이 일치하지 않는 것이 상정된다.

실적 조건이 확정된 시점이 된다.764

(2) 법인세법상의 취급

먼저, 일본에서의 임원보수에 관한 법인세법상의 원칙에 대하여 간략히 살펴볼 필요가 있다. 일본의 경우 법인이 사용인에 대하여 지급하는 급여는 인건비로서 원칙적으로 모두 손금에 산입되나, 임원에 대하여 지급하는 급여의 경우 '법인에 의한 자의적인 소득조작'을 막는다는 관점에서 손금불산입을 원칙으로 하고, 손금산입이 인정되는 예외적인 경우를 열거하고 있다(일본 법인세법(이하 본 항에서 "법인세법") 제34조 1항).765 즉, 법인이 그 임원에 대해서 지급하는 급여는 법인세법 제34조 제1항 각 호의, ① 정기동액급여(제1호), ② 사전확정신고급여(제2호) 및 ③ 업적연동급여(제3호)의 어느 하나에 해당하는 것의 금액은 그 법인의 각 사업연도의 소득의 금액의 계산상 손금의 금액에 산입할 수 있기 때문에 주식연계보상의 경우에도 위 각 유형의 어느 하나에 포함되어야 손금에 산입될 수 있고, 이에 관련 세제 개정도 다양한 주식연계보상이 위 개념에 포섭될 수 있도록 하는 방향으로 개정되었다. 위 각 유형의 요건은 아래와 같다.766

유형	요건
①정기동액급여	1개월 이하의 일정 기간마다 같은 금액으로 지급하는 것
②사전확정신고급여	사전에 금액 또는 주식, 신주예약권의 교부 수가 확정되어 있어 소정의 시기에 지급하는 급여. 일정기간 내에 납세지의 관할 세무서장에게 확정된 급여의 신고를 할 필요가 있음. 단, 일정한 요건을 충족하는 특정 양도제한부 주식(법인세법 제54

---

764 齋藤宏一 外(2023), 51면
765 金子宏(2021), 401-403면
766 経済産業省(2023), 31면

유형	요건
	조 제1항)이나 특정 신주예약권(법인세법 제54조의2 제1항)에 대해서는 신고가 필요 없음(법인세법 제34조 제1항 제2호 가목, 법인세법 시행령 제69조 제3항).
③실적연동급여	실적에 연동하여 지급하는 급여로, 이하의 요건을 충족하는 것. 대상 회사: 내국법인(계열회사의 경우 비계열회사에 의한 완전지배관계가 있는 법인에 한함) 산정 지표: 이익 상황을 나타내는 지표, 주식의 시장 가격 상황을 나타내는 지표, 매출액 상황을 나타내는 지표를 기초로 할 것.767 산정 방법: 금전의 경우는 확정액, 주식 또는 신주 예약권의 경우는 확정 수를 한도로, 산정 지표에 근거한 객관적인 것이며, 다른 임원에 대해 지급하는 실적연동급여와 관련된 산정 방법과 같은 것일 것. 절차: 구성원의 과반수가 독립 사외이사인 보수위원회의 결정 등 일정하고 적절한 절차에 의해 결정될 것. 산정방법이 유가증권 보고서 등에 의해 개시되어 있을 것. 기타: 일정기간까지 교부 또는 교부될 전망일 것. 손금 경리를 하고 있을 것.

스톡옵션의 경우 그 구성방식에 따라 사전확정신고급여 내지 실적연동급여로서 손금에 산입될 수 있고, RSA, RSU는 위 ②의 요건을 충족할 경우 사전확정신고급여로서, PSU는 위 ③의 요건을 충족할 경우 실적연동급여로서 손금에 산입될 수 있다. 이하에서 유형별로 상세히 검토한다.

가. 스톡옵션

스톡옵션의 경우, 개인에 대해 급여 과세됨에 따라 법인세법상으로도 손금산입을 인정하도록 하고 있기 때문에 세제적격 여부에 따라 법인세법상의 취급도 달라진다. 스톡옵션을 부여하는 법인 측에

---

767 이익 상황을 나타내는 지표 및 매출액 상황을 나타내는 지표는 유가증권 보고서에 기재되는 것에 한한다. 매출액 상황을 나타내는 지표는 다른 지표와 동시에 사용할 때만 이용 가능하다.

서의 손금산입 시기는 개인의 소득 과세 시기와 같다.

세제적격 스톡옵션의 경우, 부여 시나 권리행사 시 개인에게 급여 소득이 과세되지 않기 때문에 법인세법상 손금 산입되는 비용은 발생하지 않는다(법인세법 제54조의2 제1항).[768]

세제비적격 스톡옵션의 경우, 해당 개인이 스톡옵션을 행사하면, 법인은 손금에 산입할 수 있다(법인세법 제54조의2 제1항).[769] 손금산입 시기는 해당 임원에게 급여소득이 발생할 날이 속하는 사업연도로 되어 있으므로 임원이 권리행사한 날이 포함되는 사업연도가 되고(법인세법 제54조의2 제1항), 손금에 산입되는 금액은 신주예약권 발행시의 가액(객관적 교환가치)에 상당하는 금액으로 보고 있다(법인세법 시행령 제111조의3 제3항).[770]

나. RSA

임원에게 지급하는 특정양도제한부 주식에 의한 급여의 경우 법인세법 제34조 제1항 제2호, 즉 ② 사전확정신고 급여의 요건을 충족하는 경우 손금에 산입할 수 있다. 법인이 그 임원에게 지급하는 특정양도제한부 주식에 의한 급여가 사전확정신고 급여에 해당하기 위해서는, '그 임원의 직무에 대해 소정의 시기에 확정된 수의 주식 또는 확정한 금액의 금전 채권과 관련되는 특정양도제한부 주식을 교부하는 취지의 규정'에 근거하여 특정양도제한부 주식에 의한 급여가 지급되어야 한다(법인세법 제34조 제1항 제2호). 확정된 금액의 금전채권과 관련된 특정양도제한부 주식을 교부하는 경우에는 그 임원의 직무집행 개시 당시에 그 임원의 직무집행기간(=장래의 역무

---

[768] 蝦名和博(2018), 30면
[769] 임원에게 부여되는 경우 법인세법 제34조 제1항 제2호 또는 제3호의 요건을 충족하여야 한다.
[770] 金子宏(2021), 413면

제공)과 관련된 보수채권의 금액(지급 금액)이 확정되어 소정의 시기까지 그 임원에 의한 그 보수 채권의 현물출자와 교환해 특정 양도 제한부 주식이 교부되어야 한다. 따라서 직무 집행 개시 시점에 그 보수 채권의 금액(지급액)이 확정되지 않고, 실적 상황에 따라 보수 채권의 금액이 정해지는 경우에는, 확정된 금액의 금전 채권과 관련되는 특정 양도 제한부 주식에 해당하지 않는다. 한편, 소정의 시기에 확정된 '수의 주식을 교부하는 경우에는, 그 임원의 직무 집행 개시 당초에 부여하는 특정 양도 제한부 주식의 수를 확정하여, 소정의 시기까지 그 임원의 보수 채권의 현물 출자와 교환, 또는 해당 역무의 제공의 대가로서(출자가 이루어지지 않고) 그 확정된 수의 양도 제한부 주식이 교부되어야 한다.[771]

한편, 신고가 불필요한 사전 확정 신고 급여의 요건으로서 보수 결의 및 특정양도제한부 주식의 교부에 관한 기한이 마련되어 있다. 구체적으로는, 직무의 집행 개시일(원칙적으로 정기 주주총회일)로부터 1월을 경과하는 날까지 주주총회 등(주주총회의 위임을 받은 이사회를 포함하는 것으로 해석됨)의 결의에 의해 이사 개인별의 확정액 보수 또는 확정수의 주식에 관한 규정(그 결의일로부터 1월을 경과하는 날까지, 그 직무에 대해 특정양도제한부 주식 또는 확정수의 주식을 교부하는 취지의 규정에 한함)이 마련되어, 그 규정에 따라 교부되는 것이 요건으로 되어 있다(법인세법 시행령 제69조 제3항 제1호).[772]

자회사의 임원등에게 모회사의 주식을 교부하는 요구가 있는 것을 근거로 해 그 역무 제공을 받는 법인의 관계 법인의 주식에 대해서도 손금 산입의 대상이 된다. 관계 법인이란, 그 교부 시점에, 역무의 제공을 받는 법인과의 사이에서 양도 제한 기간 중에 지배 관계

---

[771] 経済産業省(2023), 60면
[772] 経済産業省(2023), 61면

가 계속되는 것이 전망되고 있는 법인을 의미한다(법인세법 시행령 제71조의 2).773

또한, 손금산입 규정은 임원이 직무에 종사하는 법인 또는 그 관계법인이 발행하는 특정양도제한부 주식에 적용되는데 해당 주식에 시장가격이 있어야 하므로(법인세법 제34조 제1항 제2호), 손금산입이 가능한 경우는 상장회사 및 그 관계회사에서 상장주식을 교부하는 경우로 한정된다.774

특정양도제한부 주식에 의한 급여 금액의 손금산입 시기는 '임원 등에게 소득세법상 급여소득 등으로서 과세액이 발생하는 것이 확정된 날'에 그 법인이 그 임원 등으로부터 역무 제공을 받은 것으로서, 그 역무 제공에 관계되는 비용의 금액(손금 산입액)을 그 법인의 같은 날이 속하는 사업연도의 손금 금액에 산입한다(법인세법 제54조 제1항).775,776

손금 산입액은 다음과 같다(법인세법 시행령 제111조의 2 제4항).

확정된 금액의 금전보수채권과 관련된 특정양도제한부 주식을 교부하는 경우(금전보수채권과 교환하여 확정된 수의 특정양도제한부 주식을 교부하는 경우로서 신고가 불필요한 사전확정신고급여에 해당하는 것을 포함)는 "그 급여 등 과세액이 확정된 특정양도제한부 주식의 교부와 교환하여 그 임원 등에게 현물출자된 금전보수채권의 금액"이다.

특정양도제한부 주식을 무상발행하는 경우(아래 ③의 경우는 제외)에는 "그 특정양도제한부 주식이 교부되었을 때의 가격"이다.

---

773 経済産業省(2023), 60면
774 経済産業省(2023), 55면; 蝦名和博(2018), 32면
775 蝦名和博(2018), 32면
776 따라서 무상취득 사유가 없어진 후에도 양도제한이 해제되지 않는 경우, 소득세 과세시기와 법인세 손금 산입시기가 달라지게 된다(経済産業省(2023), 55면).

확정된 수의 특정양도제한부 주식을 교부하는 경우(신고가 불필요한 사전확정신고급여에 해당하는 경우를 제외)는 "당초 보수의 내용을 결의한 시점의 주가"이다.777

다. RSU

RSU가 손금에 산입되기 위해서는 보수내용의 결정에 관한 주주총회 등의 결의를 한 날 또는 임원선임결의가 있은 주주총회일 등의 직무집행 개시일 중 빠른 날부터 1월 이내에 보수 내용을 결정하여 관할 세무서에 신고를 하여야 하고, 미리 정한 소정의 시기에 미리 정한 수의 주식을 교부하여야 한다(법인세법 제34조 제1항 제2호, 법인세법 시행령 제69조 제4항).778

또, 대상이 되는 주식은 적격 주식(시장가격이 있는 주식(관계 법인이 발행하는 주식을 포함))만이 대상이 된다. 교부하는 주식으로 인센티브 효과의 계속 등의 관점에서 특정양도제한부 주식을 교부하는 것도 생각할 수 있다(즉, RSU를 부여하면서 주식 교부시 추가로 양도제한 조건을 거는 방식). 이 경우 법인의 손금산입은 급여등 과세액이 발생하기로 확정된 날까지 이연되며(법인세법 제54조제1항), 임원에 대한 과세에 대하여는 양도제한 해제시 급여소득등의 대상이 된다(소득세법시행령 제84조제1항).

그 외에 미리 결정된 소정의 시기에 미리 정한 금액의 금전을 교부하는 취지의 신고를 하고, 그 소정의 시기의 주가를 가지고 교부 주식수를 산출해 적격 주식과 단수의 금전을 교부하는 것도 가능하다(법인세법 시행령 제69조 제8항). 이 경우, 교부 수속을 실시하는데 있어서 합리적인 주식의 교부 직전의 시기의 주가를 참조해 주식수

---

777 経済産業省(2023), 62면
778 経済産業省(2023), 80면

및 단수 부분의 금전을 산출해, 적격 주식 및 금전을 교부하는 것이 인정된다.779

손금산입 시기는 임원의 보수 채무가 확정되는 날780이 속하는 사업연도가 된다. 손금 산입액은 원칙적으로 교부되는 주식수에 당초 보수 내용을 결의한 시점의 주가를 곱한 금액이 된다(법인세법 시행령 제71조의 3, 제111조의2 제4항).781

대상근무기간이 복수 연도에 이르는 RSU의 손금 산입 시기와 관련하여서는 세무에 있어서는, 각 사업연도에 있어서 채무가 확정되지 않는 비용의 금액은 손금 산입할 수 없다. 이 때문에 대상 근무기간에 속하는 각 사업 연도에 대해 역무 제공을 받을 때마다, 그 각 사업 연도에 귀속하는 부분의 주식을 교부하는 것이 확정되는 경우에는 그 귀속하는 부분에 상당하는 금액(당초 보수 내용을 결정한 시점의 주가에 교부하는 주식수를 곱해 계산한 금액을 대상 근무 기간의 각 사업 연도에 안분한 금액으로 하는 것을 생각할 수 있다)을 손금 산입할 수 있다고 보고 있다.782

라. PSU

임원에게 부여한 PSU를 실적연동급여로서 손금에 산입하고자 하는 경우 일정한 요건을 충족하여야 한다. 즉, 내국법인(관계회사의 경우 완전지배관계에 있는 것)이 그 임원에게 상장주식 등을 교부하

---

779 経済産業省(2023), 80면
780 주식 교부 신탁에서는, 통상, 임원 보수 규정에 있어서의 주식의 교부를 받을 권리를 취득하는 날(채무 확정일)과 신탁 계약에 있어서의 수익권을 취득하는 날(수익권 확정일)을 동일한 날로 하고 있다. 실무상 수익권 확정일로부터 실제로 주식을 교부받기까지는 시차가 발생하지만, 세무상 손금 산입 시기는 수익권 확정일이 속하는 사업연도가 되는 것으로 보고 있다.
781 経済産業省(2023), 81면
782 経済産業省(2023), 81면

는 경우로서 유가증권보고서에 기재된 이익, 주가, 매출액의 지표를 기초로 하여 객관적으로 산정되는 급여여야 한다. 또한 직무집행기간 개시일이 속하는 사업연도 개시로부터 3월을 경과하는 날(신고기한의 연장을 지정받은 경우에는 그 지정과 관련된 월수에 2를 더한 개월 수) 등까지 보수자문위원회의 자문 등으로 그 산정방법에 관한 결정절차를 거치게 되어 그 산정방법의 내용을 유가증권보고서로 개시하도록 되어 있다(법인세법 제34조 제1항 제3호 가(2)(3), 법인세법 시행령 제69조 제13항 내지 제18항).[783]

【실적연동 급여의 손금 산입 요건】

① 산정방법이 지표에 기초한 객관적인 것이어야 함	
② 금전의 경우는 확정액, 주식 또는 신주예약권의 경우는 확정수를 한도로 할 것	
③ 다른 업무집행임원과 동일한 산정방법을 이용할 것	
④ 산정방법을 유가증권 보고서 등에서 공시하고 있을 것	
⑤ 산정방법을 일정한 날까지 적정한 절차에 의해 결정했을 것	지명위원회 등 설치회사의 경우: 법정 보수위원회에 의한 결정으로, 이하의 요건 전부를 충족하는 것 가. 당해 보수위원회의 위원 과반수가 사외이사인 독립직무집행자("독립 사외이사")일 것 나. 업무집행임원과 관련된 특수관계가 있는 자[784]("특수관계자")가 보수위원회의 위원이 아닐 것 다. 보수위원회의 위원인 독립 사외이사 전원이 해당 결의에 찬성하고 있을 것
	감사 등 위원회 설치 회사 또는 감사회 설치 회사의 경우(아래 중 하나의 방법) · 주주총회의 결의에 의한 결정 · 보수자문위원회(임의의 보수위원회. 3명 이상의 위원으로 구성된 것에 한함)에 대한 자문을 거친 후 이사회의 결의에 의한 결정이며, 이하의 요건 전부를 충족하는 것 가. 보수자문위원회의 위원 과반수가 사외이사 또는 사외감사인 독립직무집행자(이하 총칭하여 "독립사외이사 등")일 것 나. 업무집행임원과 관련된 특수관계자가 보수자문위원회의 위원이 아닐 것

---

[783] 經濟産業省(2023), 88~90면

	다. 보수자문위원회의 위원인 독립사외이사 등 전원이 해당 결의에 찬성하고 있을 것 라. 해당 결정과 관련된 급여를 지급받는 업무집행임원이 해당 결의에 참가하지 않았을 것
⑥ 일정 기간까지 교부 또는 교부될 예정일 것	주식 또는 신주예약권에 의한 급여의 경우: 실적연동지표의 수치가 확정된 날의 다음 날부터 2개월이 경과하는 날 특정신주예약권 또는 승계신주예약권에 의한 급여로 무상취득되거나 소멸하는 신주예약권의 수가 역무제공기간 이외의 사유로 인하여 변동되는 경우: 적절한 절차의 종료일 다음 날부터 1개월이 경과하는 날(그 1개월이 경과하는 날까지 신주 예약권이 교부 또는 교부될 것이라는 점이 요건인 점에 주의(권리 행사 후 주식의 교부는 아님))
⑦ 손금 경리를 하고 있을 것(손금 경리에 의해 충당금 계정으로 편입한 금액을 무너뜨리는 방법으로 경리하고 있을 것을 포함한다)	

실적연동급여에서 대표이사 등의 재량에 따라 보수액이 달라지는 것은 자의성이 작용할 가능성을 배제할 수 없으므로, 실적 연동 급여로서 손금 산입할 수 없다.[785]

손금산입 시기는, 임원의 보수 채무가 확정되는 날이 속하는 사업연도가 된다. 손금산입액은 원칙적으로 임원의 보수 채무가 확정되는 날의 주가에 교부되는 주식 수를 곱한 금액이다.

3. 우리나라

(1) 스톡옵션

가. 소득세법상의 취급

스톡옵션의 경우 (i) 부여 시점에는 과세되지 않고, (ii) 행사시점에

---

[784] 주로 업무집행임원의 친족이나 사용인 등을 말한다.
[785] 経済産業省(2023), 95면

행사이익에 대하여 과세되며, (iii) 이후 해당 주식을 양도하게 되면 양도소득에 대하여 과세된다. 소득세법은 임직원이 해당 법인 또는 해당 법인과 특수관계에 있는 법인으로부터 부여 받은 스톡옵션을 근무기간 중 행사하여 얻은 이익은 근로소득이라고 규정하고 있다. 이 때 이익은 '행사당시의 시가와 실제 매수가액과의 차액'이다(소득세법 제20조, 소득세법 시행령 제38조 제1항 제17호). 스톡옵션을 퇴직 후 행사할 경우 그 행사이익은 기타소득이다(소득세법 제21조 제1항 제22호).

즉, 행사시점 기준으로 보면, '행사이익'은 [(행사시점의 시가[786]-행사가액)]×행사 주식 수]이고, 재직 중 행사한 경우 행사이익을 근로소득으로(소득세법 시행령 제38조 제1항 제17호), 퇴사 후 행사한 경우 기타소득으로 과세된다(소득세법 제21조 제1항 제22호). 근로소득 또는 연간 합계액이 300만원을 초과하는 기타소득은 개인의 종합소득에 합산되는데, 종합소득에 대해서는 최고 49.5%(지방세 포함)의 세율이 적용된다. 소득세 납부의무가 있는 개인은 다음 해 5월에 종합소득세를 납부해야 한다.[787]

단, 벤처기업의 경우 스톡옵션 행사를 통해 얻은 차익 중 연간 행사이익 2억원까지 비과세 적용 가능하고(조세특례제한법 제16조의2), 2억원이 넘는 행사이익에 대해서는 소득세를 5년간 분할납부할 수 있다(조세특례제한법 제16조의3). 그리고 스톡옵션 행사시 행사이익에 대하여 과세하지 않고 장래에 해당 주식을 양도하는 시점에 매도가액과 행사가격의 차액에 대하여 양도소득세를 과세하는 대안을

---

[786] 상장주식인 경우 스톡옵션 행사일의 거래소 종가, 비상장주식인 경우 행사 전후 기간에 이루어진 거래가격을 참고하거나 상속세 및 증여세법 시행령 제54조에 따른 보충적 평가방법에 따라 계산(최아름/최선화(2023), 165면).

[787] 최아름/최선화, 165면

선택할 수 있게 하였다(조세특례제한법 제16조의4). 근로소득에 대한 종합소득세율은 6.6~49.5%이지만, 양도소득세율은 22~33%이기 때문에 행사자가 높은 종합소득세율을 적용 받는 경우라면 근로소득 대신 양도소득으로 과세하는 대안이 더 유리할 수 있다.[788]

나. 법인세법상의 취급

법인세법 제19조는 손금은 자본 또는 출자의 환급, 잉여금의 처분 및 이 법에서 규정하는 것은 제외하고 해당 법인의 순자산을 감소시키는 거래로 인하여 발생하는 손실 또는 비용(이하 "손비")의 금액으로 한다고 규정하고, 손비는 법률에서 달리 정하고 있는 것을 제외하고는 그 법인의 사업과 관련하여 발생하거나 지출된 손실 또는 비용으로서 일반적으로 인정되는 통상적인 것이거나 수익과 직접 관련된 것으로 한다고 하며, 손비의 범위 및 구분 등에 필요한 사항은 대통령령으로 정하도록 하고 있다.

스톡옵션의 경우 부여 시점에는 손금에 산입할 수 없고, 부여대상자가 스톡옵션을 행사하는 시점에 관련 손익을 손금으로 인식한다. 기업회계상으로는 스톡옵션은 부여 당시 바로 비용으로 잡지는 않고 노무제공기간 동안 안분하여 각 사업연도의 비용으로 잡는데, 안분방법은 (i) 주식교부형의 경우, 스톡옵션의 가액을 사업연도에 균등배분하고 (ii) 현금결제형의 경우 해마다 주식의 시가를 고려하여 올해분 비용으로 잡을 금액을 정한다.[789]

이렇게 안분한 비용은 이후 임직원의 스톡옵션 행사시점에 임직

---

[788] 근로소득에 대한 종합소득세율은 6.6~49.5%이지만, 양도소득세율은 22~33%이기 때문에 행사자가 높은 종합소득세율을 적용 받는 경우라면 근로소득 대신 양도소득으로 과세하는 대안이 더 유리할 수 있다(최아름/최선화, 151면).

[789] 이창희(2024), 664면.

원의 소득세와 맞추어 주식의 시가와 행사가격의 차액을 손금산입하여야 한다. 현금 결제형이라면 주식시가와 행사가격의 차액을 지급하고 그 차액이 손금이 된다.[790] 신주발행형이라면 기업회계에서는 부여 시점 현재 스톡옵션의 가액만을 손익거래로 보아 비용으로 안분하고 행사로 인한 신주발행은 자본거래로 보아 손익이 생기지 않는 것으로 처리하고, 세법에서도 이를 그대로 받아들인 판결도 있으나, 주식시가와 행사가격의 차액을 손금으로 보는 것이 타당하다는 견해가 있다.[791] 자기주식교부형도 기업회계상으로는 신주발행형과 마찬가지이나, 세법에서는 주식시가와 행사가격의 차액을 손금으로 처리하는 것이 타당하다고 한다. 자기주식 처분으로 생기는 손익은 따로 계산하고, 행사시점에 주가가 행사가격보다 낮으면 선택권을 행사하지 않을 것이기 때문에 손익으로 잡을 것이 없게 된다.[792]

(2) 주식형 보상

가. 소득세법상의 취급

주식형 보상에 대해서는 소득세법에서 따로 규정하고 있는 바는 없고, 실무상으로는 실제 주식이 부여대상자에게 이전되는 시점을 기준으로 그 시점의 FMV를 소득으로 보고 소득세를 납부하고 있다.

이론적으로 보면, 일반론적으로 소득세법상 권리의무는 권리와 의무가 실현 가능성에서 상당히 높은 정도로 성숙된 시기에 발생했다고 보는데(권리확정주의, 소득세법 제39조 제1항), 제한주식의 경우 소득의 발생시기에 대하여 의문이 제기될 수 있다. 즉, 부여계약 체결시에 근로소득이 발생한 것으로 볼 것인지, 가득조건이 성취되

---

[790] 2012두3491, 이창희(2024), 664-665면
[791] 2023두45736, 이창희(2024), 664-665면
[792] 이창희(2024), 664-665면

어 주식을 이전한 때에 근로소득이 발생한 것으로 볼 것인지의 문제가 있다.793

　사전교부 제한주식의 경우 앞서 살펴본 바와 같이 미국에서는 '양도제한 또는 몰수의 상당한 위험이 없어지게 된 시점'을 기준으로 하고 있고, 일본도 '양도제한이 해지된 시점'을 기준으로 하고 있다. 양도제한이나 몰수의 위험이 있는 상태는 아직 권리의무가 확정되지 않았다고 보는 것이다. 그런데 우리나라의 경우 (i) 몰수의 상당한 위험 여부는 구체적인 사안별로 판단해야 할 것이다. 다만, 교부된 사전교부 제한주식의 박탈이나 환수 등은 실제로는 흔히 활용되고 있지는 않는 실정이라 몰수의 상당한 위험이 있는 구조는 많지는 않을 것으로 예상된다. 다음으로, (ii) 양도제한이 있는 경우 권리귀속이 확정되지 않은 것으로 보고 양도제한이 해제된 시점을 기준으로 해야 한다고 볼 여지도 있다. 그런데 앞서 검토한 바와 같이 양도제한 약정은 현행 법제 하에서 회사에 대하여 효력이 인정되기 어렵다. 이러한 점을 고려하면 현재 우리나라의 상법 해석상으로는 양도제한 약정을 둔다고 하더라도 사전교부 제한주식이 부여된 시점에 권리귀속이 확정된 것으로 해석하는 것이 보다 타당해 보인다. 물론, 별도로 논의하는 것처럼, 입법론적으로는 양도제한 및 몰수의 실효성을 확보하기 위한 입법적 조치가 필요하다고 생각하고, 이러한 조치가 이루어진 이후라면 세무상으로도 권리귀속 확정의 관점에서 미국이나 일본과 같은 취급을 하는 것이 보다 합리적일 것으로 생각된다.

　사후교부 제한주식의 경우, 부여 후 가득조건(기간 및/또는 성과)이 달성되어야 실제 주식을 지급하게 되므로, 부여시점에는 아직 권리의무가 확정되지 않았다고 보는 것이 타당하고, 실무상으로도 그

---

793 이철송(2024), 211-212면

와 같이 보고 있다.

이와 관련하여, 회사가 부여한 사후교부 제한주식에 대해 직접적으로 판단한 사안을 찾기는 어려우나, 외국 모회사로부터 기간조건부 사후교부 제한주식을 부여받은 국내 자회사 임직원의 근로소득 수입시기에 대해서는 조세심판원의 결정례와 과세관청의 해석례가 존재하므로 이를 참고할 수 있을 것이다.[794] 그에 따르면 일정 기간 이후 조건 성취시 주식을 취득할 수 있는 기간조건부 사후교부 제한주식의 소득의 귀속시기는 조건이 성취되어 주식을 지급받은 날로 보고 있고, 이 때 근로소득은 주식을 부여 받은 날의 주식의 시가로 보고 있다.

즉, 현재의 해석론으로는 일반적으로 사전교부 제한주식은 부여시점, 사후교부 제한주식은 정산시점에 권리의무가 확정된다고 보고 그 때의 주식의 시가에 대해 근로소득으로 과세된다고 해석하는 것이 타당하다. 다만, 법적으로 명확히 규정되지 않아 실무상 논란이 제기될 수 있는 상황이므로, 명확한 규정을 두어 입법적으로 불확실성을 해소하는 것이 바람직하다.

---

[794] 특정 기간이후 제시된 조건(고용조건 등) 성취시 주식을 취득할 수 있는 권리인 제한조건부 가상주식의 소득 귀속시기는 권리확정일임(조심2009서0180, 2009. 6. 30.); 국내자회사의 임직원이 외국 모회사로부터 일정기간 경과 후 정해진 조건에 따라 주식을 지급받을 수 있는 제한조건부 가상주식(Restricted Stock Unit) 부여받은 경우의 근로소득 수입시기는 조건이 성취되어 주식을 부여 받은 날이며, 이 때 근로소득은 조건이 성취되어 주식을 부여 받은 날의 주식의 시가로 하는 것임(원천세과-600, 2011. 9. 30., 서면2팀-177, 2004.02.07. 등); 외국법인 국내자회사의 임직원이 외국법인으로부터 부여받은 '상여금 이연프로그램 권리(Stock Awad)'에 대한 조건 성취시 해외 모기업으로부터 지급받는 상여금은 소득세법 제20조 제1항 제2호 나목의 규정에 의한 을종근로소득에 해당하는 것이며, 동 근로소득의 수입시기는 당해 조건이 성취되는 날로 하는 것(서면인터넷방문상담1팀-198, 2008.02.12.)

한편, 사전교부 제한주식의 경우 양도제한이 있어 주식을 현금화할 수 없는 시점에 세금을 납부해야 하고, 사후교부 제한주식의 경우에도 만약 가득 후 양도제한 약정을 부가할 수 있는데, 그 경우 주식을 현금화하여 세금의 재원을 마련하기 어려운 시점에 납세의무가 발생하게 된다. 이는 납세의무자에게 부담이 될 수 있고 이러한 점이 주식연계보상의 인센티브 효과를 저해하는 요소가 될 수 있다.

실무상으로는 이를 해소하기 위하여 (i) 회사에서 대출을 주선해 주는 경우도 있으나, 이 경우 추가로 이자를 부담해야 한다는 문제가 있다. 한편, (ii) 양도제한 약정을 두더라도 '세금 납부재원 상당액'에 해당하는 수량에 대해서는 예외적으로 양도를 허용해 주고 나머지에 대해서만 양도제한을 하는 방안도 생각해 볼 수 있다. 다만 (세금 납부를 위한 목적에서 부득이 매각하는 것이라고 시장에 설명하더라도) 경영진이 주식연계보상을 수령하자마자 상당 부분 매각을 한다면 시장에 부정적인 메시지를 줄 수 있고, 경영진으로 하여금 장기적으로 주식을 보유하도록 한다는 주식연계보상의 취지에 맞지 않는 것처럼 보일 여지도 있다. 마지막으로, (iii) 부여계약 체결 당시부터 전체 보상규모에서 세금 납부액에 상당하는 수량은 현금으로 정산하기로 하고 나머지만 주식으로 정산하기로 하는 방안을 생각해 볼 수 있는데, 현재로서는 이 방안이 현실적으로 가장 바람직한 대안으로 생각된다. 정책적으로는 세금 납부를 주식양도가 가능해지는 시점까지 이연할 수 있도록 하는 방안도 고려해 볼 수 있을 것이다.

나. 법인세법상의 취급

법인세법 시행령 제19조는 (i) 인건비(제3호)를 손비로 열거하고 있고, (ii) 주식매수선택권의 경우 손비로 인정되는 금액을 정하고 있는데(제19의2호), 주식형 보상에 대해서는 명시적으로 규정하고 있지 않다. 한편, (iii) 모회사의 주식으로 주식기준보상을 지급하고 자회사가 그 비용을 모회사에 보전하는 경우 자회사가 그 금액을 손비로 처리할 수 있다는 점에 대해서는 명시적으로 규정하고 있다(제19호).

인건비의 손금처리와 관련하여, 세법상 임원에 대해서는 추가적인 규제를 두고 있다. 즉, 근로제공의 대가로 지급되는 일반적인 보수는 직원에 대한 것이든 임원에 대한 것이든 원칙적으로 손금에 산입되나, 임원에 대하여는 정관이나 주주총회에서 정한 한도액 초과금액은 손금불산입된다. 상여금의 경우 회사의 상여금지급규정 등에 의해 지급시기와 계산기간이 사전에 정해진 것은 손금 산입되나, 이익처분에 의하여 지급하는 상여금, 급여지급 규정을 초과하여 지급한 상여금, 지배주주에게 정당한 사유없이 많은 보수를 지급한 경우 그 초과금은 손금불산입된다(법인세법 시행령 제43조).[795] 상여금의 손금산입시기는 '지급의무가 확정되는 날이 속하는 사업연도'이다. 임금적 성질을 지닌 상여금의 경우 통상 경과일수에 대한 상여금을 그 사업연도 손금으로 처리할 수 있으나, 이 경우에도 경과일수에 상응하는 상여금 액수가 가분적으로 확정되지 않으면 그 손금처리는 용인될 수 없다(89. 11. 14., 88누6412).[796]

한편 모회사 등의 주식을 보상으로 지급하고 그 행사 또는 지급비용으로 보전하는 금액도 손비로 정하고 있다(법인세법 시행령 제19조 제19호). 구체적으로, '임직원이 (일정한 범위의) 주식매수선택권[797] 또는 주식이나 주식가치에 상당하는 금전으로 지급받는 상여

---

[795] 임승순/김용택(2024), 637면
[796] 임승순/김용택(2024), 638면
[797] 아래 각 목의 어느 하나에 해당하는 주식매수선택권을 의미한다.
    가. 「금융지주회사법」에 따른 금융지주회사로부터 부여받거나 지급받은 주식매수선택권등(주식매수선택권은 「상법」 제542조의3에 따라 부여받은 경우만 해당한다)
    나. 기획재정부령으로 정하는 해외모법인으로부터 부여받거나 지급받은

금으로서 기획재정부령으로 정하는 것(이하 "주식기준보상")을 행사하거나 지급받는 경우 해당 주식매수선택권 또는 주식기준보상을 부여하거나 지급한 법인에 그 행사 또는 지급비용으로서 보전하는 금액'을 손비로 정하고 있다(법인세법 시행령 제19조 제19호). 여기서 주식기준보상이란, ① 주식 또는 주식가치에 상당하는 금전으로 지급하는 것일 것, ② 사전에 작성된 주식기준보상 운영기준 등에 따라 지급하는 것일 것, ③임원이 지급받는 경우 정관·주주총회·사원총회 또는 이사회의 결의로 결정된 급여지급기준에 따른 금액을 초과하지 아니할 것, ④ 지배주주등인 임직원이 지급받는 경우 정당한 사유 없이 같은 직위에 있는 지배주주등 외의 임직원에게 지급하는 금액을 초과하지 아니할 것의 요건을 모두 갖춘 것을 의미한다(법인세법 시행규칙 제10조의2 제1항).

따라서 모회사의 주식으로 RSU를 지급하고 자회사가 그 비용을 모회사에 보전하는 경우 자회사는 위 규정에 따라 보전한 금액을 손비로 처리할 수 있다.

위와 같이 일반적인 임원의 보상, 모회사 등의 주식보상 보전 비용의 손금처리의 원칙들은 규정되어 있으나, RS, RSU, PSU 등 주식형 보상에 대한 손금처리에 대해서는 명확히 규정되어 있지 않고, 관련 논의도 찾아보기 어려운 상황이다.

우선, 현재 주식형 보상이 자기주식의 취득 및 처분으로 이루어지고 있다는 점에서 자기주식의 취득 및 처분과 관련한 손익 처분에 대한 해석론을 살펴보면, (i) 자기주식 취득 시점에는 회사가 배당가능이익으로 자기주식을 취득하면 회사의 배당가능이익이 감소하고 회사에 손익이 생기지 않는다. 그 밖의 자기주식 취득에서도 자기주식을 취득할 때 회사에 손익이 생기지 않는다.[798] (ii) 다음으로, 자기

---

* 주식매수선택권등으로서 기획재정부령으로 정하는 것
[798] 이창희(2024), 699면

주식 처분 시점에는, 현행법 해석론으로 자기주식처분이익은 익금에 해당한다고 보고 있다.799 이러한 해석론을 토대로 보면 자기주식을 임원에게 무상으로 교부하는 경우는 손금이 된다고 해석할 수 있을 것이다.

법인이 자기주식을 임직원에게 상여 등으로 지급하는 경우, 지급일 현재의 시가 상당액을 지급일의 사업연도 소득금액 계산시 손금으로 산입할 수 있다고 본 유권해석례들은 존재한다.800

위 내용들을 종합하여 보면, 현재 자기주식 처분 방식으로 주식형 보상을 지급하는 경우 실제 주식이 해당 임원에게 교부되는 시점을 기준으로 해당 주식의 시가가 손금에 산입된다고 볼 수 있다. 물론

---

799 이창희(2024), 700-701면
800 법인이 급여지급규정 등에 의하여 자기주식을 당해 법인의 임직원에게 상여로 지급하는 경우, 자기주식의 시가(임직원으로부터 일부 수령하는 대가는 차감)를 당해 법인의 각 사업연도 소득금액 계산시 손금에 산입(임원의 경우 법인세법 시행령 제43조 제2항의 규정에 의한 급여지급기준 내의 것에 한함)하는 것이며, 상여금으로 지급한 자기주식의 장부가액과 시가와의 차이를 당해 법인의 각 사업연도 소득금액 계산상 익금 또는 손금에 산입한다(서이46012-10977 (2002. 5. 7.)); 법인이 정관·주주총회 또는 이사회의 결의에 의하여 결정된 임원상여금지급기준에 따라 상여금을 자기주식으로 지급하는 경우 동 상여금 지급액은 각 사업연도의 소득금액을 계산함에 있어서 법인세법시행령 제43조 제2항의 규정에 의한 지급기준 범위 내에서 이를 손금에 산입하는 것임(서면인터넷방문상담2팀-256 (2008. 2. 11.)); 법인이 종업원에게 성과급으로 자기주식을 지급하는 경우 지급일 현재 자기주식의 시가를 당해 법인의 각 사업연도 소득금액 계산시 손금에 산입하는 것이고, 지급한 자기주식의 장부가액과 시가와의 차이를 당해 법인의 각 사업연도 소득금액 계산상 익금 또는 손금에 산입하는 것이며, 성과상여에 대한 수입시기는 계량·비계량적 요소를 평가하여 지급하는 성과상여는 개인별 지급액이 확정되는 연도이며, 자기주식으로 지급한 상여금의 평가는 지급 당시의 시가에 의하여 계산하는 것으로 이 경우 시가는 상여금을 지급하는 날의 증권거래소 최종 시세가액으로 하는 것임(서면2팀-1147, 2006. 6. 17.)

임원에 대한 주식형 보상에 대해서는, 앞서 살펴본 임원에 대한 규제, 즉 정관의 근거나 주주총회 결의, 주식보상지급규정 등이 사전에 마련되어 있어야 할 것이다.

이와 같이 현재 주식형 보상과 관련하여서는 법인세법상 명확한 규정이 없는바, 일본에서 RS, RSU, PS 등에 대한 손금 산입을 명확히 허용해 주고 필요한 요건들을 구체적으로 규정한 것처럼, 손금처리 여부 및 그 요건에 대한 규정을 마련하여 입법적으로 불확실성을 해소하는 것이 바람직하다.

제6장
결 론

주식연계보상, 특히 제한주식은 주요국에서 상장회사 경영진 보수의 핵심요소로 자리잡고 있다. 그러나 우리나라에서는 최근 2-3년 사이에 제한주식을 도입하는 기업들이 늘어나기 시작한 도입단계에 있다. 이에 아직까지 제한주식을 비롯한 다양한 주식연계보상의 유형이나 용어도 확립되어 있지 않고, 이를 활용함으로써 기대할 수 있는 효과나 우리나라 기업 환경을 고려할 때 그 부여조건 설계시 유의해야 할 사항 등에 대한 심도 깊은 논의가 이루어지지 못한 상황이다. 이러한 상황에서 관련 규제 강화 주장도 제기되고 있다.

이에 이 글에서는 먼저 주식연계보상의 개념을 정리하고, 주식연계보상을 체계적으로 유형화하여 관련 용어를 정의함으로써 주식연계보상에 관한 논의의 토대를 마련하였다.

그리고 미국과 영국 등을 중심으로 발전되어 온 경영진에 대한 주식연계보상에 관한 이론과 논의들을 살펴보았다. 초기 연구들은 소유와 경영이 분리된 상장회사에서 발생하는 대리문제를 해결하기 위한 최적 인센티브 계약 관점에서 시장의 자율적인 기능을 강조하는 견해가 주류를 이루다가(최적계약 이론), 이후 스톡옵션을 중심으로 한 경영진 보상에 대한 사회적인 비판과 더불어, 경영진이 자신의 보수 결정 과정에 영향력을 행사하기 때문에 주식연계보상을 비롯한 경영진 보수구조가 최적계약이 되지 못한다는 관점이 제시되며 기업지배구조 개선의 필요성이 부각되었다(경영진 권력 이론). 다른 한편에서는 경영진 보상계약이 최적계약에서 벗어나는 이유는 기업이 인식하는 비용이 주된 요소라는 관점에서, 세무나 회계 등 규제 변경에 초점을 맞추어야 한다는 주장도 제시되었다(지각된 비용 이론). 이러한 논의들은 우리나라 제도 개선방안 검토에도 시사점을 준다. 즉, (i) 경영진 보수의 구체적인 내용에 대한 규제 개입은 효율적이지 않다는 점, (ii) 다만, 우리나라의 경우 경영진의 보상 결정 과정에서 지배주주가 영향을 미칠 수 있으므로 기업지배구조 개선이 필요한 부분이 있다는 점, (iii) 효율적인 주식연계보상 활용 촉진을 위해서는 세제 정비도 함께 고려하여야 한다는 점이다.

  구체적인 주식연계보상의 구조와 조건의 설계에 대해서도 미국과 영국을 중심으로 많은 논의들이 이루어졌다. 초기에는 스톡옵션의 장점에 대한 연구들이 주목받다가, 1990년대 후반부터 스톡옵션의 부작용 및 기회주의적인 활용에 대한 비판과 더불어 성과조건부 사후교부 제한주식과 같은 성과기반 보상을 활용하여야 한다는 인식이 확산되었다.

  우리나라의 경우, 소유경영자가 많고 전문경영자를 영입하더라도 지배주주 등이 미등기임원 등의 직위에서 사실상 영향력을 행사하는 경우가 많다는 기업지배구조상의 특징이 있다. 국내 상장회사 경영진의 보수와 관련하여서는 경영자의 성과와 보수 간의 연계성이 명확히 나타나지 않는다는 문제가 있고, 우리나라 상장회사의 문제점으로 소수지배주주들이 주가 상승보다 다른 사익추구 수단에 관심을 기울인다는 점도 지적되고 있다. 이러한 점들을 고려하면, 소유경영자의 경우에도 성과와 연계되지 않는 현금보상보다 주식연계보상이 지배주주와 소수주주의 부의 연계성을 강화하는 수단으로 유용하게 활용될 여지가 있다. 또한, 전문경영자의 경우 현금이 아닌 주식을 보상으로 제공하고 이를 중장기적으로 보유하도록 하는 것이 그에게 지배주주만을 위하지 않고 전체 주주의 부의 증진을 위해 일할 인센티브를 부여하는 수단이 될 수 있다.

  이상을 토대로, 주식연계보상의 활용을 촉진하면서 그 남용을 방지할 수 있는 방안을 모색해 보았다. 이를 위하여, 먼저 미국, 영국, 독일, 일본에서 상장회사 경영진에 대한 보상으로 주식연계보상을 어떻게 활용하고 있으며 법적으로 어떻게 규율하고 있는지 살펴보았다. 주식연계보상이 폭넓게 활용되고 있는 미국과 영국의 경우 회사법상으로 임직원에 대한 보상 수단으로 신주를 발행하여 주거나 자기주식을 교부하는 것이 비교적 용이하다. 이러한 제도를 기반으로 미국 기업들은 다양한 유형의 주식연계보상을 자율적으로 활용해 왔다. 경영진 보상의 구성이나 내용에 대해 법으로 직접적인 규제는 하고 있지는 않고, Say-on-Pay의 도입과 더불어 강화된 기관투자자 및 의결권 자문사들의 의견이 기업 실무에 실질적인 영향을 미치고 있다. 영국도 경영진 보상의 내용에 대해서는 강성규범을 통해 규율하고 있지는 않고, 기업지배구조 모범규준을 통해 규율하고 있다. 독일은 미국이나 영국에 비해 주식연계보상의 활용에 제약이 있어, 실무상 가상주식을 부여하고 경영진으로 하여금 회사 주식에 투자할 의무를 부여하는 방식이 널리 활용되고 있다. 일본의 경우 경영진 보상에서 현금보상의 비중이 높아 회사의 실적 향상에 대한 동기부여가 부족하다는 문제 의식 하에 정부에서 주도하여 주식연계보상 활용을 촉진하기 위해 회사법 및 세법 개정을 진행하였다. 그와 동시에 위 해외 주요국 모두 경영진 보상의 결정 절차 및 공시에 대한 규제는 강화해 왔다.

　해외 주요국들에 비해 국내 경영진 보상은 주식연계보상의 비중은 낮고, 성과와 무관한 고정 현금보수의 비중이 높다. 지배주주의 경우 그러한 경향이 좀 더 강하게 나타난다. 스톡옵션의 활용 비중도 높지 않고, 성과연동 스톡옵션은 거의 활용되지 않고 있다. 최근 주식형 보상을 도입하는 회사들이 나타나기 시작했으나, 아직 폭넓게 확산된 상태는 아니다. 즉, 현재 국내 경영진 보상은 성과와의 연계성이 낮아 회사의 장기적인 성장 및 주주이익제고에 대한 인센티브 수단으로서 제대로 기능하지 못하고 있는 것으로 보인다.

　이러한 문제는 경영진, 특히 소유경영자의 기회주의적 행동에 대한 통제 장치가 부족한 점과 주식연계보상의 활용에 제약이 있는 점이 복합적으로 작동한 결과로 보인다. 즉, 현행 보수 결정 절차 및 공시 등 규제는 성과와 무관한 현금보수의 비중을 높게 유지하려는 경영진의 기회주의적인 행동을 제대로 통제하지 못하고 있다. 스톡옵션에 대한 규제에 비해 자기주식을 활용한 주식형 보상은 상대적으로 제약이 적기는 하지만, 주식형 보상 역시 신주발행 방식이 불가하다는 점 등 해외의 입법례에 비하면 제약이 있다.

이에 대한 개선방안으로, 우선 경영진 보수 규제 전반에 대한 개선방안을 제안하였다. 상법 제388조는 승인대상이 되는 이사의 보수를 구체적으로 유형화하는 내용으로 개정하여야 한다. 또한, 주식연계보상을 포함하여 중장기적 관점에서의 회사 전략에 부합하는 임원보수정책을 세우도록 하고, 이에 대해 주주의 권고적 승인을 받도록 하되, 사실상의 영향력을 행사하며 고액의 보수를 받는 미등기임원들도 그 적용대상에 포함되도록 하여야 한다. 상장회사에 대해 독립적인 보수위원회의 설치를 의무화하는 것도 도움이 될 것이다. 공시 측면에서는, 임원보수정책에 대한 공시와 더불어 주식연계보상의 가치 및 보상의 성과연계성을 주주들이 쉽게 파악할 수 있도록 보완하는 것이 바람직하다.

나아가 주식연계보상 관련 상법상 규율체계의 재정비 방안을 제안하였다. 현재 제한주식을 스톡옵션과 동일하게 규제해야 한다는 주장이 제기되고 있으나, 제한주식은 부여되는 가치, 위험감수에 대한 인센티브, 성과 연계성, 단기주의 우려, 기회주의적 활용, 기존 주주 지분 희석 효과, 의결권 등 다양한 측면에서 스톡옵션과 차이가 있기 때문에 단순히 주식과 연계된 보상이라는 공통점만에 근거하여 동일하게 규제하려는 접근은 타당하지 않다. 이와 관련된 구체적 쟁점 중 지배주주 등에 대한 부여 허용 여부가 논란이 되고 있는데, 이를 일률적으로 금지하기 보다는, 지배주주 등에 대한 부여 절차 및 공시 규제를 통해 남용을 통제하는 것이 바람직하다. 추가로, 지배주주 등에 대한 주식형 보상 부여시 소수주주의 다수결을 의무화한다면 지배주주에 의한 남용을 방지할 수 있을 것이다.

한편, 경영진의 보수에 관한 사항은 고도의 경영판단이 필요한 사안이기 때문에, 그 내용에 대해서는 경성규범으로 일률적으로 규제하는 방식보다는 시장의 작동을 통해 유도하는 것이 바람직하다는 관점에서, 기업지배구조 모범규준을 활용하는 방안을 제안하였다. 영국, 일본 등의 사례를 참고하여 기업지배구조 모범규준의 내용을 보완하고, 기업지배구조보고서에도 구체적인 설명이 기재될 수 있도록 하여 실효성을 제고할 필요가 있다.

또한, 주식연계보상 부여계약을 합리적으로 개선할 필요가 있다. 이론적 논의 및 해외 사례에서 본 바와 같이, 모든 주식연계보상이 모든 기업에게 항상 바람직한 것은 아니며, 주식연계보상의 유형, 가득기간, 성과조건, 양도제한, 환수 등을 적합하게 설계하는 것이 중요하다. 그런데 부여의 구체적인 조건을 어떻게 설정하는 것이 바람직한지에 대한 국내의 검토와 논의는 부족한 상황이다. 이는 각 기업이 처한 상황을 고려하여 설계해야 하는 사항이지만, 한국의 기업 현실에 맞는 가득기간, 성과지표, 재직요건, 양도제한, 주식보유의무, 조정 및 환수 등에 대한 고려사항들을 검토 및 제안하는 것이 도움이 될 수 있다고 생각하며, 관련 내용들을 제안하였다. 부여계약이 합리적으로 개선된다면, 주식연계보상에 대한 일부 주주들의 우려도 해소될 수 있을 것으로 기대한다.

마지막으로 세제 보완도 필요하다. 주식형 보상에 대해서는 소득세법이나 법인세법상 명확히 규정하고 있지 않은바, 관련 규정을 명확히 함으로써 불확실성을 해소할 필요가 있다. 정책적으로 일정기간 양도제한 의무가 있는 경우 주식양도가 가능해지는 시점까지 과세이연 혜택을 주는 방안도 고려해 볼 필요가 있다.

이상과 같이 이 글에서는 우리나라 상장회사 경영진의 보상 수단으로 주식연계보상의 적절한 활용을 장려할 필요성이 있다고 보고, 회사의 장기적인 성장 및 주주이익 제고에 부합하는 방향으로 주식연계보상을 활용할 수 있도록 하기 위한 개선방안을 살펴보았다. 각 기업의 사정에 맞는 바람직한 주식연계보상이 어떠한 것인지는 일률적으로 판단할 수 없는 사항이고, 오랜 기간 연구가 이루어진 해외에서도 바람직한 주식연계보상의 유형에 대해서는 지속적인 논쟁이 있으며, 자본시장의 변화에 따라 주로 활용되는 주식연계보상의 유형도 진화하고 있다. 우리나라의 경우 다양한 주식연계보상의 도입 초기 단계로, 이 글에서는 큰 틀에서 경영진 보수 구성상 현금보다 주식연계보상의 비중이 보다 늘어나는 것이 바람직하다는 관점과 이를 촉진하면서 지배주주 등에 의한 남용 등 부작용을 막을 수 있는 방안들을 제시하였지만, 이를 토대로 우리나라 기업의 현실과 특성에 맞는 구체적인 주식연계보상의 유형이나 바람직한 조건 등에 대해서는 향후 학계 뿐만 아니라 실무가, 투자자 등 다양한 이해관계자들과 더불어 심도 깊은 논의와 연구가 이루어져야 할 것이다. 이 글이 이러한 논의에 단초가 되기를 바란다.

참고 문헌

1. 국내 문헌

가. 단행본 및 학위논문

권기범, 기업구조조정법, 삼영사, 2019 [권기범(2019)]
권기범, 기업구조조정법, 삼영사, 2015 [권기범(2015)]
권순일(편), 주석 상법-회사편(2)(제6판), 한국사법행정학회, 2021 [권순일(편)(2021)]
권용수 (역), 신일본회사법, 박영사, 2021 [권용수(역)(2021)]
김건식, 기업지배구조와 법, 소화, 2010 [김건식(2010)]
김건식, 노혁준, 천경훈, 회사법(제6판), 박영사, 2022 [김건식 등(2022)]
법무부, 상법 회사편 해설서, 2012 [법무부(2012)]
송옥렬, 상법강의(제12판), 홍문사, 2022 [송옥렬(2022)]
안수현, 스톡옵션제도에 관한 법적 연구, 서울대학교 법학박사 학위논문, 2001 [안수현(2001)]
윤성민, 경영자 스톡옵션, 대리인비용, 소유지배구조가 기업가치에 미치는 영향, 부산대 박사학위논문, 2019 [윤성민(2019)]
이창희, 세법강의(제22판), 박영사, 2024 [이창희(2024)]
이철송, 회사법 강의(제29판), 박영사, 2021 [이철송(2021)]
이철송, 회사법 강의(제31판), 박영사, 2023 [이철송(2023)]
임승순, 김용택, 조세법, 박영사, 2024 [임승순/김용택(2024)]
임재연, 회사법1(제7판), 박영사, 2020 [임재연(2020)]
정동윤, 상법(상)(제6판), 법문사, 2012 [정동윤(2012)]
정순섭, "온주 금융회사의 지배구조에 관한 법률", 2020 [정순섭(2020)]
한국상사법학회, 주식회사법대계I(제4판), 법문사, 2022 [한국상사법학회(2022)]

나. 논문

강선우, 박광우, 이지환, "경영자에 대한 주식증여 및 스톡옵션부여와 기업가치에 관한 실증연구", 한국재무학회 학술대회, 138-161면 (2007) [강선우 등(2007)]

고윤성, 이진훤, 유정민, "스톡옵션 부여 이후 연구개발비지출이 스톡옵션의 행사와 장기경영성과에 미치는 영향", 세무와 회계저널 제13권 제1호 (2012), 255-280면 [고윤성 등(2012)]

고재종, "벤처기업 주식매수선택권 제도의 활성화 방안", 상사판례연구 제34권 제2호 (2021) 29 [고재종(2021)]

권순용, 조정일, "스톡옵션의 특성에 따른 장기성과", 경영연구 제23권 제1호 (2008) [권순용/조정일(2008)]

권용수, "기업 환경 변화에 따른 이사의 보수설계와 과제 - 일본의 성과연동형 보수 논의 동향을 포함하여", 기업법연구 제36권 제1호, 한국기업법학회 (2022) [권용수(2022)]

권종호, "이사의 보수제도에 관한 소고 -개별승인제와 보수환수제를 시야에 넣어", 일감법학 제54권 31-66 (2023) [권종호(2023)]

곽관훈, "기업에 대한 규제수단으로서 연성규범(Soft Law)의 활용가능성 및 한계", 증권법연구 제18권 제1호, 181-206 (2017)[곽관훈(2017)]

김동회, 정정현, 이상준, "스톡옵션 부여에 따른 기업특성의 변화", 금융공학연구 제5권 제2호 (2006), 83-113면 [김동회 등(2006)]

김두억, 신성욱, 지성권, "경영자 스톡옵션 위험유인강도의 결정요인과 위험유인효과", 회계학연구 제30권 제3호(2005) [김두억 등(2005)]

김상준, 이태현, "회사분할과 전환사채, 스톡옵션", BFL 제49호, 서울대학교 금융법센터 (2011) [김상준/이태현(2011)]

김선구, 홍정화, 이장희, "기업특성별 스톡옵션제도 도입효과", 회계와 정책연구 제10권 제2호 (2005) [김선구 등(2005)]

김선미, 최정운, 한승수, "스톡옵션 행사와 경영자 이익예측 정보와의 관계", 한국회계학회 학술발표논문집, 2011-06, 1-37 (2011) [김선미 등(2011)]

김수정, 설원식, "성과연동형 스톡옵션 부여와 기업가치: 한국 금융업을 대상으로", 재무관리연구 제27권 제2호(2010) [김수정/설원식(2010)]

김유진, 홍지연, "경영전략과 경영자 보상체계의 적합성이 기업성과에 미치는 영향에 관한 연구", 회계저널 제26권 제6호(2017) [김유진/홍지연(2017)]

김유찬, 변윤정, "소유구조가 스톡옵션행사와 이익조정 간의 관계에 미치는 효과", 회계정보연구 제28권 제3호, 101-129 (2010) [김유찬/변윤정(2010)]

김정은, "양도제한조건부 주식제도 도입과 활성화를 위한 제언", 상사법연구 제42권 제4호 (2024) [김정은(2024)]

김순석, "연성규범(Soft Law)를 통한 기업지배구조의 개선 - 기업지배구조 모범규준(Corporate Governance Code)의 개선 및 '준수 또는 설명(Comply or Explain) 원칙'의 도입방안을 중심으로", 증권법연구 제18권 제2호 (2017) 1-41 [김순석(2017)]

김재형, "일본의 신주예약권에 관한 최근의 동향과 시사점 - '스톡옵션으로서의 신주예약권'을 중심으로", 법학논총 (2011) 447-471 [김재형(2011)]

김종대, 심경보, 조문기, "스톡옵션 행사기업의 이익관리", 상업교육연구 제23권 제3호 301-321 (2009) [김종대 등(2009)]

김지평, "주식회사 임원 보상의 실무상 쟁점", 사법 제1권 57호, 한국사법발전재단(2021) [김지평(2021)]

김창수, "스톡옵션의 공시효과와 기업 특성", 재무연구 제15권 제1호, 한국재무학회(2002)[김창수(2002)]

김창범, 최종서, "이익조정과 보수주의의 역할관계에 관한 실증연구 -스톡옵션 부여 및 행사기업을 중심으로", 대한경영학회지, 65-98 (2008) [김창범/최종서(2008)]

김현아, "경영자 스톡옵션의 전략적 행사시점선택에 관한 연구", 재무관리연구 제31권 제1호, 55-82 (2014) [김현아(2014)]

김현아, 정성창, "성과연동스톡옵션의 고정부스톡옵션에 대비한 효과성 검증", 대한경영학회지 제24권 제1호(2011) [김현아/정성창(2011)]

김홍기, "자기주식 제도의 본질과 운용방안에 관한 연구 - 2011년 개정상법의 자기주식 제도 개선의 운영 성과를 평가하면서", 상사법연구 제39권 제4호, 65-121 (2021) [김홍기(2021)]

김홍식, "기업특성과 경영자 스톡옵션 보상에 관한 실증연구", 회계논집 제6권 제1호(2005) [김홍식(2005)]

김홍식, 방성식, "스톡옵션이 주가 및 재무성과에 미치는 영향", 회계논집 제7권 제1호(2006) [김홍식/방성식(2006)]

김화진, "독일 회사법의 최근동향", 선진상사법률연구 제7권, 법무부 (2016) [김화진(2016)]

김희철, "독일의 상장회사 이사 보수 규제에 관한 연구-우리법의 문제점과의 비교를 중심으로", 외법논집 제39권 제3호 (2015) [김희철(2015a)]

김희철, "영국의 상장회사 이사 보수규제에 관한 연구", 기업법연구 제29권 제4호, 한국기업법학회 (2015) [김희철(2015b)]

김희철, "이사의 과다보수 환수방안에 관한 법적 연구", 기업법연구 제12권 제1호, 한국기업법학회 (2015) [김희철(2015c)]

남윤경, "임원보수규제방안으로서의 보수위원회에 관한 연구", 법학논집 제23권 제1호 (2018. 9.) [남윤경(2018)]

도태현, "코스닥 상장기업의 스톡옵션 도입과 소유구조 및 경영성과 관계 분석", 한국전통상학연구, 제21권 제2호, (2007), 1-20면

문병순, 권재현, "지배주주의 주식매수선택권 금지에 대한 소고(小考)", 상사법연구 제38권 제3호 (2019) [문병순/권재현(2019)]

문상일, "금융위기 이후 임원보수규제의 동향", 경영법률 제20권 제3호 (2010) [문상일(2010)]

문상일, "도드-프랭크법상 보수규제법리와 우리 법에의 시사점", 경제법연구 제9권 제2호 (2010) [문상일(2010a)]

문상일, "스톡옵션의 인센티브 효과에 관한 고찰", 비교사법 제1권 제2호, 한국사법학회 (2010) [문상일(2010b)]

문상일, "이사보수 개별승인제도의 도입필요성에 대한 연구", 법학연구 제24권 제2호(2014) [문상일(2014)]

박애영, 이경태, 이상철, "경영자 스톡옵션 보상과 주식소유가 연구개발투자에 미치는 영향", 회계학연구 제31권 제2호(2006) [박애영 등(2006)]

박재영, "경영자 스톡옵션보상이 이익지속성과 기업가치에 미치는 영향", 경영교육연구 제49권 제1호(2008) [박세영(2008)]

배길수, "스톡옵션의 도입에 대한 주가반응 및 스톡옵션을 도입한 기업의 특성: 대리인 비용을 중심으로", 회계학연구 제27권 제2호, 한국회계학회 (2002) [배길수(2002)]

설원식, 김수정, "스톡옵션 부여공시에 따른 주가상승효과 재검토", 한국재무관리학회 제20권 제1호 (2003) [설원식/김수정(2003a)]

설원식, 김수정, "스톡옵션 부여 기업의 장기성과에 관한 연구", Asia-Pacific journal of financial studies (2003), 173-218면 [설원식/김수정(2003b)]

성승제, "독일의 이사 보수 규제", 법학연구 제18권 제2호 (2010) [성승제

(2010)]

손성규, 오원정, 김성환, "스톡옵션 행사 기업의 장기 주가성과", 회계저널 제18권 제1호(2009), 57-85면 [손성규 등(2009)]

송지민, "영국 회사법상 이사의 보수규제 변천사 - 기관간 권한배분과 주주권 행사를 중심으로", 기업법연구 제36권 제2호, 한국기업법학회 (2022) [송지민(2022)]

송옥렬, "회사법의 강행법규성에 대한 소고", 상사판례연구 제24집 제3권, 상사판례학회 (2011. 9.) [송옥렬(2011)]

송화윤, "상장회사 임원의 장기성과보수 활성화를 위한 법적 과제 - 보수 환수, 주주승인권, 보수 공시제도를 중심으로", 기업법연구 제30권 제4호 (2016. 12.) [송화윤(2016)]

심상규, "경영자 스톡옵션 부여시 목표이익 이하의 경영성과 보고를 위한 이익조정", 회계정보연구 30.4, 237-258 (2012) [심상규(2012)]

안수현, "주식매수선택권(Stock option)정책과 법제에 관한 소고", 조세학술논집 제22권 제1호 (2006) [안수현(2006)]

안정인, 서윤석, "실질적 최고경영자의 존재와 임원 보수의 공시품질", 회계학연구 46.1 (2021) [안정인/서윤석(2021)]

안태준, "주식회사 임원에 대한 주식연계 보상수단으로서의 양도제한조건부 주식(RSU)에 관한 연구", 선진상사법률연구 제107호 (2024) [안태준(2024)]

안태준, "주식양도제한약정의 효력 및 그 약정에 위반한 주식양도위반행위에 따른 법률관계-대법원 2022. 3. 31. 선고 2019다274639 판결에 대한 평석을 포함하여", 사법, 제1권 제64호, 한국사법발전재단(2023) [안태준(2023)]

오성근, "이사보수의 공시규제에 관한 검토 - 영국 회사법제와의 비교를 중심으로", 한양법학 제27권 제4호, 한양법학회 (2016) [오성근(2016)]

원재환, "스톡옵션제도의 공시효과와 위험에 관한 연구", 한국증권학회지 28.1 (2001) [원재환(2001)]

윤소연, "주식연계보상의 법적 쟁점 - RSU와 스톡그랜트를 중심으로", 상사법연구 제42권 제2호, 한국상사법학회 (2023) [윤소연(2023)]

윤소연, "경영진에 대한 주식연계보상에 관한 입법적 개선방안", 기업법연구 제39권 제1호, 한국기업법학회 (2025) [윤소연(2025)]

윤영신, "임원 보수규제의 최신 쟁점과 법적 과제: 이사 보수의 회사법적 문

제", BFL 제65호, 서울대학교 금융법센터 (2014) [윤영신(2014)]
윤태화. 홍정화, 김선구, "스톡옵션 부여가 기업의 경영성과에 미친 영향", 세무와 회계저널, 제6권 제4호 (2005), 213-236면 [윤태화 등(2005)]
이경태, 이상철, 박애영, "경영자 스톡옵션 보상과 기업가치: 선형 및 비선형 관계 분석", 경영학연구 제34권 제6호 (2005), 1637-1665면 [이경태 등(2005)]
이나래, "지배주주 일가인 이사 또는 경영진에 대한 양도제한조건부 주식 부여의 절차적 통제 강화", 경제법연구 제23권 제2호 (2024) 47-83 [이나래(2024)]
이미주, 유해양, 황인태, "임원보수와 기업성과", 경영학연구 49.3 (2020) [이미주 등(2020)]
이철송, "신종 성과급여성 양도제한조건부 자기주식양도(RSU)의 법리 분석", 증권법연구 제25권 제1호 (2024) [이철송(2024)]
이창민, 최한수, "국내 상장기업 임원진 보수 결정요인 분석", 법경제학연구, 제14권 제1호, 법경제학회 (2017) [이창민/최한수(2017)]
이태종, "주주 간의 주식양도제한약정의 효력", 인권과 정의 제312호, 대한변호사협회(2002) [이태종(2002)]
임정하, "이사의 회사에 대한 책임의 관점에서 바라 본 보수규제 -보수 환수제도를 중심으로", 서울법학 제24권 제3호, 서울시립대학교 법학연구소, (2016) [임정하(2016)]
정성숙, "이사보수의 공개에 관한 독일과 우리나라의 입법동향", 일감법학 제18권 (2010) 287-326 [정성숙(2010)]
장윤제, "기업지배구조 모범규준의 개선방안에 관한 소고 - 주주권을 중심으로", 상사법연구 제38권 제3호 (2019) [장윤제(2019)]
장호준, "소수주주 다수결에 대한 小考 - 특히 상법 제368조 제3항의 개정과 관련하여", 서강법률논총 11.3, 231-272 (2022) [장호준(2022)]
정무권, "스톡옵션 부여와 대리인비용", 재무관리연구 제29권 제1호(2012)[정무권(2012)]
정우영, "이사 보수의 적정성 확보를 위한 보수규제의 검토 - 과다 지급된 보수의 환수를 중심으로", 상사법연구 제37권 제3호 53-87 (2018) [정우영(2018)]
정정현, 김동회, 이상준, "스톡옵션 부여에 따른 기업특성의 변화", 금융공학연

구 제5권 제2호(2006) [정정현 등(2006)]

정재규, "상장회사의 지속가능경영을 위한 연성규범의 활용과 '기업지배구조 공시제도'의 개선", 경제법연구 제17권 제1호 (2018) 3-34 [정재규(2018)]

정재욱, 배길수, "소유경영기업과 전문경영기업의 스톡옵션 부여 후 장기성과 결정요인", 재무관리연구, 제24권 제1호, 한국재무관리학회(2007) [정재욱/배길수(2007)]

정지영, "이사인 주주가 의결권을 행사하여 이사보수한도를 승인한 주주총회결의의 효력 - 서울중앙지방법원 2024. 5. 31. 2023가합66328판결(남양유업 이사 보수 사건)", BFL 제127호, 서울대학교 금융법센터 (2024. 9.) [정지영(2024)]

조용현, "상법 제340조의4 제1항에서 주식매수선택권 행사 요건으로 '2년 이상 재임 또는 재직' 요건을 규정한 취지-대상판결: 대법원 2011. 3. 24. 선고 2010다85027판결", BFL 제47호, 서울대학교 금융법센터 (2011. 5) [조용현(2011)]

조영곤, 박철형, "기업 소유·지배구조가 경영자 보상과 보상구조에 미치는 영향", 경영컨설팅연구, 17.3 (2017) [조영곤/박철형(2017)]

조정찬, "개정 상법 해설", 법제 (2000) 51-61 [조정찬(2000)]

정준혁, "주주 보호를 위한 자본시장 법제도 개선과 쟁점 - 자기주식, 배당절차 개선, 물적분할 후 상장, 의무공개매수, 내부자거래 사전공시 제도를 중심으로", 기업법연구 제38권 제2호 (2024) 31-92 [정준혁(2024)]

지성권, "경영자 보상의 하방경직성에 영향을 미치는 요인", 대한경영정보학회, 29.4 (2010) [지성권(2010)]

천경훈, "소수주주 다수결의 도입 가능성에 관한 試論", 기업법연구 32.4 9-42, (2018) [천경훈(2018)]

최난설헌, "연성규범(Soft Law)의 기능과 법적효력", 법학연구 제16권 제2호 (2013) 87-123 [최난설헌(2013)]

최문희, "임원의 보수규제에 관한 고찰 -최근의 국제적 동향과 입법례를 중심으로", 경영법률 제20권 제3호 (2010), 131-182 [최문희(2010)]

최문희, "금융회사 보수규제의 논점과 개선과제-금융회사의 지배구조에 관한 법률의 분석을 중심으로", BFL 제79호, 서울대학교 금융법센터 (2016) [최문희(2016)]

최문희, "유럽연합의 제2차 주주권 지침의 경영관여에 관한 소고", 강원법학,

제56권, 1-32 (2019) [최문희(2019)]
최문희, "2019년 개정 일본 회사법에 비추어 본 한국 회사법의 입법과제", 상사법연구 제39권 제3호, 한국상사법학회 (2020) [최문희(2020)]
최아름, 최선화, "카카오페이 경영진의 스톡옵션 행사와 주식매도 사례", 회계저널 제32권 제3호, 137-165 (2023) [최아름/최선화(2023)]
최준선, "상장회사법규의 개선방향", 성균관법학 제23권 제2호, 성균관대학교 법학연구소(2011), 311] [최준선(2011)]
한경희, 이계원, "기업의 스톡옵션 부여 및 부여비율이 이익조정에 미치는 영향", 기업경영연구, 제19권 제6호, 237-255 (2012) [한경희/이계원(2012)]
한진환, "경영자 보상과 이익조정", 산업경제연구 제23권 제3호, 1531-1555 (2010) [한진환(2010)]

다. 기타

강선우, 박광우, 이지환, "경영자에 대한 주식증여 및 스톡옵션부여와 기업가치에 관한 실증연구", 한국경영학회 융합학술대회 (2007) [강선우 등(2007)]
강정민, "주요 대기업의 지배구조 개선을 위한 정관변경 안건 요청 결과 및 시사점", 경제개혁이슈 연구보고서, 경제개혁연대 (2023. 2)
경제개혁연구소, "2021-2022년 임원보수 공시 현황 분석"(2023)
경제개혁연구소, "주식기준보상 제도 운영 현황과 공시 개선 과제 - 대규모기업집단 소속 상장회사를 중심으로", 경제개혁리포트 (2024. 4.) [경제개혁연구소(2024)]
공정거래위원회, 보도참고자료 "대규모기업집단 공시매뉴얼 개정"(2024. 4. 16.)
공정거래위원회, 보도자료 "2023년 공시대상기업집단 주식소유현황 분석, 공개" (2023. 10. 3.)
국회의원 김현 보도자료, "국내 굴지의 대기업 보수공시 피하려 미등기임원으로 전환문제, 등기임원은 물론 미등기임원의 보수공시 시급" (2015. 9. 14)
금융감독원 보도자료 "기업이 임직원 보상으로 주식을 활용(주식기준보상)하는 경우 사업보고서에 관련 현황을 기재해야 합니다" (2023. 12. 20.)
금융위원회, "상장기업의 '기업가치 제고(밸류업) 계획' 수립, 공시를 지원하기 위해 가이드라인(안)을 마련했습니다", (2024. 5. 1.)

금융위원회, 보도자료 "지배구조법상 성과보수 제도 개선 방향 검토"(2023. 4. 19.)

김민기, "상장기업 스톡옵션 활용 현황과 개선방안", 자본시장연구원 (2022. 8.) [김민기(2022)]

김갑래, "미국 주식 자본이득 과세제도의 주요 내용 및 시사점", 자본시장연구원(2016. 6.) [김갑래(2016)]

남길남, "빠르게 늘어나는 상장기업 임원보수와 주주역할 강화 필요성", 자본시장연구원, (2022) [남길남(2022)]

남길남, "상장기업의 임원보수와 미등기 지배주주 이슈", 자본시장연구원 (2021) [남길남(2021)]

안유미, "국내외 기업지배구조 모범규준 운영현황과 과제", 자본시장연구원, (2024. 4.), 5면 [안유미(2024)]

유고은, 방문옥, "국내 상장기업의 대표이사 보수 실태 분석", 기업지배구조원, (2016) [유고은/방문옥(2016)]

중소벤처기업부, 보도자료 "벤처생태계를 지속 성장시킬 벤처기업법 개정안 국무회의 의결" (2024. 1. 2.)

최기원, "회사채권의 실행을 위한 자기주식의 취득", 법률신문, 제2571호 (1997.2.3) [최기원(1997)]

한국거래소, "기업지배구조 보고서 가이드라인" (2024.6.) [한국거래소(2024)]

한국거래소, "기업지배구조 보고서 설명회" (2017. 4. 4.) [한국거래소(2017)]

한국기업지배구조원, "국내 상장기업의 임원보수 현황 분석 및 시사점" (2020) [한국기업지배구조원(2020)]

한국기업지배구조원 보도자료, "국내 상장기업의 대표이사 보수 실태 분석" (2016. 2. 26)

한국상장회사협의회 기업법제팀, "2022 상장회사 자기주식 취득, 처분 및 소각 실무해설" (2022)

2. 영문 문헌

가. 단행본

Bainbridge, Stephan M., "Corporate Law", Foundation Press (2020)

[Bainbridge(2020)]

Bebchuk, Lucian A. and Fried, Jesse M., "Pay Without Performance : the Unfulfilled Promise of Executive Compensation", Harvard University Press (2004) [Bebchuk/Fried(2004)]

Berle, Adolf A. and Means, Gardiner C., "The Modern Corporation and Private Property", Transaction Publisher (1932) [Berle/Means(1932)]

Davis, Paul L., Worthington, Sarah and Hare, Christopher, "Gower: Principles of Modern Company Law", Thomson Reuters (2021) [Davis et al.(2021)]

Dignam, Alan and Lowry, John, "Company Law", Oxford University Press (2020) [Dignam/Lowry(2020)]

Dine, Janet and Koutsias, Marios, "Company Law", Red Globe Press (2020) [Dine/Koutsias(2020)]

Edmans, Alex, "Grow the Pie: How Great Companies Deliver Both Purpose and Profit", Cambridge University Press (2021) [Edmans(2021)]

Gordon, Jeffrey N. and Ringe, Wolf-Georg, "The Oxford Handbook of Corporate Law and Governance", Oxford University Press (2018) [Gordon/Ringe(2018)]

Hannigan, Brenda, "Company Law", Oxford University Press (2021) [Hannigan(2021)]

Kraakman, Reinier, Armour, John, Davies, Paul, Enriques, Luca, Hansmann, Henry, Hertig, Gerard, Hopt, Klaus, Kanda, Hideki, Pargendler, Mariana, Ringe, Wolf-Georg and Rock, Edward, "The Anatomy of Corporate Law: A Comparative and Functional Approach", Oxford University Press (2017) [Kraakman et al.(2017)]

Larcker, David and Tayan, Braian, "Corporate Governance Matters: A Closer Look at Organizational Choices and Their Consequences", Upper Saddle River, N.J.: FT Press, (2016) [Larcker/Tayan(2016)]

나. 논문

Aboody, David, and Kasznik, Ron, "CEO stock option awards and the timing of corporate voluntary disclosures", Journal of Accounting and Economics 29 (2000) [Aboody/Kasznik(2000)]

Ades-Laurent, Gala, "Disappearing Stock Options: the Evolution of Equity Pay", CLMBLR 367-368 (2017) [Ades-Laurent(2017)]

Alon-Beck, Anat, "Unicorn Stock Options Golden Goose or Trojan Horse?", Colum. Bus. L. Rev. (2019) [Alon-Beck(2019)]

Bar-Gill, Oren and Bebchuk, Lucian A., "Misreporting Corporate Performance", Harvard Olin, Working Paper No. 400 (2003) [Bar-Gill/Bebchuk(2003)]

Barton, Bruce, "Pre-IPO Tech Giants Using Double-Trigger RSU Vesting to Attract Talent", Talent Acquisition Excellence Essentials (2019) [Barton(2019)]

Basu, Sudipta, Hwang, Lee-Seok, Mitsudome, Toshiaki and Weintrop, Joseph, "Corporate Governance, Top Executive Compensation and Firm Performance in Japan", Pacific-Basin Finance Journal 15.1 56-79 (2007) [Basu et al.(2007)]

Bebchuk, Lucian A., and Fried, Jesse M., "Paying for Long-Term Performance", 158 U. PA. L. REV. 1915 (2010) [Bebchuk/Fried (2010)]

Bebchuk, Lucian A., Fried, Jesse M. and Walker, David I., "Managerial Power and rent extraction in the design of executive compensation", 69 U Chi L Rev 751, 785 (2002) [Bebchcuck et al.(2002)]

Bebchuk, Lucian A. and Grinstein, Yaniv, "The Growth of Executive Pay", 21 Oxford Rev. Econ. Pol'y (2005) [Bebchuk/Grinstein(2005)]

Beck, Daniel, Fiedl, Gunther and Schäfer, Peter, "Executive Compensation in Germany", Journal of Business Economics (2020) 90, 787-824 [Beck et al.(2020)] https://link.springer.com/article/10.1007/s11573-020-00978-y

Berhold, M.. "A theory of linear profit sharing incentives", Quarterly Journal of Economics LXXXV. Aug., 460-482 (1971) [Berhold(1971)]

Bertrand, Marianne, and Mullainathan, Sendhil, "Are CEOs Rewarded for Luck? The Ones Without Principals Are." The Quarterly journal of economics 116.3, 901-932 (2001) [Bertrand/Mullainathan(2001)]

Bennett, Benjamin, Bettis, J. Carr, Goplalan, Radhakrishnan and Milbourn, Todd, "Compensation Goals and Firm Performance", Journal of financial economics 124.2, 307 (2017) [Bennett et al.(2017)]

Bettis, J. Carr., Bizjak, John., Coles, L. Jeffrey. and Kalpathy, Swaminathan., "Stock and Option Grants with Performance-based Vesting Provisions", The Review of Financial Studies, 23.10, 3849 (2010) [Bettis et al. (2010)]

Bettis, J. Carr., Bizjak, John., Coles, L. Jeffrey. and Kalpathy, Swaminathan., "Performance-Vesting Provisions in Executive Compensation", Journal of accounting & economics 66.1, 194 (2018) [Bettis et al. (2018)]

Bhagat, Sanjai and Romano, Roberta, "Reforming Executive Compensation: Focusing and Committing to the Long-term", 26 YALE J. ON REG. (2009) [Bhagat/Romano(2009)]

Bogle, John C., "The Executive Compensation System is Broken", 30 J. CORP. L. 761 (2005) [Bogle(2005)]

Brookfield, Heather, Chasteen, Crescent M., Palao-Ricketts, Cisco and Graffeo, Eric, "Part I: What are "Double- Vest" RSUs and Why Are They Making Headlines?", 28 NO 4 Journal of deferred compensation 3 (2023) [Brookfied et al.(2023)]

Cable, Abraham J.B., "Fool's Gold? Equity Compensation & the Mature Startup", 11 VALBUSR 619 (2017) [Cable(2017)]

Call, Brayden. "Exploring Flexibility in 83(b) Elections: A Tax Policy Proposal", Brigham Young University law review 49.3 (2024) 895-924 [Call (2024)]

Cheung, Yan-Leung, Stouraitis, Aris and Wong, Anita W.S, "Ownership Concentration and Executive Compensation in Closely Held Firms: Evidence from Hong Kong", Journal of empirical finance 12.4, 511-532(2005) [Cheung et al.(2005)]

Chhaochharia, Vidhi, and Grinstein, Yaniv, "CEO Compensation and Board Structure", The Journal of Finance 64.1, 231-261 (2009) [Chhaochharia/Grinstein(2009)]

Coffee, John C. Jr., "A Theory of Corporate Scandals: Why the USA and Europe Differ", 21 Oxford Rev. Econ. Pol'y 198 (2005) [Coffee (2005)]

Coffee, John C. Jr., "What Caused Enron? A Capsule Social and Economic History of the 1990s", 89 Cornell L. Rev. 269 (2004) [Coffee(2004)]

Combs, James, Penney, Christopher, Crook, Russell and Short, Jeremy, "The impact of family representation on CEO compensation", Entrepreneurship Theory and Practice, 34.6, 1125-1144(2010) [Combs et al.(2010)]

Core, John E., Guay, Wayne and Larcker, David F., "Executive Equity Compensation and Incentives: A Survey", Economic Policy Review, 9.1, 27-50 (2003) [Core et al.(2003)] Executive Equity Compensation and Incentives: A Survey (newyorkfed.org)

Croci, Ettore, Gonenc, Halit and Ozkan, Neslihan, "CEO compensation, family control, and institutional investors in continental Europe", Journal of Banking & Finance, 36, 3318-3326(2012) [Croci et al.(2012)]

Cyert, Richard, Kang, Sok-Hyon and Kumar, Praveen, "Corporate governance, takeovers, andtop-management compensation: Theory and evidence", Management Science 48, 453-469 (2002) [Cyert et al.(2002)]

Demsetz, Harold, "The Structure of Ownership and the Theory of the Firm", Journal of Law and Economics, 26. 2, 375 (1983) [Demsetz(1983)]

Diamond, Colin J. and Patel, Henrik, "Repricing Underwater Options", Harvard Law School Forum on Corporate Governance (May 28, 2022) [Diamond/Patel(2022)]

Diamond, Douglas W. and Verrecchia, Robert E., "Optimal Managerial Contracts and Equilibrium Se curity Prices", 37 J. FIN. 275 (1982) [Diamond/Verrecchia(1982)]

Dittmann, Ingolf, and Ernst Maug. "Lower Salaries and No Options? On the Optimal Structure of Executive Pay." The Journal of finance (New York) 62.1, 303-343 (2007) [Dittmann/Maug(2007)]

Doidge, Craig, Kahle, Kathleen M., Karolyi, G. Andrew and Stulz, Ren M., "Eclipse of the Public Corporation or Eclipse of the Public Markets?", 30 J. APPLIED CORP. FIN. 8 (2018) [Doige et al.(2018)]

Dravis, Bruce, "Dilution, Disclosure, Equity Compensation, and Buybacks",

74 Bus. Law. 631 (2019) [Dravis(2019)]

Easterbrook, Frank H. "Managers' Discretion and Investors' Welfare: Theories and Evidence", 9 Del J Corp L 540 (1984) [Easterbrook (1984)]

Edmans, Alex, Gabaix, Xavier, Sadzik, Tomasz and Sannikov, Yuliy "Dynamic CEO Compensation", Journal of Finance 67, 1603-1647 (2012)

Edmans, Alex, Gabaix, Xavier and Jenter, Dirk, "Executive Compensation: A Survey of Theory and Evidence", European Corporate Governance Institute (ECGI) - Finance Working Paper No. 514/2016 (2017) [Edomns et al.(2017)] https://papers.ssrn.com/sol3/papers.cfm?abstract_id=2992287 (2024. 9. 18. 최종방문)

Edmans, Alex, Goncalves-Pinto, Luis, Groen-Xu, Moqi and Wang, Yanbo., "Strategic News Releases in Equity Vesting Months", Review of Financial Studies, forthcoming (2018) [Edmans et al.(2018)]

Edmans, Alex, Fang, W. Vivian and Lewellen, Katharina, "Equity Vesting and Investment", Review of Financial Studies, Forthcoming (2020) [Edmans et al.(2020)] https://papers.ssrn.com/sol3/papers.cfm?abstract_id=2270027

Efendi, Jap, Anup Srivastava, and Edward P Swanson. "Why Do Corporate Managers Misstate Financial Statements? The Role of Option Compensation and Other Factors", Journal of Financial Economics 85.3, 667-708 (2007) [Efendi et al.(2007)]

Fabbri, Francesca and Marin, Dalia, "What Explains the Rise in CEO Pay in Germany? A Panel Data Analysis for 1977-2009", CESifo Working Paper No. 3757 (2012) [Fabbri/Marin(2012)]

Feller, Sean, Hanvey, Krista, and Anderson, Christina, "Chancery Invalidates Elon Musk's $55.8 Billion Equity Compensation Package", Harvard Law School Forum on Corporate Governance (2024) [Feller et al.(2024)]

Fisch, Jill, Palia, Darious and Solomon, Steven D., "Is Say on Pay All about Pay? the Impact of Firm Performance", 8 Harv. Bus. L. Rev. 101 (2018) [Fisch et al.(2018)]

Fischel, Daniel R., "The Corporate Governance Movement", 35 Vand L Rev 1259 (1982) [Fischel(1982)]

Fisher, William O., "To Thine Own Ceo be True: Tailoring CEO Compensation to Individual Personality and Circumstances", CMLBLR 599 (2017) [Fisher(2017)]

Garvey, GT and Milbourn, TT, "Asymmetric benchmarking in compensation: executives are rewarded for good luck but not penalized for bad", J. Financ. Econ. 82(1), 197–225 (2006) [Garvey/Milbourn(2006)]

Geczy, Christopher, Jeffers, Jessica S., Musto, David K. and Tucker, Anne M., "In Pursuit of Good & Gold: Data Observations of Employee Ownership & Impact Investment", 20 SEAULR (2017) [Geczy et al.(2017)]

Gwon, Jae Hyun, and Moon, Byoung Soon, "Executive compensation in Korea: Evidence from a new mandatory disclosure", 6 Journal of Asian Finance, Economics and Business 91, (2019) [Gwon/Moon(2019)]

Harris, Lee, "CEO Retention", 65 Fl. L. Rev. (2013) [Harris(2013)]

Hameed, Affan., Padgett, Carol, Clements, Michael. And Subhan Ullah, Clements, "The choice of performance measures, target setting and vesting levels in UK firms' Chief Executive Officer equity-based compensation", International journal of finance and economics 28.4 4246 (2023) [Hameed et al.(2023)]

Hannes, Sharon and Tabbach, Avraham, "Exectuvie Stock Options: the Effects of Manipulation on Risk Taking", 38 J. Corp. L. 533 (2013) [Hannes/Tabbach(2013)]

Hall, Brian J. and Liebman, Jeffrey B., "Are CEOs Really Paid Like Bureaucrats?", 113 Q.J. ECON. 655 (1998) [Hall/Liebman(1998)]

Hall, Brian J. "What You Need to Know About Stock Options", Harvard Business Review, vol 78 no 2 (2000) [Hall(2000)]

Heron, Randall A., and Lie, Erik, "Does backdating explain the stock price pattern around executive stock option grants?", Journal of Financial Economics 83, 271-295 (2007) [Heron/Lie(2007)]

Holderness, G. Clifford and Sheehan, P. Denies, "The role of majority shareholders in publicly held corporations: An exploratory analysis", Journal of Financial Economies, 20, 317-346 (1988) [Holderness/Sheehan(1988)]

Holmström, Bengt., "Moral Hazard and Observability", Bell Journal of Economics 10.1, 74-91 (1979) [Holmström(1979)]

Holmström, Bengt., "Moral Hazard in Teams", Bell Journal of Economics 13.2, 324-340 (1982) [Holmström(1982)]

Holmström, Bengt, and Tirole, Jean, "Market Liquidity and Performance Monitoring", The Journal of political economy 101.4, 678-709 (1993) [Holmström/Tirole(1993)]

Jensen, Michael C. and Meckling, William, "Theory of the Firm: Managerial Behavior, Agency Costs, and Ownership Structure", Journal of Financial Economics 3 (1976) [Jensen/Meckling(1976)]

Jensen, Michael C. and Murphy, Kevin J., "CEO Incentives--It's Not How Much You Pay, but How", Harv. Bus. Rev. (1990) [Jensen/Murphy(1990a)]

Jensen, Michael C. and Murphy, Kevin J., "Performance Pay and Top-Management Incentives", Journal of Political Economy, Vol. 98, No. 2 (1990) [Jensen/Murphy(1990b)]

Jensen, Michael C., "Agency Cost of Overvalued Equity", 34 Fin. Mgmt. 5 (2005) [Jensen(2005)]

Kahneman, Daniel, and Tversky, Amos, "Prospect Theory: An Analysis of Decision under Risk", Econometrica 47.2 (1979), 263-291 [Kahneman/Tversky(1979)]

Konigsburg, Dan and Touche, William, "Key Trends in investor voting policies from the 2022 (AGM) season", Harvard Law School Forum on Corporate Governance (2023. 4. 13.) [Konigsburg(2023)]

Kuhnen, Camelia M. and Zwiebel, Jeffrey, "Executive Pay, Hidden Compensation and Managerial Entrenchment", Rock Center for Corporate Governance Working Paper No. 16 (2009) [Kuhnen/Zwiebel(2009)]

Levitt, Harry and Gardinerl, Bill, "Phantom Stock vs. Restricted Stock for Executive Wealth Accumulation and Diversification", 20 No 3 JCAB

ART (2004) [Levitt/Gardninerl(2004)]

Lund, Andrew C. W., "What was the Question? the NYSE and NASDAQ's Curious Listing Standards Requiring Shareholder Approval of Equity Compensation Plans", 39 Conn. L. Rev. 119 (2006) [Lund(2006)]

Markham, Jerry W., "Regulating Excessive Executive CompensationWhy Bother?", 2 J. BUS. & TECH. L. 284 (2007) [Markham(2007)]

McConnell, John J. and Servaes, Henri, "Additional Evidence on Equity Ownership and Corporate Value", 27 J. of Fin. Econ. (1990) [McConnell/Servaes(1990)]

Mirrlees, J.A., "The Optimal Structure of Incentives and Authority within an Organization", 7 Bell J Econ 105 (1976) [Mirrlees(1976)]

Mookherjee, Dilip, "Optimal Incentive Schemes with Many Agents", 51 Rev Econ Stud 433 (1984) [Mookherjee(1984)]

Morck, Randall, Shleifer, Andrei and Vishny, Robert W., "Management Ownership and Market Valuation", 20 J. of Fin. Econ. (1988) [Morck et al.(1988)]

Morse, Adair., Nanda, Vikram and Seru, Amit., "Are Incentive Contracts Rigged by Powerful CEOs?", Journal of Finance 66, 1779 (2011) [Morse et al.(2011)]

Murphy, Kevin J. "Explaining Executive Compensation: Managerial Power Versus the Perceived Cost of Stock Options", The University of Chicago law review 69.3, 847-869 (2002)[Murphy(2002)]

O'Connell, Maeve and Ward M. Anne, "Greenbury Report(UK)", In: Idowu S., Schmidpeter R., Capaldi N., Zu L., Del Baldo M., Abreu R. (eds) (2020)[O'Connell/Ward(2020)] https://arrow.tudublin.ie/cgi/viewcontent.cgi?article=1035&context=buschacart (2023. 8. 23. 최종 방문)

Ofek, Eli and Yermack, David, "Taking Stock: Equity-Based Compensation and the Evolution of Managerial Ownership", 55 J Fin 1367 (2000) [Ofek/Yermack(2000)]

Ozkan, Neslihan, "CEO Compensation and Firm Performance: an Empirical Investigation of UK Panel Data", European financial management : the journal of the European Financial Management Association 17.2,

260 (2011) [Ozkan(2011)]

Pinto, Helena, and Widdicks, Martin, "Do compensation plans with performance targets provide better incentives?", Journal of corporate finance, 29, 662 (2014) [Pinto/Widdicks(2014)]

Reda, James F., "The Move Toward Full Value Shares: What Are They and How Can They Help?", 37 NO 5 JCAB ART 5 (2021) [Reda(2021)]

Ross, Stephen A. "The Economic Theory of Agency: The Principal's Problem", The American economic review 63.2, 134-139 (1973) [Ross(1973)]

Shavell, Steven, "Risk Sharing and Incentives in the Principal and Agent Relationship", 10 Bell J Econ 55 (1979) [Shavell(1979)]

Thomas, Rober, "Is Corporate Executive Compensation Excessive?", in M. Bruce Johnson, ed, The Attack on Corporate America 276 (McGraw Hill 1978) [Thomas(1978)]

Tonello, Matteo, "Director Compensation Practice in the Rusell 3000 and S&P 500: 2020 Edition", Harvard Law School Forum on Corporate Governance (2020) [Tonello(2020)]

Tuch, Andrew, "Underwater Stock Options and Stock Option Exchange Program", Harvard Law School Forum on Corporate Governance (2009) [Tuch(2009)]

Yermack, David, "Good Timing: CEO Stock Option Awards and Company News Announcements", The Journal of finance 52.2 (1997) [Yermack(1997)]

Wagner, Richard H., and Wagner Cathering G., "Recent Developments in Executive, Director, and Employee Stock Compensation Plans: New Concenrs for Coporate Directors", 3 Stan. J. L. Bus. & Fin. 5 (1997) [Wagner/Wagner(1997)]

Walker, David I., "Evolving Executive Equity Compensation and the Limits of Optimal Contracting", 64 VAND. L. REV. 611 n.65 (2011) [Walker(2011)]

Walker, David I., "Reconsidering Realization-Based Accounting for Equity Compensation", 13 N.Y.U.J.L.&Bus (2017) [Walker(2017)]

Walker, David I., "Common Ownership and Executive Incentives: the

Implausibility of Compensation as an Anticompetitive Mechanism", Boston University law review 99.6, 2373-2413 (2019) [Walker(2019)]

Wanrong, Hou, Lovett, Steve and Rasheed, Abdul, "Stock Option Pay versus Restricted Stock: A Comparative Analysis of Their Impact on Managerial Risk-Taking and Performance Extremeness", Strategic organization 18.2 (2020): 301-329 [Wanrong et al.(2020)]

Zhang, Xiaomeng, Bartol, KM, Smith KG, Pfarrer, MD, and Khanin, DM, "CEOs on the edge: Earnings manipulation and stock-based incentive misalignment", Academy of Management Journal 51(2), 241-258 (2008) [Zhang et al.(2008)]

다. 기타

Albano, Michael, Bagarella, Laura and Petty, Julia, "A New Season for Executive Compensation Disclosure", Harvard Law School Forum on Corporate Governance (2024. 2. 9.) [Albano(2024)]

AON, "Executive Compensation" https://radford.aon.com/en-us/insights/perspectives/ 2018/executive-compensation (2024. 8. 23. 최종 방문)

Bachelder III, Joseph E., "What Has Happened To Stock Options?", Harvard Law School Forum on Corporate Governance (October 2, 2014) [Bachelder(2014)]

Bachelder, Joseph, "Executive Pay at Public Corporations After Code §162(m) Changes", Harvard Law School Forum on Corporate Governance (2018) [Bachelder(2018)]

Baska, Barbara, "Who can approve equity grants? New flexibility for Delaware corporations", National Assocation of Stock Plan Professionals (2022. 9. 22.) [Baska(2022)]

BlackRock, "BlackRock Investment Stewardship Proxy voting guidelines for U.S.securities" (2023. 1.)

Black, Steve, "How to Make Startup Stock Options a Better Deal for Employees", Harvard Business Review (Aril 3, 2019)

Bout, Aubrey., Cuevas, Perla and Wilby, Brian, "S&P 500 CEO Compensation Increase Trends", Harvard Law School Forum on

Corporate Governance (2024) [Bout et al(2024)]
Carney, John, "Why 'Say on Pay' Failed and Why That's a Good Thing", CNBC (2013. 7. 3.), http://www.cnbc.com/id/100860959
CBINSIGHTS, "The Unicorn List: Current Private Companies Valued at $1B and Above", https://www.cbinsights.com/research-unicorn-companies
Council of Institutional Investor(CII), "Policies on Corporate Governance", (2020. 5. 10.)
CII, "CII Round Table Report", (2018. 3.) https://www.cii.org/files/publications/misc/CII%20Roundtable%20Report_Real%20Talk%20on%20Exec%20Comp_final.pdf (2024. 8. 22. 최종 방문)
CII, "Policies on Corporate Governance" (2023. 9. 11.) Corporate Governance Policies (cii.org) (2024. 8. 23. 최종 방문)
CII, "Policies on Corporate Governance" (2020)
Deloitte, "Directors' remuneration in FTSE 100 companies", (2023. 10.) [Deloitte 2023 Report]
Dvorak, Phred, "Firms Jump to Salvage 'Underwater' Stock Options", Wall Street Journal (December 22, 2008)
Edentree, "White paper - Executive remuneration" (2022. 9)
Edmans, Alex., "Performance Pay for Executives Still Works", Harvard Business Review (2016. 2. 23.) http://bit.ly/hbrceopay
Edmans, Alex., "Executive Pay Inquiry - Written Submission" (2018) [Edmans (2018)] https://alexedmans.com/wp-content/uploads/2020/02/BEIS-Executive-Pay-Inquiry.pdf (2024. 8. 22. 최종 방문)
Edwards, Vlada and Sharara, Norma, "Stock-based compensation: Back to basics", the Tax Advisor (2019) [Edwards/Sharara(2019)]
Executive Remuneration Working Group, "Executive Remuneration Working Group Final Report" (2016. 7.) https://www.theia.org/sites/default/files/pressreleases/document/ERWG%2520Final%2520Report%2520July%25202016.pdf (2024. 8. 22. 최종 방문)
Forbes, "Paying for Pulse", (2013. 6. 19.)
FW Cook, "The 1999 Top 250 Report", (1999) [FW Cook(1999)]
FW Cook, "The 2009 Top 250 Long-term Incentive Grant Practices for

Executives", (2009) [FW Cook(2009)]

FW Cook, "The 2014 Top 250 Report", (2014) [FW Cook Report (2014)]

FW Cook, "The 2014 Relative Total Shareholder Return Performance Award Report", (2014) [FW Cook Performance Awards Report(2014)]

FW Cook, "2023 Top 250 Report", (2023) [FW Cook Report (2023)] https://www.fwcook.com/content/documents/Publications/23-09-28_FWC_2023_Top_250_Report.pdf (2024. 8. 23. 최종 방문)

Glass Lewis, "2023 Policy Guidelines - United States", (2023)

Glass Lewis, "United State 2024 Benchmark Policy Guidelines", (2024) [Glass Lewis US Policy Guidelines(2024)]

Goethe University Frankfurt, "Long-term remuneration could have a more lasting effect", (2016) [Goethe University Frankfurt(2016)] https://aktuelles.uni-frankfurt.de/en/english/long-term-remuneration-could-have-a-more-lasting-effect/

Holye, Luch, "German startup equity&the Future Financing Act", Carta (2024), https://carta.com/learn/startups/compensation/employee-equity/germany [Holye(2024)]

House of Commons BEIS, "Corporate Governance Report, Fourth Report of Session 2016-17" (2017) https://publications.parliament.uk/pa/cm201617/cmselect/cmbeis/702/702.pdf (2024. 8. 22. 최종 방문)

Jay, Ritter., "To fly, to fall, to fly again", Economist (July 25, 2015)

Kant, Rishi, Miller, Allen and Sprague, Kara, "Grow Fast or Die Slow: Why Unicorns Are Staying Private", MCKINSEY & CO.(May 2016); [Kant et al.(2016)]

Keng, Linda B., "Restricted Stock: A key Element in Incentive Compensation for Bank Executives", National Law Review (2022) [Keng(2022)]

Kesner, Mike, Ringlee, Lane, "SEC Finalizes New Clawback Rules", Harvard Law School Forum on Corporate Governance, (2022. 11. 15.) https://corpgov.law.harvard.edu/2022/11/15/sec-finalizes-new-clawback-rules/ (2024. 8. 23. 최종 방문)

Kieffer, Joseph, "Executive Long-Term Incentive Plans", Harvard Law School Forum on Corporate Governance, (2019. 4. 11.)

Kohn, Arthur and Cooper, Janet, "The Executive Remuneration Review", Law Business Research (2016) [Kohn/Cooper(2016)]

Levine, Matt, Opinion "Work for Uber, Wind Up in Debt", BLOOMBERG (Dec. 13, 2017)

Loop, Paula and Kohn, Arthur, "Tax Implications of Executive Pay: What Boards Need to Know", Harvard Law School Forum on Corporate Governance (2017) [Loop/Kohn(2017)]

Meridian Compensation Partners, LLC, "2014 Trends and Developments in Executive Compensation" (2014)

Norges Bank Investment Management, "Position Paper on CEO remuneration", (2017. 4. 7.) https://www.nbim.no/en/responsible-investment/position-papers/ceo-remuneration/ (2024. 8. 22. 최종 방문)

Halverstam, Keith, Vaseghi, Maj and Cooper, Jenna, "SEC Clawback Rules: Practical Considerations and FAQs", Harvard Law School Corporate Governance Forum, (2023. 11. 4.) https://corpgov.law.harvard.edu/2023/11/04/sec-clawback-rules-practical-considerations-and-faqs/ (2024. 8. 23. 최종 방문)

Roe, John and Papadopoulos, Kosmas, "2019 U.S. Executive Compensation Trends", Harvard Law School Corporate Governance Forum, (2019. 4. 16.) [Roe/Papadopoulos(2019)]

ISS, "Frequently Asked Questions on U.S. Compensation Policies" (2014)

ISS, "UK and Ireland Proxy Voting Gudielines" (2021)

ISS, "U.S. Proxy Voting Guidelines. Benchmark Policy Recommendations" (2019. 11. 18)

ISS, "United States Equity Compensation Plans Frequently Asked Questions", (2022. 12. 16.)

ISS, "United State Proxy Voting Guidelines Benchmark Policy Recommendations", (2024)

SEC Press Release, "SEC Amends Executive Compensation Disclosure to More Closely Align with FAS 123R"(Dec. 22, 2006), https://www.sec.gov/news/press/2006/2006-219.htm

SEC Release Nos. 34-95607 (August 25, 2022) https://www.sec.gov/rules/

final/2022/34-95607.pdf

SEC, "Shareholder Approval of Executive Compensation and Golden Parachute Compensation", Release Nos. 33-9178; 34-63768. (2011. 2. 2) https://www.sec.gov/files/rules/final/2011/33-9178.pdf

Simmerman, Amy and Aguirre, John, "The Standard of Review of the Challenged Director Compensation", Harvard Law School Forum on Corporate Governance (2019) [Simmerman/Aguirre(2019)]

Skadden, Arps, Slate, Meagher & Flom LLP and Affiliates, "2023 Compensation Committee Handbook"(2023) [Skadden Compensation Handbook(2023)]

Skadden, Arps, Slate, Meagher & Flom LLP and Affiliates, "2024 Compensation Committee Handbook"(2024) [Skadden Compensation Handbook(2024)]

Speidel, Edward and Lepine, Andrew, "In the UK and US, Performance Share Plans Appear Due for a Makeover", AON plc(2017) In the UK and US, Performance Share Plans Appear Due for a Makeover | Human Capital Solutions Insights (aon.com) [Speidel/Lepine (2017)] (2024. 8. 22. 최종 방문)

Spierings, Merel, "Linking Executive Compensation to ESG Performance", Harvard Law School Forum on Corporate Governance (2022) [Spierings(2022)]

Staff of the Joint Committee on Taxation, "Present Law and Background related to Executive Compensation", JCX-39-06, (2006)

Tharp, G. Charles, "Compensation Design Calls for Radical Simplification", Harvard Law School Forum on Corporate Governance (2024. 8. 22.)

The Investment Association, "Principles of Remuneration", (2022. 11. 9.) https://www.theia.org/sites/default/files/2022-11/Principles%20of%20 Remuneration%202023%20-%20Nov%202022.pdf (2024. 8. 23. 최종 방문)

The Investment Association, "Share Capital Management Guidelines", (2016. 7.)

The Investment Association, "Share Capital Management Guidelines", (2023. 2.) https://www.theia.org/sites/default/files/2023-02/Share%20Capital %20Management%20Guidelines%202023.pdf [IA Share Capital Guidelines

(2023)]
The Purposeful Company, "Study on Deferred Shares Progress Review", (2020. 9.) https://thepurposefulcompany.org/wp-content/uploads/2021/01/tpc-deferred-shares-progress-review-2020-200930-2.pdf (2024. 8. 23. 최종 방문)
Tokyo Stock Exchange, Inc. "TSE-Listed Companies White Paper on Corporate Governance 2021", (2021. 3.) https://www.jpx.co.jp/english/news/1020/b5b4pj0000049vp2-att/b5b4pj0000049vro.pdf (2024. 8. 24. 최종 방문)
Thomas, Jared, "RSU vs. stock options", Carta, (2023. 12. 8.) https://carta.com/learn/equity/rsu-vs-stock-options/?utm_source=adwords&utm_medium=paid-search&utm_campaign=13974502548&utm_term=restricted%20stock%20unit&utm_keyword=kwd-361355357422&_bt=567412099113&_bk=restricted%20stock%20unit&_bm=p&_bn=g&_bg=127989382787&gclid=CjwKCAjw7eSZBhB8EiwA60kCWxEFQpZvYyJhHZZgTxmAM5wkXDUbBAl0GaKfZGVgp62eeFYDzgOIExoCnmwQAvD_BwE (2024. 11. 14. 최종 방문)
Tonello, Matteo, The Conference Board, and Paul Hodgson, ESGAUGE, "Corporate Board Practices in the Russell 3000, S&P 500, and S&P Mid-Cap 400", Harvard Law School Forum on Corporate Governance (2021. 11. 6.) [Tonello et al. (2021)] Corporate Board Practices in the Russell 3000, S&P 500, and S&P Mid-Cap 400 (harvard.edu) (2024. 9. 14. 최종 방문)
Weinstein, Gail, Richter, Philip and Epstein, Steven, "Chancery Finds Tesla Board Breached Fiduciary Duties", Harvard Law School Forum on Corporate Governance (2024) [Weinstein et al. (2024)]
Wilson Sonsini, "Changes in Law Allow Increased Flexibility for Management of Delaware Corporations to Grant Equity Awards; Should You Take Advantage of the Increased Flexibility?" (2022. 8. 11.)
WTW, "CEO pay landscape in Japan, the U.S. and Europe — 2020 analysis", (2020. 12. 9) https://www.wtwco.com/en-gb/insights/2020/12/ceo-pay-landscape-in-japan-the-us-and-europe-2020-analysis(2024. 8. 23. 최종 방문) [WTW 2020 analysis]
WTW, "Director remuneration in FTSE 100 Companies - 2023 market data

report for executive and non-executive directors" (2023. 9.) [WTW 2023 Report]
WTW, "European CEO compensation trends and AGM season 2023", (2024. 1. 4.) [WTW (2024)] https://www.wtwco.com/en-bm/insights/2024/01/european-ceo-compensation-trends-and-agm-season-2023
WTW, "Executive pay in Japan seeks to improve corporate value", (2024. 1. 18) https://www.wtwco.com/en-gb/insights/2024/01/executive-pay-in-japan-seeks-to-improve-corporate-value (2024. 8. 24. 최종 방문)
WTW, "Malus and clawback - is it time you reviewed your policy and process?", (2024. 3. 22.)
WTW, "S&P 100 executive stock ownership guidelines: 2015 - 2021", (2021. 12. 13.) https://www.wtwco.com/en-us/insights/2021/12/s-p-100-executive-stock-ownership-guidelines-2021 (2024. 8. 23. 최종 방문)

3. 독일 문헌

Goette, Wulf, Habersack, Mathias and Kalss, Susanne, "Münchener Kommentar zum Aktiengesetz VI", Beck (2021) [Goette et al. (2021)]
Goette, Wulf, Habersack, Mathias and Kalss, Susanne, "Münchener Kommentar zum Aktiengesetz II", C.H. Beck (2023) [Goette et al.(2023)]
Goette, Wulf, Habersack, Mathias and Kalss, Susanne, ""Münchener Kommentar zum Aktiengesetz", C.H.BECK Munich (2024) [Goette et al.(2024)]
Grigoleit, Hans C., "Aktiengesetz Kommentar", C.H. Beck (2020) [Grigoleit (2020)]
Henssler, Martin, "beck-online.GROSSKOMMENTAR", (2023) [Henssler (2023)]
Henssler, Martin, "beck-online.GROSSKOMMENTAR", (2023) [Henssler(2024)]
Henssler, Martin and Strohn, Lutz, "Gesellschaftsrecht", C.H. Beck (2024) [Henssler/Strohn(2024)]
Hölters, Wolfgang and Weber, Markus, "Aktiengesetz", C.H.Beck (2022)

[Hölters/Weber(2022)]

Koch, Jens, "Aktiengesetz", C.H. Beck (2024) [Koch(2024)]

DSW and Techische Universitat Munchen, "Studie zur Vergütung der Vorstände in den DAX-Unternehmen im Geschäftsjahr 2023" https://www.dsw-info.de/fileadmin/Redaktion/Dokumente/PDF/Presse/DSW-Vorstandsvergu__tungsstudie_2024_-_PK_Tabellen.pdf

4. 일본 문헌

가. 단행본

金子宏, 租税法, 弘文堂 (2021) [金子宏(2021)]

高橋美加, 笠原武朗, 久保大作, 久保田安彦, 會社法 (第3版), 弘文堂 (2020) [高橋美加 外(2020)]

水野忠恒, 大系租税法, 中央経済社 (2023) [水野忠恒(2023)]

나. 논문

相澤哲, 豊田祐子, 新株予約権 新会社法の解説(6), 商事法務1742号 (2005) [相澤哲/豊田祐子(2005)]

石綿学, 渡辺邦広, 小山浩, 梶元孝太郎, 日本版リストリクテッド・ストックの導入(上), 商事法務2102号 (2016) [石綿学 外 (2016)]

伊藤靖史, 株式報酬と会社法(上), 商事法務2138号 (2017) [伊藤靖史(上)(2017)]

伊藤靖史, 株式報酬と会社法(下), 商事法務2139号 (2017) [伊藤靖史(下)(2017)]

内ヶ崎茂, 株式報酬インセンティブ・プランの制度設計と法的考察, 商事法務1985号 (2012) [内ヶ崎茂(2012)]

落合誠一, 株式・新株予約権と資金調達 (新会社法の論理構造(1), 商事法務1744号 (2005) [落合誠一(2005)]

久保田安彦, 令和元年会社法改正と取締役の報酬等規制(令和元年会社法改正の意義 (3)), 商事法務2232号 (2020) [久保田安彦 (2020)]

齋藤宏一, 小西真木子, グローバル株式報酬の実務, 商事法務2241号(2020) [齋藤宏一/小西真木子(2020)]

齋藤宏一, 佐賀洋之, 香川遼太郎, 従業員向けインセンティブ報酬制度導入・運用の実務(下), 商事法務476号 (2023) [齋藤宏一 外(2023)]

斎藤誠, 新株予約権の創設とストック・オプション制度の見直し(改正商法下の株式実務の基礎4), 商事法務1644号 (2002) [斎藤誠 (2002)]

澤口実, 石井裕介, ストック・オプションとしての新株予約権の発行に係る問題点, 商事法務1777号 (2006) [澤口実/石井裕介 (2006)]

柴田寛子, 澤田文彦, 株式報酬に関する実務分析, 商事法務2111号4 - 17ページ (2016) [柴田寛子/澤田文彦(2016)]

柴田寛子, 取締役の報酬等に関する会社法改正(令和元年会社法改正の意義(3)), 商事法務2232号28 - 29ページ [柴田寛子(2020)]

澁谷展由, 阿部直彦, 三井住友FGの譲渡制限付株式報酬制度の導入(報酬ウォッチング 第1回), 資料版商事法務403号 (2017) [澁谷展由/阿部直彦(2017)]

神田秀樹, 「会社法制（企業統治等関係)の見直しに関する要綱案」の解説(3), 商事法務2193号 (2019) [神田秀樹 (2019)]

高木弘明, 辰巳郁, 取締役の報酬等に関する改正（令和元年改正会社法の実務対応(3)), 商事法務2232号 (2020) [高木弘明/辰巳郁(2020)]

田崎伸治, 梶嘉春, 鵜飼晃司, 岩渕恵理, 株式報酬制度の再検討, 商事法務2180号16 - 23ページ (2018) [田崎伸治 外(2018)]

田中亘, 2 自己株式規制と信託（特集 ガバナンス向上を促す自己株式規制の新たな視座 東証市場再編を契機として), 商事法務2302号 (2022) [田中亘(2022)]

中西一宏, 役員に対するストック・オプション報酬議案の事例分析（取締役・監査役対象), 資料版商事法務366号 (2014) [中西一宏 (2014)]

三井住友信託銀行証券代行コンサルティング部, 平成２５年ストック・オプションの発行状況について, 資料版商事法務359号 (2014) [三井住友信託銀行(2014)]

蝦名和博, 2ストック・オプションおよび特定譲渡制限付株式等に係る税務上の取扱い(株式報酬と税務), 旬刊商事法務2169号(2018) [蝦名和博(2018)]

渡辺諭, 繭牟田泰隆, 金子佳代, 若林功晃, 会社法施行規則等の一部を改正する省令の解説(1), 商事法務2250号 (2020) [渡辺諭 外 (2020)]

前田雅弘, 2019年会社法改正-取締役の報酬規制, ジュリスト1542号 (2020) [前田雅弘(2020)]

다. 기타

新たな自社株式保有スキーム検討会, "新たな自社株式保有スキームに関する報告書", 経済産業省 (2008. 11. 17.) [新たな自社株式保有スキームに関する報告書(2008)]

経済産業省, 新たな事業の創出及び産業への投資を促進するための産業競争力強化法等の一部を改正する法律案 が閣議決定されました, (2024. 2. 16.)

経済産業省産業組織課, 「攻めの経営」を促す役員報酬~企業の持続的成長のためのインセンティブプラン導入の手引~(2023. 3.) [経済産業省(2023)]https://www.meti.go.jp/press/2022/03/20230331008/20230331008.pdf (2024. 8. 24. 최종 방문)

コーポレート・ガバナンス・システムの在り方に関する研究会, 報告書 別紙3 法的論点に関する解釈指針, 経済産業省, (2015) [コーポレート・ガバナンス・システムの在り方に関する研究会 解釈指針(2015)] https://www.meti.go.jp/policy/economy/keiei_innovation/keizaihousei/pdf/r160318_150724_corp_gov_sys_4.pdf

公益社団法人商事法研究会 会社法研究会, "会社法研究会報告書" (2017. 3. 2.) [会社法研究会報告書(2017)]https://www.shojihomu.or.jp/public/library/1474/report290302.pdf

東京エレクトロン, "第61期 報告書", (2024) https://www.tel.co.jp/ir/library/br/hq95qj0000000oft-att/61houkokusho.pdf

日本経済団体連合会, "役員・従業員へのインセンティブ報酬制度の活用拡大に向けた提言" (2024. 1. 16.) [日本経済団体連合会 提言(2024)] https://www.keidanren.or.jp/policy/2024/002_honbun.html (2024. 8. 24. 최종 방문)

法務省, 会社法制(企業統治等関係)部会資料 28-2: 部会資料27からの変更点等の説明 [法務省 会社法制 部会資料(2019)] https://www.moj.go.jp/content/001279740.pdf

法務省民事局参事官室, 会社法制(企業統治等関係)の見直し に関する中間試案の補足説明 (2018. 2.) [法務省 中間試案の補足説明(2018)] https://www.moj.go.jp/content/001252002.pdf

役員退職慰労金の清算支給としての新株予約権有利発行議案の事例分析(特集3), 資料版商事法務 255号(2005)

윤소연

약력
서울대학교 공과대학 건축학 학사
서울대학교 사회과학대학 심리학 석사
서울대학교 법학전문대학원 법학전문석사
서울대학교 법학전문대학원 법학전문박사
Harvard Law School LL. M.

한국 변호사 (변호사시험 1기)
미국 New York 주 변호사

법무법인 율촌 변호사
네이버 주식회사 법무이사
법무법인 화우 변호사

주식연계보상의 새로운 흐름: 스톡옵션에서 RSU·PSU로
― 법제개선 방향을 중심으로 ―

초판 인쇄	2025년 08월 22일
초판 발행	2025년 08월 29일

저 자	윤소연
펴낸이	한정희
펴낸곳	경인문화사
등 록	제406-1973-000003호
주 소	경기도 파주시 회동길 445-1 경인빌딩 B동 4층
전 화	(031) 955-9300 팩 스 (031) 955-9310
홈페이지	www.kyunginp.co.kr
이메일	kyungin@kyunginp.co.kr

ISBN 978-89-499-6875-9 93360
값 35,000원

* 저자와 출판사의 동의 없는 인용 또는 발췌를 금합니다.
* 파본 및 훼손된 책은 구입하신 서점에서 교환해 드립니다.

서울대학교 법학연구소 법학 연구총서

1. 住宅의 競賣와 賃借人 保護에 관한 實務硏究
   閔日榮 저 412쪽 20,000원
2. 부실채권 정리제도의 국제 표준화
   鄭在龍 저 228쪽 13,000원
3. 개인정보보호와 자기정보통제권 ●
   권건보 저 364쪽 18,000원
4. 부동산투자회사제도의 법적 구조와 세제
   박훈 저 268쪽 13,000원
5. 재벌의 경제력집중 규제 ●
   홍명수 저 332쪽 17,000원
6. 행정소송상 예방적 구제 ●
   이현수 저 362쪽 18,000원
7. 남북교류협력의 규범체계
   이효원 저 412쪽 20,000원
8. 형법상 법률의 착오론 ●
   안성조 저 440쪽 22,000원
9. 행정계약법의 이해 ●
   김대인 저 448쪽 22,000원
10. 이사의 손해배상책임의 제한 ●
    최문희 저 370쪽 18,000원
11. 조선시대의 형사법 –대명률과 국전–●
    조지만 저 428쪽 21,000원
12. 특허침해로 인한 손해배상액의 산정 ●
    박성수 저 528쪽 26,000원
13. 채권자대위권 연구
    여하윤 저 288쪽 15,000원
14. 형성권 연구 ●
    김영희 저 312쪽 16,000원
15. 증권집단소송과 화해 ●
    박철희 저 352쪽 18,000원
16. The Concept of Authority
    박준석 저 256쪽 13,000원
17. 국내세법과 조세조약
    이재호 저 320쪽 16,000원
18. 건국과 헌법
    김수용 저 528쪽 27,000원
19. 중국의 계약책임법
    채성국 저 432쪽 22,000원
20. 중지미수의 이론 ●
    최준혁 저 424쪽 22,000원
21. WTO 보조금 협정상 위임·지시 보조금의 법적 의미 ●
    이재민 저 484쪽 29,000원
22. 중국의 사법제도 ▲
    정철 저 383쪽 23,000원
23. 부당해고의 구제
    정진경 저 672쪽 40,000원
24. 서양의 세습가산제
    이철우 저 302쪽 21,000원
25. 유언의 해석 ▲
    현소혜 저 332쪽 23,000원
26. 營造物의 개념과 이론 ●
    이상덕 저 504쪽 35,000원
27. 미술가의 저작인격권 ●
    구본진 저 436쪽 30,000원
28. 독점규제법 집행론
    조성국 저 376쪽 26,000원
29. 파트너쉽 과세제도의 이론과 논점
    김석환 저 334쪽 23,000원
30. 비국가행위자의 테러행위에 대한 무력대응
    도경옥 저 316쪽 22,000원
31. 慰藉料에 관한 硏究
    –不法行爲를 중심으로–●
    이창현 저 420쪽 29,000원
32. 젠더관점에 따른 제노사이드규범의 재구성
    홍소연 저 228쪽 16,000원
33. 親生子關係의 決定基準
    권재문 저 388쪽 27,000원
34. 기후변화와 WTO = 탄소배출권 국경조정 ▲
    김호철 저 400쪽 28,000원
35. 韓國 憲法과 共和主義
    김동훈 저 382쪽 27,000원
36. 국가임무의 '機能私化'와 국가의 책임
    차민식 저 406쪽 29,000원
37. 유럽연합의 규범통제제도 – 유럽연합 정체성 평가와 남북한 통합에의 함의 –
    김용훈 저 338쪽 24,000원
38. 글로벌 경쟁시대 적극행정 실현을 위한 행정부 법해석권의 재조명
    이성엽 저 313쪽 23,000원
39. 기능성원리연구
    유영선 저 423쪽 33,000원
40. 주식에 대한 경제적 이익과 의결권
    김지평 저 378쪽 31,000원
41. 情報市場과 均衡
    김주영 저 376쪽 30,000원
42. 일사부재리 원칙의 국제적 전개
    김기준 저 352쪽 27,000원
43. 독점규제법상 부당한 공동행위에 대한 손해배상청구 ▲
    이선희 저 351쪽 27,000원
44. 기업결합의 경쟁제한성 판단기준
    – 수평결합을 중심으로 –
    이민호 저 483쪽 33,000원
45. 퍼블리시티권의 이론적 구성
    – 인격권에 의한 보호를 중심으로 – ▲
    권태상 저 401쪽 30,000원
46. 동산·채권담보권 연구 ▲
    김현진 저 488쪽 33,000원

47. 포스트 교토체제하 배출권거래제의
    국제적 연계 ▲
    이창수 저 332쪽 24,000원
48. 독립행정기관에 관한 헌법학적 연구
    김소연 저 270쪽 20,000원
49. 무죄판결과 법관의 사실인정 ▲
    김상준 저 458쪽 33,000원
50. 신탁법상 수익자 보호의 법리
    이연갑 저 260쪽 19,000원
51. 프랑스의 警察行政
    이승민 저 394쪽 28,000원
52. 민법상 손해의 개념
    – 불법행위를 중심으로 –
    신동현 저 346쪽 26,000원
53. 부동산등기의 진정성 보장 연구
    구연모 저 388쪽 28,000원
54. 독일 재량행위 이론의 이해
    이은상 저 272쪽 21,000원
55. 장애인을 위한 성년후견제도
    구상엽 저 296쪽 22,000원
56. 헌법과 선거관리기구
    성승환 저 464쪽 34,000원
57. 폐기물 관리 법제에 관한 연구
    황계영 저 394쪽 29,000원
58. 서식의 충돌
    –계약의 성립과 내용 확정에 관하여–
    김성민 저 394쪽 29,000원
59. 권리행사방해죄에 관한 연구
    이진수 저 432쪽 33,000원
60. 디지털 증거수집에 있어서의 협력의무
    이용 저 458쪽 33,000원
61. 기본권 제한 심사의 법익 형량
    이민열 저 468쪽 35,000원
62. 프랑스 행정법상 분리가능행위 ●
    강지은 저 316쪽 25,000원
63. 자본시장에서의 이익충돌에 관한 연구 ▲
    김정연 저 456쪽 34,000원
64. 남북 통일, 경제통합과 법제도 통합
    김완기 저 394쪽 29,000원
65. 조인트벤처
    정재오 저 346쪽 27,000원
66. 고정사업장 과세의 이론과 쟁점
    김해마중 저 371쪽 26,000원
67. 배심재판에 있어서 공판준비절차에 관한 연구
    민수현 저 346쪽 26,000원
68. 법원의 특허침해 손해액 산정법
    최지선 저 444쪽 37,000원
69. 발명의 진보성 판단에 관한 연구
    이헌 저 433쪽 35,000원
70. 북한 경제와 법
    – 체제전환의 비교법적 분석 –
    장소영 저 372쪽 28,000원
71. 유럽민사법 공통참조기준안(DCFR)
    부당이득편 연구
    이상훈 저 308쪽 25,000원
72. 공정거래법상 일감몰아주기에 관한 연구
    백승엽 저 392쪽 29,000원
73. 국제범죄의 지휘관책임
    이윤제 저 414쪽 32,000원
74. 상계
    김기환 저 484쪽 35,000원
75. 저작권법상 기술적 보호조치에 관한 연구
    임광섭 저 380쪽 29,000원
76. 독일 공법상 국가임무론과 보장국가론 ●
    박재윤 저 330쪽 25,000원
77. FRAND 확약의 효력과
    표준특허권 행사의 한계
    나지원 저 258쪽 20,000원
78. 퍼블리시티권의 한계에 관한 연구
    임상혁 저 256쪽 27,000원
79. 방어적 민주주의
    김종현 저 354쪽 25,000원
80. M&A와 주주 보호
    정준혁 저 396쪽 29,000원
81. 실손의료보험 연구
    박성민 저 406쪽 28,000원
82. 사업신탁의 법리
    이영경 저 354쪽 25,000원
83. 기업 뇌물과 형사책임
    오택림 저 384쪽 28,000원
84. 저작재산권의 입법형성에 관한 연구
    신혜은 저 286쪽 20,000원
85. 애덤 스미스와 국가
    이황희 저 344쪽 26,000원
86. 친자관계의 결정
    양진섭 저 354쪽 27,000원
87. 사회통합을 위한 북한주민지원제도
    정구진 저 384쪽 30,000원
88. 사회보험과 사회연대
    장승혁 저 152쪽 13,000원
89. 계약해석의 방법에 관한 연구
    – 계약해석의 규범적 성격을 중심으로 –
    최준규 저 390쪽 28,000원
90. 사이버 명예훼손의 형사법적 연구
    박정난 저 380쪽 27,000원
91. 도산절차와 미이행 쌍무계약
    – 민법·채무자회생법의 해석론 및 입법론 –
    김영주 저 418쪽 29,000원
92. 계속적 공급계약 연구
    장보은 저 328쪽 24,000원
93. 소유권유보에 관한 연구
    김은아 저 376쪽 28,000원
94. 피의자 신문의 이론과 실제
    이형근 저 386쪽 29,000원
95. 국제자본시장법시론
    이종혁 저 342쪽 25,000원

96. 국제적 분쟁과 소송금지명령
    이창현 저 492쪽 34,000원
97. 문화예술과 국가의 관계 연구
    강은경 저 390쪽 27,000원
98. 레옹 뒤기(Léon Duguit)의
    공법 이론에 관한 연구
    장윤영 저 280쪽 19,000원
99. 온라인서비스제공자의 법적 책임
    신지혜 저 316쪽 24,000원
100. 과잉금지원칙의 이론과 실무
    이재홍 저 312쪽 24,000원
101. 필리버스터의 역사와 이론
    - 의회 의사진행방해제도의 헌법학적 연구 -
    양태건 저 344쪽 26,000원
102. 매체환경 변화와 검열금지
    임효준 저 321쪽 24,000원
103. 도시계획법과 지적
    - 한국과 일본의 비교를 중심으로 -
    배기철 저 267쪽 20,000원
104. 채무면제계약의 보험성
    임수민 저 308쪽 24,000원
105. 법인 과세와 주주 과세의 통합
    김의석 저 304쪽 22,000원
106. 중앙은행의 디지털화폐(CBDC)
    발행에 관한 연구
    서자영 저 332쪽 24,000원
107. 국제거래에 관한 분쟁해결절차의 경합
    - 소송과 중재
    이필복 저 384쪽 27,000원
108. 보건의료 빅데이터의 활용과 개인정보보호
    김지희 저 352쪽 25,000원
109. 가상자산사업자의 실제소유자 확인제도
    차정현 저 332쪽 24,000원
110. 비용편익분석에 대한 법원의
    심사 기준 및 방법
    손호영 저 378쪽 28,000원
111. 기후위기 시대의 기후·에너지법
    박지혜 저 347쪽 26,000원
112. 프랑스의 공무원 파업권
    이철진 저 396쪽 30,000원
113. 토지보상법과 건축물
    - 건축물 수용과 보상의 법적 쟁점 -
    박건우 저 327쪽 24,000원
114. 의약발명의 명세서 기재요건 및 진보성
    이진희 저 372쪽 28,000원
115. 공정거래법상 불공정거래행위의 위법성
    정주미 저 260쪽 19,000원
116. 임의제출물 압수에 관한 연구
    김환권 저 304쪽 23,000원
117. 자금세탁방지의 법적 구조
    이명신 저 386쪽 29,000원
118. 독립규제위원회의 처분과 사법심사
    유제민 저 358쪽 28,000원
119. 부작위범의 인과관계
    김정현 저 300쪽 23,000원
120. 독일의 회사존립파괴책임
    김동완 저 369쪽 27,000원
121. 탈석탄의 법정책학 - 삼부의 권한배분과
    전환적 에너지법에 대한 법적 함의 -
    박진영 저 299쪽 23,000원
122. 공식배분법의 입장에서 바라본 Pillar 1 비판
    노미리 저 254쪽 19,000원
123. 기업집단의 주주 보호
    김신영 저 378쪽 28,000원
124. 국제도산에서 도산절차와 도산관련재판의
    승인 및 집행에 관한 연구
    김영석 저 504쪽 38,000원
125. 스타트업의 지배구조에 관한 법적 연구
    이나래 저 400쪽 30,000원
126. 역외 디지털증거 수집에 관한 국제법적
    쟁점과 대안
    송영진 저 326쪽 25,000원
127. 법인 대표자의 대표권 제한에 관한 연구
    - 판례법리를 중심으로 -
    백숙종 저 364쪽 28,000원
128. 유동화신탁 소득의 과세에 관한 제도 설계 연구
    조경준 저 306쪽 24,000원
129. 지식재산권 라이선서의 도산에 대한
    라이선시의 보호방안에 관한 연구
    권창환 저 446쪽 35,000원
130. 탈중앙화 자율조직(DAO)과 회사법
    남궁주현 저 302쪽 23,000원
131. 독일 공법상 계약에 관한 연구
    정의석 저 424쪽 33,000원
132. 법정시설 과밀수용 방지를 위한 정책적·법적 대책
    신용해 저 328쪽 26,000원
133. 도산절차에서의 신탁의 법리
    문혜영 저 394쪽 30,000원
134. 임원배상책임보험의 법적문제
    양희석 저 446쪽 35,000원
135. 신디케이티드대출의 담보에 관한 연구
    최준희 저 372쪽 29,000원